新路集

——第六届张晋藩法律史学基金会征文大赛获奖作品集

第六集

陈煜 主编

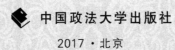
中国政法大学出版社

2017·北京

图书在版编目（ＣＩＰ）数据

新路集. 第六集，第六届张晋藩法律史学基金会征文大赛获奖作品集/陈煜
主编. —北京：中国政法大学出版社，2017.1
　ISBN 978-7-5620-7306-2

　Ⅰ.①新…　Ⅱ.①陈…　Ⅲ.①法制史－中国－文集 Ⅳ.①D929-53

中国版本图书馆CIP数据核字(2017)第004586号

出　版　者　　中国政法大学出版社
地　　　址　　北京市海淀区西土城路 25 号
邮寄地址　　北京 100088 信箱 8034 分箱　邮编 100088
网　　　址　　http://www.cuplpress.com（网络实名：中国政法大学出版社）
电　　　话　　010-58908289(编辑部)　58908334(邮购部)
承　　　印　　固安华明印业有限公司
开　　　本　　880mm×1230mm　1/32
印　　　张　　13.25
字　　　数　　385 千字
版　　　次　　2017 年 2 月第 1 版
印　　　次　　2017 年 2 月第 1 次印刷
定　　　价　　48.00 元

为往圣继绝学

——在第六届张晋藩法律史学基金会征文
大赛颁奖活动上的讲话

（代前言）

各位老师、各位同学，大家上午好！借这个颁奖的机会，我今天就以宋代著名哲学家张载的"为往圣继绝学"这句格言为题，来谈一谈治学的方法与价值。

张载是北宋时期主张"理在气中"的带有唯物主义倾向的哲学家、思想家，他说过四句非常有名的话，就是大家熟悉的"为天地立心，为生民立命，为往圣继绝学，为万世开太平"，他用这四句来表达治学理念和价值追求。简单讲，所谓"为天地立心"就是说首先要树立一种高尚的精神；"为生民立命"，就是要引导人们重视自己的价值；"为往圣继绝学"，就是要传承并接续优秀的历史文化；而"为万世开太平"，就是要学以致用，治学服务于社会，要为全人类造福。这气魄很大，充满着改革的精神和理想。我们来着重谈一谈"为往圣继绝学"这句话。

"为往圣继绝学"，也就是"继往圣之绝学"，在张载那个时代，"绝学"的主要内容是"六经"，"六经"所包含的信息非常丰富，在清代，章学诚就说过"六经皆史"，意思是说六经中含史学内容或者六经本身就是史学之作。这个"史"之中，也有法制史。这样看来，继绝学中也带有继古圣先贤中的法制史学问在内。

比如《尚书》中"商书"中的"盘庚"上、中、下三篇，就可从法制史的角度来解读，从中我们可知：首先，中国古代的政治结构是"亲贵合一"；其次，盘庚的言行表明了商王至高无上的权威。

而"周书"中的法制史内容就更多了,"康诰"一篇表达了"明德慎罚"的法律思想,是西周建国后的一种新的治国理政的方略;"酒诰"主要是讲周王吸收了商人的亡国教训,告诫臣下不要沉湎于酒、耽于嬉戏,但是对于殷商遗民饮酒就不一定要处罚,此篇开启了后世"因俗立法"、"因族立法"之先河;"吕刑"篇则谈到了大量的立法司法措施及其原则。

至于《周礼》,因官叙事,其结构和范式被后世吸取,开启了《唐六典》、明清会典之先河,它以行政法为主,是一部诸法合体的法规大全,《周礼》所载并非全是周朝制度,但确实是很值一提的法制史著作。

诸子百家的作品当然毫无疑问亦属绝学,里面还有丰富的法制史内容。早在公元前7世纪,管子就提出了"以法治国"的主张,这在世界法制史上是绝无仅有的,管子认为以法治国,可以使得"政不二门",这体现出中国古代法文化的先进。"以法治国"这种主张提出之后,"以法治世"、"法为治具"的思想一直延续下去,后来结合儒家思想,形成了治理的传统,古代始终以法治世、以德化民,推行"霸王道杂之"、"外儒内法"、"礼法结合"的治国方略。

前若干年,山东的法史学者,曾经倡导开展"齐法家"研究,他们认为,除了我们通常所知道的"三晋法家"外,其实齐国也存在深厚的法家文化,但是目前这方面的研究很不够,我觉得很有价值。有些法家,比如慎子等,也长期被人忽略,可以说,对于先秦诸子的法律思想,还存在着很大的研究空间。

而孔夫子,从某种意义上来说,也是法史学者,他说"殷因于夏礼,所损益可知也;周因于殷礼,所损益可知也。其或继周者,虽百世,可知也。"其实讲的就是法制的传承和变迁的问题。这个礼的规范与法的规范有时是重合的,故讲三代礼的传统,某些方面就等于是法的传统。孔子又说:"道之以政,齐之以刑,民免而无耻;

道之以德，齐之以礼，有耻且格。"就是说一味用政令来治理百姓，用刑法来整顿他们，老百姓只求能免于犯罪受惩罚，却没有廉耻之心；而用道德加以引导，用礼义来加以教化，百姓就不仅会有羞耻之心，而且心悦诚服。这就是孔子的德化论，如果以德化民，那么百姓内在会反省，外在的表现就自然合规矩。孔子并不反对司法，但同时又提出，司法要有一个主宰，必须要用礼乐来主宰，他说："礼乐不兴，则刑罚不中；刑罚不中，则民无所措手足。"所谓"中"，就是公平，不偏不倚。要想公平，首先得有道德，这个道德既包括法律本身是良好的，又包括司法之人是有道德的，受礼乐教化，一秉至公。此外，孔子虽然当过司法官，但是并不热衷于将所有纠纷都用司法方式来解决，他说："为政，必也使无讼乎!"因此，孔子的法律思想倾向很明显，就是德主刑辅。

至于法家的法律思想和实践之丰富，毋庸置疑。他们不仅提出了犀利的理论，奠定了中国法理学的基础，同时又是实际的履行者，还是政治改革家。虽然关于法家的研究表面上很多，但是真正有厚度有深度的作品，还是很缺乏。即便就韩非子一个人好好研究一下，也能写出很厚的书，这个有待于以后的努力。

以上我们只是举了些例子，我想说明的是中国古圣先贤传下来的经史子集绝学中，有大量的法制史内容等着我们去发掘，这个领域是大有可为的。

那么进行法史学研究，有什么现实的意义呢? 我想治学的目的是传承中国优秀法文化，彰显中国法制文明的地位。迄今还有学者否认中国法制文明的价值，说这话的同志大都是对中国法的历史没有涉及或者涉及不多的，更多还是受"西方中心论"影响所致，他们对于祖宗传下来的优秀法文化视而不见，只知道西方提出了"法无明文规定不为罪"的法治主张，殊不知，这样的主张中国早于西方一千多年就已经提出了。就法典而言，从云梦秦简中，我们就可以看到成熟的法典形态，这比西方蛮族法典的出现也要早一千年。

张载、章学诚等并不单是坐而论道，而主张经世致用，用学术改造社会，造福民生。我们从事法制史学的研究，也要发挥这样的作用，要发挥其历史借鉴意义。中国法制史学是一个宏大的智库，有取之不尽有益于当代法制建设的资源，需要我们进一步发掘。

那么法制史学能为当代提供哪些借鉴呢，我们简要地提几点：

首先是民本的思想。《尚书》中就提到"民为邦本，本固邦宁"的论述，在公元几千年前就能提出如此思想，这表明我们祖先很早就具备了高度的理性思维能力。民本在法律上又有诸多体现：一是得民心。《尚书》"康诰"中，周公谈到为什么殷商会覆灭，原因就是失去了民心。当时商朝的军队很强大，人数很多，多到如火如荼的地步，但是在和周朝军队打的时候，却不堪一击，且临阵倒戈，这就是民心所向。正所谓"人无于水监，当于民监"，后来历代统治者大都会吸取商亡的教训，注意得民心，得民心者得天下，说的就是这个道理。二是立民生。是说法律要保障老百姓基本的生存和生产条件，要给老百姓创造好的环境。所以翻开古代的法典，我们可以看到大量的土地立法、赋税立法、环境立法，都是立民生的反映。三是重民命。《易经》有云"天之大德曰生"，人的生命是最可宝贵的。所以法律上也特别重视死刑案件的处理，到南北朝时死刑案件的决定权已经收归朝廷。康熙皇帝曾经提到，他感到最不愉快的时刻，就是每年秋审要勾决人犯之时。乾隆皇帝在临勾之前，还要求有五复奏。这都是重民命的体现。重民命，也是为了稳定社会秩序，死刑案件的处理方式，常常影响到社会的安定。这些都是古代治国理政的宝贵经验。

其次是综合治理的经验。周公在灭商之后，对于如何治理天下，曾经有过深入的思考。提出了一种综合治理的方案，后来逐渐演变为一套"礼乐政刑，综合为治"的举措，《礼记》认为这些措施的终极目标是一致的，是为了达成善治，正所谓"礼乐政刑，其极一也。"这个方案经过了后人不断完善，最终形成了"德礼为本，刑罚为用"的治理思想，成为一个传统，一直到近代。

再次是治法与治人并重，也就是法吏并重的措施。这就要求先得立善法，然后择良人来司法。王安石提到"立善法于天下者，天下治。"王夫之也全面地阐述过良法与良吏结合的重要性。至于法家，则对良法善治提出过更多系统的论述，这些在今天听起来，依旧带有"警世恒言"的味道。比如慎到说："法之患，莫大于公不行。"就是说以私害法，使法不行，比无法还危险。这是多么具有现实意义的话！商鞅说："法之不行，自上犯之"，"法之能行，自上守之"。这也强调领导干部要带头守法，在今天同样具有现实教育意义。韩非更是总结："国无常强无常弱，奉法者强则国强，奉法者弱则国弱。"法治兴则国兴，法治危则国危。这些结论都具有超越时空的价值。

所以，我们为往圣继绝学，既要读这些绝学，又要努力用绝学作经世之用。如果能够科学地进行分析和总结，那么完全会发挥其应有的作用。我记得印度曾经有过一句格言，大意是说山林起火，一只鸟飞到水池边，将羽毛沾湿然后去灭火，有人问片羽汲水，又有何益？那只鸟说，山林哺育了我，我这样做是回报。

那么同样，我们的祖先哺育了我，我们中华子孙也应该有所回报。我们拿什么回报祖先呢？就用祖先传下来的知识，继往圣之绝学，为现代法治建设服务，这是对祖先最好的回报。

张晋藩

2016 年 5 月 8 日

目 录

一等奖获奖论文

财产何必"神圣"?
——清代"盗官物"律例研究*

谢 晶**

> 财产神圣不可侵犯。
>
> ——1789 法国 《人权宣言》[1]
>
> 溥天之下， 莫非王土。 率土之滨， 莫非王臣。
>
> ——《诗经·小雅·北山》[2]

一、缘起:"国家财产神圣不可侵犯"?

在现代法律体系中，有一所谓的"国家所有权"概念——国家对全民所有的财产进行占有、使用、收益和处分的权利。[3] 在我国，与国家所有权并列，又有"集体所有权"一概念，并把国家财产与集体财产统归于"公共财产"之中。[4]

国家大法《中华人民共和国宪法》（以下简称《宪法》）第十二条声明公共财产的地位:

---

* 本文为苏亦工教授主持的国家社会科学基金一般项目"《大清律例》疑难条文及相关制度背景考论"（项目批准号:12BFX016）的阶段性成果。本文得程雪阳副教授、张薇薇博士分别从宪法学、刑法学角度的提点，特此致谢，但文责笔者自负。
** 清华大学法学院博士研究生。
〔1〕 王德禄、蒋世和编:《人权宣言》，（香港）中国图书刊行社 1989 年版，第 16 页。

〔2〕 程俊英、蒋见元:《诗经注析》（下），中华书局 1991 年版，第 643 页。

〔3〕 杨立新:《物权法》（第 3 版），中国人民大学出版社 2009 年版，第 70 页。

〔4〕 限于主题，本文仅以国家所有权为例讨论，基本忽略集体所有权的问题。

社会主义的公共财产神圣不可侵犯。国家保护社会主义的公共财产。禁止任何组织或者个人用任何手段侵占或者破坏国家的和集体的财产。

《中华人民共和国民法通则》（以下简称《民法通则》）第七十三条再次强调公共财产中国家财产的地位："国家财产属于全民所有。国家财产神圣不可侵犯。"而对于与公共财产相对应的私人财产，《宪法》第十三条仅言，"国家依照法律规定保护公民的私有财产权和继承权"，没有了公共财产的"神圣"性。法律措辞的改换，体现出法律对国家所有权与私人所有权地位的态度——前者高于且重于后者。《中华人民共和国物权法》（以下简称《物权法》）则以第四十五至五十七条对《宪法》及《民法通则》的有关内容进一步细化与申说，内容包括国家所有权的范围、行使者权责、法律地位等，其中第四十五条关于国家财产的权属："法律规定属于国家所有的财产，属于国家所有即全民所有。国有财产由国务院代表国家行使所有权；法律另有规定的，依照其规定。"更进一步，在《中华人民共和国刑法》（以下简称《刑法》）中，对侵犯国家财产的行为，有贪污罪（第三百八十二、三百八十三条）、挪用公款罪（第三百八十四条）、私分国有资产罪（第三百九十六条）等对其施以刑事处罚。

在我国传统时代的国家律典中，并无"所有权"这一概念，更遑论"国家所有权"。[5] 不过，若谈及相关问题，学者们常会联想到《诗经》中的名句："溥天之下，莫非王土。率土之滨，莫非王臣。"例如，教育部的《中国法制史》课程"指定教材"即言：

这几句话，是对中国古代社会最高统治者所拥有的极端权力的充分概括。从理论上说，在中国古代，天子被认为是"上天之子"，代表着上天来统治人间。天下的所有一切，包括土地、人民，最终

---

〔5〕 在传统社会，甚至没有现代意义上的"国家"概念。

都归天子所有。[6]

但笔者窃以为，这样的解读存在误会。一方面，这一诗句的本意并非为表彰"天子"之"所有权"。结合上下文来看："偕偕士子，朝夕从事；王事靡盬，忧我父母。溥天之下，莫非王土。率土之滨，莫非王臣。大夫不均，我从事独贤。"此分明是"一位士子怨恨大夫分配工作劳逸不均的诗"：朝夕从事王事无休止，忧心父母不得其养，既然"溥天之下，莫非王土。率土之滨，莫非王臣"，为何惟"我"劳事独多？[7]另一方面，我国传统时代并无现代（西方）意义上的"所有权"概念，因此若用此概念简单套用于传统时代，或断章取义几句诗歌遽以说明传统时代的"所有权"状态，那么，对相关问题的论说即必然出现偏差。事实上，若我们把目光聚焦于传统时代的国家律典，则会发现，这里"最高统治者所拥有的极端权力"可能并无那么"极端"，而他们所拥有财产的范围甚至远不如我国当代法律体系中那么广泛，地位也没有那么"神圣"。

在传统社会，可与当代之"国家所有权"或"国家财产"相类比的，是当时的"官物"——被官方（非官员个人）所有的财产。按前引之《民法通则》及《物权法》，"国家财产属于全民所有"，"属于国家所有即全民所有"，此表明，代表全体人民意志和利益的国家享有国家财产所有权，国家是全民财产的唯一所有人。但是，为了真正实现对全民财产的共同占有，以及国家机关、事业单位从事职能活动的需要，国家必须对全民财产进行合理分配，把国家所有权客体中的各项财产，按照其性质、用途交给国家机关、企事业单位、其他组织及个人占有和使用。[8]因此可以说，在理论上，国家财产属于国家所有、全民所有，

---

〔6〕 曾宪义主编：《中国法制史》，北京大学出版社2000年版，第53页。

〔7〕 参见程俊英、蒋见元：《诗经注析》（下），中华书局1991年版，第641～643页。

〔8〕 参见杨立新：《物权法》（第3版），中国人民大学出版社2009年版，第70～71页。

但在实际操作层面上，却是由国务院等国家机关、企事业单位等行使所有权（或所有权中的部分从权利）。〔9〕正是在这一实际操作的层面上，传统时代的官物与当代之国家财产的概念实可相与类比。〔10〕

具体而言传统时代，以清代为例，《大清律例》对官物的保护主要集中在《刑律·贼盗》中，共有九条专门针对盗官物的律文，以及两条既可针对官物亦可针对私物的律文（盗牛马畜产、诈欺官私取财）。〔11〕其中，针对一般官物（笔者所创之词）即"仓库钱粮"的律文为"监守自盗仓库钱粮"与"常人盗仓库钱粮"。所谓"仓库"，"收米谷曰仓，收财帛曰库"，〔12〕亦即官家以税赋等形式从私人处收取的米谷或财帛。而据沈之奇之说，两条律文中，"仓库钱粮"一词后有"等物"二字，使得二律所针对之对象"所包者广，凡系经管官物皆是"。〔13〕有关仓库的律例多列于《户律》仓库律中，但它们又大多"以"或"准"监守自盗、常人盗仓库钱粮处理，因而本文的讨论主要从贼盗律中切入，并旁及这些"以"或"准"的情况。而"特殊官物"（笔者所创之词），乃在传统时代被赋予特殊内涵的一些官物，它们的价值不能如一般官物仓库钱粮一样简单计数，有关律文包括：盗大祀神御物、盗制书、盗印信、盗内府财物、盗城门钥、盗军器、盗园陵树木。

下表简要列出这些盗官物及私物律文所规定的处罚方式：

---

〔9〕 参见《物权法》第45、53～55条。

〔10〕 郑秦教授直接把传统时代的官物称为"封建国家的财物"，但笔者认为这两个概念还是有所差异。参见郑秦："清律惩贪条款辨析"，载《政法论坛》1992年第2期。

〔11〕 此外，相关的还有几条有盗律"总则"性质的律文：亲属相盗、盗贼窝主、共谋为盗、公取窃取皆为盗、起除刺字。盗私物的律文有五条：强盗、白昼抢夺、窃盗、盗田野谷麦、恐吓取财。

〔12〕（清）薛允升著述：《读例存疑重刊本》（第2册），黄静嘉编校，（台北）成文出版社1970年版，第319页。

〔13〕（清）沈之奇撰：《大清律辑注》（下），怀效锋、李俊点校，法律出版社2000年版，第564页。

表格1

官　物	基本处罚	"亚类型"[14]处罚	私物	处罚	私物/官物	处罚
盗大祀神御物	皆斩	皆杖一百，徒三年	强盗	不分首从，皆斩	诈欺官私取财	准窃盗论/以监守自盗论
盗制书	皆斩	皆杖一百	白昼抢夺	分首从，计赃或不计赃论罪	盗马牛畜产	以窃盗论/以常人盗官物论
盗印信	皆斩（监候）	皆杖一百	窃盗	分首从，计赃论罪	/	/
盗内府财物	皆斩（杂犯）	依盗官物论	盗田野谷麦	分首从，计赃论罪	/	/
盗城门钥	皆杖一百，流三千里（杂犯）	皆杖一百，徒三年；皆杖一百	恐吓取财	分首从，计赃论罪	/	/
盗军器	计赃，以凡盗论	/	/	/	/	/
盗园陵树木	皆杖一百，徒三年	/	/	/	/	/
监守自盗仓库钱粮	不分首从，并赃论罪	/	/	/	/	/
常人盗仓库钱粮	不分首从，并赃论罪	/	/	/	/	/

〔14〕"亚类型"，乃笔者之自创词，用以代指那些所盗之物并非典型的原盗之对象，但与典型的原盗之对象相关或相似，因此也被书写于原盗罪之下的犯罪形态，对盗亚类型之物的处罚通常低于盗原盗之对象。

关于《大清律例》中盗官物律例的研究，前辈学者已可谓众说纷纭。如清初律学家沈之奇及美国学者钟威廉均有"律重官物"之说，[15]而清末律学家薛允升、徐象先则发现其中"轻财物重民命"[16]或"为害于国，其害小，……为害于民，其害大"[17]的立法意旨。此外，重要的研究还有台湾地区学者巨焕武专门针对监守自盗仓库钱粮律的长文，对该律之犯罪类型、构成要件、处罚类型等有全面概论。[18]笔者认为，这些研究及结论均颇值得关注，但总体而言，其要么为律学家在讨论个别律文中的词句时稍带提及（沈、薛、徐之说），要么是学者在未经细致研究之时便笼统概括而出（钟氏之观点），要么仅讨论了个别律例（巨氏之文），均未能在细致研究的基础之上对全部盗官物律例的整体性予以把握，更鲜及古今中外之比较研究以及法学视角的理论提升。

因此，本文之鹄的即试图弥补这些缺憾，从《大清律例》相关条文及其演变入手，结合台湾"中央研究院"藏"明清内阁大库档案"、台湾"故宫博物院"藏"清代宫中档奏折及军机处档折件"等实践材料，[19]以现代（西方）法学（包括宪法学、民法学、刑法学）理论为参照，对清代之盗官物律例及实践作一深入解析。

---

〔15〕（清）沈之奇撰：《大清律辑注》（下），怀效锋、李俊点校，法律出版社 2000年版，第 572、577 页。William C. Jones, "Theft in the Qing Code", *American Journal of Comparative Law*, Vol. 30, Issue 3（Summer 1982），p. 518.

〔16〕尽管薛氏讨论的是明律，但明律此处的规定与清律一致，参见（清）薛允升撰：《唐明律合编》，怀效锋、李鸣点校，法律出版社 1999 年版，第 530 页。

〔17〕（清）徐象先编：《大清律讲义》，京师京华书局印刷，光绪丁未（1907 年）仲冬初版，第 17 页。

〔18〕巨焕武："清律中的监守自盗罪"，载（台湾）《政大法律评论》1992 年第 45期。与该文同年，大陆学者郑秦也发表相关文章，二文均是本领域的奠基作品，参见郑秦："清律惩贪条款辨析"，载《政法论坛》1992 年第 2 期。

〔19〕这些原始档案较已点校出版的案例汇编（如《刑案汇览》）有更丰富的材料，也更能体现出清代律例实践的实相。

二、原则之一：律重官物

从整体上而言，《大清律例》贼盗律的原则之一，是对盗官物行为的处罚重于对盗私物者，此所谓"律重官物"。

首先从律文的排列来看，盗官物者在前、盗私物在后，即是"律重官物"原则最直观的体现。在现代刑法典中，也通常按立法者所认为的犯罪之严重程度编排类罪及类罪中的具体罪名。如在我国现行《刑法》中，一方面，总体上依据各类犯罪的危害程度对类罪进行排列，即以各类犯罪的法益重要程度为依据，按由重到轻的顺序进行排列；另一方面，在安排各类犯罪中的具体犯罪时，也首要考虑具体犯罪的罪行轻重，如将背叛国家罪、故意杀人罪、抢劫罪等分别规定在各章之首，因为这些犯罪在各章之中最为严重。[20]

其次从刑罚的轻重来看，对盗官物行为之处罚通常重于对盗私物者。此处以常人窃盗普通官物与普通私物的两条律文——常人盗仓库钱粮与窃盗之比较为例，[21] 对比表格如下：

表格 2

	常人盗仓库钱粮	窃 盗
不得财	杖六十	笞五十
一两以下	杖七十	杖六十
一两以上，至五两	杖八十	/
一两以上，至一十两	/	杖七十
一十两	杖九十	

---

〔20〕 本段参见张明楷：《刑法学》（第 4 版），法律出版社 2011 年版，第 576 页。

〔21〕 常人盗仓库钱粮与窃盗，盗之主体均是常人，盗之行为均表现为窃盗，二者之区别仅是盗之对象，前者为官物，后者为私物，且均是一般财物，因此以此二律进行比较最能直观体现律文对盗官物与私物区别的态度。

	常人盗仓库钱粮	窃 盗
一十五两	杖一百	/
二十两	杖六十，徒一年	杖八十
二十五两	杖七十，徒一年半	/
三十两	杖八十，徒二年	杖九十
三十五两	杖九十，徒二年半	/
四十两	杖一百，徒三年	杖一百
四十五两	杖一百，流二千里	/
五十两	杖一百，流二千五百里	杖六十，徒一年
五十五两	杖一百，流三千里 （杂犯。三流，总徒四年。）	/
六十两	/	杖七十，徒一年半
七十两	/	杖八十，徒二年
八十两	绞 （杂犯，徒五年。其监守直宿之人， 以不觉察科罪。）	杖九十，徒二年半
九十两	/	杖一百，徒三年
一百两	/	杖一百，流二千里
一百一十两	/	杖一百， 流二千五百里
一百二十两	/	杖一百，流三千里
一百二十两以上	/	绞（监候）

同样是"不得财",常人盗官物者杖六十,盗私物者仅笞五十。同样是盗一两以下,常人盗官物者杖七十,盗私物者仅杖六十。在这之后,盗官物者每五两加一等,盗私物者每十两加一等。关于加等之原则,按沈之奇之说,"罪既轻一等,赃亦加倍而后坐,所谓加则倍加,减亦倍减"。[22]

实践中,各案也均按此处理。顺治十三年(1656年)刘宗兴依常人盗"一两至五两律,杖八十"。同年,祝娄、李一依常人盗二十两,杖六十,徒一年;陈文秀依常人盗二十五两,杖七十,徒一年半;陈瑞、邓方贵、邓启胜依常人盗三十两,杖八十,徒二年;黎旭、邓成兴、丘登胜依常人盗三十五两,杖九十,徒二年半;张国华、江太依常人盗四十两,杖一百,徒三年;邓玉、刘绍依常人盗四十五两,杖一百,流二千里(杂犯);刘明甫、余仰、饶能胜、曾二依常人盗五十五两,杖一百,流三千里(杂犯)。[23]道光十年(1830年),郑帼泰"窃盗赃一两以上",杖七十;道光四年(1824年),杨翼之依"窃盗赃四十两律",杖一百。[24]乾隆三十三年(1768年),老猴照窃盗五十两,杖六十徒一年(为从减一等),阿金阿楮照窃盗一百两,杖一百流二千里(为从减一等)。光绪十六年(1890年),张来跟、房直叶依窃盗一百一十两律,杖一百流二千五百里(为从减一等)处罚。[25]

对二者之最高处罚均为绞(杂犯或监候),但对盗官物者,八十两即绞,盗私物者,一百二十两以上方绞。顺治十三年(1656年),陈士登即被依常人盗八十两律,拟绞(杂犯)。乾隆十三年(1748年),章

---

〔22〕 此说虽为对监守盗与常人盗之比较而言,但也同样能适用于常人盗仓库钱粮与窃盗之比较。参见(清)沈之奇:《大清律辑注》(下),怀效锋、李俊点校,法律出版社2000年版,第572页。

〔23〕《内阁大库档案》,登录号015171-001、121074-001,台湾"中央研究院"藏。

〔24〕(清)许槤、熊莪纂辑:《刑部比照加减成案》,何勤华等点校,法律出版社2009年版,第440页。

〔25〕《宫中档奏折—乾隆朝》,档案号403026844;《宫中档奏折—光绪朝》,档案号408002694,台湾"故宫博物院"藏。

才为首窃盗一百二十两六钱四分（刚过一百二十两），被拟绞监候；光绪十七年（1891 年），李福有为首窃盗二百二十四两（一百二十两的近两倍），亦被拟绞监候，秋后处决。[26]

此外，两条例文还进一步加重了对常人盗仓库钱粮中盗"漕运粮米"及"库贮银钱"、"仓贮漕粮"的处罚：

> 盗窃漕运粮米，数至一百石以上者，拟绞监候。其一百石以下，即照盗仓库钱粮一百两以下例办理。
>
> 凡窃匪之徒，穿穴壁封，窃盗库贮银钱，仓贮漕粮，未经得财者，为首，杖一百，徒三年；为从，依律减一等。但经得财之首犯，数至一百两以上者，拟绞监候；其一百两以下，不分赃数多寡，发云、贵、两广极边烟瘴充军。为从者，一两至八十两，准徒五年；八十五两，杖一百，流三千里；九十两，杖一百，流二千五百里；九十五两，至一百两以上，俱杖一百，流三千里。[27]

乾隆七年（1742 年），王彩公即因偷窃库贮银钱、人参、首饰等，得财计赃一百两以上，被依第二条例，拟绞监候。[28]

再次，官物如若失窃，不仅行盗之人将面临惩罚，负责监管之人亦须承担责任。《户律》"仓库律"中有"仓库不觉被盗"律："凡有人（非监守）从仓库中出，守把之人不搜检者，笞二十。因不搜检，以至

---

〔26〕《内阁大库档案》，登录号 121074 - 001、050065 - 001，台湾"中央研究院"藏；《官中档奏折—光绪朝》，档案号 408006833，台湾"故宫博物院"藏。

〔27〕本例原系三条，一系雍正七年（1729 年）刑部议准定例，一系乾隆十四年（1749 年）年山西按察使多纶条奏定例，一系乾隆二十七年（1762 年）山东按察使闵鹗元、二十八年（1763 年）江苏按察使胡文伯条奏刑部议准并纂为例，五十三年（1788 年）修并。闵氏之条奏，参见内阁大库档案，登录号 210249—001，台湾"中央研究院"藏。例文及沿革参见（清）薛允升著述：《读例存疑重刊本》（第 3 册），黄静嘉编校，台北成文出版社 1970 年版，第 583 ~ 584 页。

〔28〕《内阁大库档案》，登录号 071362 - 001，台湾"中央研究院"藏。

盗物出仓库而不觉者，减盗罪二等；若夜直更之人不觉盗者，减三等。"[29]常人盗仓库钱粮律对此也有申说：若失窃为八十两以上，"其监守直宿之人，以不觉察科罪"。[30]

除了律文的规定，实践中，乾隆七年（1742年），浙江巡抚衙门贮库被盗，计赃三百四十九两一钱，几名巡役被"依不应重律，杖八十，先经责惩，免其重科"。[31]若是各类特殊官物失窃，律文未明文规定监管者之责任，但在案例中，嘉庆五年（1800年），特殊官物"内府财物"——芳园居银库被窃，负责的官员指出："芳园居银库即系内府，如有盗窃，其直更不觉之人应作何治罪之处，例无明文，但常人盗仓库至一千两以上罪止缳首，而盗内府财物者，律皆斩，但盗即坐，是盗内府财物既重于仓库，其内府看守疏防自不应比照仓库之疏防律拟杖。"于是建议对负责看守之一干人等"革去兵丁，各枷号两个月，满日鞭一百，交管理园亭总管，严加管束"。[32]此外，道光三年（1823年）内阁遗失暹罗国金叶表，尚未找到行窃人，即将值班供事丁熙照"不应重律"杖八十、革役。[33]咸丰九年（1857年），理藩院堂印被盗，行盗人下落不明，于是将有看守职责的当月官福升"先行交部议处，勒限五日，责令该员设法寻觅，倘限满无获，再行从严恭办"。[34]

不过，根据《名例律》中的"本条别有罪名"律，"其本应罪重，而犯时不知者，依凡人论"，[35]对行为人按盗官物的律例处理，还要求该行为人主观上知悉其所盗之物为官物，并有意盗之，否则仅按处罚较

---

〔29〕（清）薛允升著述：《读例存疑重刊本》（第2册），黄静嘉编校，台北成文出版社1970年版，第350页。

〔30〕（清）薛允升著述：《读例存疑重刊本》（第3册），黄静嘉编校，台北成文出版社1970年版，第583页。

〔31〕《内阁大库档案》，登录号071362-001，台湾"中央研究院"藏。

〔32〕《宫中档奏折—嘉庆朝》，档案号404005276，台湾"故宫博物院"藏。

〔33〕《刑案汇览全编·刑案汇览》（第12卷），法律出版社2007年版，第755页。

〔34〕《宫中档奏折—咸丰朝》，档案号406011188，台北"故宫博物院"藏。

〔35〕（清）薛允升著述：《读例存疑重刊本》（第2册），黄静嘉编校，台北成文出版社1970年版，第134页。

轻的盗私物处理。道光三年（1823 年），田守彩行窃文殊庵存放的"行宫御下门窗等物"，但田氏不知所盗之物系官物，因此被仅照普通窃盗律，计赃科断。次年，杨翼之"将办结应销各文案搀杂现办事件携回清理，未及送署即被起获"，被认为"并非有心偷出，与盗官文书者不同"，仅被依窃盗赃四十两律，杖一百、刺字。[36]

三、原则之二：严监守宽常人

"监守自盗仓库钱粮"与"常人盗仓库钱粮"，为《大清律例》贼盗罪中针对一般官物即仓库钱粮的两条律文，二者之分别在于实施盗行为的主体不同，一为监临主守，一为常人。对前者之处罚重于后者，此为清代盗律的原则之二。

前者言：

> 凡监临主守，自盗仓库钱粮等物，不分首从，并赃论罪（并赃谓如十人节次共盗官银四十两，虽各分四两入己，通算作一处，其十人各得四十两罪，皆斩；若十人共盗五两，皆杖一百之类。三犯者绞，问实犯）。并于右小臂膊上，刺盗官（银两物）三字。（每字各万一寸五分，每画各阔一分五厘，上不过肘，下不过腕。余条准此）。

后者曰：

> 凡常人（不系监守外皆是）盗仓库（自仓库盗出者坐）钱粮等物，（发觉而）不得财，杖六十；（从，减一等）但得财者，不分首从，并赃论罪，（并赃同前）并于右小臂膊上，刺盗官（银粮

---

〔36〕《刑案汇览全编·刑案汇览》（第 12 卷），法律出版社 2007 年版，第 755 页。（清）许梿、熊莪纂辑：《刑部比照加减成案》，何勤华等点校，法律出版社 2009 年版，第 440 页。

物）三字。[37]

"常人"，乃"不系监守外皆是"，"不论军民人等，即有官有役之人，凡不系监守者，皆是"，[38] 因而此处只需探究"监守"的含义。"监守"，即"监临主守"，《名例》中有专门的"称监临主守"律解释这一名词：

> 凡（律）称监临者，内外诸司统摄所属，有文案相关涉，及（别处驻扎衙门带管兵粮水利之类）虽非所管百姓，但有事在手者，即为监临。称主守者，（内外衙门）该管文案，典吏专主掌其事；及守掌仓库、狱囚、杂物之类，官吏、库子、斗级、攒拦、禁子并为主守。
>
> 其职虽非统属，但临时差遣管领提调者，亦是监临主守。[39]

首节言通常情况下，"监临"与"主守"各自所指，主要是一些具有特殊身份的人，次节道临时被认定为监临主守的情况。前者自不待言，是本律行为主体的主要构成部分，后者较为少见，但实践中仍不乏其例，如嘉庆十八年（1813 年），已被革役的张廷元仍在地丁房帮办事务，被认为"实有监守之责"，因此也被照监守盗仓库钱粮律论处。[40]

这样的概念和分类很类似于我国现行《刑法》中关于贪污罪犯罪主

---

〔37〕（清）薛允升著述：《读例存疑重刊本》（第 3 册），黄静嘉编校，台北成文出版社 1970 年版，第 577、582 页。

〔38〕（清）沈之奇：《大清律辑注》（下），怀效锋、李俊点校，法律出版社 2000 年版，第 571 页。

〔39〕（清）薛允升著述：《读例存疑重刊本》（第 2 册），黄静嘉编校，台北成文出版社 1970 年版，第 137 页。

〔40〕（清）许槤、熊莪纂辑：《刑部比照加减成案》，何勤华等点校，法律出版社 2009 年版，第 60 页。

体身份的规定。根据《刑法》第三百八十二条，贪污罪的主体主要是"国家工作人员"，所谓"国家工作人员"，根据《刑法》第九十三条，"指国家机关中从事公务的人员"，且"国有公司、企业、事业单位、人民团体中从事公务的人员和国家机关、国有公司、企业、事业单位委派到非国有公司、企业、事业单位、社会团体从事公务的人员，以及其他依照法律从事公务的人员，以国家工作人员论"。此即类似于称监临主守律中的第一节。除了这些通常情况下的主体，也有临时被认定的主体："受国家机关、国有公司、企业、事业单位、人民团体委托管理、经营国有财产的人员"，此又类似于称监临主守律的第二节。

监守盗及常人盗二律律文具体规定了所盗银钱数及其相应的刑罚：

表格3

	监守自盗仓库钱粮	常人盗仓库钱粮
一两以下	杖八十	杖七十
一两之上，至二两五钱	杖九十	/
一两以上，至五两	/	杖八十
五两	杖一百	/
七两五钱	杖六十，徒一年	/
一十两	杖七十，徒一年半	杖九十
一十二两五钱	杖八十，徒二年	/
一十五两	杖九十，徒二年半	杖一百
一十七两五钱	杖一百，徒三年	/
二十两	杖一百，流二千里	杖六十，徒一年
二十五两	杖一百，流二千五百里	杖七十，徒一年半

续表

	监守自盗仓库钱粮	常人盗仓库钱粮
三十两	杖一百，流三千里 （杂犯。三流，总徒四年。）	杖八十，徒二年
三十五两	/	杖九十，徒二年半
四十两	斩 （杂犯。徒五年。）	杖一百，徒三年
四十五两	/	杖一百，流二千里
五十两	/	杖一百，流二千五百里
五十五两	/	杖一百，流三千里 （杂犯。三流，总徒四年。）
八十两	/	绞 （杂犯，徒五年。其监守直宿之人，以不觉察科罪。）

　　在唐宋律中，均无有关常人盗官物的专门条文，《大明律》始定本律。[41] 关于监守自盗仓库钱粮，《唐律疏议》中律名为"监临主守自盗"："诸监临主守自盗及盗所监临财物者，（若亲王财物而监守自盗，亦同[42]）加凡盗二等，三十匹绞。（本条已有加者，亦累加之）。"[43]《宋刑统》"强盗窃盗"门下"监主自盗"，语词与唐律一致。[44] 从唐

---

〔41〕《大明律》，怀效锋点校，法律出版社1999年版，第138～139页。
〔42〕"亦同"二字应在小注内，本文的参用本应有误。可参见《宋刑统》，薛梅卿点校，法律出版社1999年版，第346页；（清）薛允升：《唐明律合编》，怀效锋、李鸣点校，法律出版社1999年版，第509页。
〔43〕《唐律疏议》，刘俊文点校，法律出版社1999年版，第388页。
〔44〕《宋刑统》，薛梅卿点校，法律出版社1999年版，第346页。

宋到明清，[45] 本律的变化实不大，均大致为"比窃盗律加二等"。[46]

明清律添入常人盗仓库钱粮，比监守盗减一等，比窃盗加一等。具体而言，如表格 3 所示，盗一两以下，监守盗为杖八十，常人盗杖七十，后者轻一等。此后，监守盗二两五钱加一等，常人盗五两加一等。实践中对常人盗的处理已在本文前一部分举例，兹不赘举，仅列几件按律处理的监守自盗案例：顺治十年（1653 年），刘名桂依监守自盗一十五两律，杖九十，徒二年半；顺治五年（1648 年），李天佑监守盗计赃二十五两，拟杖一百，流二千五百里（杂犯）；顺治十三年（1656 年），孙确监守盗三十两，拟杖一百，流三千里（杂犯）。[47]

对于监守盗，律文规定的最大数额及刑罚为四十两斩（杂犯），如顺治十三年（1656 年），吕成周监守盗四十两，拟斩（杂犯）。[48] 但例文进一步规定了四十两以上的处罚方式，加重对这一行为的处罚：

> 其入己数，在一百两以下至四十两者，仍照本律问拟，准徒五年；其自一百两以上，至三百三十两，杖一百，流二千里；至六百六十两，杖一百，流二千五百里；至一千两，杖一百，流三千里；至一千两以上者，拟斩监候。[49]

亦即对赃数为一百两以上者，不再"杂犯准徒"，而是实施以流刑或斩绞刑。实践中，本例也确被奉行。据道光五年（1825 年）的一份

---

〔45〕 清律较明律之别，在将计赃单位由"贯"改为"两"。明律的情况，参见《大明律》，怀效锋点校，法律出版社 1999 年版，第 137 ~ 138 页。

〔46〕 （清）沈之奇：《大清律辑注》（下），怀效锋、李俊点校，法律出版社 2000 年版，第 567 页。清律窃盗律文见（清）薛允升著述：《读例存疑重刊本》（第 3 册），黄静嘉编校，台北成文出版社 1970 年版，第 649 ~ 650 页。

〔47〕 《内阁大库档案》，登录号 006157 - 001、005538 - 001、005546 - 001，台湾"中央研究院"藏。

〔48〕 《内阁大库档案》，登录号 005557 - 001，台湾"中央研究院"藏。

〔49〕 （清）薛允升著述：《读例存疑重刊本》（第 3 册），黄静嘉编校，台北成文出版社 1970 年版，第 581 页。

移会记载，都尔松阿、舜隆阿二人被依本例，监守自盗一百两以上至三百三十两，杖一百，流二千里；乾隆三十二年（1767 年），葛成麒、宋福英二人监守自盗赃六百六十两至一千两，杖一百，流三千里。[50]

监守盗事发之后，涉及"追赃"的问题，本门有三条例文规范之。其一言：

> 凡侵盗应追之赃，着落犯人妻，及未分家之子名下追赔。如果家产全无，不能赔补；在旗，参佐领骁骑校，在外，地方官取具甘结，申报都统、督抚，保题豁免结案。倘结案后，别有田产、人口发觉者，尽行入官，将承追申报各官革职，所欠赃银米谷，着落赔补；督促等官照例议处；内外承追督促武职，俱照文职例议处。再一应赃私，察果家产全无，力不能完者，概予豁免，不得株连亲族。倘滥行着落亲族追赔，将承追官革职。其该管上司，如有逼迫申报取具甘结之事，属官不行出首，从重治罪。

本例言及四层内容。一是追赃的一般原则，"着落犯人妻，及未分家之子名下追赔"；二是若"家产全无"，则参佐领骁骑校或地方官，取具甘结，申报都统、督抚，"保题豁免结案"；三是结案后若发现"别有田产人口"，那么尽行入官、赔补，负责的官员承担相应责任；四是应豁免之案不得株连亲族，否则追究相关官员责任。

其二关于追赃的期限，若在一定的期限内追赔完毕，可被减等发落甚至免罪：

> 勒限一年追完。如限内全完，死罪减二等发落，流徒以下免罪。若不完，再限一年勒追，全完者，死罪及流徒以下，各减一等发落。如不完，流徒以下，即行发配，死罪人犯监禁。均再限一

年，着落犯人妻及未分家之子名下追赔。三年限外不完者，死罪人犯，永远监禁；全完者，奏明请旨，均照二年全完减罪一等之例办理。至本犯身死，实无家产可以完交者，照例取结豁免。其完赃减免之犯，如再犯赃，俱在本罪上加一等治罪。文武官员犯侵盗者，俱免刺字。

嘉庆二十五年（1820 年），李荃、黄天祥二人本应依监守盗"一两以上至二两五钱"，杖九十、刺字，但因"侵用银两俱已照数完缴"，即被依本例免罪。[51]

其三言监守盗之对象为"库帑"，且监守盗之主体身故后乃事发的状况：

> 凡侵贪之案，如该员身故，审明实系侵盗库帑，图饱私橐者，即将伊子监追。[52]

除了监守自盗仓库钱粮本律，《大清律例》中尚有众多"以监守自盗论"或"准监守自盗论"的律例。[53]根据《大清律例》卷一"律目"下附之"例分八字之义"，所谓"准"，"与实犯有间矣。谓如准枉法、准盗论，但准其罪，不在除名、刺字之例，罪止杖一百、流三千里"，所谓"以"，"与实犯同。谓如监守贸易官物，无异实盗，故以枉法论，以盗论，并除名，刺字，罪至斩、绞，并全科"。[54]

实践中，运用这些律例处理的案例也较常见。如乾隆十五年（1750

---

[51] 《内阁大库档案》，登录号 182922－001，台湾"中央研究院"藏。

[52] 三条例文参见（清）薛允升著述：《读例存疑重刊本》（第3册），黄静嘉编校，台北成文出版社1970年版，第580～581页。

[53] 清人王明德对这些律例曾有部分总结，可参看，王氏之后还新增了一些相关例文，但此并非本文之重点，因此不再罗列。（清）王明德撰：《读律佩觿》，何勤华等点校，法律出版社2001年版，第159～161、204页。

[54] 《大清律例》，田涛、郑秦点校，法律出版社1999年版，第41页。

年），常保等人被依《户律》中的"库秤雇役侵欺"律，以监守自盗论，"不分首从，四十两斩，系杂犯，准徒五年"；乾隆二十七年（1762年），贝和诺被依"守掌在官财物"律，"守掌官物，若有欺侵借贷，计赃，以监守自盗论，四十两，杂犯斩，准徒五年"。道光十六年（1836年），黄宗宪被依"那移出纳"律，"各衙门收支钱粮等物，若监临主守不正收正支，挪移出纳，还冲官用者，计赃准监守自盗论，罪止杖一百流三千里，杂犯，总徒四年"。[55]

并且，"以监守自盗论"者，不仅可以监守自盗本律论，还可以相关例文论。乾隆三十六年（1771年），杨唐佑、詹兆驹二人被依"虚出通关朱砂"律，以监守自盗论，"六百六十两以上至一千两例，杖一百，流三千里"。[56]

此外，除了以或准监守自盗论的情况，若是监临恐吓，则以或准枉法论：

> 监临恐吓所部取财，准枉法论。若知人犯罪而恐吓取财者，以枉法论。[57]

本例的直接来源是明代的两条问刑条例，乾隆五年（1740年）时并辑为一，并于十六年（1751年）改定。[58]而其实早在《唐律疏议》中，即有如下问答：

---

〔55〕 本段所引案例出自：内阁大库档案，登录号 187089 - 001、184384 - 001、178976 - 001，台湾"中央研究院"藏。律文依次见：（清）薛允升著述：《读例存疑重刊本》（第 2 册），黄静嘉编校，台北成文出版社 1970 年版，第 349、367、341 页。
〔56〕 《内阁大库档案》，登录号 178343 - 001，台湾"中央研究院"藏。
〔57〕 （清）薛允升著述：《读例存疑重刊本》（第四册），黄静嘉编校，台北成文出版社 1970 年版，第 709 页。
〔58〕 参见马建石、杨育棠主编：《大清律例通考校注》，中国政法大学出版社 1992 年版，第 743～744 页。

> 监临恐吓所部取财，合得何罪？
>
> 答曰：凡人恐吓取财，准盗论加一等。监临之官，不同凡人之法，名例："当条虽有罪名，所为重者，自从重。"理从"强乞"之律，合准枉法而科。若知有罪不虚，恐吓取财物者，合从真枉法而断。[59]

可以发现，本例即与此问答语意相一致。根据前述"以"与"准"的含义，本例所言之后一种情况"与实犯同"，前一种情况"与实犯有间"，因而后一种较前一种情况为重，按薛允升之说，此为"重挟势也"。[60] 至于被"以"或"准"的"枉法赃"的具体处理方式，在《大清律例》"六赃图"中有详细列表。[61] 嘉庆二十五年（1820 年），曾衍东即因"监临恐吓所部财物"，被依本例以枉法论，杖一百，流三千里。[62]

四、"皆"：特殊官物的特殊性

从表格 1 可看出，对盗特殊官物的处罚通常出现一"皆"字，对其它则通常无"皆"字，取而代之的是一"分"字。特殊官物的特殊性，即集中体现在这一"皆"字之上。

所谓"皆"，按"例分八字之义"："皆者，不分首从，一等科罪。"[63] 王明德申说之，"皆者，概也，齐而一之，无分别也"，因此不分"首从、余人、亲疏、上下、尊卑、伦序、同姓、异姓、老幼、废疾、笃疾、监守、常人，并物之贵贱，轻重，赃之多寡、分否，以及事情之大

---

〔59〕《唐律疏议》，刘俊文点校，法律出版社 1999 年版，第 391 页。

〔60〕（清）薛允升著述：《读例存疑重刊本》（第 4 册），黄静嘉编校，台北成文出版社 1970 年版，第 709 页。

〔61〕"无禄之人减一等"。参见《大清律例》，田涛、郑秦点校，法律出版社 1999 年版，第 44 ~46 页。

〔62〕《内阁大库档案》，登录号 186988 - 001，台湾"中央研究院"藏。

〔63〕 田涛、郑秦点校：《大清律例》，法律出版社 1999 年版，第 41 页。

小、同异"，"概一其罪而同之"。[64] 凡言"皆"者，不分"首从、余人、亲疏、上下、尊卑、伦序、同姓、异姓、老幼、废疾、笃疾、监守、常人，并物之贵贱，轻重，赃之多寡、分否，以及事情之大小、同异"等，因而只要不言"皆"者，即应"分"。换言之，"分"为一般原则，"皆"为特例。

盗官物行为被按"皆"之方式处理的主要原因，乃在于特殊官物的"特殊"性。在盗特殊官物的七条律文中，仅有盗军器一项未言"皆"字：

> 凡盗（人关领在家）军器者，（如衣、甲、枪、刀、弓、箭之类）计赃，以凡盗论。若盗（民间）应禁军器者，（如人马甲、傍牌、火筒、火砲、旗纛、号带之类）与（事主）已得私有之罪同。若行军之所，及宿卫军人相盗入己者，准凡盗论；（若不入己）还充官用者，各减二等。

沈之奇道出其缘由："军器皆官物也，然军人既已关领在家，即同军人之物。盗于军人之家，非盗于在官之所，故以凡盗论。"[65] 亦即，把原本类属于官物的军器等同于私物处理。不过，乾隆二十五年（1760年）刑部定例，规定对盗军器者，除流罪以上仍照律办外，徒杖以下者均照窃盗赃加一等治罪，并枷号一个月。[66] 加重对盗军器者之处罚，是以重新认定盗军器之行为仍较盗普通私物为重。

剩下的六条盗特殊官物律文中，均有"皆"字。王明德道，言"皆"者，乃"人同，事同，而情同，其罪固同。即事异，人异，而情

---

〔64〕（清）王明德：《读律佩觿》，何勤华等点校，法律出版社 2001 年版，第 6 页。

〔65〕（清）沈之奇：《大清律辑注》（下），怀效锋、李俊点校，法律出版社 2000 年版，第 559 页。

〔66〕 本门律文及例文（清）薛允升著述：《读例存疑重刊本》（第 3 册），黄静嘉编校，台北成文出版社 1970 年版，第 571 页。

同，其罪亦无弗同也"。[67] 而至于这里即便"事异，人异"仍"情同"的原因，即在于这些特殊官物本身的特殊性之上——被赋予了特殊的内涵，已不再是能够简单计算出价格的普通"财物"。[68] 若借用现代刑法学中的"法益"概念，则针对普通财物（如仓库钱粮）的盗行为所侵犯的乃"财产法益"，而针对特殊官物的盗行为，其所侵犯的则不是或不仅是财产法益。

具体而言，"大祀神御物"，指"大祀（天曰）神（地曰）祇御用祭器帷帐等物"，及"飨荐玉帛牲牢馔具之属者"，另有"亚类型"："（祭器品物）未进神御，及营造未成，若已奉祭讫之物，及其余官物，（虽大祀所用，非应荐之物）。"这些物件"与寻常仓库官物不同也"，"盗之为大不敬"，[69] 因此盗前者"皆斩"，盗后者"皆杖一百，徒三年；若计赃重于本罪（杖一百，徒三年）者，各加盗罪一等（谓监守、常人盗者，各加监守、常人盗罪一等，至杂犯绞斩不加）"，并刺字。[70]

嘉庆二十年（1815 年）吉二偷窃"堂子黄缎"，即被依本律拟斩立决。同年，郭亮偷窃关帝神像等物，审判官认为，"关帝虽未载在大祀，为我朝崇敬，较之神祇御用为重"，因此也将其比照本律，不分首从，拟斩立决，只是后又"奉旨改为斩候，入于秋审情实办理"。道光五年（1825 年），赵大偷盗先农坛内物件，"先农坛系属中祀，例内并无盗中祀官物作何治罪明文"，于是将其比照盗本律之亚类型减等问拟，但又因该犯"两次偷窃，情节较重"，因此未减等，被直接照原律处杖一百，

〔67〕（清）王明德：《读律佩觿》，何勤华等点校，法律出版社 2001 年版，第 6 页。

〔68〕 在唐宋律典中，相关律文即被统称为"盗不计赃立罪名"。《唐律疏议》，刘俊文点校，法律出版社 1999 年版，第 386 页。《宋刑统》，薛梅卿点校，法律出版社 1999 年版，第 341 页。

〔69〕（清）沈之奇：《大清律辑注》（下），怀效锋、李俊点校，法律出版社 2000 年版，第 553 页。

〔70〕（清）薛允升著述：《读例存疑重刊本》（第 3 册），黄静嘉编校，台北成文出版社 1970 年版，第 568 页。

徒三年。[71]

此外，在盗园陵树木门内，还规定了两种比照本律处理的情况：其一，"凡山前后各有禁限，如红椿以内，盗砍树株，取土取石，开窑烧造，放火烧山者，比照盗大祀神御物律斩"；其二，"凡旗、民人等在红椿以内，偷挖人参，至五十两以上，为首，比照盗大祀神御物律斩"。[72] 嘉庆十二年（1807 年），周明、孙秀在"木门沟大洼地方红椿以内，叠次邀伙，盗砍树数十余株"，即被依第一条例文，比照盗大祀神御物律处理。[73]

"制书"，"所以诏令天下。……出自内府，所系至重"，[74] 盗之者皆斩，盗亚类型"各衙门官文书"者，皆杖一百，刺字。[75] 嘉庆二十年（1815 年），已革尚膳副雅图窃取易州收文迴投印票，改作米票行骗，被比照本律之亚类型，盗官文书杖一百。[76]

"印信"者，"所以传信于四方……颁自朝廷，关系机要"，[77] 盗之者皆斩监候，盗亚类型"官方印记"者，皆杖一百，刺字。[78] 道光十六年（1836 年），刘有发偷窃刑部堂印，即被依本律斩监候。道光九年（1829 年），辛荣"偷窃署佐领果多欢图记、钤用契纸"，本应照盗本律亚类型处理，但由于有恐吓同案犯等情节，于是被照本律杖一百之

---

〔71〕（清）许梿、熊莪纂辑：《刑部比照加减成案》，何勤华等点校，法律出版社2009 年版，第 59～60、418 页。

〔72〕（清）薛允升著述：《读例存疑重刊本》（第 3 册），黄静嘉编校，台北成文出版社1970 年版，第 572～573 页。

〔73〕内阁大库档案，登录号 123788—001，台湾"中央研究院"藏。

〔74〕（清）沈之奇：《大清律辑注》（下），怀效锋、李俊点校，法律出版社2000 年版，第 554 页。

〔75〕（清）薛允升著述：《读例存疑重刊本》（第 3 册），黄静嘉编校，台北成文出版社1970 年版，第 568 页。

〔76〕《刑案汇览全编·刑案汇览》（第 12 卷），法律出版社2007 年版，第 751 页。

〔77〕（清）沈之奇：《大清律辑注》（下），怀效锋、李俊点校，法律出版社2000 年版，第 555 页。

〔78〕（清）薛允升著述：《读例存疑重刊本》（第 3 册），黄静嘉编校，台北成文出版社1970 年版，第 569 页。

上加一等，杖六十，徒一年，并刺字。[79] 印信及印记的种类有一定的范围，若是各州县教谕之印，则不属于本律所言之印信或印记，仅是一种"条记"，因而盗之者依窃盗计赃科断。此外，若是盗后毁弃印信，实践中按伪造印信处理而非本律。[80]

"内府财物"，"在皇城禁地之中"，[81] 盗之者皆斩（杂犯）。例文中又进一步规定，盗内府财物，若系"御宝乘舆服御服者，俱作实犯死罪；其余银两钱帛等物，分别监守、常人，照盗仓库钱粮各本例定拟"。同治七年（1868 年），吉瑞、赵三听从行窃皇史宬殿门上铜叶、瓦上铜泡钉各一次，即被拟照此例，"照盗内府其余财物，照盗仓库钱粮为从一两至八十两，准徒五年罪上，从重加等，发附近充军"。[82]

雍正五年（1727 年），时任浙江巡抚的李卫奏称，位于杭州西湖的圣祖行宫被盗，其指出，若仅将盗贼立即处死，"恐若辈未见明正典刑，不知惧怕，犹为易犯"，于是建议："将首犯即行正法，从犯割断两边懒筋，借此一二人，使匪类知所儆戒，抑或俱行尽法，痛处后一并割筋，使其终身不能再为盗贼。"[83] 但这一建议并未成为定例，直到嘉庆四年（1799 年）发生了张猛、宋泳德行窃济尔哈郎图行宫案之后，[84] 新增例文，规定对偷窃"各省行宫"及"大内、圆明园、避暑山庄、静寄山庄、清漪园、静明园、静宜园、西苑、南苑等处"的"乘舆服物"[85]

---

〔79〕《刑案汇览全编·续增刑案汇览》（第 5 卷），法律出版社 2007 年版，第 259 ~ 260 页。

〔80〕《刑案汇览全编·刑案汇览》（第 12 卷），法律出版社 2007 年版，第 753 ~ 754 页。

〔81〕（清）沈之奇：《大清律辑注》（下），怀效锋、李俊点校，法律出版社 2000 年版，第 556 页。

〔82〕《刑案汇览全编·刑案汇览续编》（第 9 卷），法律出版社 2007 年版，第 368 ~ 369 页。

〔83〕《宫中档奏折—雍正朝》，档案号 402009634，台北"故宫博物院"藏。

〔84〕该案见（清）全士潮、张道源等纂辑：《驳案汇编》，何勤华等点校，法律出版社 2009 年版，第 624 ~ 626 页。

〔85〕"凡大内御用物件及存贮供器皆"属"乘舆服物"。参见《刑案汇览全编·刑案汇览》（第 12 卷），法律出版社 2007 年版，第 754 页。

的具体惩处方式，盗前者，为首者绞监候，为从者发云、贵、两广极边烟瘴充军，盗后者不分首从斩立决。[86] 例文未采李卫严酷刑罚的建议。光绪二十四年（1898 年），王满仓偷窃"避暑山庄古俱亭散卸凳木，并拆卸破门扇"，但凳木、门扇并非"乘舆服物"，于是被依本例减一等处罚，杖一百流三千里。[87]

另，本门内原还有一条例文曰："凡盗内府财物系杂犯，及监守常人盗，窃盗、掏摸、抢夺等项，但三次者，不分所犯各别曾否刺字，革前革后，俱得并论，比照窃盗三犯律处绞，奏请定夺。"[88] 顺治十一年（1654 年），高四"进内白渣子库四次，盗孔雀石、碌苗石并银瓶、灯笼、金茶桶"，被依本例处绞。[89]

"城门钥"，"非财物之比，盗者必有窃启为奸之意"。[90] 律文将城门钥分为几种：盗"京城门钥"者，皆杖一百，流三千里（杂犯）；盗"府州县镇城门钥"，皆杖一百，徒三年；盗"仓库门（内外各衙门）等钥"，皆杖一百。此外，律文小注中言，盗"皇城门钥"，律无文，以盗内府物论；盗"监狱门钥"，比盗仓库钱粮处理。[91]

"园陵"，"乃重禁之地，树木为护阴之物，较诸官物为重"。[92] 盗园陵树木者，皆杖一百，徒三年。盗亚类型"他人坟茔内树木"者，为

---

〔86〕（清）薛允升著述：《读例存疑重刊本》（第 3 册），黄静嘉编校，台北成文出版社 1970 年版，第 570 页。

〔87〕《宫中档奏折——光绪朝》，档案号 408012002，台湾"故宫博物院"藏。

〔88〕又于雍正三年（1725 年）馆修，修后例文为："凡盗内府财物系杂犯，及监守、常人盗、窃盗、掏摸但三次者，俱并论，比照窃盗三犯律处绞。仍分别恩赦前后论。"参见马建石、杨育棠主编：《大清律例通考校注》，中国政法大学出版社 1992 年版，第 666 页。

〔89〕《内阁大库档案》，登录号 089110—001，台湾"中央研究院"藏。

〔90〕（清）沈之奇：《大清律辑注》（下），怀效锋、李俊点校，法律出版社 2000 年版，第 558 页。

〔91〕（清）薛允升著述：《读例存疑重刊本》（第 3 册），黄静嘉编校，台北成文出版社 1970 年版，第 570 ~ 571 页。

〔92〕（清）沈之奇：《大清律辑注》（下），怀效锋、李俊点校，法律出版社 2000 年版，第 561 页。

首杖八十，为从减一等。但"若计（入己）赃重于（徒杖）本罪者，各加盗罪一等（各加监守常人窃盗罪一等，若未驮载，仍以毁论）"。若是盗"亲王坟旁木植"，律文并未言及，案例中，是为在本律亚类型基础上加枷号"以示惩儆"。[93]

若是仅盗砍园陵内的树木枝杈，而非整株树木，道光二十七年（1847 年）刑部议复马兰镇总兵庆锡奏准[94]定例：

> 凡在陵寝围墙以内，盗砍树木枝杈，为首者，先于犯事地方枷号两个月，发近边充军。其无围墙之处，如在红椿以内盗砍者，即照围墙以内科罪。若在红椿以外，白椿以内盗砍者，为首，杖一百，徒三年。如在白椿以外，青椿以内，为首，杖一百。均枷号一个月。如在青椿以外，官山以内，为首，杖一百；为从各犯，俱于首犯罪上，各减一等问拟。其围墙以外，并无白椿青椿者，均照官山以内办理。弁兵受贿故纵，及潜通消息，致犯逃避者，各与囚同罪。

在该例议定之前，道光十四年（1834 年）曾发生"双潍纠允奎喜、西兰窃砍海地内松树枝杈"的案件，"海地内系在围墙以内，即与红椿以内无异"，但那时"律例内并无盗砍树枝作何治罪明文"。负责审理本案的官员发现，道光六年（1826 年）也曾发生过类似案件——"倪添仓偷越围墙、盗砍树枝"案，当时是将该姓比照盗大祀神御物律，于斩罪上减一等发近边充军，加枷号两个月。于是，本案援引此案比照问拟，亦将双潍比照盗大祀神御物律，于斩罪上减一等发近边充军，奎喜、西兰为从，于军罪上减一等，俱拟杖一百，徒三年。[95]可以发现，后来定例的相关规定实与此二案例的处罚一致，只是进一步细致规范了

---

[93] 《刑案汇览全编·刑案汇览》（第 12 卷），法律出版社 2007 年版，第 756 页。

[94] 《庆锡之奏见宫中档奏折—道光朝》，档案号 405010271，台北"故宫博物院"藏。

[95] （清）许槤、熊莪纂辑：《刑部比照加减成案》，何勤华等点校，法律出版社 2009 年版，第 419 页。

"红椿以内"、"红椿以外白椿以内"、"白椿以外青椿以内"、"青椿以外官山以内"、"围墙以外并无白椿青椿者" 等情况下的具体刑罚，以及对弁兵违法的处理。

根据本门内其它例文的规定，在园陵即便未曾行盗，车马过陵者及守陵官民入陵者若违反 "百步外下马" 的规矩，也会被惩罚——以大不敬论，杖一百。此外，还有对盗官山内牲畜、人参，或盗砍树木、取土取石、开窑烧造、放火烧山等行为的处罚规定。[96]

但在实践中，本门的律例有时并未被严格遵循。据庆锡在咸丰元年（1851年）的奏报，"东陵后龙地方辽阔，附近青椿，民户众多，习惯偷山砍树"，因此 "该管将弁" 本应 "随时查拿，有犯必惩，不应私交州县审办，化大为小，致滋轻纵"，岂料在 "拿获盗砍官山树木贼犯三名" 后，"该管都司田茂私移密云县，枷责完事"，并未按律例处理，直到该氏前往纠正。[97]

综上所述，各类特殊官物均被赋予了特殊的内涵而不再仅仅是普通财物，盗之即为 "大不敬" 或 "所系至重"、"关系机要"，不能简单以物件本身的价格计，因此，一方面不区分盗之行为人的 "首从、余人、亲疏、上下、尊卑、伦序、同姓、异姓、老幼、废疾、笃疾、监守、常人"，另一方面也不再考虑 "物之贵贱，轻重，赃之多寡、分否"，凡盗之则 "皆" 处以固定的刑罚。

五、"杂犯"：重民命轻财物

《大清律例》盗律虽在整体上表现出 "律重官物" 的特征，但在某些时候，却又 "重民命轻财物"，对一些本应被处以死刑或流刑的盗官物行为，并不真正处以死刑或流刑，使得对盗官物的处罚反倒轻于对盗私物者。此所谓 "杂犯"。

---

[96] 本门内律例见（清）薛允升著述：《读例存疑重刊本》（第3册），黄静嘉编校，台北成文出版社1970年版，第571~574页。

[97] 《宫中档奏折—咸丰朝》，档案号406000152，台北故宫博物院藏。

盗官物的律文中，有关于"杂犯"规定的，包括盗一般官物的监守自盗仓库钱粮与常人盗仓库钱粮，以及盗特殊官物中的盗内府财物与盗城门钥，盗私物的律文中均无此规定。"杂，对真言"，[98]对杂犯的具体处理方式，监守自盗仓库钱粮及常人盗仓库钱粮律文的小注中有言：三流者徒四年，斩绞者徒五年。[99]也即以徒四年、五年的刑罚来代替三等流刑及两等死刑。

在实践中若遇相应情形，也确实会依照这一杂犯的规则处理。如顺治十三年（1656年），徐萃"合依监临主守自盗仓库钱粮等物，不分首从，计赃四十两律斩，系杂犯准徒五年"；万锡爵"依常人盗仓库钱粮等物，但得财者，不分首从，计赃五十五两律杖一百流三千里，照例准徒四年"。同年，邓玉、刘绍"依常人盗仓库钱粮四十五两，杖一百，流二千里"，刘明甫、余仰、饶能胜、曾二"依常人盗仓库钱粮五十五两，杖一百，流三千里，均为杂犯准徒四年"；陈士登"依常人盗仓库钱粮八十两律，杂犯绞，准徒五年"。[100]这样规定的缘由，正如薛允升之言，乃因律文"过于严厉"，[101]不过，接下来产生了两个问题：

第一，既然已认识到律文过于严厉，为何不直接减轻刑罚，而是"多此一举"地先规定死刑或流刑，又再创造一个"杂犯"的概念，以徒刑代替死流呢？沈之奇对此解释颇尽：

> 但有死罪之名，而无死罪之实，以其罪难免，而情可矜，故准徒五年以贷之。虽贷其死，而不易其名，所以示戒也。[102]

---

〔98〕（清）王明德：《读律佩觿》，何勤华等点校，法律出版社2001年版，第27页。

〔99〕（清）薛允升著述：《读例存疑重刊本》（第3册），黄静嘉编校，台北成文出版社1970年版，第577~578、583页。

〔100〕《内阁大库档案》，登录号015171-001、121074-001，台湾"中央研究院"藏。

〔101〕（清）薛允升：《唐明律合编》，怀效锋、李鸣点校，法律出版社1999年版，第530页。

〔102〕（清）沈之奇：《大清律辑注》（下），怀效锋、李俊点校，法律出版社2000年版，第556页。

"示戒"二字是此中的核心意旨，首先声明，本来该行为依理依法均应被处以死流，但又考虑到其情可矜，因而不易其名，仅贷其刑。如此，既实现了刑罚宽缓之实，又能达到宣示严惩效果。

第二，律重官物本是盗律的一般原则，对盗取同等数额的行为，盗官物者面临的处罚重于盗私物者，但在添入杂犯之规则后，监守与常人盗仓库钱粮律中的流刑与死刑都被徒刑代替，导致其所面临的处罚反倒轻于盗私物的普通窃盗，如此即正如薛允升的批评，此乃"轻重失平"，且进一步导致了实践中"办理亦多窒碍"以及后来的"条例纷烦"现象。[103]对此，徐象先认为，"盖以监守、常人为害于国，其害小，贪吏、窃盗为害于民，其害大"。[104] 沈之奇亦有解说：

> 推立法之意，不欲因盗钱粮官物而即杀之也。科罪则监常为重，至死则窃盗独严，盖窃盗满数，则害于民者大，三犯则害于民者多。为钱粮官物，不欲即杀之，为民间财物，不欲稍贷之，宽大之至，又严密之至也。[105]

易而言之，律典一方面重官物，科罪时"监常为重"，但另一方面又不愿因钱粮官物即处死行为人，为兼顾两方面，即有如此看似"矛盾"但又不得不为之的设定。对这一说法，薛氏也基本同意："窃盗为民生之蠹，故赃逾满贯，即拟死罪。常人盗止系杂犯，并不真绞，盖轻财物重民命之意也。"[106]但薛氏此言仅针对常人盗而言，对于监守盗仍

〔103〕（清）薛允升：《唐明律合编》，怀效锋、李鸣点校，法律出版社1999年版，第527页。

〔104〕（清）徐象先：《大清律讲义》，京师京华书局印刷，光绪丁未（1907）仲冬初版，第17页。

〔105〕（清）沈之奇：《大清律辑注》（下），怀效锋、李俊点校，法律出版社2000年版，第573页。

〔106〕（清）薛允升：《唐明律合编》，怀效锋、李鸣点校，法律出版社1999年版，第530页。

沿用杂犯的规定，有颇为严厉的批评：

> 监守重于窃盗，情法本应如是。唐律监守盗有绞罪，而窃盗止于加役流……监临主守，俱系在官之人，非官即吏，本非无知愚民可比，乃居然潜行窃盗之事，有何情节可原之有。本系斩罪，后改为杂犯准徒五年，遂致诸多轇轕矣。[107]

一言以蔽之，不应"宽监守而转严常人"。其实，沈、薛、徐几位律学家的说法，均各有其道理，只不过各自角度有所不同。沈、徐从盗之对象的角度出发，指出律典不欲因钱粮官物而害及民命，薛氏则从盗之主体的角度出发，认为对监守的处罚理应严于对常人。法律之难以面面俱到、顾忌所有，此亦可略见一斑。

与薛氏之批评相类似，我国当下的《刑法》也发生了实际上的"宽监守而转严常人"（"宽贪污严盗窃"）现象。根据《刑法》第264条对盗窃罪之处罚所作的规定，整理为表格如下：

表格 4

情　　　节	处　　　罚
数额较大的，或多次盗窃、入户盗窃、携带凶器盗窃、扒窃的	3 年以下有期徒刑、拘役或者管制，并处或者单处罚金
数额巨大或者有其他严重情节的	3 年以上 10 年以下有期徒刑，并处罚金
数额特别巨大或者有其他特别严重情节的	10 年以上有期徒刑或者无期徒刑，并处罚金或者没收财产

至于何为"数额较大"、"数额巨大"、"数额特别巨大"，最新的司

---

〔107〕（清）薛允升：《唐明律合编》，怀效锋、李鸣点校，法律出版社 1999 年版，第 527 页。

法解释是最高人民法院、最高人民检察院于 2013 年发布的《关于办理盗窃刑事案件适用法律若干问题的解释》，据此，表格 4 可简化为（仅保留数额及主刑）：

表格 5

情　　节	处　　罚
1000 元至 3000 元以上 [108]	3 年以下有期徒刑、拘役或者管制
3 万元至 10 万元以上	3 年以上 10 年以下有期徒刑
30 万元至 50 万元以上	10 年以上有期徒刑或者无期徒刑

对贪污罪的处罚规定于《刑法》第 383 条：

表格 6

情　　节	处　　罚
不满 5000 元	情节较重：2 年以下有期徒刑或者拘役 情节较轻：行政处分
5000 元以上不满 5 万元	1 年以上 7 年以下有期徒刑 情节严重：7 年以上 10 年以下有期徒刑
5 万元以上不满 10 万元	5 年以上有期徒刑，可以并处没收财产 情节特别严重：无期徒刑，并处没收财产
10 万元以上	10 年以上有期徒刑或者无期徒刑，可以并处没收财产；情节特别严重：死刑，并处没收财产

---

〔108〕 对于幅度内的具体数额标准，各省、自治区、直辖市高级人民法院、人民检察院可以根据本地区经济发展状况，并考虑社会治安状况确定，报最高人民法院、最高人民检察院批准，下同。

从表格 5 与表格 6 的对比可以发现，整体而言，对盗窃罪之处罚轻于对贪污罪，比如前者无死刑而后者有，比如能被判处 10 年以上有期徒刑或者无期徒刑的，前者须 30 万元至 50 万元以上，后者 10 万元以上即可。不过，如果从两罪的起刑点来看，前者为 1000 元至 3000 元，后者则须达 5000 元，是以也发生了"宽贪污严盗窃"的现象。对此，不少学者已提出批评："既违背现行《刑法》第 4 条确认的刑法面前人人平等原则，也与国家要从严惩治贪贿腐败行为的方针不同。"[109] 清代之所以也发生类似的矛盾状况，乃因其出发点——"轻财物重民命"，故而尚可理解。但显然，当代的矛盾并无这样的出发点，至于其出发点为何，笔者也不得而知。

于是为解决这一为题，有学者拿出"法宝"——法释义学：可以认为，贪污罪与盗窃罪在法条上时特别关系（前者在行为主体、行为对象等方面需要具备特别要素），贪污中的窃取行为必然符合盗窃罪的犯罪构成，国家工作人员利用职务上的便利窃取公共财物，没有达到贪污罪的数额起点（不成立贪污罪），但达到盗窃罪的数额起点的，应认定为盗窃罪。[110] 这样的解释确实可以一定程度弥补"国家工作人员利用职务上的便利窃取公共财物，没有达到贪污罪的数额起点"时的漏洞，但是，未达贪污罪起刑点的按较轻的盗窃罪处理，达起刑点按较重的贪污罪处理，从涉案数额与刑罚的比例来看，这仍是"轻重失衡"。

这样的立法缺陷在清代则不存在，因为那时无论监守、常人或官物、私物，且盗即罚，没有起刑点的问题（见表格 2、3）。而若翻阅海外立法例，如我国台湾地区以及德国、日本等，相关罪名也均无起刑

[109] 王春旭：《公职人员腐败罪刑论》，中国检察出版社 2010 年版，第 142 页。
[110] 参见张明楷：《刑法学》（第 4 版），法律出版社 2011 年版，第 1048 页。

点。[111] 我国（大陆）当下之刑法典，在此即应参考来自传统及海外的立法智慧，及时修正法律，而非仅靠法学家的无法完全解决问题的学理解释。[112]

六、结论：财产不必"神圣"

传统律典对盗官物与盗私物的行为有不同的处罚方式，正如当代法律体系对国家所有权和私人所有权有程度不同的保护。古今之法律尽管在形式、内容上均有差异，但其内涵却实际颇为相通。此相通及相异处，即恰能比照出各自之优缺，并从中开掘"古为今用"之泉源。

整体而论，清代"律重官物"，当代"国家财产神圣不可侵犯"，均是把"官物"或"国家财产"置于民众的私人财产之上。当代刑法学者对此批评道："强调对公共财物的保护，因而制定贪污罪，这实际上是漠视对私有财产的保护。"[113] 民法学者也有说法：

> 把中国社会的财产区分为国家所有权、集体所有权和个人所有权这三种类型，并且给予其不同的政治地位和法律保护措施，……从本质上否定了民众财产所有权的道德正当性，而且最为可怕的是，它不仅仅造就了压抑和限制民众私有财产所有权的法律制度，而且把这种做法解释为历史发展规律的必然，从而使得民众财产所有权受歧视和限制简直就成为一种永久无法解脱的厄运。这种法律观念事实上也得到了贯彻。如此一来，作为国家主人翁的普通民众

---

[111] 台湾的相应罪名为"窃盗罪"、"公务公益及业务上之侵占罪"，具体条文见陈聪富主编：《月旦小六法》，元照出版公司 2014 年版，第陆—40、42 页。德国的相应罪名为窃盗及侵占，并专门规定有"窃盗和侵占价值甚微的物品"的情形，参见《德国刑法典》，徐久生、庄敬华译，中国方正出版社 2004 年版，第 119～121 页。日本罪名为盗窃与"业务上侵占"，参见《日本刑法典》（第 2 版），张明楷译，法律出版社 2006 年版，第 89、93 页。

[112] 对于给盗窃罪设定具体起刑点的其他弊端，可参见张明楷："简评近年来的刑事司法解释"，载《清华法学》2014 年第 1 期。

[113] 唐保银：《贪污论》，中国检察出版社 2007 年版，第 242 页。

的财产所有权却在法律上和社会实践中受到强烈压制甚至惨遭非法剥夺，长期陷于贫困，甚至连温饱问题都迟迟得不到根本解决。[114]

在清末，薛允升也曾对这样的立法模式颇有微词："官物与私物，虽有不同，在盗者视之则一也。不以赃数定罪，而以官、私定罪，情法似未平允。"[115] 当然，若是把目光再往前回溯，早在先秦时代，孔门弟子有若即言："百姓足，君孰与不足？百姓不足，君孰与足？"[116] 孟子亦对当时的统治者有忠告："王如好货，与百姓同之，于王何有？"[117] 遗憾后世的统治者及其制定的法律，常常遗忘圣贤之言。正是由于在这一点上古今之相通，那位刑法学者进一步言："我国长期中央集权下的封建帝制，决定了'家天下'的情况下，必然强调对国（实际上是家）有财产的保护。缘于法律的继承以及根深蒂固的观念，对中国共产党初创时期的边区政府，及新中国成立以后的法律设置，均会产生一定的影响。"[118]

笔者基本认同这些对区分公私财产或官私财产的批评，但是，不敢苟同将当代之失苛责于古人的说法，因为古今尽管"相通"，但毕竟并不"相同"。一者，正如老一辈的宪法学者所言，"公有财产神圣不可侵犯是社会主义宪法的灵魂和中枢神经"，[119] "'社会主义公共财产神圣不可侵犯'的宪法规定，是由我国乃是工人阶级领导的、以工农联盟为基础的人民民主专政的社会主义国家性质所决定的"。[120] 而那位刑法学

---

〔114〕 孙宪忠："再论我国物权法中的'一体承认、平等保护'原则"，载《法商研究》2014 年第 2 期。

〔115〕 （清）薛允升：《唐明律合编》，怀效锋、李鸣点校，法律出版社 1999 年版，第 531 页。

〔116〕 杨伯峻译注：《论语译注》，中华书局 2009 年版，第 125 页。

〔117〕 杨伯峻译注：《孟子译注》，中华书局 2010 年版，第 34 页。

〔118〕 唐保银：《贪污论》，中国检察出版社 2007 年版，第 242 页。

〔119〕 张光博："论财产的神圣不可侵犯"，载《法学杂志》1999 年第 4 期。

〔120〕 黄如桐："是否一定要把'私有财产神圣不可侵犯'写进我国宪法——对一种修改宪法意见的质疑"，载《当代法学》1998 年第 4 期。

者自己也承认，我国之所以强调对公共财物的保护，乃因"少数社会主义国家，……基于计划经济和社会主义公有制"。[121] 毋庸笔者赘言，"社会主义"并非来自于我们的传统社会，[122] 因而也就自然不能将社会主义强调公共财产神圣不可侵犯的观念归因于我们的传统社会。[123] 二者，清代尽管也"律重官物"，但是在这一大原则之下，还有"轻财物重民命"的小原则——"杂犯"，使得在部分情况下对盗官物的处罚实际低于对盗私物者，也使得传统时代的官物根本谈不上什么"神圣"性。

并且，若从整个历史长河来看，"律重官物"乃明清律典的特点，而在之前的唐宋律典中，这一特点并不明显。唐宋律典中，并无类同"常人盗仓库钱粮"的律文，且对各盗特殊官物的行为处罚也较明清律为轻。[124] 前引薛允升的批评，即正是对此而提出。由是，薛氏所反对者，乃官物与私物之分，而并不反对监守与常人之别——"监守重于窃盗，情法本应如是。……监临主守，俱系在官之人，非官即吏，本非无知愚民可比，乃居然潜行窃盗之事"。[125] 但前引之刑法学者之论，却是反对贪污罪，亦即不仅反对公共财物与私有财产地位的差别，而且反对犯罪主体身份的区分。对此，笔者赞同薛氏之说而再次不敢苟同这位刑法学者。根据现代刑法学之说，贪污罪保护的是双重法益——"国家工

---

〔121〕 唐保银：《贪污论》，中国检察出版社 2007 年版，第 242 页。

〔122〕 社会主义的渊源实可追溯至基督教。参见［美］伯尔曼：《法律与宗教》，梁治平译，中国政法大学出版社 2003 年版，第 62～65 页。

〔123〕 《苏联宪法（根本法）》第 131 条宣布："凡侵犯社会主义公有财产者，即为人民之公敌。"参见《苏联宪法（根本法）》，外国文书籍出版局 1947 年版，第 46 页。有学者指出，如此"赋予社会主义公有制的地位比宣布为'神圣'还要崇高"，参见徐祥民："自然资源国家所有权之国家所有制说"，载《法学研究》2013 年第 4 期。

〔124〕 参见《唐律疏议》，刘俊文点校，法律出版社 1999 年版，第 377～386 页。《宋刑统》，薛梅卿点校，法律出版社 1999 年版，第 334～341 页。

〔125〕 （清）薛允升：《唐明律合编》，怀效锋、李鸣点校，法律出版社 1999 年版，第 527 页。

作人员职务行为的廉洁性"与"公共财物的所有权"。[126] 因而，即便不再分别公共财物与私人财物，也应保留贪污罪，以区别"国家工作人员的职务行为"与一般人的普通盗窃行为，正若薛氏之言，"监守重于窃盗，情法本应如是"。

不必区别国家财产与私人财产，国家财产不必神圣，更进一步，依笔者之愚见，所有类型的财产其实都无须"神圣"。[127] "财产神圣不可侵犯"一语，出自 1789 年的法国《人权宣言》，[128] 其观念源于 16 世纪以后经路德改革后形成的基督新教。[129] 此语法语原文为：La propriété étant un droit inviolable et sacré. [130] 英文为：The right to property being inviolable and sacred. 所谓"神圣"，即法语中的"sacré"或英文中的"sacred"，是一个富有宗教意蕴的词汇。[131] 我国既然从未是一基督教国家，在可以预见的将来也很难变为一基督教国家，那么，有何必要在移植外国法律时连这些宗教词汇也一并照搬呢？再者，将"神圣"一词冠于"财产"之上，以笔者之浅识，更是难以理解。众多理应比财产更"神圣"的名物，如人的生命、健康乃至尊严等，都未能被赋予"神圣"的地位，财产又何以有此资格呢？

---

〔126〕 周光权：《刑法各论》，中国人民大学出版社 2008 年版，第 476 页。

〔127〕 经济学家晓亮曾发文指出："宪法应明确规定私有财产神圣不可侵犯"。参见氏作："非公有制经济呼唤修宪"，载《中国经济时报》1998 年 2 月 24 日。该文在当时引发热烈讨论，有关讨论如赵天佐主持："私有财产神圣不可侵犯该不该进入宪法?"，载《当代法学》1998 年第 5 期。

〔128〕 中文版见王德禄、蒋世和编：《人权宣言》，（香港）中国图书刊行社 1989 年版，第 16 页。对这一原则的历史来源及发展，可参见赵文洪："对资本主义私有财产神圣不可侵犯原则的历史考察"，载《社会科学战线》1998 年第 4 期。

〔129〕 参见［美］伯尔曼：《法律与宗教》，梁治平译，中国政法大学出版社 2003 年版，第 57 页。

〔130〕 法文原文见法国政府法律法规网：http://www.legifrance.gouv.fr/Droit - francais/Constitution/Declaration - des - Droits - de - l - Homme - et - du - Citoyen - de - 1789，最后访问时间：2014 年 11 月 16 日。

〔131〕 英文解释参见《牛津高阶英汉双解词典》（第 4 版·增补版），商务印书馆 2002 年版，第 1322～1323 页。

西人向来崇金，《耶经》所谓"你的财宝在哪里，你的心也在那里"，[132] 因而在道德和法律上把财产视为神圣，并无足为怪。但吾土先哲则不然，孔子曰："君子喻于义，小人喻于利。"[133] 孟子道："何必曰利？……上下交相利而国危矣。"[134] 圣人之言犹在耳，吾辈后人当深省。[135]

---

〔132〕《耶经·新约·马太福音》7.21，和合本。

〔133〕 杨伯峻译注：《论语译注》，中华书局 2009 年版，第 38 页。

〔134〕 杨伯峻译注：《孟子译注》，中华书局 2010 年版，第 1 页。

〔135〕 霍韬晦先生说："方今世界局势偏重经济，人人相争以利，却又不肯承认它的丑恶，反而以'人权'观念来掩盖。义利不辨，或有利而无义，世界终必出问题。"此言可谓切中时弊。参见氏著：《从反传统到回归传统》，中国人民大学出版社 2010 年版，第 80 页。

二等奖获奖论文

从"文学"到"吏事"

——唐宋判文演变的法律文化探析

朱仕金*

引 言

判文是中国古代一种特定文体。在唐代,主要指士人临事而作的判断结论记录,内容上涉及当时的政治、经济、法律、军事、礼制等,留存至今的唐代判文判由多为虚拟,故又称之为"拟判"。[1]到宋代及宋以后的时期,判文主要指是司法裁判文书,是研究其时法律史的重要史料。唐代判文留存至今的主要有张鷟的《龙筋凤髓判》4卷79道,白居易的《甲乙判》2卷101道,宋初《文苑英华》收录的唐代判文50卷1000多道,此外还有敦煌吐鲁番判文近100道以及唐宋笔记所载唐代判文。宋代判文主要以《名公书判清明集》14卷475道蔚为大观,此外还有刘克庄《后村先生大全集》所录判文24篇、黄干《勉斋集》所录判文36篇、文天祥《文山全集》所录判文5篇等。通过阅读这些判文,不难发现从唐代判文到宋代判文,判文的文体、功能和风格都有着明显的转变。笔者以对这种转变的表象为出发点,尝试厘清唐宋判文演变的基本表象及演变的主要原因,进而探析唐宋判文演变背后法律文化内涵的传承和变迁。

概览学界关于唐宋判文的研究现状,不难发现,学界对唐宋判文的研究大致表现为三种类型:一是从文学、汉语语言学、文体学以及历史

---

* 中国政法大学法学院博士研究生。

[1] 史料所载也有一些存世的唐代实判,但与拟判相比,大多内容不完备。参见霍存福:"唐代判词中的实判——兼与拟判比较",载《现代法学》2013年第6期。

文献学角度对唐宋判文进行考查、分析;[2]二是从法律史学、司法文书学以及法律文化角度对唐宋判文进行解读、阐释;[3]三是结合以上两种视角对唐宋判文综而论之。[4]通过这些研究成果,可见当前学界对唐宋判文的研究可谓系统而全面。不过即使如此,当前研究成果对唐宋判文的思考仍然有未及之处。就笔者看来,唐宋判文从骈体到散体的转变,从拟判到实判的盛行转换,从言简意赅到论证详备的变迁,其间有着复杂而深刻的社会环境和文化范式的转变,这种转变之于唐宋判文的影响有必要进行更加明晰的论述。因此,深入探索唐宋判文演变的基本表象及主要原因,进而透过演变的表象去考察其法律文化内涵的传承和变迁才是理解唐宋判文演变的适当路径。

---

〔2〕 参见田荔枝:"我国判词语体流变研究",山东大学 2010 年博士学位论文;谭淑娟:"唐代判文研究",西北师范大学 2009 年博士学位论文;霍存福:"《龙筋凤髓判》判目破译——张鷟判词问目源自真实案例、奏章、史事考",载《吉林大学社会科学学报》1998 年第 2 期;许浩:"《名公书判清明集》词汇研究",山东大学 2011 年博士学位论文;刘素贞:"论《名公书判清明集》的语体特色",载《毕节学院学报》2009 年第 1 期。

〔3〕 参见汪世荣:"中国古代判词研究",载《法律科学》1995 年第 3 期;赵静:"司法判词的表达与实践——以古代判词为中心",复旦大学 2004 年博士学位论文;黄源盛:"唐律与龙筋凤髓判判",载氏著:《汉唐法制与儒家传统》,元照出版公司 2009 年版;郭成伟:"唐律与《龙筋凤髓判》体现的中国传统法律语言特色",载《法学家》2006 年第 5 期;张建成:"唐代'拟判'考",载《法学评论》2009 年第 5 期;夏婷婷:《唐代拟制判决中的法律发现——对唐代判词的另一种解读》,吉林大学 2012 年博士学位论文;王志强:"南宋司法裁判中的价值取向——南宋书判初探",载《中国社会科学》1998 年第 6 期;刘馨珺:"南宋狱讼判决文书中的'健讼之徒'",载《中西法律传统》第六卷,北京大学出版社 2008 年版;邓勇:"论中国古代法律生活中的'情理场'——从《名公书判清明集》出发",载《法制与社会发展》2004 年第 5 期。

〔4〕 黄源盛:"法理与文采之间——读《龙筋凤髓判》",载《政大法律评论》2004 年总第 79 期;霍存福:"张鷟《龙筋凤髓判》与白居易《甲乙判》异同论",载《法制与社会发展》1997 年第 2 期;陈锐:"唐代判词中的法意、逻辑与修辞——以《文苑英华·刑狱门》为中心的考察",载《现代法学》2013 年第 4 期;刘小明:"唐宋判文研究——以《文苑英华》和《名公书判清明集》为中心",华东师范大学 2012 年博士学位论文。

一、从"文学"到"吏事"——唐宋判文基本演变脉络

（一）"文学"之下的唐代判文

唐代的判文，又称判词或判书。由于现代汉语中"判"字有很强的"判断"、"审判"的意思，因此，学界倾向于把唐代判文定性为"司法裁决文书"——这一点尤其以法学界最为明显。实际上，唐代"判"的涵义要比现代的"判断"、"审判"之意宽泛得多。杜佑《通典·选举三》言："初，吏部选人，将亲其人，覆其吏事，始取州县案牍疑议，试其断割，而观其能否，此所以为判也。"[5] 马端临《文献通考·选举十》言："然吏部所试四者之中，判为尤切，盖临政治民，此为第一义，必通晓事情，谙练法律、明辨是非、发摘隐伏，皆可以此觇之。"[6] 从这两条记载可见，唐代的"判"含有"通晓事情"、"谙练法律"、"明辨是非"、"发摘隐伏"等功能，远非现代"司法审判"所能涵盖。刘肃《大唐新语》载崔琬在任同州司户参军时因善于制判而"名动一州"的事例也可以证明唐代的"判"并非仅指"判狱讼"。[7] 正如赖瑞和先生所言："唐代'判'的含义远比现代汉语的意思宽广，可指'执行'、'处理'、'掌判'等意，非仅'法庭审判'而已。"[8] 因此，留存至今的唐代判文应是待选士子应题而作的判断结论，这种文体要考核的是待选士子处理例常公事的判断和应变能力——当然这其中也包括断决狱讼的才干。

唐代判文的流行与唐代科举考试制度有着密切的关系，而唐代科举考试主要以诗赋应考，所以，唐代科举与其时"文学"[9] 的关系可以

---

〔5〕（唐）杜佑：《通典·选举三》。

〔6〕（宋）马端临：《文献通考·选举十》。

〔7〕（唐）刘肃：《大唐新语》卷八，中华书局 1984 年版，第 120 页。

〔8〕赖瑞和：《唐代中层文官》，中华书局 2011 年版，第 370 页。

〔9〕此处的"文学"是指唐代以文学作为主要的文化和思想载体，以承载唐代社会的文学、儒学、教化以及意识形态的一个宏观的文化范畴。关于唐代"文学"的基本含义，下文会加以说明。

说是水乳交融。唐代初年的文学作品继承六朝骈俪文风，崇尚结构工整、词藻瑰丽。因此，士子试判而产生的判文无一不是骈体，这和唐初继承六朝遗风有着直接的关联。同时，唐代判文又是士人应试而做的答卷，故其更注重文学性和思想性的结合，而判文的实用性显然并不重要。基于此，唐代判文作为"文学"作品的地位要远远重于其实际运用的地位。唐代判文所体现唐代"文学"的演进历程既是唐代文学与儒学发展、转向的风向标，也是理解唐代判文的发展、演变并转型成宋代判文的极佳视角。唐代判文的前期作品以张鷟的《龙筋凤髓判》为著，"古文运动"之后的判文则以白居易的《甲乙判》为代表，下文拟对唐代这两部判集的基本内容和"文学"特征略作梳理。

张鷟，字文成，约生于唐太宗贞观末年，其主要活动则在武周时期至唐玄宗开元年间。张鷟才华横溢，时人目为"青钱学士"[10]。其流传至今的《龙筋凤髓判》在当时就已经是判文的模范了。《龙筋凤髓判》结构工整、词藻华丽，既是初盛唐判文文体的代表，也是了解初盛唐"文学"的最佳切入点。试看其中一判：

> 判由：少匠柳伫掌造三阳宫，台观壮丽，三月而成。夫匠疲劳死者十五六，掌作官等加两阶被选，挝鼓诉屈。
>
> 判文：千八百国，王者以列郡分州；三十六所，圣人有离宫别馆。鹊宇衔月，共五柞而连阴；龙台造天，埒九华而接影。三阳地邻崿阪，境带嵩邱。斜瞻玉女之祠，近瞰傅公之井。爰兹胜壤，聿启深宫。取酸枣之前基，探棠梨之旧制。柳伫职维经构，位掌榱栌。拱木傃于林衡，全模授于梓匠。凤池青琐，参差雁齿之阶；鸾庭绮牖，错落鱼鳞之屋。璇题耀日，耸玳瑁之金椽；珠网悬星，洞琉璃之宝阁。似王彬之勤苦，自觅封侯；匪魏霸之忧人，怡然受辱。仲华少费之誉，未展其能；伯真士卒之先，罕闻其效。壮丽则论功极大，劳役则死者还多。勤劳补拙而有余，功过相除而不足。

---

〔10〕（五代）刘昫：《旧唐书·张鷟传》

人未疲而事就，乍可论优；夫半毙而功成，若为征赏。加阶放选，已见偏秒；挝鼓自强，何为浅见。辄惊圣听，不得无辜；法有正条，理宜科结。〔11〕

　　此判自篇首到"罕闻其效"，在用典上旁征博引，在文辞上瑰丽新奇，其文风可以说是典型的六朝遗韵。唐代前期的"文学"承六朝遗风之美，同时也受六朝积弊之害。因此在唐初，贞观君臣就对六朝以来的"文学"加以批评总结。〔12〕同时，在对前朝"文学"加以判别、取舍之后，贞观君臣对本朝的"文学"基调定下了"文质彬彬，尽美尽善"〔13〕的期许。由唐初君臣的"文学"基本立场可以看出，唐代"文学"是要矫正南北朝时期积累、传承下来的繁复、轻佻的文风，以便归于"讲求文学性、艺术性与儒家规范性、思想性的有效统一，其目的在于助君王化成天下"〔14〕的正统"文学"格调。不过，符合贞观君臣理想的唐代"文学"，直到白居易的时代，方才完全体现出来。白居易是其时的佼佼者，而其《甲乙判》正是"文质斌斌，尽美尽善"的典范。试看其中一判：

---

〔11〕 蒋宗许等：《龙筋凤髓判笺注》，法律出版社 2013 年版，第 101 页。

〔12〕 贞观君臣评价六朝"文学"称："梁自大同以后，雅道沦缺，渐乖典则，争驰新巧。简文、湘东，启其淫放；徐陵、庾信，分路扬镳。其意浅而繁，其文匿而彩，词尚轻险，情多哀思。格以延陵之听，盖亦亡国之音乎！周氏吞并梁、荆，此风扇于关右，狂简斐然成俗，流宕忘返，无所取裁。高祖初统万机，每念雕为朴，发号施令，咸去浮华。然时俗词藻，犹多淫丽，故宪台执法，屡飞霜简。炀帝初习艺文，有非轻侧之论，暨乎即位，一变其风。其《与越公书》、《建东都诏》、《冬至受朝诗》及《拟饮马长城窟》，并存雅体，归于典制。虽意在骄淫，而词无浮荡，故当时缀文之士，遂得依而取正焉。"参见（唐）魏征：《隋书·文学传序》。

〔13〕 贞观君臣认为："江左宫商发越，贵于清绮。河朔词义贞刚，重乎气质。气质则理胜其词，清绮则文过其意。理深者便于时用，文华者宜于咏歌。此其南北词人得失之大较也。若能掇彼清音，简兹累句，各去所短，合其两长，则文质斌斌，尽善尽美矣。"参见（唐）李延寿：《北史·文苑传序》。

〔14〕 刘顺："初盛唐的儒学与文学"，华东师范大学 2008 年博士学位论文，第 56 页。

判由：得甲居家，被妻殴笞之。邻人告其违法，县断徒三年。妻诉云：非夫告，不伏。

判文：礼贵妻柔，则宜禁暴；罪非夫告，未可丽刑。何彼无良，于斯有怒：三从罔敬，待以庸奴之心；一杖所加，辱于女子之手。作威信伤于妇道，不告未爽于夫和。招讼于邻，诚愧声闻于外；断徒不伏，未乖直在其中。虽昧家肥，难从县见。[15]

此判文字优美、说理透彻。从风格上看，此判显然既是唐初"文学"[16]观的流风，又是韩愈、柳宗元"古文运动"所主张的"文以载道"的和声。比较张鷟和白居易以上两篇判文，加之对唐前期"文学"背景的论述，则唐代"文学"观之下的判文逐渐开始注重判文的平实和说理，这一点不待言而自明。结合上文贞观君臣对六朝"文学"的批评和对本朝"文学"的期许可以看出，唐代的"文学"是一个融合了现代意义上的文学、伦理学、政治学的一个内涵丰富的概念。作为唐代选取举子四大标准（身、言、书、判）之一"试判"而产生的作品，唐代判文既表现出制判者学富五车的才华，也蕴涵了制判者对治理家庭、国家、社会所需礼制、法律的深刻思考。因此，唐代判文虽是应试而作的"文学"作品，但其所蕴涵的法律文化则不容漠视。故而，将唐代判文作为唐代法律文化的典型载体顺理成章。比较张鷟和白居易的两部判集，不难发现，唐代判文所体现的法律文化内涵从张鷟到白居易既有延续的方面，也有明显变化的方面。

张鷟的判文和白居易的判文相隔不过百年，其间唐代社会基本的法律观念自然不会有太大变化。透过张判和白判华丽的文字表达，可以看出两部判集所体现的法律思想观念的一致性。张鷟在制判之时，虽然结论大多合乎宪典，但是其制判并不尽以法条为归依，而是以道理、情理

---

〔15〕 （唐）白居易：《白居易集》，中华书局 1999 年版，第 1418 页。

〔16〕 有学者称这种"文学"观为"雅正文学"。参见赵小华："雅正：唐太宗礼乐文化观和文学思想的核心"，载《文史哲》2007 年第 2 期。

为出发点和根基，表达出他对当时法制的理解和评判，故张鷟的判文对当时法制多有讽喻，这也是唐代判文作为"文学"作品的基本特征。如《龙筋凤髓判》门下省"崔午崔牛"条。此判涉及唐律第116条："……余文书误，笞三十。误，谓脱漏文字及错失者。"张鷟认为："准犯既非切害，原情理或可容。何者？宁失不经，宥过无大。崔牛崔午，即欲论辜；甲申甲由，如何定罪。"张鷟认为，如此小失误，理当宽宥，不必置之典刑。同时，张鷟对当时的坏典乱法的行为多有批评，如《龙筋凤髓判》主爵"魏宰、李加妄爵"条。张鷟认为对魏宰和李加的赐爵是"并为爵人失叙，锡土无纲"。进而，张鷟提醒那些破坏制度者说："宜遵操斧之柯，岂踵覆车之辙。"在法制与人情、国家与民生发生冲突时，张鷟力主"利民"先于"利国"[17]。

白居易制判之时处于"采经籍古义，假设甲乙。令其断判"[18]的阶段，因此，白判中有大量以经义为判由的判文。但与张鷟的判文比较来看，白居易的判文所体现的法律思想观念并无太多发展之处。白判仍然是以情理、法理、礼俗相结合的思想基础为制判的宗旨。如上文所引的"妻殴夫"条，白居易认为："作威信伤于妇道，不告未爽于夫和。招讼于邻，诚愧声闻于外；断徒不伏，未乖直在其中。"他认为甲妻之所以不应处刑既是因为法无丽刑之条，也是因为"未爽于夫和"，而且夫为妻隐更是"直在其中"。法制与人情、国家与民生发生冲突时，白判坚持对命令未下达而先期开仓赈济的丁"请宥自专之过，用旌共理之心"[19]。由此可见，张判和白判在法律思想观念上并无轩轾。

由于白居易制判之时，正值倡导"文以载道"的古文运动时期，白居易亦是古文运动的主将。因此，白判以文述道，以道理为文骨，注重论理之系统、精深和全面，无多余之文，亦不用粉饰之典，这一点白判和张判大为不同。同时，白居易制判多数采经摘礼，对儒家理义论述精

---

〔17〕 蒋宗许等：《龙筋凤髓判笺注》，法律出版社2013年版，第118页。

〔18〕 （唐）杜佑：《通典·选举三》。

〔19〕 （唐）白居易：《白居易集》，中华书局1999年版，第1386~1387页。

详，这一点也为张判所不及。张判和白判制判风格的区别与两人所处的"文学"环境的不同有极大的关系：张判偏重文采，许多因文而文的表达，如上文所引"柳佺掌造三阳宫判"前半部分用典繁复而无取于判文结论，而判文的理义分析往往言简意赅，有些判文甚至对结论一笔带过，所以洪迈说其"堆垛故事"[20]虽有过之，却不是全错。不过洪迈说张判"于蔽罪议法处不能深切，殆是无一篇可读"，不如白判"读之愈多，使人不厌"的说法则失之偏颇。大概白居易的判文对情礼之辩大多浓墨重彩，而张鷟的判文对此大多言简意赅，不肯多施笔墨，因此不如白居易的判文更符合洪迈的偏好。

（二）"吏事"之下的宋代判文

宋代开国之初，以削武崇文为其基本国策，扩大科举进取的途径，定型文官荫补制度的范围，数十年间即建立起一个以文官政治为基础的宋代政治架构。从太祖的"欲武臣尽读书以通治道"[21]和"宰相须用读书人"[22]开始，宋朝开始走上一条文武分途之路。在文武分途的同时，宋代"文儒"与"吏事"的分野也逐渐明晰和定型。"吏事"一词在宋代大致有两层意思：一是指处理政事的能力。如神宗欲用王安石，唐介以为不可，神宗反问："卿谓文学不可任耶？经术、吏事不可任耶？"[23]苏辙在论吕惠卿奸邪时说："王安石初任执政，用为心腹。安石山野之人，强狠傲诞，其于吏事，冥无所知。惠卿指摘教导，以济其恶。"[24]另一层意思是指相对于学术或国家经纶大计的刑名法制之道。如《宋史》在叙述赵普出身的时候说："普少习吏事，寡学术。"[25]熙宁五年（1072年），王安石与神宗讨论督察三司判官时说："刑名法制，

〔20〕（宋）洪迈：《容斋随笔》，中华书局2005年版，第364页。

〔21〕（元）脱脱：《宋史》卷一《太祖本纪》。

〔22〕（宋）李焘：《续资治通鉴长编》卷五二，咸平五年七月己亥条。

〔23〕（宋）杨仲良：《皇宋通鉴长编纪事本末》卷第五十九。

〔24〕（宋）杨仲良：《皇宋通鉴长编纪事本末》卷第六十一。

〔25〕（元）脱脱：《宋史》卷二六五《赵普传》。

非治之本，是为吏事，非王道也。"[26] 司马光《上体要疏》在论及"阿云案"时曾说："陛下试以礼观之，（阿云案）岂难决之狱哉？彼谋杀为一事、为二事，谋为所因、不为所因，此苛察缴绕之论，乃文法俗吏之所争，岂明君贤相所当留意邪？"[27] 本文所论述的"吏事"显然是上述的第二层意思。

虽然"吏事"并非治国治大本，但"工吏事、晓法律是宋代士大夫的一种风尚"[28]。有宋一代，众多士大夫在其历任地方时于"吏事"多有建树。吴曾《能改斋漫录》载欧阳修对"吏事"的体悟，欧阳修言："大抵文学止于润身，政事可以及物。"[29]《宋史》卷三三零所列诸人无一不娴于"吏事"，其"论曰"评价许遵等人："宋取士兼习律令，故儒者以经术润饰吏事，举能其官。遵惠政及民，而缓登州妇狱，君子谓之失刑。士宗、象先皆执经劝讲，其为刑官，论法平恕，宜哉！璘吏事绝人，民怀其德。"[30] 此可谓是对宋代士大夫"吏事"成就的一个评价范本。宋代士大夫之所以习于"吏事"，固然与"宋取士兼习律令"有关，更与宋代士大夫清醒认识到"吏事"的重要性有关。真德秀《谕州县官僚》言："今之居官者，或以酣咏遨游为高，以勤强谨恪为俗，此前世衰弊之风也。盛明之时，岂宜有此。"[31] 吴势卿在判决豪民越诉案件时认为："此其有关于朝廷上下之纪纲，未可以细故视之。"[32] 这些观点正是宋代士大夫对"吏事"的基本认识。同时，宋代命官与胥吏分途也是士大夫不得不娴于"吏事"的基本原因。宋代大部分士大夫在入职之初往往于民生刑政之事并不比胥吏娴熟，以至于多有被胥吏欺

---

〔26〕 （宋）詹大和等：《王安石年谱三种》，中华书局 1994 年版，第 717 页。

〔27〕 （宋）司马光：《司马温公集编年笺注》卷四十一。

〔28〕 陈景良："试论宋代士大夫的法律观念"，载《法学研究》1998 年第 4 期，第 149 页。

〔29〕 （宋）吴曾：《能改斋漫录》卷十三。

〔30〕 （元）脱脱：《宋史》卷三三零《列传第八十九》。

〔31〕 《名公书判清明集》卷一《谕州县官僚》。

〔32〕 《名公书判清明集》卷十二《豪民越经台部控扼监司》。

罔而无可如何的情况。吴势卿在判决胥吏把持县权案件时，因"税赋弊源皆在乡胥之胸中"[33]，最后不了了之，其无奈之情跃然纸上。为了防范胥吏的欺罔，士大夫不得不对"吏事"多做功课。于是便有了刘克庄"平生嗜好，一切禁止，专习为吏，勤苦三年"[34]的"吏事"锻炼历程。

由于宋代士大夫开始重视"吏事"，宋代逐渐有士大夫将自己履任时审判民刑案件的判文收入自己的文集之中，并刊刻行世。到南宋末年，便有有心之人收罗众家经典判文，汇而总之，以为后世司法官制作判决的模范，这就是《名公书判清明集》（下简称《清明集》）诞生的大体根由。《清明集》所载判文涉及南宋理宗至度宗时期的赋役、田土、婚嫁、继承、人伦、惩恶等诉讼方面的判决文书。作为宋代判文之典型，《清明集》所载判文的特征十分鲜明，为避文繁，此处仅举胡颖判决郑逢吉赶逐义侄郑元振一案的判词以证之：

> 准法：诸养子孙，而所养祖父、父亡，其祖母、母不许非理遣还。郑文宝无子，而养元振以为子，虽曰异姓，三岁已下即从其姓，依亲子孙法，亦法令之所许。文宝之养元振，不经除附，当时年岁固不可考，然当文宝生前，郑逢吉折简与之，已呼之为侄，以此勘验，昭然不诬。今文宝既亡，虽使其母欲以非理遣还，亦不可得，况伯叔乎！使逢吉有感于莒人灭鄫之事，恶族类之非我，恐鬼神之不歆，则但当以理训谕弟妇，俾于本宗择一昭穆相当者，与元振并立，如此为犹出于公也。若其不听，在法，夫亡妻在者，从其妻，尊长与官司亦无抑勒之理。今据所画宗枝图，却言自己有二子，其意果在是乎？真欲紾兄之臂而夺之食也。弟在则诬诉弟，弟亡则诬诉侄，用心不臧，一至于此！当职平日疾恶此辈如寇雠，今日当官，何可不治！杖一百，枷项市曹，令示众十日。今晚寄厢，

---

[33]《名公书判清明集》卷十一《去把握县权之吏》。
[34]（宋）刘克庄：《后村先生大全集》卷一九四《陈敬叟集序》。

来早断。[35]

　　胡颖此判一方面注重引法为断，判文中两次"在法"的法条引用为判决奠立了稳固的法理基础。另一方面，胡颖此判又极为注重判决的说理。虽然判文已有两次"在法"的法律依据作为判决的基础，但是为了使法意能够贯通和支撑人伦，胡颖说理证明了人伦之正道和郑逢吉人心的卑琐。最后胡颖指出："弟在则诬诉弟，弟亡则诬诉侄，用心不臧，一至于此！当职平日疾恶此辈如寇雠，今日当官，何可不治！"由此可见在胡颖眼中，郑逢吉之所以受刑，"在法"是判决的基础，郑逢吉人心险恶、违背人伦之道才是其判决的根本依据。胡颖此判可谓宋代判文的典型代表，判文所体现的注重引法为断和注重判决说理两方面的特征亦是宋代判文的共性。宋代判文之所以表现出这两种特征，自然与宋代官员居官临民的"吏事"历程密不可分。

二、唐宋判文迥然有别的基本表现

　　结合上文论述可知，唐代判文多为拟判，而判文发展到宋代则去其骈俪，归于平实，同时也从拟判变为实判。唐宋判文从拟判到实判，经历了缓慢而巨大的转变。马端临评价晚唐至五代的试判制度时，认为当时不切时政、专主文采的判文已经是明显的"赘疣"[36]了。既然不切于政事而专取于文采，则拟判独立存在的地位开始逐渐消失，这就不难理解有宋一代，除去王回、余靖所存少许拟判，拟判几乎已经完全淡出历史舞台，"书判拔萃科"最终也于仁宗景佑元年废置。概而言之，从

---

　　[35]《名公书判清明集》卷八《父在立异姓父亡无遗还之条》。
　　[36] 马端临评价道："今主司之命题，则取诸僻书曲学，故以所不知而出其所不备；选人之试判，则务为骈四俪六，引援必故事，而组织皆浮词。然则所得者，不过学问精通、文章美丽之士耳。盖虽名之曰判，而与礼部所试诗赋、杂文无以异，殊不切于从政，而吏部所试为赘疣矣。陵夷至于五代，干戈侵寻，士失素业，于是所谓试判，遂有一词莫措，传写定本，或只书'未详'，亦可应举。盖判词虽工，亦本无益，故及其末流，上下皆以具文视之耳。"参见（宋）马端临：《文献通考·选举十》。

唐代"文学"之下的判文到宋代"吏事"之下的判文，唐宋判文至少在以下三个方面发生了根本性的转向：

第一，判文文体的转向，即从唐代的骈体判文转变为宋代的散体判文。唐代"文学"上承六朝遗风，坚持"文质斌斌，尽美尽善"的"文学"基调，意味着唐代并没有将六朝绮丽全部抛诸脑后，而只是纠正六朝骈文的"淫丽"和"浮华"，以归于"文"与"质"的融合统一。再者唐代科举以诗赋应考，所有参加考试的学子无一不以"文学"和"才华"自任，因此，作为科考应试之作的唐代判文无一不是骈体便不难理解。与之相对，宋代判文之所以大多采用散体，一方面是因为宋代从科举考试到士大夫的日常文学表达都逐渐放弃严格的格律式表达方式，而更加注重表达内容是否合乎道理与事义。另一方面，宋代判文是士大夫处理诉讼案件的结论，因此必须保证判文在逻辑上的严密性和文理上的平实、易懂，而这两点是骈体格式的判文难以兼顾的。

第二，判文功能的转向，即从唐代的拟判转变为宋代的实判。从存世的唐代判文中，我们容易看到的是制判者学富五车的才华和判文汪洋恣肆的文采，而判文的说理和结论的论证则往往被几笔带过。唐代判文的这一特征主要基于唐代判文绝大部分是唐代科举考试中"书判拔萃科"的应试作品，而相对于判文的实际用途，唐代的试判制度更加注重考察制判者的文化修养和"文学"立场。与此相对，宋代的判文始终和宋代士大夫居官临民、治理地方的"吏事"历程密不可分。宋代判文是士大夫处理各类诉讼案件的结论。这些判文不仅需要文采斐然，更需要通过叙述案情和论证法理，最终书写出一个合乎法理人情的案件决断。同时，为了理清案件事实，论证判决的公正，士大夫们需要平实、详尽、严密的叙述判文。因此，基于平决诉讼案件的实际目的而产生的宋代判文，体现了和唐代判文完全不同的功能走向。

第三，唐宋判文有着完全不同的叙述风格。在宋代士子着重"吏事"的时代特点之下，宋代判文形成了与唐代判文完全不同的风格：首先是法律论证极为详备。法律论证详备是书写实判的基本要素，这一点《清明集》体现极为明显。在判决田县丞遗产案时，刘克庄引法令、辨因由、别亲疏、酌人情，在判决中融法、理、情于一体，论证可谓详尽之致。[37] 相比之下，唐判的法律论证大多言简意赅。如《甲乙判》"得甲去妻后，妻犯罪，请用子荫赎罪，甲怒不许"条，白居易只是从伦理角度论断道："三年生育，恩不可遗。……鸟岂忘于反哺？……诚鞠育之可思，何患难之不救？……"[38] 相较之下，刘白二判法律论证详备程度上的差距不啻云泥。其次是义理悠长。宋代实判的功能不止于平决狱讼，更致力于在判文中达到情、理、法皆尽的境界。要达到情、理、法皆尽，仅仅引据法令势必胶柱鼓瑟，难以奏效。因此，宋代司法官大多以细致的义理和人情论据来支撑判决。如黄干在判决"张运属兄弟互诉墓田"案中的义理劝导可谓苦口婆心："祖父置立基田，子孙封植林木，皆所以致奉先追远之意。今乃一变而为兴争起讼之端，不惟辱及祖父，亦且累及子孙。今张解元丑诋运干，而运干痛讼解元，曾不罟思吾二人者，自祖而观，本是一气，今乃相诋毁如此，是自毁其身何异？……世固有轻财急义，捐千金以资故旧者，不以为吝。今乃于骨肉之中，争此毫末，为乡间所嗤笑。物论所厌薄，所争者小，所失者大，可谓不思之甚！……深思同气之义与门户之重，应愤闷事，一切从公，与族党共之，不必萌一毫私意。人家雍睦，天理昭著，他日自应光大，不必计此区区也。"[39] 相比之下，唐代判文囿于骈俪体裁，往往于人情、法理和事义不如宋代判文详备。最后是寓教化于判文之中。上文的黄干判文即是典型例证。再如真德秀判决吴良聪不孝案所作判文，真德秀对吴的惩罚显然是其次，而对百姓的教化才是最终目的。[40] 而唐代判文作为"文学"作品和科举考试的应考答卷，判文的读者显然不需要制判者的教化，故即使如白居易般用心虚拟判文的语境，其判文有关教化的叙述也远不如宋代判文真实、全面、透彻。

---

〔37〕《名公书判清明集》卷十二《继绝子孙只得财产四分之一》。

〔38〕（唐）白居易：《白居易集》，中华书局 1999 年版，第 1378 页。

〔39〕（宋）黄干：《勉斋先生黄文肃公文集》卷三九《张运属兄弟互诉墓田》。

〔40〕《名公书判清明集》卷十二《孝于亲者当劝不孝于亲者当惩》。

三、唐宋判文一脉相承的法律文化

从上文论述可知，唐宋判文是不同的时代环境和完全相异的功能和目的而产生的两种文体，其差别显而易见。不过，既然两种判文都是制判者对政刑案件——虽然有虚实之别——所做的判断，则制判者所坚持的情、理、法主张和法律思想观念自然有继承、延续和一致的地方。通过上文的论述，其实已经可以隐约看出这一点。通过仔细比较和分析，可以看出，唐宋判文所蕴含的法律文化内涵的一致性和延续性主要体现在以下三个方面：

第一，唐宋判文在坚持情理、法理、礼俗相结合的法律观方面一以贯之。《龙筋凤髓判》主客"吐蕃使人请市"条，张鷟在没有现存制度规定吐蕃贸易的情形下，结合人情、事理，做出了言"听其市取，实可威于远夷；任以私收，不足损于中国。宜顺其性，无阻蕃情"的判断。《甲乙判》"甲妻姑前斥狗"条，白居易认为甲妻的小过是人之常情，驳回甲认为的"不敬"出妻理由，最后得出结论说："虽敬君长之母，宜还王吉之妻。"宋代判文于情理、法理、礼序相结合的法律观可以说贯彻在每一篇判文之中，兹举一例：《清明集》"诸定婚无故三年不成婚者听离"条所载案例的诉讼双方原是世交，后女方以男方五年未迎娶为由要求解除婚约，男方则称其五年未迎娶有特殊原因而不愿解除婚约。这个案件按照律条既可以判处解除婚约，也可以判处不解除婚约。马光祖立足法意，参酌人情，鉴于男女双方经过多次对簿公堂，故旧交情早已不复存在，故结合法意人情，判决解除婚约。其判文道："以世契而缔姻好，本为夫妇百年之计，今乃争讼纷纭，彼此交恶，世契既已扫地，姻好何由得成？以法意论之，则已出三年之限，以人事言之，成毕之后，难保其往。今既各怀忿憾，已败前盟，初意何在？男女婚姻与他讼不同，二家论诉，非一朝夕，倘强之合昏，祸端方始。今幸亲迎未成，去就甚轻，若不断之以法意，参之以人情，则后日必致仇怨愈深，紊烦不已。"[41] 此判可谓宋代士大夫坚持情理、法理、礼俗相结合法律观的典型体现。

第二，唐宋判文在坚持尚宽仁、贵民心、遵法制、重礼等的秩序观方面一脉相承。唐代判文虽多言简意赅，但于要言不烦之中，却处处闪耀着宽仁、民本、法制、礼序的光华。如张鷟的"何惜数顷之地，顿伤百姓之情"[42]，"宁失不经，宥过无大"[43]，"小不加大，必上下和平；卑不陵尊，则亲疏顺序"[44]。尚宽仁、贵民心、遵法制、重礼等的秩序观在白居易判文中得到了进一步的完备，而白判所体现的秩序观又为宋代判文所继承。宋代司法官对司法审判起到的制形势豪民、御胥吏乡司、养乡民之和、重上下之序、治财讼以法等方面有着深刻的认识。由此而产生的宋代判文对唐代判文的法律文化内涵则不仅是再现和继承，更有着全面的发展和深化。在涉及尊卑之序时，宋代判文得出的结论可以说和唐代判文有异曲同工之妙。蔡杭在"士人娶妓"判中得出的"公举士人，娶官妓，岂不为名教罪人？岂不为士友之辱？不可！不可！大不可！"[45] 的结论和白居易在"大夫丁与管库为友"判中所言"既非核于是非，姑欲紊乎贵贱"[46] 的结论可以说如出一辙。黄干在判决陈安节诉陈安国盗卖田地案件时论到制约形势之家而以舒缓民生时论道："形势之家，专以贪图人户田业致富。所以敢于违法者，恃其富强，可以欺凌小民，敢经官论诉，便使经官得理，亦必健讼饰词，以其多赀，买诱官吏，曲行改断，小民贫困，多被屈抑，便使偶得理直，而追逮费用已不胜其困矣。"[47]《清明集》卷三"不许差兵卒下乡及禁狱罗织"条叶提刑论及禁巡、尉扰民以养根本时说："今时民力亦已困矣，

---

〔41〕《名公书判清明集》卷九《诸定婚无故三年不成婚者听离》。

〔42〕 蒋宗许等：《龙筋凤髓判笺注》，法律出版社 2013 年版，第 118 页。

〔43〕 蒋宗许等：《龙筋凤髓判笺注》，法律出版社 2013 年版，第 10 页。

〔44〕 蒋宗许等：《龙筋凤髓判笺注》，法律出版社 2013 年版，第 15 页。

〔45〕《名公书判清明集》卷九《士人娶妓》。

〔46〕（唐）白居易：《白居易集》，中华书局 1999 年版，第 1420 页。

〔47〕（宋）黄干：《勉斋先生黄文肃公文集》卷三九《陈安节论陈安国盗卖田地事》。

催科虽是州县急务，其忍复于法外肆其虐邪？……今后管照条比较，若出违省限，只令委官一员驱催，不许辄委巡、尉用兵卒下乡，及禁狱罗织。为国家爱养根本，诚非小补。"

第三，唐宋判文所体现的"合于事义"优先于"合于法理"的司法观并无轩轾。由唐至宋，判文虽由科举考场的命题作文变成司法官实际的狱讼决断，但在唐宋判文的制作者的观念中，"合于法理"的地位始终居于"合于事义"之下。在唐宋制判者看来，"事义"的内涵包含了公平、伦常、情理等内容，法律的作用主要在于对不合乎"事义"的行为加以矫正。但是，如果法律本身即违背了制判者的"事义"标准，他们会绕开法律而适用其他社会道德规则，或者以其他社会道德规则对抗法律，甚至直接曲解法律。王志强教授评价南宋判文中法律"从属于更高的价值取向所预设的前提，甚至只是掩人耳目的工具；当二者出现矛盾时，法律的规定常常遭到曲解、受到冷落"[48]的判断不只适用南宋，更是对唐宋判文所见司法观的精当之论。《文明判集残卷》所载唐代判文"宋里仁兄弟三人养亲"条就国家边防需要和存亲养老发生冲突时得出的结论是："律通异义，义有多途。不可执军贯之偏文，乖养亲之正理。"[49]而白居易在《甲乙判》"得辛奉使，遇昆弟之仇，不斗而过，为友人责"条面对"兄弟之仇不反兵"与"衔君命"发生冲突时得出的结论则是："将灭私而奉公，宜弃小而取大。"[50]由此可见，在唐代制判者心中，法律只不过是实现"事义"的工具而已。这种包含了公平、伦常、情理等内容的"事义"既具有广阔性，同时又缺乏确定性，这就使得法律成为制判者使判文合乎"事义"而取舍的素材。到宋代，判文成为司法官断决狱讼的判决文本。宋代判文引用法律条文的情形众多，但这并不妨碍这些司法官取裁法律以符合"事义"。即使在基

---

〔48〕 王志强："南宋司法裁判中的价值取向——南宋书判初探"，载《中国社会科学》1998 年第 6 期，第 120 页。

〔49〕 杨一凡主编："文明判集残卷"，载《中国珍稀法律典籍集成甲编第三册》，科学出版社 2007 年版，第 19 页。

〔50〕 白居易：《白居易集》，中华书局 1999 年版，第 1381 页。

本依法判决的案件中"法律以外的原则往往仍被援引，以充满感情色彩的笔调加强或补充法律规定"[51]，更遑论其他。我们从南宋时期事涉不孝的两个案件差别极大的判决，就可以看出宋代制判者对法律的取裁以及为追求判决合乎"事义"而导致的判决任意性：《清明集》卷十"母讼其子而终有爱子之心不欲遽断其罪"条的马圭被其母诉其不孝，根据判文所述可知马圭不孝于父母并非初犯，而是由来已久，其罪责可谓不轻。但司法官胡颖矜于马圭之母的哀情，在判决中只对马圭进行一番劝诫并要求其于邻里当众认错而已。胡颖显然并未采取《宋刑统》"子孙违反教令及供养有缺者，徒二年"[52]的法律规定，而是根据他所见的人情伦理进行裁断。同样是不孝，《清明集》卷十"孝于亲者当劝不孝于亲者惩"条的吴良聪就没这么好的运气。真德秀在判文中先是通过旌赏另一割骨疗亲的孝子，以反衬吴良聪的不孝恶行，接着将吴良聪的不孝行为定性为"罪该极刑"，最后判处吴良聪"杖脊二十，髡发，拘役一年"。首先，从判文中并不能看出吴良聪有法律明确规定的"罪该极刑"的具体不孝行为，如果其仅仅是"违反教令"，则罪只不过"徒二年"而不当是"罪该极刑"。其次，按照宋代的"折杖法"[53]，真德秀对吴良聪的判罚相当于"流三千里"的判罚，与"子孙违反教令及供养有缺者，徒二年"相比较明显属于加重处罚。真德秀对该案的判决虽然是为了杀一儆百，以警示顽民。但是，从真德秀的这篇判文却可以清晰地看出南宋"名公"们的司法观——即为了实现合乎"事义"的效果，法律可能被取舍和裁剪。

综上，从唐代到宋代，在坚持情理、法理、礼俗相结合的法律观，坚持尚宽仁、贵民心、遵法制、重礼等的秩序观以及坚持"合于事义"优先于"合于法理"的司法观三方面，唐宋判文保持了一致性和延续性。

---

〔51〕 王志强："南宋司法裁判中的价值取向——南宋书判初探"，载《中国社会科学》1998年第6期，第122页。

〔52〕 薛梅卿点校：《宋刑统》，法律出版社1999年版，第420页。

〔53〕 薛梅卿点校：《宋刑统》，法律出版社1999年版，第4页。

结　语

唐代判文和宋代判文是唐宋时期士大夫对政刑之道的认知和决断，而唐宋判文的演变及其法律文化内涵的延续和传承是本文的主题。在唐代，判文始终涤荡在当时的"文学"氛围之中，初盛唐的六朝绮丽遗风加上贞观君臣的"文学"观，共同催生了张鷟的《龙筋凤髓判》。天宝之际的盛衰转换与韩愈、柳宗元"文以载道"的古文运动使得白居易的《甲乙判》充满了以文述道、以理证道的原理深度和伦理关怀。但是，白居易的判文所体现的"文以载道"的表达和叙述，并不妨碍《甲乙判》是一部文辞优美的唐代"文学"作品，但它不是一部真实的司法官临民断决狱讼的判决集存。五代以降直到南宋，"文学"的判文逐渐为"吏事"的判文所取代，宋代判文是宋代士大夫娴于"吏事"的最佳证明。唐宋之间的这种转变既和宋代士大夫重视"吏事"、娴于"吏事"有关，也和宋代官、吏分途的社会大环境有关。

宋代判文和唐代判文相比有着文体、功能、风格上的巨大差异，而这种差异又反映出唐代判文只是一种"文学"作品，而宋代判文则是实实在在的平决狱讼的决断。与唐代判文相比较，宋代判文的法律论证更加详备，义理阐述更加悠长，苦口婆心的教化无处不在。而从"文学"角度看，宋代判文的文学性则显然和唐代判文不能相提并论。与此同时，唐宋判文自然体现了各自时代的法律文化和制判者的法律思想观念。从法律文化角度去考察唐宋判文之变迁，则不难发现，宋代判文和唐代判文在坚持情理、法理、礼俗相结合的法律观，坚持尚宽仁、贵民心、遵法制、重礼等的秩序观以及坚持"合于事义"优先于"合于法理"的司法观方面可以说是一脉相承的。

清代阳武县张氏家族土地
交易契约研究

常 悦*

　　契约文书是我国民间长期使用的一种私文书。传统契约作为一种历史档案不仅是百姓日常生活的直观反映，其背后更是蕴涵了丰富的文化意义。土地交易契约记录了古代民间在土地交易过程中的种种实践，其中一些实践经过不断的重复最终形成了习惯，这为研究中国古代的财产法制提供了丰富的史料。由于中国古代立法上的"重刑轻民"，导致古代民法没有形成完整的体系和理论，虽然官方的成文法有一些关于财产制度的规定，但大量的民事行为规范还是以习惯法的形式发挥着作用。研究中国古代的财产法制，离不开对不同时期、不同地区的契约文书的整理和总结，张氏家族契约的发现为这方面的研究提供了一个区域性的案例和新的视角。本文所称的"张氏家族契约"是指笔者外公家中留存的十一份土地交易契约。时隔百年，这些契约依旧保存完整、清晰可辨，虽然经历了多次的政权更迭，契约原有的效力早已丧失，但仍然得到一代代人的不断传承，这种"惜纸如金"的精神感人至深。土地交易契约不仅仅是一种法律文书，透过这些纸张和文字我们也许能够看到一个家族在土地交易中表现出的种种观念和精神，这些观念和精神经过代代传承或许已经成为一个家族家风的组成部分，这正呼应了目前社会上盛行的对家风的讨论和对正能量的追求。

　　研究法律仅仅关注条文是远不够的，法律的实效性也是值得关注的

---

　　* 清华大学法学院硕士研究生。

问题。[1] 民间的交易习惯虽多为当事人自行创设，但这种创设并不是完全不受约束的，而是在国家的法律制度框架内开展的，对契约和成文法进行比较研究有助于理解法律的实际运行。此外，契约是"乡土性"的文献资料，利用契约来研究中国古代的法制状况，实际上是一种"以中国的视角研究中国问题"的方法，避免了套用西方理论而造成的与现实脱节的问题。长期以来，在对中国古代法制的研究中形成了诸如"诸法合体、民刑不分"等固化的观念，笔者认为一部分原因是缺乏对历史资料的发掘。而契约作为对民间日常生活中种种法权行为的反映，其本身即具有开放性的特征，契约中所反映的民间习惯并非通行的、整体的规则，不同时期、不同地域由于社会经济状况的差异所孕育的民间实践也是千差万别、丰富多彩的。随着新的契约在不断地被发掘，对契约进行讨论为突破以往封闭式的研究提供了可能，而在这一过程中，尊重历史的原貌是对传统民间契约进行研究必须具备的态度。

民间私约虽然是双方当事人对交易所作的安排，而一旦涉及到土地权利的归属和移转，社群势力、国家势力势必会对交易进行干预，因此有必要将这两种势力纳入分析的范畴。笔者在文中试图勾勒出张氏家族契约中交易行为发生的场景，并对私人、社群、国家三者之间的互动关系进行梳理，希望以此探寻这些土地交易中蕴含的民间习惯背后的逻辑。本文的研究目的在于：其一，运用契约学的方法对张氏家族契约进行整理和定名，使其脱离历史文物的原始状态，上升为供学术研究的文献资料；其二，通过广泛的比较，发现张氏家族契约中独具特色的实践与表达，借此对相关领域的现有研究进行检验并试图提出新的观点。其三，构建区域性的土地交易场景，在这一场景中探寻民间土地交易背后诸多因素的相互关系和互动结果，以求对张氏家族契约中的有关问题给出合理的解释。此外，通过对张氏家族契约这一"个案"的研究，笔者试图重塑张氏家族在土地交易中体现出来的家族精神并期待从中受到教育和感化。

---

[1] 瞿同祖：《中国法律与中国社会》，中华书局 2003 年版，第 1 页。

一、张氏家族契约概述

(一) 对张氏家族契约的整理与定名

现存的阳武县张氏家族契约共十一件，形制上大致可分为两类：一类加盖有官方戳记，共六件；另一类没有官方印记，共五件。在契约形式上，多为卖地契，共九件；其余为当地契一件、卖庄基契一件。

由于契约原件没有名称，为了引述上的方便，笔者对流传下来的张氏家族契约（如后图）进行了整理并重新定名，契约内容则按原文字抄录。在定名时所采用的方法是：首先，注明契约所属年代的庙号纪年，并于括号内标明公元纪年；其次，采用"红契"、"白契"和"官契"〔2〕的概念对契约进行区分；〔3〕最后，以卖方姓名〔4〕和契约中行为的性质作为定名的主要依据。为了保持历史的原貌，录入时仍保持竖行由右至左的书写格式，此外，在为契约定名时，并未采用现代民法中"合同"、"抵押"、"担保"等法律行为的概念，而是直接从契约原文中摘取了"卖"、"当"、"重买"等文字加以概括。

在整理过程中，对于契约中个别不清楚的文字以"□"的形式标明，为了研究方便，一律将繁体字改为简体字，遇有俗体字和简写字时，直接改为标准化的通行文字。契约中有盖章时，以括号的形式注明

---

〔2〕 "红契"和"官契"均取自张氏家族契约中固有的称谓，如在"光绪五年（1879年）张梓卖地红契"的契尾后粘贴有"此系东桥买张梓地红契一张"的纸条；在"光绪十八年（1892年）刘桧卖地官契"中印有官契字样。陈学文指出："红契也称官契，是指使用官方印制的正式契本，或者由官方加盖了印章的契约。"〔1〕但鉴于张氏家族契约中原始的表达，笔者采用"红契"和"官契"分别命名。

〔3〕 陈学文："土地契约文书与明清社会、经济、文化的研究"，载《史学月刊》2005年第12期，第10页。

〔4〕 从保存下来的契纸来看，"单契"占了绝大多数。单契所反映的契约关系中多为卖方的片面义务，单契由义务方出具，归权利方收执。单契中总是卖方一方签字画押。考虑到这一点，笔者在给契约定名时只保留了卖方的姓名。

清乾隆五十八年（一七九三年）张国材卖地白契（例一）

立卖契人张国材，因为无钱使用，今将自己白地一段南北畛计地三亩九分三厘二毫，同中说合，情愿出卖于张宝玉名下永远为业。言明共价钱一拾二千文。即日交足，不欠。恐后无凭，立字存证。

计开阳武县行粮

长身　北南　宽　十步零一尺五寸　中长六十步

西南小拐　北南　宽同四步　中长十六步

东北短身　北南　同宽五步　中长三十四步

东边小拐　北南　宽同四步一尺　中长十四步

东至李姓　南　靳圣木　北

西至陈姓　北　大路

乾隆五十八年十月二十日　立契　（押）

同中人　王枢　邵天佑　张天从

印章位置，当事人的画押，包括十字画押、变体画押〔5〕，一律以括号内标注"（押）"的方法加以显示。契约中的骑缝文字，以"（骑缝）"的形式加以说明。契约中粘贴有其它附件的，以"加贴"的方式说明，并于其后附录附件上的文字内容。原契约并无句读，为阅读方便，在整理时断以现行标点。原契约中特定格式，录文难以完整、准确体现的，请参阅附录中相应图片。

（二）张氏家族契约的特点分析

　　流传下来的张氏家族契约在时间上横跨清代和民国两个历史时期，以乾隆五十八年（1793年）为始，至民国三十七年（1948年）为终，共计十一份契约文件。经过比照，张氏家族契约的基本格式大致为：

---

〔5〕　指仅以一点的方式表示画押。参见附录中"清乾隆五十八年（1793年）张国材卖地白契"。

　　契约交易类型→卖方姓名→出卖理由→标的物情况→中人参
与→买方姓名→交易价格→付款方式→立契为凭→输粮纳税→时间
标识→土地四至→签字画押。

　　通过与田涛先生在《徽州民间私约研究及徽州民间习惯调查》一书
中总结的徽州地区买卖契约的基本格式和张传玺先生在《中国历代契约
萃编》中收录的同时期其他地区的契约原文进行对比，笔者发现，在所
有张氏家族契约中，并没有当事人之间关于瑕疵声明和权利担保的任何
约定，无论这种契约关系是发生在同姓之间还是异姓之间。相同的情况
在河北省徐水县连氏家族契约中也有体现。[6]

　　在张氏家族契约的形制方面，并未加盖任何官方印记、完全由当事
人独立完成的契约往往仅由一张契纸构成。而盖有官印的契约往往附贴
契尾等其他官方文件。根据《田藏契约》对明清以来的"红契"所进
行的文本形式上的分类定名，其中先订立民间草契，然后附贴经县一级
颁发的"官契"，一共二联的，称为"连二契"；在民间草契、县级
"官契"之后，再粘贴由省级即布政使司颁发的"契尾"，一共三联的，
定名为"连三契"；在"连三契"基础上，加贴中华民国政府的"验
契"，一共四联的，称为"连四契"。[7]张氏家族契约中"红契"的形
制大体上与田涛先生的分类一致，但仍有自身的特点：首先，民间草契
并不与"官契"相粘连，因此张氏家族契约中没有"连四契"的形制；
其次，张氏契约中的"连三契"从左至右依次为：契尾、官契[8]或加
盖官印的草契（红契）、新卖契（即验契）。

〔6〕　陈英杰："记新发现的徐水连氏家族契约文书"，载《文物春秋》2011 年第 4
期，第 68 页。
〔7〕　田涛：《徽州民间私约研究及徽州民间习惯调查》（上册），法律出版社 2014 年
版。
〔8〕　"光绪十八年（1892 年）刘桧卖地官契"（见附录）中印有"随老契"字样，
在嘉庆二年张国材卖地白契左下角注有"此系西边地老文契"字样，这说明张氏家族契
约中的民间草契是由当事人受执并不与官契或红契相粘连。

在契约内容方面，张氏家族契约分为"卖"和"当"两类，其中在卖契下又分为"卖"和"重卖"两种形式。此外，买卖双方当事人均为实名表达，并不存在将买方名字故意隐去的情况[9]。当事人为女性的卖地契约，其特殊性在于需要将子女共同署名[10]。立契的理由可以归纳为无钱使用与粮差不及两类。在中人方面，张氏家族契约中中人的称谓有"中人"、"经中"、"官中"、"原中"，中人的参与通常被写作"同中说合"、"同中人言明"、"三面言明"，同时将中人的姓名书写于契约正文之后，以彰显中人在契约建立时作为第三人参与。

当事人签字画押作为契约的一部分，根据已有研究表明，除卖方签字画押以外，中人、见证人、代书人以及其他参与契约建立的第三方，均须在契约上签字认同。但通过对张氏契约的考察，笔者发现中人参与签字画押的形式比较复杂，在有的契约中是由代笔人书写中人姓名于纸上，中人姓名之后也并无任何画押的痕迹[11]；有的中人亲自签字但并不画押[12]；还有的中人有自己的印鉴[13]。

综上所述，张氏家族契约的特点反映了区域性的土地交易习惯，作为对同时期诸多民事习惯的补充或证明具有一定的意义。笔者希望通过研究张氏家族契约，对理论界业已形成的一些观点进行反思并提出自己的看法。

---

[9]　有学者通过研究明清时期契约中买方姓名的书写习惯认为，不明确书写买方的姓名是为了表示对居于主动地位的当事人的尊重。

[10]　参见张氏家族契约中"清咸丰七年（1857年）张门聂氏卖地红契"（例五）。田涛先生认为通过将子女一同署名的方式才能使妇女成为在买卖契约中合法的当事人。参见前引[7]。

[11]　通过对比字迹可以得出这一论断，参见附录中"清乾隆五十八年（1793年）张国材卖地白契"。

[12]　参见张氏家族契约中"光绪十九年（1893年）张存信卖地白契"（例三）。

[13]　参见附录中"光绪十八年（1892年）刘桧卖地官契"，该官契左下角盖有一枚印章，上载"邵亮戳"字样，而邵亮本人又在"咸丰九年（1859年）张国材卖地红契"等多张契约中充当中人。

二、土地交易类型中"当"的分析

（一）张氏家族契约中的当契

在十一份张氏家族契约中，有一份在法律性质上属于典当类契约，名为"光绪二年（1876 年）张存信当地白契"（下文称"例二"）：

光绪二年（一八七六年）张存信当地白契（例二）

立当契人张存信，因为无钱使用，令将自己白地一段，东西畛计地五亩，同中说合出当于陈顺名下耕种三年为满。恐口无凭，立字存证。共当价钱六千文。当日交足，不欠。

光绪二年十一月廿二日 立契

同中人 张治业

东至 杨立大路
西 大路
南 陈金贵
北 周玉振

例二是张氏家族契约中唯一一份当契，出当人为张存信，受当人为陈顺，当价六千文，当期三年为满。这份当契与张氏家族其他卖地契相比在内容上有明显不同，放之更大的地理范围与同时期其他地区的典当契约相比也具有一些独特之处。

在字面上，例二中并无"听凭取赎"的约定内容，没有"计开阳武县行粮"等关于纳税的安排。笔者认为，有必要对契约进行补充和解释，以便理解。在补充和解释的过程中，应当考虑的因素有：此项交易的背景，包括当事人的经济状况和地位；国家法律及民间习惯对"当"这一交易行为性质的规定和理解。换句话说，就是要在当时的社会情景和法律语境中探寻其内涵。

1. 对例二内容的补充和解释。出当人当地的原因是无钱使用，其在经济地位上弱于受当人，故"当"不同于"租"，因此，在约定的期限届满时，受当人并不当然负原物返还之义务。将此当契与"光绪十九年（1893年）张存信卖地白契"（例三）联系起来，可以从中获得进一步理解：

光绪十九年（一八九三年）张存信卖地白契（例三）

立卖契人张存信，因为无钱使用，令将自己白地一段东西畛计地五亩，同中说合，情愿出卖于张灏名下永远为业。同中人言明共价钱六千文。即日交足，不欠。恐口无凭，立字存证。

计开史固七折行粮

光绪十九年十月廿五日

东　大路
西　杨立
北　周玉振
南　陈金贵
西　至
东　同宽八步三尺 中长一百四十三步

立契

同中人　张良臣

花贵

通过对比分析土地的四至，可以看出两份契约的标的为同一块土地，就土地价钱而言当、卖均为六千文，折合每亩一千两百文。从清代官方法律以及民事习惯允许事后找贴来看[14]，"回赎"类交易[15]的对价应当低于土地的实际价值。日本学者寺田浩明认为"典"是"所

---

〔14〕《大清律例》卷九《户律·田宅·典买田宅条例》中规定："若卖主无力回赎，许凭中公估找贴一次，另立绝卖契纸。"《民事习惯调查报告录》卷二，第十二章第一节记述了福建省政和县"一典数找"的民事习惯。

〔15〕回赎类交易除典当之外，还包括虽名为买卖但当事人约定找贴或注定年限回赎的交易，即活卖。

有者接受约为卖价之半的金额而允许他人使用自己的土地获得收益，经过约定的期间后，他随时可返还最初领取的价额，重新获得土地"的一种权利安排。由此单考虑价格因素[16]，寺田浩明的观点似乎并不能解释例二中当事人所做的安排，对例二的分析也不能完全套用典契的架构。有学者称，在民间习惯上，典当并无严格界限。[17] 笔者认为，尽管民间（尤其是农村）习惯上将典当契约都用于与不动产相关的融通交易，但在一些细节方面典与当之间也并非毫无界限。"当"字原具有"相对"、"相向"的字义，《说文解字·田部》："当，田相值也。从田，尚声。"段注："值者，持也，田与田相持也。"从而引伸为"对等"、"相当"的字义，《玉篇·田部》："田，直也。"又进一步可引伸为"当作"，以某事物代替另一事物。而"典"作为动词表示财产交易，是指一方提交某项财产，并由相对方控制以担保债权的意思。"当"起初是民间对抵押的俗称，在正式的法律上典当连称始于《大明律》。[18] 从例二当价与卖价相当的角度看，此项交易比较符合"当"中蕴含的对等之义，而"典"似乎更关注典权人的权利。

根据田涛先生的分析，"典"和"当"同属一种民间担保行为，但典契通常注明典期，以备回赎，当契有时不注明当期，或者以"听凭早晚回赎"，以表示期限模糊，可能是一种契约建立时的特别约定，其目的在于典契被回赎的可能性较大，而当契在经过追找价款后，最终成为买卖行为。[19] 据此可以认为，当契更多的是为将来可能出现的买卖行为提供准备。但与田涛先生的解释不同的是，例二中当事人约定了明确的当期，并且出当人最终回赎了土地，并未发展成土地买卖。基于例二的特点笔者认为，固然应当将契约放在当时的法律制度框架下去理解，

---

〔16〕 尽管"村级市场"上的交易者身处复杂的人际关系之中，但价格仍是影响交易行为的重要因素。

〔17〕 吕鹏军："从有关律例看清代田房典当契税的变化"，载《清史研究》1999年第4期，第106~108页.

〔18〕 郭建：《中国财产法史稿》，中国政法大学出版社2005年版。

〔19〕 参见前引7。

但考虑到当时国家法律对民间交易行为约束力的欠缺[20]以及社会生活的复杂性，现实生活中的法律关系的性质和内容也许并不取决于官方成文法的界定，另外，不同地区经济发展状况的差异也可能影响人们在交易时的信赖关系以及某些基础观念，因此，在研究时更应当关注现实生活中人们如何作出交易安排，以及由此形成的特定秩序。

首先，"耕种三年为满"意味着出当人向受当人出让了耕种土地的权利，从现代民法中物权的角度看，这似乎意味着移转了标的物占有、使用和收益的权利。业权的移转是清代典当契约中常见的一种安排[21]，有别于不移转占有的"指抵"或"典田图租"[22]的民事习惯。如此一来就可以避免在公示制度尚不完善的情况下双方权利的重叠和纠缠。由于例二系发生在异姓（张姓与陈姓）之间的买卖，当事人或许出于稳妥考虑，约定移转业权以便减少交易风险。

其次，通过对比两份契约，一个重要的差异在于，例二中并未注明输粮纳税的内容，而在例三中有"计开史固七折行粮"的安排。笔者认为，如果说在民间土地交易中，国家更为关注的是税粮征收，法律上强制当事人在移转土地所有权时务必对纳税问题作出安排，那么既然当契中未作此种安排，说明当事人在观念上并不认为他们是在"买卖"，而仅是"出当"，当契中移转的并不是完整的土地权利。嘉靖《重修如皋县志》记载："又民间地转买转卖，其随田粮草，有因卖主不尽过割，留为需索之资。或买主惮于征输，饵以迁延之术。"[23]前一种情况虽名为转买转卖，但买主并未获得完整的土地权利，因此更类似于土地出

---

〔20〕 中国历代的统治者习惯于用"刑"直接管理百姓，对民事性的交易多采取漠视的态度。即便制定了管理交易行为的法律，往往由于不合实际或得不到地方官吏的执行而成为具文，以致民间衍生出丰富的交易习惯。

〔21〕 另有当事人约定极低的典价而不移转业权的典契，实为"指抵"。

〔22〕 《民事习惯调查录》中记载保定有"典田图租"的习惯，即出典人将地典出，但仍然耕种并向典主给付租金。

〔23〕 "嘉靖重修如皋县志"，载《天一阁藏明代方志选刊续编》（第10册），上海书店1990年版。

当，应当可以用来解释、佐证例二中的约定，所谓"不尽过割"即包括在契约中对输粮纳税不作安排的情形，其目的在于保留日后出当人"需索"的资格。另外，由于例二的交易并非买卖，因此也不存在"买主惮于征输，饵以迁延之术"的余地。

最后，当价与卖价相同意味着，出当人"找贴"或"找价"的权利受到了限制，甚至或许双方当事人并未在观念上把"找贴"程序纳入整个契约过程。在立契当日，出当人从受当人处得到了价款，受当人从出当人处得到了土地耕种的相关权利；三年之内，受当人耕种土地，收获粮食（相当于利息），出当人继续就该土地向国家输粮纳税；三年期满后，出当人收回土地并交纳赎金，否则，受当人即可向官府投税、过割执业。笔者认为，以上是交易双方意想维持的权利秩序，尽管当契中并未写明到期回赎的问题，但既然受当人支付了与买地相同的价金，自然不会任凭出当人到期取回土地，因此"听凭回赎"当是契约应有之义。

2. 例二中"当"的性质辨析。根据前文的分析可知，张氏家族契约中的当契与一般意义上的典契相比，在价款方面更接近于买卖，但与"卖"（包括绝卖与活卖[24]）不同的是，当契中并没有关于纳税方面的安排。由于在光绪十九年（1893年），出当人将同一块土地卖给了张濂，因此可以推断出在当期届满后，出当人通过回赎重新取得了土地的业权，故例二并没有成为买卖契约的准备过程。

有学者认为，清代典当交易无论是从观念上还是制度上都是一种"过程性"买卖。[25]笔者认为这种观点混淆了两种不同的交易方式[26]。区分典、卖是清代典权制度立法的一大特征，这区别于自唐代以来历朝

---

[24] 一些学者认为活卖包括典当，但笔者采严格的活卖概念，认为活卖仅指经过推收、过割，但注有找贴字样或注定年限回赎的买卖。

[25] 李力："清代民间土地契约对于典的表达及其意义"，载《金陵法律评论》2006年第1期，第111~118页。

[26] 民间习惯中的上手业主的先买权也会使得绝卖、活卖以及典当等交易之间的界限模糊，但张氏家族契约中并没有发现其所在地区有这一先买权习惯的存在，故笔者不做讨论。

历代将买卖、出典行为一并规范的立法。[27] 虽然典当交易可以通过出当人或出典人典的找绝[28] 从而使典当关系变为买卖关系最终实现土地业权的移转，但这毕竟只是典当交易的一种发展途径，典当关系中出当人或出典人完全可以选择回赎土地以恢复交易之前的权利状态，而受当人或典权人也有权拒绝对方找贴的要求，转而"听其别卖，归还原价"。[29] 雍正十三年（1735 年）上谕载："民间活契典当田房，乃一时借贷银钱，原不在买卖之例。"[30] 基于此笔者认为，典当契约本身并没有"卖"的性质，只有当双方当事人经过找绝而另立绝卖契或找契并于契约中就纳税问题作出安排后买卖才得以完成，因此认为典当交易是一种"过程性买卖"的观点似有些以偏概全。《大清律例》规定："凡盗、卖、换易及冒认若虚钱实契，典买及侵占他人田宅者，田一亩、屋一间以下，笞五十。"[31] 从官方成文法的规定中看，土地交易的权利主体被严格限定为所有者，典权人仅在法律上或习惯上享有有限的转典权和用益权，故在交易观念上也不能认为双方是把典当视为买卖，因为受当人取得的并不是完整的土地权利，其处分权能受到法律的限制。《大清律例》还规定："凡民间活契典当田房，一概免其纳税。其一切卖契无论是否杜绝，俱令纳税。"[32] 故从制度层面讲，典当与买卖也是不同的交易类型。关于清代典当与买卖的详细对比，见下表：

---

〔27〕　参见前引 18。

〔28〕　即价使款大体上相当于卖价。

〔29〕　张荣铮等校：《大清律例》，天津古籍出版社 1993 年版。

〔30〕　《清会典事例》卷二四七《户部·杂赋》。转引自吕鹏军："从有关律例看清代田房典当契税的变化"，载《清史研究》1999 年第 4 期，第 107 页。

〔31〕　参见前引 29，第 208 页。

〔32〕　参见前引 29，第 214 页。

表1　清代土地典当与土地买卖的对比

	典　当	绝　卖	活　卖
契　税	不缴纳	缴　纳	缴　纳
过　割	不过割	过　割	过　割
业　权	占有、使用、收益	完整权利	完整权利
回　赎	注明回赎	绝　卖	注明回赎

《大清律例》规定："（凡典买田宅）不过割者，一亩至五亩笞四十，每五亩加一等，罪止杖一百。"[33]"过割"涉及到的内容不仅包括过户、移转产权手续等履约行为，还包括赋税推付等多方面内容。[34]官方对过割问题给予高度关注，只有经过过割程序的土地买卖才能得到政府的认可，而出当人也可以通过保留纳税人的身份，以便事后回赎时占取有利地位。笔者认为，区分买卖和典当的关键就在于纳税主体是否改变。尽管《民事习惯调查报告录》中记载了直隶清苑县存在典契中注明"粮随地行"的习惯，即约定承典人随带完粮。[35]但没有充分的证据证明阳武县也存在这种习惯，此外，承典人以自己名义完粮和以出典人名义代替他人完粮在法律上也是不同的意义。因此，例二中的交易不能套用买卖的框架来解释和理解，而应当关注当事人所希望达成的交易目的。

（二）张氏家族契约中当契背后的逻辑——"情、理、法"的结合

传统的典权制度由于经济利益上的不公平性、交易性质上的不确定性以及权利存续的不公开性的特点，很容易造成当事人之间的纠纷，是

---

〔33〕　参见前引29，第211页。

〔34〕　李祝环："中国传统民事契约的成立要件"，载《政法论坛》1997年第6期，第116～122页。

〔35〕　前南京国民政府司法行政部编：《民事习惯调查报告录》，胡旭晟等点校，中国政法大学出版社2000年版。

一种不稳定的交易形态。[36]而例二中的典当关系却比较稳定，在一定程度上体现了传统社会中的互助特征，这体现在：首先，双方在交易时均比较谨慎，土地业权的移转使出当人与受当人相互之间的权利界限清晰；其次，双方在契约中的地位比较平等[37]，出当人获得了与卖价相同的价款，而受当人获得了土地的部分业权同时也排除了出当人事后找贴的权利，一旦出当人到期不能赎回，双方可向官府投税并过割移转地权；再次，双方没有进行土地权利的推收过割，表明出当人保留了官方承认的业主身份，并因此保留了赎回土地的资格；最后，当期定为三年，符合国家成文法的规定[38]，这一方面增加了交易的确定性，另一方面说明并不存在受当人采取"名为当，实为买"的方式故意拖长出当期限以达到长期占有土地的目的。笔者认为，当事人之所以作出这种安排，主要的原因在于支配双方的交易动机是善意的短期性融通，双方均没有把买卖作为最终的目的，到期后恢复缔约前的权利状态才是他们所希望的，对此例三便是证明。双方采取订立草契而不经过官府认证的方式，其原因除了成文法规定典当契约无需缴纳契税及办理过割以外，最关键的因素应当在于当价与卖价相同，这一安排使得双方在交易中的力量达到相对均衡，出现违约的风险较小，不再需要官府作为第三方权威保证契约的履行，这一点从例二中人数量较少方面也能得到证明。由于典当交易并不移转土地的所有权利，因此当事人可以在一定程度上避开"亲属先买"这一民间习惯的约束，从而使土地典当类交易能够突破宗法血缘的束缚在异姓之间更多地发生。

通过对张氏家族契约中当地契的分析，我们可以看到当事人关于价款的特殊约定与成文法的规定并不完全相符，由此可窥知《大清律例》中典权制度的规定实际上对民间交易的影响并不大，其中关于找贴的规

---

〔36〕 参见前引 18，第 211 页。

〔37〕 除了经济上的平等，在这份当契中当事人并没有避讳受当人的姓名以示尊重，笔者认为这在某种程度上也标明双方社会地位的平等。

〔38〕 清代统治者为维护地权关系的稳定，对土地典当的期限作出了限制，超过规定期限的后果是出当人丧失回赎的权利，典当即转为绝卖。

定实际上成为了任意法，当事人可以通过价款安排限制出当人找贴的权利。此外，清代的成文法在一段时期内规定了"典不税契"，即典当契约无需经过官方认证，国家法的松弛也为典当交易民间习惯的发展提供了充分的制度空间。尽管民间习惯与成文法之间存在界限，但在经济实力上处于弱势的出当人还是可以利用"过割"这一强制性法律制度来保障自己回赎土地的权利。因此，在关系到土地权利最终归属的问题上，成文法对民间的实践仍旧起到了一定的指导作用。张氏家族当契在价款安排方面的独特性使交易双方的经济利益相对公平，简化了交易过程，从而避免了土地权利长期处于不确定状态。另外，与田涛先生整理的同时期徽州地区典当契约不同的是，张氏家族当契约定了明确的当期，并且明显不以买卖为最终目的。这表明了民间交易习惯的多样性，作为契约学的研究方法，只有综合利用各地的契约文书，才能全局性地描绘古代社会生活中的种种法权行为，本文作为区域性的抽样研究为研究者理解清代"当"这一民间土地交易类型提供一种可能。

通过张氏家族当契可以看到在这一交易过程中"情、理、法"的交汇与融合。受当人给付较高的典价也许是出于邻里互助之"情"；出当人移转业权并不再找贴，背后也许是一种受人恩惠后表现出的自我克制，属于传统道德体系的一环；"不尽过割"是对国家法律的尊重，这也是对双方共同的约束。在传统民事领域一直以来有一种自治的特征，情理和道德成为了行为规范，国家在一定的限度内也会对民间的情理规范和伦理道德给予尊重，张氏家族当契符合了人情、公理、国法，可以说是情、理、法结合的完美的秩序状态。

张氏家族当契及其所反映的土地交易体现了"人格化"的特征，这一特征并不是偶然形成的或者在任何社会结构中都会形成的，它可能需要一些支持性的制度。基于此，笔者认为有必要对张氏家族居所地阳武县的社会经济情况以及这些土地交易背后的"市场"环境进行分析，以进一步阐释张氏家族契约中人格化特征形成的原因，并为下文对亲邻先买权的分析提供思路和框架。

三、对张氏家族契约中土地交易行为发生的场景之分析

(一) 张氏家族所在阳武县地区概况

张氏家族居住的地区古为阳武县大村集，今为河南省新乡市封丘县应举乡东大村，毛泽东同志曾在第一期"红旗"杂志上向全国人民介绍河南省封丘县应举乡农业生产合作社。阳武置县最初是在秦朝，西汉时被拆分成多个县，清乾隆年间改属怀庆府。地理上，黄河自山西垣曲县流入济源，东经孟温、武涉、原武至阳武之南入卫辉府界；太行、王屋绵亘环抱，蜿蜒起伏其间；历史上，阳武县县城东南为博浪城，即张良狙击秦始皇处。[39]

阳武县地势低洼，土质盐碱，十年九涝，不涝则旱。阳武县在清朝统治时期先后发生过多起自然灾害和匪患，笔者根据《阳武县志》的记载并结合张氏家族契约中具体年份，将清代阳武县居民的生存大环境归纳整理如下表：

表2　清朝历代阳武县概况

康　熙	七年地震有声；十八年七月地震，八月淫雨伤禾稼，坏庐舍；二十三年五月暴风拔木屋瓦皆飞，秋淫雨伤稼；三十四年四月地震有声；四十一年六月淫雨，七月沁河溢；六十年六月黄河决口。
乾　隆	四年春旱，五月地震，六月大雨伤稼；二十年春烈风昼晦麦槁，秋旱大饥人相食；四十四年春多烈风，野无青草，人多流亡。
嘉　庆	十八年春不雨，六月雨八月大霜饥，六月始雨农补种荞麦复为霜所杀，十室九空，冬滑县教匪李文成自封丘入境蹂躏数十村镇；十九年春大饥赈，饿殍满野，榆皮皆尽，人相食，鸡犬无声；二十四年河决，武陟缕堤决口，阳武正当其冲，良田多变为沙卤。

---

[39]　耿愔等编：《阳武县志》(一)，台北成文出版社有限公司 1976 年版。

续表

道　光	十年四月地震坏庐舍；二十七年大旱无麦禾，盗贼遍野白昼不敢独行；二十八年三月十四日团练会首彭凤池等聚众围城，因阳武差徭繁重，胥役从中舞弊，民不堪其苦。
咸　丰	十一年四月匪首李占标犯阳武，十一月河东曹州府长枪匪自封丘犯阳武。
同　治	七年三月，捻首张总愚自封丘入阳武。
光　绪	二年大旱无麦禾；四年春大饥，人相食；五年春木介麦稔，流亡者陆续归里；十五年春多风，秋旱麦秋俱歉收，因大劫初过，民甘糟糠故无饿殍；二十七年，三旬之间连遭大风麦苗尽枯饥。

（二）张氏家族契约中对地区情况的反映

由于自然环境恶劣、匪患严重，阳武县的经济发展水平较低，这一点通过张氏家族契约的若干特点可以得到更深的认识：

首先，张氏家族契约中的出卖或出当的理由为"无钱使用"和"粮差不及"，这说明当农民缺钱使用时，往往通过出卖或出当土地来换取现金，这在很大程度上是由于商品经济不发达的社会经济因素造成的。

其次，张氏家族契约中当事人言明的交易价格都以"文"作为计量单位，只有在官府颁发的契尾中才采用"两"作为计价和计税的单位。傅衣凌先生认为，商品经济的发达是白银作为流通手段大量出现于市场的主要原因。笔者在研究过程中发现，山西地区、徽州地区、京畿地区的土地、田房交易中使用白银作为计价方式的情况较多，而这些地区的商品经济均比较发达。张氏家族契约中的民间交易以铜钱作为流通手段，这从另一方面说明了阳武县商品经济尚不发达[40]。

---

〔40〕《阳武县志·田赋志·漕粮》记载："咸丰元年以前，漕米每石收银五两。四年阖邑士绅因阳武地处偏僻，银根奇绌，呈请县署变通办法……酌定每石征收制钱六千五百文。"由此可见，阳武地区缺乏白银。

再次，笔者经过计算发现张氏家族契约中每亩地的卖价很低。据《阳武县志》记载："阳武地分大粮小粮二种，大粮银一两完钱两千六百文，小粮一两完钱二千文……是年（1918 年）奉河南督军兼省长赵倜令不分大粮小粮，银一两改折银元二元二角。"[41] 笔者通过将契尾中官方折算的、以"两"为单位的地价与当事人约定的、以"文"为单位的地价对比发现，张氏家族契约中"文"和"两"的兑换比例为"一两完钱两千文"。如此一来，张氏家族契约中的土地价格高则不过每亩一两五钱，低则仅仅每亩五钱，远远低于同时期其它地区的土地价格水平[42]。究其宏观原因，笔者认为：一是阳武县居民普遍财力不足；二是自然环境影响，土地生产力不高，导致地价偏低。

最后，通过对契尾进行研究可以发现，自咸丰七年（1857 年）至光绪十九年（1893 年），阳武县地区通货情况比较稳定，银钱的兑换比例始终保持 1:2000。笔者认为，这说明了阳武县较为封闭，在这一时期经济受外来冲击较少、走势平稳，尽管自然灾害多发、匪患猖獗，但由于阳武地区整体的经济水平较低，因此并未对通货造成显著影响。《阳武县志》中记载："光绪六年谷贱，连岁丰稔，高粱每斗六十文，民困于财。"[43] 尽管丰收，但居民却更加贫困，这说明阳武县社会上的货币存量不足，也印证了笔者之前的推测。另外，在价格走势上，这一时期土地的价格不断走低。由于张氏家族契约中买卖的土地均为无粮白地，况且根据契约中记载的土地四至来看，所有交易涉及的土地应为同村临地，在农田水利、粮食产出等方面应无太大差别，故单位土地的价值差别不大。因此笔者认为，从宏观的角度考虑，自然灾害与匪患造成的人口变迁、经济萧条应当是价格走低的主要原因。关于土地价格的比较，详见下表：

---

[41] 参见前引 39，第 253 页。

[42] 在《中国历代契约萃编》中，清同治二年（1863 年）山阴县周沈氏卖田官契中，土地一亩价值五十千文整。

[43] 参见前引 39，第 63 页。

表 3　张氏家族契约中的地亩、总价及亩均价

时　间	契　名	地　亩	总　价	亩均价
乾隆五十八年（1793 年）	张国材卖地白契	三亩九分三厘二毫	12 000 文	3 052 文
嘉庆二年（1797 年）	张国材卖地白契	一亩七分五厘五毫	3 500 文	1 994 文
咸丰七年（1857 年）	张聂氏卖地红契	一亩六分三厘七毫	6 000 文	3 665 文
咸丰九年（1859 年）	张国材卖地红契	三亩九分三厘二毫	7 500 文	1 907 文
咸丰十年（1860 年）	张国材卖地红契	一亩七分五厘五毫	3 500 文	1 994 文
光绪二年（1876 年）	张存信当地白契	五　亩	6 000 文	1 200 文
光绪五年（1879 年）	张梓卖地红契	二十亩	35 000 文	1 750 文
光绪十八年（1892 年）	刘桧卖地红契	五亩八分七厘	5 000 文	852 文
光绪十九年（1893 年）	张存信卖地白契	五　亩	6 000 文	1 200 文

　　从上表我们还可以看出，张氏家族从乾隆五十八年（1793 年）到光绪十九年（1893 年）间的土地买卖主要以小额土地交易为主，仅在光绪五年（1879 年）一次性购进二十亩土地。土地交易的小额化与细零化为"土地交易大多在村级土地市场上完成"这一命题提供了一些证据。[44] 从张氏家族契约中双方当事人以及标的物四至的角度考察，土地交易全部是在同村居民之间进行的。

　　（三）张氏家族契约背后的交易场景——村级交易市场

　　在与地权转移相关的社会经济环境方面，阳武县从明代到清代经历了暴力性因素逐渐减少而经济性因素增加的变化。据考证，明弘治时期河南巡抚徐恪上奏称：

────────────

　　〔44〕赵晓力："中国近代农村土地交易中的契约、习惯与国家法"，载《北大法律评论》1998 年第 2 期，第 433 ~ 437 页。

"照得河南地方，虽系平原沃野，亦多冈阜沙瘠，不堪耕种，所以民多告瘁，业无常主。或因水旱饥荒，及粮差繁并，或被势要相侵，及钱债驱迫，不得已将起科腴田，减其价值，典卖于王府人员，并所有力之家。又被机心巧计，揹立契书，不曰退滩闲地，即曰水坡荒地，否则不肯承买。间有过割，亦不依数推收，遗下税粮，仍存本户。虽苟目前一时之安，实贻子孙无穷之害，因循积习，其来久矣。故富者田连阡陌，坐享兼并之列，无公家丝粒之需；贫者虽无立锥之地，而税额如故，未免缧绁追并之苦。尚冀买主悔念，行庸乞怜，直至尽力技穷，迫元所聊，方始挈家逃避。负累里甲，年年包赔。每遇催征，控诉不已。地方民情，莫此为急。除通查过割外，缘此等民情，各处皆有，不独河南。"[45]

上述史料反映出明代河南地区严重的土地兼并与富者和贫者在赋税及土地交易方面的不平等。明代灭亡之后，清代初期统治者在一定程度上继承了明代后期推行的"一条鞭法"对赋税制度进行改革。据《阳武县志》记载："康熙五十二年春诏编审人丁，永不加赋。雍正四年均派丁粮于地粮。丁粮旧分九则，共征银一千三百八十二两三钱，是岁河南巡抚田文镜提准部覆，就一邑之丁粮均派于本邑地粮之内，无论绅衿富户不分等则一体完纳，永为定例。"这是有关"摊丁入亩"在阳武县的实施情况，从县志的记载来看，官府将固定下来的丁粮均摊于地粮之内，同时限制了绅衿富户的特权，要求他们缴纳地粮。有学者认为，"摊丁入亩"基本上消除了献产投靠的客观条件，因此而造成的土地集中现象也逐渐缓和下来。[46]此外，据笔者所了解的张氏家族的历史以

---

〔45〕（明）徐恪："徐司空奏议"，载陈子龙编：《明经世文编》（第1册），中华书局1962年版，第714页。

〔46〕 赵冈、陈钟毅：《中国经济制度史》，中国经济出版社1991年版。

及县志的记载而言，张氏家族并非当地的豪绅地主[47]，故不太可能通过超经济强制来获取土地。排除了超经济强制和携产投献两种影响地权变动的因素以后，我们便能够将张氏家族契约作为单纯的买卖关系加以审视，而更关注其中的经济性因素。当然这种买卖关系还会受到家族关系、伦理道德等因素的影响。

《阳武县志·区村志》记载："先王为民制产，授之田使耕，授之宅使居，故比闾州乡可得而详也，后世民自制产居处移徙，国家不复过问，但以田赋所出征役攸关，不可散涣而无统系，故曰里曰社曰地方曰保甲，亦各随时为制，不过便于政令之推行而已，虽然聚族而居，比屋而处，相友相助，亦莫不各有安土重迁之意。行政者寓摧科于抚字，使得安其出作入息之常焉，则善矣。"根据县志中的描述大体可以推测阳武县自古以来的聚居状态，国家在这里关注的是田赋、徭役征收之便以及政令推行之便，而民众通过聚族而居、比屋相处则逐渐培养出了相友相助的乡土品质。

张氏家族所聚居的大村集（今应举乡东大村）长期以来是由不同姓氏组成的村庄，据笔者母亲的描述，张姓是村中的大姓且相互之间有亲戚关系，至今尚有往来。与笔者外祖父母居住的老宅比邻的是一户姓陈的人家，据推测光绪三年（1877年）陈顺卖庄红契中出卖人陈顺应当是该陈姓居民的祖辈。笔者通过整理张氏家族契约发现，十一份契约中八起交易发生在张姓之间，有两起发生在张姓与陈姓之间，另有一起发生在张姓与刘姓之间。发生在张姓之间的交易中，有据可考的是民国三十七年（1948年）张希贤卖地白契，出卖人张希贤与买受人张希魁是兄弟关系，其中张希魁是笔者母亲的祖父。由于张氏家族没有家谱传世，故笔者仅依据张姓居民在大村集所占比例以及相互之间的亲戚关系推测，张姓之间订立的契约应为血亲之间的交易，而张姓与陈姓之间订

---

[47] 《阳武县志·仓储志》将农户分为四类分别摊派：佃农及不满五十亩之农户、五十亩以上一百亩以下之农户、一百亩以上五百亩以下之农户、五百亩以上之农户。根据新中国成立以后农村阶级成分的划分结果，笔者推测张氏家族应属于富裕阶层，但与豪绅地主阶级仍有差距。

立的契约则类似于基于地缘或街坊关系而产生的交易。

基于张氏家族契约的交易范围以及契约中所涵盖的血缘与地缘两种交易类型，笔者脑海中大致勾勒出了一幅"村级交易市场"的图景。在这个交易市场中不仅有基于血缘和地缘关系结合而成的土地提供者和需求者，国家与乡族的力量也在影响整个交易的过程，交易双方不仅遵循着基本的经济规律而且受到法律和地方习惯的影响，民间土地交易中的"亲邻先买权"便是这一"人格化"的市场上存在的一种独特的实践。

四、张氏家族契约中"先问亲邻"的习惯

（一）"亲邻先买"概说

《民事习惯调查报告录》中记载了河南省土地交易中四邻先买的习惯。其中基于地缘关系而生的先买权表述为"田地出卖先尽四邻"，即"凡出卖田地，须尽四邻先买。若四邻不愿承买，始听卖主自便。"而同宗之间亲属先买的习惯则蕴含了更深层次的文化背景以及家族财产世代传承的意味。然而，亲属先买、地邻先买以及典主先买等先买权在宏观制度层面并没有绝对的权利层次，不仅历朝历代的成文法对先买权制度的规定含混不清，各地区的民间习惯也没有形成统一[48]。

1. "亲邻先买"的衍变。田产交易中的亲邻先买最初源于民间习俗，国家法律对此的态度则经历了一个不断变化的过程。五代之前亲邻先买的习惯只是得到法律的默认，而法律正式确认这一原则是在五代后周政权统治时期。宋代法律对亲邻先买的规定几经反复，宋初法律对此予以确认并明确了"先问房亲，递问次邻"的优先顺序，雍熙三年（公元986年）的法令规定典权人的先买权优于亲邻的先买权，后神宗变法时期废除了亲邻先买制度，哲宗年间又恢复旧制，将"四邻"范围限定为"有亲之邻"。[49] 元朝的法律规定田宅典卖须先问亲邻，先买权

---

[48] 有关民间亲邻先买习惯的整理参见赵晓力："中国近代农村土地交易中的契约、习惯与国家法"，载《北大法律评论》1998年第2期，第440~441页。

[49] （宋）徐松："食货"，载《宋会要辑稿》（第11、12册），刘琳点校，上海古籍出版社2014年版。

的顺序为"（先问）有服房亲，次及邻人，次见典主。"[50] 明朝废除了先问亲邻的制度，但民间仍有这种习惯。清代土地买卖中亲族关系的因素有所减弱，但亲邻先买的习俗一直得到民间的传承，影响着人们的交易观念和现实的交易形态。[51] 由此可见，国家法律与民间习惯在这一问题上处于一种若即若离的关系。笔者认为，既然亲邻先买权发源于民间习惯，故应采用微观的视角和研究方法探寻其意义，而张氏家族契约为阳武县大村集地区亲邻先买权的研究提供了第一手资料。

2. 对"亲邻先买"的认识。在如何看待亲邻先买权的问题上理论界分歧严重。早期的观点多从经济史的角度对亲邻先买权加以批判，认为这一习惯损害了私人的财产权，阻碍了土地自由买卖，不利于商品经济的发展。[52] 也有学者认为亲属或邻里通过滥用这项权利，企图以低于第三者出价的价格购买该土地，造成交易的不平等。[53] 而另外一些学者通过发掘民间藏存的契约文本并在实证性研究的基础上指出了这种习惯背后蕴含的社会文化背景以及支撑这种习惯的经济基础。笔者认为应当全面地看待亲邻先买权，亲邻先买权不仅意味着亲邻有权否定未经问邻程序而进行的土地交易，而且包含了买卖先问亲邻的"礼让"观念[54]，这种观念就使亲邻在交易的初始阶段已经处于优先的地位。此外，还应当辩证地看待亲邻先买权，举例来讲，在土地兼并现象严重及普遍实行徭役征收以人户为中心的"黄册制度"的明代中叶，亲邻先买权的存在或许有助于将土地控制在都里[55]，维护黄册里甲之间的均衡与稳定，对抑制土地兼并也许会有一定作用。另外，如果将封建制度下

---

〔50〕 引自《元典章·大元圣政国朝典章》（卷十九），陈高华等点校，天津古籍出版社 2011 年版。

〔51〕 江太新："略论清代前期土地买卖中宗法关系的松弛及其社会意义"，载《中国经济史研究》1990 年第 3 期，第 72 ~ 83 页。

〔52〕 李文治：《明清时代封建土地关系的松懈》，中国社会科学出版社 1993 年版，第 508 ~ 509 页。

〔53〕 参见前引 51。

〔54〕 基于此笔者在下文中以"先问亲邻"代替了"亲邻先买"。

〔55〕 即所谓"田不过都"。

的土地买卖视为一种不平等的交易，那么含有一定"人情"因素的亲邻先买是否在一定程度上提升了交易的公平性呢？再者，亲邻先买并非意味着亲邻一定会行使这项权利或者土地只能卖给亲邻[56]，故与其说亲邻先买权的"封建性"阻碍了商品经济发展，倒不如追本溯源，到孕育出亲邻先买习惯的封建制度中去寻找原因。

（二）张氏家族契约中的"先问亲邻"

1. 基于地缘关系的先问四邻。在全部十一件张氏家族契约中，有八件发生在家族成员之间，两件发生在张姓与街坊陈姓之间，其中一件是陈顺卖庄基红契（例四）：

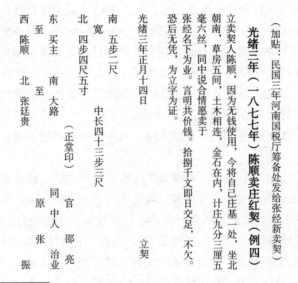

（加贴：民国三年河南国税厅筹备处发给张经新卖契）

光绪三年（一八七七年）陈顺卖庄基红契（例四）

立卖契人陈顺，因为无钱使用，今将自己庄基一处，坐北朝南，草房五间，土木相连，金石在内，计庄九分三厘五毫六丝，同中说合情愿卖于张经名下为业。言明共价钱。拾捌千文即日交足，不欠。恐后无凭，为立字为证。

光绪三年正月十四日

南 五步二尺　　中长四十三步三尺
北 宽 四步四尺五寸
东 买主 南 大路（正堂印）
西 陈顺 北 张廷贵

官 邵亮 治业
同中人 张振
原 张振

立契

---

[56] 由于活卖现象的存在，当事人虽将土地"卖"与亲邻，但仍不排除事后找赎的发生。虽然清代的成文法试图以在契约中"注明"的形式区分"绝卖"、"活卖"与"典"等交易形式，但从民间的习惯来看，"卖契不写绝"的现象广泛存在（参见《民事习惯调查报告录》·吉林全省习惯）。亲邻之间订立的卖地契约竟为绝卖抑或可以事后取赎需要根据其后一系列的交易判断，但不论如何均在"先问亲邻"概念的统摄之内。张氏家族卖地契约中均未有"加贴"、"加批"等注释，也为发现有与卖地相关联的找价契和回赎后的收领契，年代久远当事人究竟做何安排已不可知，因此笔者并不讨论与活卖有关的情况。

　　例四中记载的庄基东至买主、西至卖主，表明陈顺所卖的这一部分庄基原位于买主与卖主之间。据笔者母亲回忆，家中老宅所在的街上只有一户陈姓的居民，其余都是张姓居民。由于该段庄基北邻张廷贵、南至大路，笔者据此推定例四中买卖的庄基正是外祖父母曾居住的老宅的一部分，而卖主陈顺应是该陈姓居民的祖辈，此项交易是一起典型的发生在邻里之间的交易。例二中，张存信因无钱使用于光绪二年（1876年）十一月二十二日将自己白地一段出当给陈顺，而仅仅两个月后，陈顺也因无钱使用将自己的庄基一段出卖给张经。其间陈顺家中发生何种变故笔者不得而知，但未出正月就变卖庄基似与民间的风俗习惯不符[57]。一种比较合理的推测便是，卖主陈顺急需用钱故将庄基卖于邻居张经，也许在当时比较急迫的情况下，陈顺并无暇去寻找更为合适的买主，此时求助于邻居无疑是合情合理的选择，与其说亲邻先买是一种硬生生的制度，倒不如说它已经成为了邻里之间不言自明的默契。值得一提的是，陈顺并没有依仗手中的当契要求张存信提前回赎土地以获取典价（参见例二），一来印证了当时无论在成文法还是民间习惯上均不允许受当人提前要求出当人回赎土地，另一方面也说明了当事人对契约的信守。

　　由于年代久远，已经不可推知张氏家族契约中的交易是否经过了问邻程序，而且契约文本中也没有写明"如有亲族等人竞争，具由业主一面承管"[58]字样，但从结果上看，张氏家族契约中的交易的确符合亲邻先买的习惯做法。在"村级交易市场"这一比较封闭的经济环境中，当事人在出卖产权时，无论是从"互惠、互助"的角度或是交易成本的角度考虑，最合适的下家往往就是自己的亲邻。因此，亲邻远比其他买主在交易对象的选择方面具有优越性，将自己的产业卖给亲邻也是卖主

---

　　〔57〕　据《民事习惯调查报告录》记载，吉林省有"卖契不写绝"的习惯，因为"绝"字含有家产尽绝之意义，故多避讳不写。虽然例四中没有"绝"字，但这毕竟是一纸绝卖契，于正月里进行买卖似与风俗不符。

　　〔58〕　参见《中国历代契约粹编·二一一五》"清道光九年（1829 年）宛平县刘文斌典房白契"。

自然的选择。在这种情况下，交易并不会触发亲邻先买权的行使，只有当卖主迫于经济压力或受到更大的经济利益的驱使突破原有的宗法关系[59]、抛弃"礼让"亲邻的传统观念时，亲邻先买权才会以社会秩序、经济秩序的维护者的身份出现，从而引起矛盾与纠纷。笔者认为，不能孤立地看待亲邻先买权制度或习惯，而应当将亲邻先买权与其所试图维护的乡土社会秩序联系起来。乡土社会是一种"熟人社会"，维持社会秩序的习俗和乡例是通过人与人之间长期的交往、磨合而逐渐形成的共识与默契，这也影响着乡土社会居民的期待与预期。[60] 亲邻先买权是一种民间习惯，在某种意义上成为了亲邻的合理期待，否定了亲邻先买权，那么原有的社会秩序便丧失了一道保护屏障而岌岌可危，亲邻之间在情感上也将产生裂隙。

亲邻先买权的长期存在必然有其合理之处。有学者总结了亲邻先买的意义在于家族财产的保全及在此基础上所发挥的规模经济以及社会整合功能。[61] 而从张氏家族契约文本所反映的情况来看，亲邻先买权所维护的家族内部秩序以及邻里秩序更多地体现在家族成员之间的互助以及相邻关系的和谐，蕴含了丰富的"人情"因素。

就例四中的交易来讲，陈顺出卖的庄基属于自己庄基的一部分并且位于自己与买主张经的庄基之间，面积为九分三厘五毫六丝，尽管从理论上讲可能存在其他潜在的买主有能力购买这片庄基，但潜在的买主是否希望获得这样一处庄基仍值得怀疑，毕竟夹杂在张姓与陈姓之间，原有的住户与"陌生的"新住户之间能否和谐相处、生活上是否有所不便，种种类似的考虑都成为这片庄基"商品化"的阻碍。而亲邻之间由于长期相处并不需要重新磨合才能共同生活，从这一角度考虑，买卖先问亲邻的习惯反而使得那些原本卖不出去或不容易卖出的财产具备了成

---

〔59〕 所谓宗法关系是指以血缘关系为基础，以父系家长制为核心，以大宗小宗为准则，以孝悌及尊重祖宗为核心，按尊卑长幼关系制定的封建伦理体制。

〔60〕 费孝通:《乡土中国·生育制度》，北京大学出版社 1998 年版。

〔61〕 参见前引 44。

为"商品"的资格或机会，买主也趁机做了顺水人情。

2. 基于血缘关系的亲属先买权。张氏家族契约中的"咸丰七年（1857 年）张门聂氏卖地红契"（例五），为我们从其他角度对亲邻先买给予合理解释提供了另一种可能：

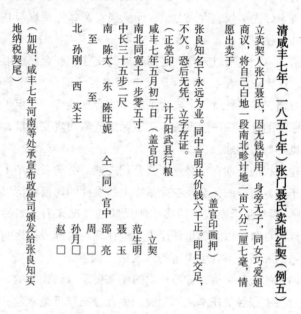

清咸丰七年（一八五七年）张门聂氏卖地红契（例五）

立卖契人张门聂氏，因女巧爱姐身旁无子，同女巧爱姐商议，将自己白地一段南北畛计地一亩六分三厘七毫，情愿出卖于

张良知名下永远为业。同中言明共价钱六千正。即日交足，不欠。恐后无凭，立字存证。

（正堂印）　计开阳武县行粮

咸丰七年五月初二日（盖官印）

南北同宽十一步零五寸

中长三十五步二尺

北　孙刚
　　至
南　陈太　　东　陈旺妮
　　至
　　　　　　西　买主

　　　　　　　　　　（盖官印画押）

立契　范生明
全（同）官中　聂玉
赵□□　孙月□　周□　邵亮

（加贴：咸丰七年河南等处承宣布政使司颁发给张良知买地纳税契尾）

例五是张氏家族契约中唯一一份当事人之一为女性的卖地契，其研究意义不仅在于亲邻先买权，还在于女性在民间契约中的地位。在封建社会，女性的社会身份和民事权利都受到一定的限制，在交易中往往处于弱势地位。例五中张聂氏是一位身旁无子、与女儿相依为命的嫠妇，希望将自己的一段白地出卖以换取钱财。该段白地西至买主，因此这起土地买卖的当事人之间具有血缘与地缘双重的关系。至于张聂氏为何不将土地卖与其他三位地邻，笔者推测在这里血缘的力量应该是超过了地缘的力量。根据笔者的计算这段土地的卖价大约为每亩三千六百六十五文，远远超过了其他地契中的土地价格（见表3－2）。如前文分析，由于张氏家族契约中的土地买卖都发生在同村之间，因此所卖土地在农田水利以及产出等方面应无太大差别，但为什么价值相近的土地价格却会有成倍的差别呢？

在完全竞争的市场上，按照价值规律，价格应当是价值的反应。例五中的交易用价值规律显然不能得到合理解释，而放在"村级交易市场"中却更便于理解，由于宗族关系的介入，价格因素不再是交易双方关注的唯一焦点。一些质疑亲邻先买权的学者认为亲邻往往会"滥用"权利以压低交易价格，但例五中的交易却恰恰相反，买主付给高价也许是出于长辈对晚辈中孤儿寡母的怜悯，也许是出于手足之情而对兄嫂或弟媳给予照顾，抑或出于晚辈对长辈的扶助、赡养，但无论如何其中无不体现着家族之间的脉脉温情。

张氏家族契约中还有一起交易发生在兄弟之间，参见例六：

民国三十七年（一九四八年）张希贤卖地白契（例六）

立卖契人张希贤，只因无钱使用，今将自己白地一段计地六亩东西畛，同中说合，情愿出卖于张希魁名下永远为业。当面言明共每亩麦九斗，成日交足，不欠。恐后无凭，立字为证。

民国三十七年十二月初七日

东　北　□　之　大路

西　至　孙思渔

南　　杨合鹤

立

同中人　孙庆海

张乐江

这起交易发生在新中国成立前一年，当时的社会仍旧处于战乱状态并且中国共产党已于 1947 年通过了《土地改革法大纲》，诸多因素表明原有的产权已经处于不确定的状态，况且此时进行的土地买卖能否得到新政权的承认尚属未知，购买土地的当事人面临极大的风险。例六是张氏家族契约中唯一一份采用实物作为土地买卖对价的契约，其中原因可能是战乱导致民生凋敝，也可能是通货膨胀、货币贬值导致民间已不再以货币的形式进行交易。张希魁承买土地以帮助家中缺钱少粮的同宗兄弟，其中亦蕴含着相友相助的乡土品质。[62]

（三）小结

买卖先问亲邻是一种人格化色彩浓厚的民间习惯，它在土地的"村级交易市场"中才得以产生并延续。在涉及亲邻之间的交易中，不能单从经济利益的视角分析当事人做出的选择，而应充分考虑到家族关系、互惠互助的理念、道德伦理观念等因素的影响。亲邻先买权试图维护的是熟人社会中的家族、邻里关系和社会公共秩序，并有着一定的经济和社会效果。笔者认为不应一概否认亲邻先买这一制度和习惯，充分认清亲邻先买所欲维护的社会秩序以及乡土社会中存在的影响人际关系的诸多观念，对于今天的乡村治理而言仍有裨益。

通过观察张氏家族契约，其在形制与内容上均没有任何关于瑕疵担保的约款，笔者认为，除了中人、街坊、地邻作为见证发挥了第三方对交易的监督作用之外，由于土地买卖多发生在因长期生活而彼此熟悉亲邻之间，当事人之间信息不对称的现象并不突出，这一点应当纳入"土地村级交易市场"的特征之中，也为解释目前为止所发现的"家族类"契约中大多没有瑕疵担保约款提供了一种思路。

---

[62] 对于亲族之间买卖土地不禁让人产生"亲人如路人"的怀疑，笔者认为应当客观地分析土地买卖的原因，土地交易是应付家庭人口变动带来的土地和劳力边际产出在村庄范围内不均衡的主要手段，以张聂氏卖地为例，由于其家中已无男丁，母女二人无力耕种的土地自然成为一种潜在的土地供给。此外，对于契约中冷漠的言辞，笔者认为土地买卖契约经过长期发展早已形成某种定制或范本，不能以此影响当事人之间关系的判断，而根据张氏家族长期以来家族成员之间的关系，笔者才作此推测。

五、国家对土地交易的介入在张氏家族契约中的反映

（一）国家介入民间土地交易的方式——税契制度

中国传统财产法的一个重要特点在于国家以设定赋税义务的方式来承认私人的权利。西周时期，由于"溥天之下，莫非王土"，分封制之下获得的土地不得自由转让。随着生产力的发展，土地逐渐由私人占有，而国家则以向土地占有者征收赋税的形式对土地私有制加以承认。到了商鞅变法时期，明确提出"除井田，民得买卖"，土地私有制正式得到承认并得以延续。在土地房产交易方面，国家则通过收取契税的方式加以干预，逐渐形成了税契制度。早期的土地买卖只需双方当事人订立契约，并无对官府履行的任何义务，至于土地权属转移后，国家如何确定土地的实际占有者以征收赋税，由于找不到这方面的史料，笔者推测可能是以定期的户口申报或土地申报的方式完成。而税契制度创立于东晋时期，原指买卖双方向官府投契纳税，由官府在契券上加盖官印。[63]自东晋初创以来，历朝历代均延续了税契制度并不断发展完善，到了明清时期税契制度已臻成熟。明清时期的税契制度在契约文本上的直接体现就是由官府颁发、粘连于契约之后的各式"契尾"。契尾是买卖双方当事人税契的凭证，是官方对民间契约进行干预的直接物证。

（二）张氏家族契约中的契尾

张氏家族契约中共有六件加盖有官方印鉴的契约，其中含有五件清代契尾，现摘录一则如下（例七）：

---

〔63〕何珍如："明清时期土地买卖中的税契制度"，载《中国历史博物馆馆刊》1986年，第85～91页。

咸丰七年（一八七九年）河南等处承宣布政使司颁发给张良知买地纳税契尾（例七）

河南等处承宣布政使司为遵

旨议奏事，乾隆十四年十二月二十八日蒙

巡抚部院禀，乾隆十四年十二月二十六日准

户部咨嗣后颁发给民契尾格式编列号数，骑字截开，平分为二，前幅给业户收执，后幅

随季册汇送布政司查核，等因。久经遵办在案，兹困清厘税契积弊，酌善章程，将司印

契尾以道光十六年三月为始另行刊刷，新编字号发领备用以便稽考而杜牵混除议，

院通饬外合行颁发，嗣后民间买卖田房报官投税者，即使遵照新编字号挨次粘用，仍骑

字截开平，分为二，将前幅粘契给予业户收执，后幅即随季报册汇同送司查核毋违。须

至契尾者。

计开

（骑缝章）

地一亩六分三厘　亩

业户：张良知　买　张聂氏　坐落　处　　间　用价银　三两　纳税银

九分　　藩字　壹千贰百肆拾柒　号右给业户　　（骑缝章）

咸丰七年十一月　　日　　　　准此

（骑缝章）

（骑缝：藩字　壹千贰百肆拾柒　号　价银　三两　税银　九分）

　　例七中，除业户名称、地亩、价银、税银、藩字和年号采手写以外，其余均为印刷文本。根据其中的文字记载，自道光十六年（1836年）三月起，河南等处另行刊印新式契尾。例七是张氏家族契约中年代最早的契尾，此后的五件契尾在格式上均与之相同，这说明了自道光十六年（1836年）起至光绪十九年（1893年）间，河南地区的契尾格式并无变化。笔者通过整理契尾中价银、税银等因素，得出了清代阳武县地区税契的方式及比例，见下表：

表4　张氏家族契约中的税银和税率

时　　间	契　　名	总　价	纳　税	税率
咸丰七年（1857 年）	张聂氏卖地红契	三两	九分	3%
同治七年（1868 年）	张国材卖地红契	三两七钱	一钱一分一厘	3%
同治六年（1867 年）	张国材卖地红契	一两七钱	五分一厘	3%
光绪十一年（1885 年）	张梓卖地红契	十七两五钱	五钱二分五厘	3%
光绪十九年（1893 年）	刘桧卖地红契	二两五钱	七分五厘	3%

　　根据表格中的数据可以看出，清代阳武县地区契税的缴纳采取的是比例税的方式，具体税率为百分之三，即每笔土地交易应当缴纳的契税为总价款的百分之三。从张氏家族契约前后所跨的时间来看，自咸丰七年（1857 年）到光绪十九年（1893 年）此税率一直保持未变。据记载，顺治四年（1647 年）的契税税率为"每两输银三分"。[64]因此张氏家族契约中的契税税率延续了清代初期所制定的比例。

　　（三）从契尾看明清时期税契制度中主要矛盾的变化

　　张氏家族契约契尾的内容多是国家对官府提出的要求。如"后幅随季册汇送布政司查核等因"、"兹困清厘税契积弊，酌善章程"、"新编字号发领备用，以便稽考而杜牵混除议"等规定均是为了防止官吏截流、贪污契税银而进行的制度设计。投契纳税原本是国家对土地交易的当事人附加的义务，但从契尾的表述来看税契制度中国家关注的焦点却偏离了征税对象，反而投向了征税主体。笔者认为，契尾刊印文字的变迁反映了不同时期税契制度中的主要矛盾，通过对比不同历史时期的契尾的不同表述能为我们提供更为直观的感受：

---

　　[64]（清）高宗敕撰："食货"，载《清朝通典》（卷八），纪昀等校定，商务印书馆1935 年版。

明万历九年（一五八一年）休宁县给付丘义邦买田契尾[65]

……

《大明律》内一款："凡买田宅不契税者，答五十；仍追田价钱一半入官。"

……

今当大造之年[66]，合行刻刷契尾请印，以便民人报纳推收。如有隐匿不行报官，及里书私自过割者，查出定行如律一体重纠。

……

在明初，契尾的内容比较简单，仅开列契价，并无税银数字，而将有关税契的规定刊印于契尾之首应为明正统以后的事。[67] 从上引万历九年（1581年）的契尾内容看，统治者更为关注的是对买田不契税的买主的惩罚（明朝时期契税由买主缴纳），仅在未经报官而"私自过割"时一并追究里书的责任。而"过割"并不属于税契制度的内容，此问题留待下文讨论，故此时税契制度的主要矛盾在于土地交易当事人逃避契税与国家契税征收之间的矛盾。

明万历三十年（一六〇二年）徽宁等处兵备道给付休宁县吴巨买田契尾[68]

……

钦差整饬徽宁等处兵备道，为时值大造，积弊当厘。敬

陈税契末议，以塞贪窦，以一法守事：奉

……

准内开：其契尾，直立用各司道印信，转发州县收贮。遇有民

---

[65] 张传玺：《中国历代契约粹编》（中册），北京大学出版2014年版。

[66] 明代于赋税征收上推行"黄册"制度，规定每逢大造之年进行推收过割。

[67] 参见前引63。

[68] 参见前引65。

间置买田产，即令买主卖主同赴本县投契纳税；买主随递纳粮认状；官司给与印信契尾，填写年月银数，各用本县印信钤盖，当给买主收执。大造之时，方准过割推收。查无契尾，依律治罪；仍追产价一半还官。等因。拟合给发。

……

上引万历三十年（1602 年）的契尾直观地描绘了当事土地交易的税契制度以及缴纳契税后推收过割的具体运作流程。其中虽言明"以塞贪窦"，但主要还是为交易双方（尤其是买主）制定行为规范。而到了清代，契尾所刊印的内容则发生了一些明显的改变：

清康熙十二年（一六七三年）管理直隶钱谷守道发给大兴县某产户户契尾[69]

……

该道应设立循环印刷契尾，先期颁发给各署。凡有收过税银，照数填入契尾，给发业主收执。每于季终，将各州县衙所收过税契银两，汇造细册，送院查核，仍于年终将收解过银数汇册报销等因。

……

凡民间典买房屋土地等项，着买产人户照契内价银每两纳税三分，照价核算，收贮报解。每契一纸粘尾一张，印钤给发买主收执。季终造册报道，以凭核对汇报。

收过税银，该县遵照季终起解本道，转户部充饷。如有隐漏，兼以多报少者，查出定行揭参。

……

清代没有延续明代中期实行的"黄册"制度，土地交易之后双方当

---

[69] 参见前引 65。

事人即可投契纳税、过割推收，不必再等到大造之年再行推收，这样一来就从制度设计的角度避免了土地权属转移后赋税义务不能同时转移而给卖主造成额外的负担。上引清康熙十二年（1673 年）的契尾除了为纳税人制定行为规范外，更多地规定了各州县官司作为征税主体在契税征收以后上缴国库时所应采取的行为规范，并对贪污税银的行为实施惩戒。"汇造细册"、"送院查核"均是上级机关监督下级征税的具体方法。这些规定在清代得以延续，后经不断发展于乾隆十四年（1749 年）定形。[70] 笔者发现乾隆十四年（1749 年）之后全国各处的契尾在形制与内容上逐渐统一。

> 清嘉庆二十四年（一八一九年）大兴县发给赵正叙卖房契尾[71]
>
> ……
>
> 前任总督部院方　宪牌：乾隆十四年十二月十九日，准户部咨开：本部议覆河南布政使司富名奏条：买卖田产契尾，量为变通。嗣后布政使司颁发契尾格式，编列号数，前半幅照常细书业户等姓名、买卖田房价银若干；后幅于空白处钤印司印。投税时，将价税银数用大字填写钤印之处，令业户看明，当面骑字截开，前幅给业户收执，后幅同季册汇送布政司查核。等因，咨院行司。蒙此，拟合刊刷颁发。
>
> ……
>
> 如有官吏改换侵隐，情弊查出，揭参纠处。
>
> ……

上引嘉庆二十四年（1819 年）的契尾与例七在形制与内容上大致

---

〔70〕 安介生、李钟："清代乾隆晋中田契'契尾'释例"，载《清史研究》2010 年第 1 期，第 102～108 页。

〔71〕 参见前引 65。

相同，这可能是由于乾隆十四年（1749 年）统治者采纳了河南布政使的奏条而在全国统一颁行契尾所致。但例七中记载了道光十六年（1836 年）三月另行刊刷契尾的事件，并注明此次新印契尾的原因是"久经遵办在案，兹困清厘税契积弊，酌善章程"，由此可见乾隆十四年（1749 年）到道光十六年（1836 年）间税契积弊日趋严重，契税制度中国家与各州县在契税征收、上缴问题上的矛盾逐渐深化。

（四）从税契制度看红契与白契之辨

通过分析契尾内容的演变及其背后反映出的明清时期税契制度中主要矛盾的变化，大体上可以了解税契制度的运作模式。税契制度中，主体主要包括：土地交易的当事人、作为直接征收主体的各州县官府以及最终享有或分配税银的统治者，三者之间的关系构成了税契制度的基本关系。此外，里长甚至交易当事人的亲邻诸人有时也会介入税契制度的基本关系之中。税契制度对民间土地交易最直接的影响就是红契与白契之间的区分。红契，亦称官契，是指缴纳契税后加盖官印的契约；白契，亦称私契，指民间私人之间订立的、未经纳税的契约。笔者认为，从交易过程上看，白契有时就是红契尚未税契前的初始状态。但从现存的古代土地买卖契约来看，确实存在大量的白契，而且当事人似乎并不试图将白契转化为红契。为探寻其中的原因，笔者决定从税契制度中各主体的地位、关系、利益状态的角度加以探讨。

1. 税契制度的运行状态。封建国家设立税契制度的原因本文不作讨论[72]，但从结果看，税契制度对维护封建统治具有现实意义。首先，从赋税征收的角度看，国家增加了财政收入，能够更好地维持国家机构的正常运转；其次，从国家管理的角度看，通过对民间私约进行官方的确认，使得土地权利的归属更为明确，一定程度上有助于减少民间的土

---

〔72〕 税契制度建立之前，封建国家已经通过设定田赋承认了土地的私有制，并允许土地的买卖，而税契制度从经济效果上是一种抑制土地交易的制度，单从增加国家税收的角度似不能充分解释这一制度设立的原因。

地权属纠纷，起到"息讼"的社会效果[73]；最后，从契税制度与田赋制度关系的角度看，契税制度有利于将其后的推收、过割程序纳入政府的监督范围，明确了真正的纳税义务人，从而保障了田赋的征收[74]。但这只是契税制度实施的理想状态，或者说是统治者的一厢情愿，现实中契税制度的运行状态应该说并不如其所愿，这一点从前文叙述的各主体之间存在的矛盾以及大量未经税契的白契的存在就可以看出。

由于明清两代的税契制度多采比例税的形式，交易双方当事人可以以低于实际价款的金额报官实现少缴契税。为了防止当事人私相少报契价，清代的统治者规定，契税时，"置买田产等人，务同里长及卖产人赴县"。[75]此外，官方鼓励对隐匿契税的行为进行揭发，据《元典章》记载："如违限不首，许令诸人首告；或官司体察得知，取问是实，将犯人枷令，痛行断罪，所获田粮一半没官，一半付告人充赏。"虽然统治者采取了诸多措施要求当事人如实报价，但这些措施的实施效果仍待考察。例如，在张氏家族契约中，"清乾隆五十八年（1793年）张国材卖地白契"与"咸丰九年（1859年）张国材卖地红契"就同一块土地就分别写有"一拾二千文"和"七千五百文"的价款。此外，有学者指出，契税制度对于缓解诉讼的效果也许并不具有决定意义，诉讼中官方也不排斥白契的证据效力。[76]这样一来红契作为产权证明的效力就大打折扣，对当事人的吸引力也自然有所减弱。白契作为民间私相订立的契约原本就在交易成本、效率等方面优于红契，当税契制度无法赋予土地交易的当事人充分的制度利益时，订立白契就成为了一种自然而然

---

〔73〕 这一点不论是对于地主阶级还是自耕农都同样有益，但地主阶级往往通过封建特权、勾结官府，在享受权利的同时逃避纳税。

〔74〕 明代时期实行的"黄册"制度下，税契与推收并不同时进行，推收仅于大造之年进行，加之土地兼并现象严重，这就造成了农民失去了土地而仍承担赋役的不公平现象，引发了农民逃亡的恶性循环。清代实行"摊丁入亩"制度，并制定税契与推收一并进行的政策，极大地改善着卖地者的处境，也利于田赋的征收。

〔75〕 参见前引63。

〔76〕 王帅一："明清时代官方对于契约的干预：通过'税契'方式的介入"，载《中外法学》2012年第6期，第79页。

的选择，况且由于亲邻先买以及种种宗法习惯的约束，白契也并不一定会成为纠纷的渊薮。

2. 从税契制度的主要矛盾看白契的大量存在。有学者认为白契被民间用来逃避契税[77]，笔者认为，虽然契税的税率会因封建统治的需要而不断变化[78]，不排除当事人在税率过高时采取立契不纳契税的方式逃避税收，但在封建统治相对稳定的历史时期，契税的税率仅在百分之三左右波动，并不一定会对交易当事人产生过分的影响。笔者通过计算张氏家族红契中所缴纳的契税额发现，多则五百四十文，少则仅仅一百零二文，相对于价款而言，在经济上应当不会对当事人产生太大的影响。如果以并不高的税费就可以换取官方对交易行为的认可，当事人就有充足的动机去投契纳税，因为基于红契而取得的产权至少在名义上得到了官方的认可与保护，并且于税契之后方可进行推收、过割，买主所获得的土地权利才能最终确定。[79] 但这与现实中白契大量存在的情况并不相符，这说明土地交易中的当事人投契纳税的动机仍受到其它因素的影响，笔者认为作为实际征收主体的各州县官府于此中发挥了极大的作用。

首先，土地交易当事人投契纳税时除了应当缴纳国家规定的契税之外，还要交纳契纸钱等诸多杂费，这些杂项多是地方官吏于国家正式的契税制度之外收取的苛捐或摊派，无疑增加了纳税人的负担，而当红契变得相对"不经济"时，土地交易当事人当然会选择逃税。

其次，地方政府工作效率的低下往往使得投契纳税的当事人不能及时获得红契，无形中延长了交易时间，增加了土地权利的不确定性。通

---

[77] 田涛先生在《徽州民间私约研究及徽州民间习惯调查》一书的前言中对这种观点进行了指正。

[78] 例如宣统时期契税的税率就一度达到百分之九。

[79] 清代业户过割钱粮时，必须验明印契，方许过割，倘若不先投契纳税，私先过割，一经查出，定行究处。宋代时采取先过割后契税的规定，后明清两代由于土地交易日趋频繁，土地交易私自过割或不过割的现象导致了严重的社会问题，影响到田赋的征收，因此统治者试图通过契税制度来掌握土地流转之后的所有权归属信息以便征收田赋。

过对比张氏家族契约中立契时间与契尾时间，笔者发现这种现象时有发生，见下表：

表 5 　张氏家族契约中立契时间与契尾时间的对比

时　　间	契　　名	立契时间	契尾时间
咸丰七年（1857 年）	张聂氏卖地红契	咸丰七年五月初二	咸丰七年十一月
咸丰九年（1859 年）	张国材卖地红契	咸丰九年十月二十日	同治七年
咸丰十年（1860 年）	张国材卖地红契	咸丰十年二月十七日	同治六年
光绪五年（1879 年）	张梓卖地红契	光绪五年二月廿九日	光绪十一年
光绪十八年（1892 年）	刘桧卖地红契	光绪十八年七月	光绪十九年

　　清代官方规定契税的期限原为两个月，至多限一年之内纳税。[80]但在领取契尾时往往"经一衙门即多一衙门之停搁"，致使业户"经年累月求一执照宁家而不可得"。这一点可以从张氏家族契约中得到印证，如此一来，当事人为获得红契又不得不付出更多的时间成本，耽误农时不说，各官衙从中的层层盘剥更是增加了经济成本。

　　最后，契税原本就是作为整个封建赋税制度中的一项"杂税"规定的[81]，由于征收无定额，容易导致各级州县征收随意和故意隐匿税契收入不上缴国库。在封建统治繁荣时期，统治者在观念上更不以契税为意，只要田赋总体上能够正常足额征收，契税制度作为地权归属的信息

<hr>

　　[80]　宣统时，"以买契投税期限，原定两个月，为时过长，遂改为限二十日投税"。乾隆五十四年（1789 年）曾"奏准民间置买田房于立契后，限一年内呈明纳税。"参见（清）刘锦藻：《清朝续文献通考》卷四十六《征榷》。
　　[81]　《阳武县志·田赋志》就将契税作为"杂税"记载。

收集功能便丧失了意义。[82] 统治者对税契制度的不重视或不合理的设计，为各州县在契税问题上的"慵懒"态度[83] 提供了条件，也为民间白契的盛行创造了空间。

通过明清时期契尾内容所反映出的契税制度中主要矛盾的变化可以看出，契税制度实施中存在的问题主要与实际征收主体的诸多不规范行为有关，这也与税契制度设计上的不合理有关。契税制度下，统治者、纳税主体与实际征收主体三者之间的互动影响了该制度的贯彻实施，具体到民间就导致了土地买卖中白契的盛行。笔者认为，除了应纳契税而不纳契税产生的白契之外，"不起科地"由于无须缴纳田赋，国家也许会默许这种土地交易以白契的形式完成。此外，由于一些地方的习惯[84]，草契或老契[85] 并不与红契相粘连，此时当事人在契税之前签订的契约就以白契的形式单独存在，这一点是研究古代民间土地买卖契约的学者所应注意的[86]。

（五）小结

张氏家族契约多为经官府钤印盖章、粘贴契尾的红契，其中"光绪十八年（1892年）刘桧卖地官契"更是采用了官方正规的官契契纸。尽管年代久远，已无法探寻当事人不辞劳苦奔赴县衙投契纳税的原因，但根据对清代税契制度的考察，张氏家族所在的阳武县地区税契制度下

---

[82] 封建政府关心的只是税收的总额，而不是税制的合理，至于田赋究竟由谁缴纳，并不在注意范围之内。田赋的征收有时以某一区域为单位，例如"里"，在里书等人控制下的或当事人之间进行的私相推收，只要就输粮纳税问题达成一致，并不会对田赋的总额产生影响。

[83] 张氏家族契约的契尾中年月往往填写不全，这也反映了官吏在办理税契时不负责的态度。

[84] 参见胡旭晟点校：《民事习惯调查报告录》，中国政法大学出版社2000年版，直隶省容城、清苑、满城等县之习惯，第21页。

[85] 在嘉庆二年（1797年）张国材卖地白契左下角注有"此系西边地老文契"字样，这说明老文契是当事人自行收执的。

[86] 笔者推断，张氏家族契约中"乾隆五十八年张国材卖地白契"与"嘉庆二年张国材卖地白契"分别为"咸丰九年张国材卖地红契"与"咸丰十年张国材卖地红契"的老文契，应当将其联系起来看待，并不能认为两份白契均为当事人没有投契纳税所致。

各主体之间的互动结果一定产生了促使土地交易当事人按规定投契纳税的动机。张氏家族契约中的一张张红契传达了"守规矩，不违法"的家族风气，张氏家族的成员在进行土地交易时既是国家制度的遵守者，同样享受了合法财产应受保护的制度利益。

六、结论

张氏家族土地交易契约既是家族流传的私文书，同时也是那个时期阳武县地区土地交易情况的直观反映，这些契约原件的发现为本文的研究奠定了基础，也为今后对清代民间土地交易契约的研究提供了新的历史资料。明清两代是中国历史上土地交易最为频繁、活跃的时期，而官方缺乏完整、有效的规制民间土地交易的制度设计，因此导致了土地交易领域民间习惯的蓬勃发展。这些民事习惯具有时代性、区域性的特征，这些特征的形成除了地区之间相对隔绝的原因之外，还受到地区经济状况、社会结构、伦理道德观念等因素的影响。张氏家族契约作为记录阳武县大村集张氏家族土地交易状况的文字资料，在恢复历史的原貌、理解诸多民事交易习惯背后的逻辑方面具有十分重要的意义。

通过对张氏家族契约内容和形制方面的比较研究，可以发现其与同时期其他地区的土地交易契约在土地价格、契约条款、画押方式、中人参与等方面均存在差异。这从一个方面印证了契约这一历史文献资料所具有的多样性、开放性特征，也说明了民间习惯活跃的生命力。但土地作为封建时期最为重要的生产资料，国家对土地交易也十分关注，并试图通过成文法律、官印契纸、税收等手段介入民间土地交易的过程中。国家的介入推动了不同地区契约形式上逐渐统一，也为各地民事习惯的交融创造了条件。根据清末民初官方对民事习惯调查的结果看，诸如亲邻先买、找价等习惯在全国各地均有体现。通过梳理国家的制度规定和研究民间习惯的逻辑内涵，可以更为清楚地认识国家"法制"与民间"自治"之间的关系，也可为当今与农村问题相关的制度建设和治理模式提供一些借鉴。

张氏家族契约中的土地交易全部发生在"村级交易市场"，这一市场是建立在中国农村传统的社会结构之上的，具有强烈的人格化因素。在排除了强制与暴力因素之后，在这一市场上发生的土地交易为我们提供了最为原始的运作过程，通过对当事人交易行为的分析，可以发现这一市场中直接参与交易的当事人、代表习惯法的血缘与地缘势力以及国家之间的关联关系。笔者认为，历史证明了清代土地交易的趋势是不断扩大的，因此并不能说其中的某一方阻碍了土地交易的发展，三者之间的互动在一些时期是呈良性的。但从民间发现的大量白契看，土地交易中的当事人脱离国家控制的企图是十分明显的，这一问题的原因要从土地交易制度的主要矛盾中寻找。国家介入民间交易对于权利的确定、所获得权利的正当性、交易安全等方面均有十分重要的意义，交易当事人原本是有动力去求助国家力量的支持的，而一旦国家管理制度的运作出现问题、制度设计存在不合理、各级官吏贪污腐化造成当事人交易成本的大量增加，以致超过了他们对国家制度的合理预期，白契这种完全意义上的民间私契的产生也就不足为奇。国家的管理者应当从中吸取历史的教训，在制定政策的过程中一定要充分关注制度设计的合理性，在具体的运作过程中还要时时关注制度的实效性。

随着当今社会、经济的不断发展，土地的"村级交易市场"是否仍然存在？支撑这一市场的社会结构发生了什么样的变化？目前农村的产权交易市场又是一种什么样的存在？这些问题从根本上影响着农业政策的制定，需要进一步的讨论和研究。

张氏家族契约是张氏家族一代代流传下来的珍贵文物，其间虽历经磨难但依旧未能阻断传承的力量。新中国建立之后，这些土地契约的效力早已不复存在，相信长辈们也不能说清楚继续保存的意义。笔者以为，这些契约作为权利的证明书，其传承说明了张氏家族对自己权利的认真对待；作为家族历史的文字见证，其传承说明了张氏家族"惜纸如金、惜字如金"的家族风气。通过对张氏家族契约中的当契、先问亲邻之习惯以及红白文契研究，笔者发现其中不仅难以发现阶级压迫的迹象，反而在当事人所做的安排之中蕴含了"情"与"礼"的考量，亲属之间的温情、邻里之间的礼让以及对国家法纪的尊重都值得后人思索和学习。

附录　张氏家族契约部分原件影印图片

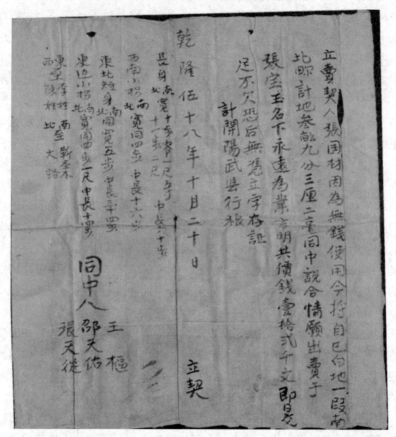

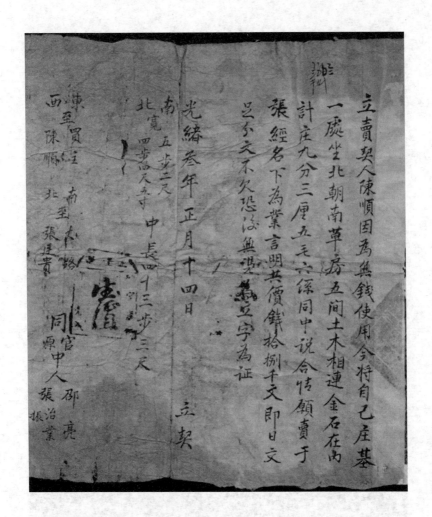

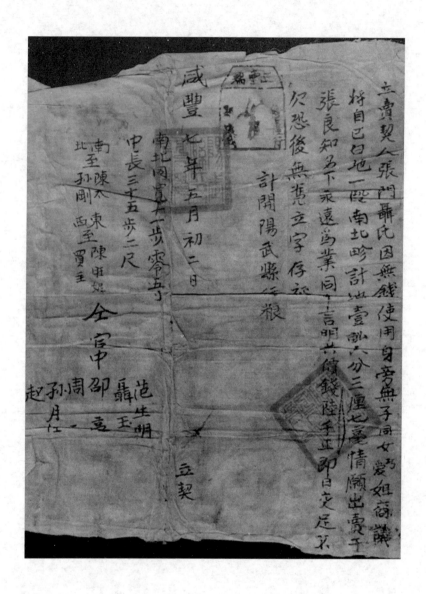

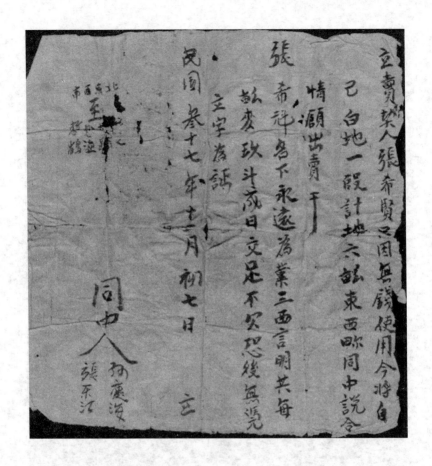

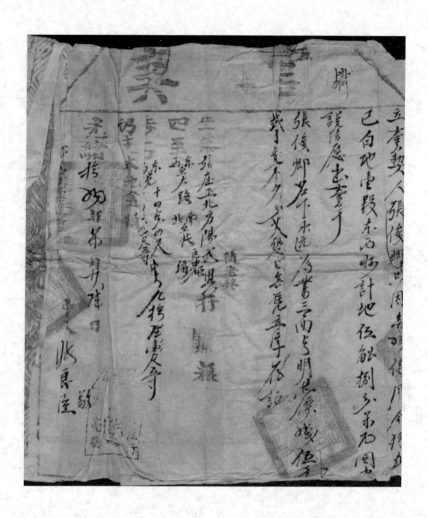

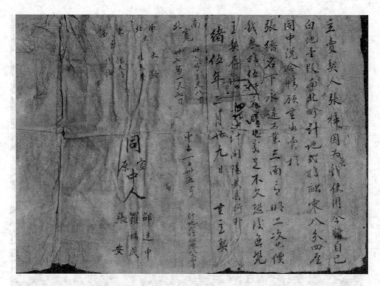

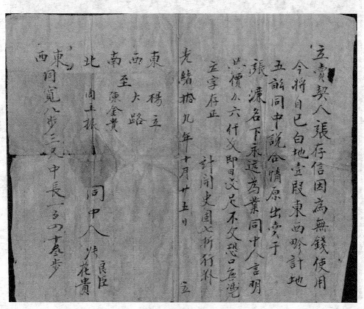

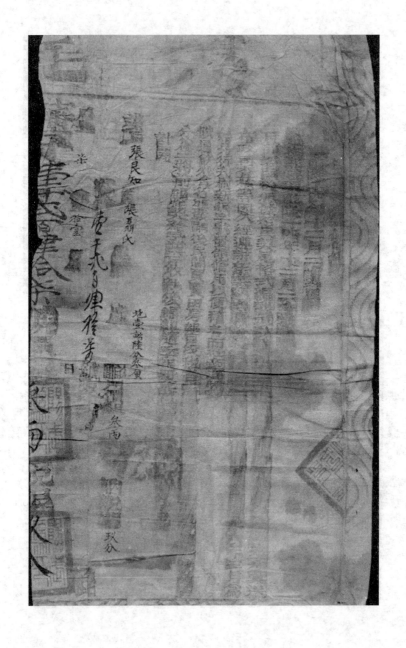

清人律学观与清代律学
地位的重估

李　明*

明晰概念所指、"循名责实",确定概念的内涵与外延是开展学术研究与讨论的重要先行工作,"律学"一词较早在魏晋时期[1]开始作为具有独立表意所指的语义单位出现在古代典籍中,此后至清人一直沿用,但其含义有变迁和发展。关于清代律学的内涵与研究对象,目前在法制史学者的研究中各有侧重,意见不一。从文献类型上来看,清代律学与官箴类文献镂轕不清;从涉及事项来看,律学又与断案、治狱,以及吏治等密切有关,再加上古今中西之间法学、律学概念的迁移比照等因素,使得已有的研究中对于"律学"含义的界定和使用各有侧重,其说纷纭[2]。

武树臣先生认为"律学又称为'刑名之学'、'刑学'","律学是研究具体的法律原则、名词术语之概念、特征及量上的规定性的学问",他主张中国法史学中法学和律学是并列的两个方面[3]。钱剑夫先生继承梁启超先生认为中国古代只有律家、律学、律治而无法家、法学、法

---

* 中国人民大学清史研究所博士研究生。

〔1〕　参见何勤华:"秦汉律学考",载何勤华编:《律学考》,商务印书馆 2004 年版,第 33 页。

〔2〕　对"律学的含义"问题的学术史回顾,参见曾宪义等主编的《律学与法学:中国法律教育与法律学术的传统及其现代发展》(中国人民大学出版社 2012 年版) 一书第三章 "传统律学与法律教育" 第一节 (第 158~159 页) 中的讨论。

〔3〕　武树臣:"中国古代的法学、律学、吏学和谳学",载何勤华主编:《律学考》,商务印书馆 2004 年版,第 11、12、9 页。

治的主张〔4〕，他主张中国古代的法律"奴隶社会叫'刑'，从奴隶社会向封建社会变革的时候叫'法'，封建社会成熟以后就叫'律'，直到清代。"〔5〕怀效锋先生则明确主张："律学实质上就是中国古代的法学"，"律学是中国古代法学的特有形态"，"律学探讨了律例之间的关系，条文与法意的内在关系，以及立法与用法、定罪与量刑、司法与社会、法律与道德、释法与尊儒、执法与吏治、法源与演变等各个方面。"〔6〕张晋藩先生也声言："传统律学也可以说是中国古代特定历史条件下的法学。"〔7〕并且晚近作出新的思考进一步修正认为："律学是中国古代注释国家律典之学。旨在阐明立法之本源与流变，剖解律文之难点与疑点，诠释法律术语与概念，以便于司法者准确地适用法律。"〔8〕何勤华先生认为"中国古代律学是中国古代法学的主体部分，也是其主要的表现形态"，律学"以注释、阐述现行法为对象"，"它是中国古代法学的一个重要组成部分，但两者并不是一回事。它不包括中国古代法哲学（法律思想），不包括法史学（如历代刑法志等）和法医学，也不包括以律注经等学术活动。"〔9〕近些年来学界对于律学的研究在数量上的密集俨然促成了学术热点，而不同学者的看法从不同角度推进了对这个问题的认识，而这些研究成果也逐渐使得对律学的看法形成了某些基本的共识，因此有必要尝试做出清理和总结。

---

〔4〕 转引自怀效锋："中国传统律学述要"，载何勤华主编：《律学考》，商务印书馆2004年版，第8页。

〔5〕 钱剑夫："中国封建社会只有律家律学律治而无法家法学法治说"，载何勤华主编：《律学考》，商务印书馆2004年版，第21页。

〔6〕 怀效锋："中国传统律学述要"，载何勤华主编：《律学考》，商务印书馆2004年版，第1、6页。

〔7〕 张晋藩："清代律学及其转型"，载何勤华主编：《律学考》，商务印书馆2004年版，第413页。

〔8〕 转引自徐忠明："困境与出路：回望清代律学研究——以张晋藩先生的律学论著为中心"，载徐忠明、杜金：《传播与阅读：明清法律知识史》，北京大学出版社2012年版，第319页。

〔9〕 何勤华："秦汉律学考"，载何勤华主编：《律学考》，商务印书馆2004年版，第33、37页。

清代律学是传统律学发展的最后阶段，并且传统律学在清代的发展达到了很高的水平。本文首先从清人对律、法和刑的相关表述，于细微处加以分殊，探讨清人对"律学"看法；在此基础上，文章进而从律学的特质，以及清代律学在当时知识体系中的位置，尝试对清代律学的学术地位做出新的估价。

一、"律学以议刑制"：清人的"律学"观

"律学"为何？清代一般读书人及律学研究者持有怎么的看法，从这个角度出发，或许是尝试回应这个问题的有益探索路径。本小节主要拟以清代经世文编中所收录刑政类文献篇目为对象，间以参酌清人某些相关切要的论述，以对清人的"律学"观这个宏大问题作出梳理和诠解。本文研究认为，法是抽象层次的普遍规定，律是具体的文本规定，刑是刑罚的具体内容。

本文主要是通览《切问斋文钞》、《皇朝经世文编》和《皇朝经世文续编》三种清代经世文的汇编集中有关的篇目，之所以取此三种，在于它们在时间上前后相续、基本涵盖了清初至清末的时间段，同时此三者选文较为谨严，代表了不同时期选辑者精审的眼光和对不同时期所产生的经世致用文章的敏锐把握，具有一定的代表性。乾隆末年问世的《切问斋文钞》是清代系列"经世文编"的先导，陆燿在乾隆四十年（1701 年）将清初以来有关经世的重要著作选辑排比编成《切问斋文钞》，全书分十二目三十卷约计四十四万字，其中包括有"刑法"一目共十九篇文章，从所占页数的比例来看，"刑法"一卷在全书中几乎是最末的三个类目之一[10]。此后魏源赓续陆氏之体例与形式，选辑清初至道光初年经世致用之篇什，于道光六年（1826 年）编成《皇朝经世文编》，《文钞》仅"刑法"一目，不再细分，而《文编》的刑政一纲为八纲之一，下隶三目即刑论、律例、治狱计分五卷。其后盛康（实际

---

〔10〕 黄克武："理学与经世：清初《切问斋文钞》学术立场之分析"，载《"中央研究院"近代史研究所集刊》1987 年第 16 期，第 44 页。

是汪洵、缪荃孙操手）所辑、光绪二十四年（1898 年）刊刻的《皇朝经世文续编》沿用《文编》纲目体例，选辑道咸同光四朝篇章，其中"刑政"一纲下，刑论一卷，律例二卷，与前《文编》相同，治狱增加一卷计有三卷。大体上看，时间愈靠后，刑政（或刑法）部分收录的篇目愈加增多，这与不同时代士民对律学的知识感觉和律学的学术地位是有密切关系的，下文将详细论述。另外，值得注意的是，尤其是在《文编》和《续编》"刑政"下收录的"律例"一目之下，一个突出的特点即是它所收录的篇目大多是在讨论《大清律例》中某些具体条目如复仇、自首、诬告、独子承祧、籍没窝逃等具体事项的改进意见，即这些条目的内容结合实践是否妥当，以及发生争议和增进适用等，而《文钞》中篇目亦大多论及清狱、治盗、恤刑等地方治理的事务。事实上，从这一点来看，它至少反映出，经世致用者对于律例，或括而言之即清代法律，更加注目其在实践中的适用问题。下面拟从律与法、律与刑，以及律学一词在清代的使用三个方面加以剖陈，以期对清人的"律学"看法有所把握。

（一）律与法有别

"法"字的语义学诠解，相关研究成果已经非常多[11]，这里将"律"与"法"相比勘，目的是从二者的比较中更加凸显出"律"所别于"法"而特别侧重的部分。清人多言"律法"而不常言"法律"，如清代臣工奏言"本朝律法刊布天下"[12]，这里"律法"系指《大清律例》的文本，重点是在于"律"而不是"法"。当然也提"法律"，如

---

〔11〕 可参考黄源盛在《中国法史导论》（广西师范大学出版社 2014 年版）一书第二章中"从灋、律、刑的解诂看中国法规范的原型"部分对这三个字考镜源流的诠解。以及温慧辉在"从'法'、'刑'、'律'含义的演变分析《周礼》的成书时代"（收入华东政法大学法律史研究中心编：《法史学与社会科学》，法律出版社 2011 年版）一文中对"灋"、"刑"、"律"在早期含义的学术史整理与考释。

〔12〕《皇清奏议》卷十四，工科给事中姚延启"敬陈时务八款"，顺治十七年（1646 年），据民国影印本影印，收入《续修四库全书》第 473 册，第 138 页上。

孙星衍说"以予善法律闻于朝"〔13〕，这里概指我们现在通常所说的法律知识。

之所以将"律"作为与法律知识相关语义所指，这与"律"的本初含义有关。"古者乐律曰律，法律亦曰律，其义一也。律差累黍，则声音即变，故立法者取之，言一定而不可移易也。"〔14〕"定罪贵乎按律也。治刑者之有律，犹制乐者之有钟吕铢黍，不容或差，若舍律而弗遵，将轻重任意，人无所适从矣。"〔15〕由此反映的是"律"的稳定性，所以清人常言"律"为"万世之法"、"一定之法"〔16〕。"律"与"法"相对而言，则不难发现"法"所具有的普遍性的特点，而"律"则表现出其具体性的某种特质。

顺治五年（1648 年）臣工奏议在刑部对于重犯需经再审，其中有这样一段议论："臣等捧读新律，有真犯死罪决不待时，凡六十余款，有真犯死罪监候再审奏决，凡一百七十余款，义极明晰，内外俱当遵守，令再审之事，行于外而未行于内，非法之平也。并乞申谕刑部，凡重犯应即决者，依律不时处决，其应监候者，依律再审奏决，务使法与律合，是再审之典，外行而内亦行矣。"〔17〕这里，"律"即是当时新近制定的律例中相关的"六十余款"、"一百七十余款"，"务使法与律合"，其意在希望刑部也行再审之程序，使得慎重刑狱、内外之平的"法"的意旨能够与"律"条中的规定相匹配。

---

〔13〕《嘉穀堂集》卷一"李子法经序"，参见《孙渊如先生全集》，四部丛刊本，收入《清代诗文集汇编》（第 436 册），第 199 页。

〔14〕《皇朝经世文编》卷九十一，徐旭龄："引用律例疏"，康熙二十年（1681 年），收入《魏源全集》（第 18 册），岳麓书社 2004 年版，第 37 页。

〔15〕《皇清奏议》卷六，刑部右侍郎龚鼎孳"刑律七款"，顺治十年（1653 年），收入《续修四库全书》第 473 册，第 73 页上。

〔16〕《皇朝经世文编》卷九十一，袁枚："答金震方先生问律例书"，收入《魏源全集》（第 18 册），第 34、35 页。

〔17〕大理寺卿孙承泽："题陈大律久颁再审宜重"，顺治五年（1648 年）五月十五日，载张伟仁主编："中央研究院"历史语言研究所现存清代内阁大库原藏《明清档案》，档案号：A008－118。

"天地之大德曰生，国家之大法曰律，律者，缘情准理以服人心，宁使罪浮于法，不使法浮于罪，此国家用法之意长，与天地生生之德相始终而无已。"[18] "法"的目的是要与"罪"相协调匹对，"法"与"罪"二者之间的中间层次，或是中间的介质即是"律"，律是具体参照实施的准则，它使"法"与"罪"之间直接对应了起来，而相较而言，"法"则是与"天"、与"德"所直接沟通的实体。"刑法者，帝王御世之大权。……一之以律法，务期情当乎罪，罪协于律。"[19] 罪名的轻重仰赖于律的细致规定，而通过律的规定，它通达于法的普遍性原则，因而使得罪与法相协相接，"行法必当其罪，罪一分，与一分法，罪十分，与十分法。"[20] 只有这样，"法"才能臻于其公正性，案件的审理才能无冤抑，达到德配天地的状态。

值得注意的是，正如上文中所引，清人通常言"刑法"、"律法"等的时候，事实上是对这个词中的两个单音节字所指代的不同含义是有所侧重的，或侧重在"刑"，或强调在"律"，这种情形符合古汉语的表意习惯。而在这种情况下，"法"字与"刑"、与"律"组合在一起，"法"字表达的基本语义即是作为一种抽象而普遍性的、形而上的笼括的指代。

"古之立法，第论其大者，而损益调剂属于人，不以著之于律，后世之法，论其一端，推之千百端而不止，论其一事，推之千百事而不止，论其一言，推之千百言而不止，画一明备，举纤委毫黍而无一不具，可谓烦且重矣。"[21] 由此可知，"法"是论其大者，是提挈性质的；

---

〔18〕《皇清奏议》卷十九，陈秉直："引律明刑议"，康熙十三年（1674年），收入《续修四库全书》（第473册），第186页下。

〔19〕《皇朝经世文编》卷九十一，安徽巡抚张朝珍："详定刑律疏"，康熙四年（1665年），收入《魏源全集》（第18册），第36页。

〔20〕盛康辑：《皇朝经世文续编》卷九十八，钱仪吉："记章佳文勤公语"，收入《清朝经世文正续编》（第4册），广陵书社2011年版，第515页。

〔21〕盛康辑：《皇朝经世文续编》卷九十九，吴铤："因时论七·论律法"，收入《清朝经世文正续编》（第4册），广陵书社2011年版，第517页。

"律"是要书之于文本的、固定性的。"法"要作用于"事",中间须有"律",但引文中所着意强调则是"律"之外操作"法"的人的重要性。

（二）律与刑有差

作为一种规则,清人认为"律"、"刑"二者与"礼"均有着密切的关系,"律由礼出,称情而行;例从律生,与礼相准。"[22]"古之圣人,略于刑而详于礼,隐于刑而著于礼,理狱不必繁其官,法律不必著于书。"[23]这与传统中国法律的"援礼入法"的命题密切有关,但通过"礼"的连接折射出的是"律"与"刑"二者之间的相通点:刑所不备者则在于礼,而礼中导出了律。"刑也者,圣人仁天下之大法,而律也者,则义理之权衡也。"[24]这就进一步讲得更明确了,"刑"是"法"实施的介质和手段,所以有言先王"制刑以诛不法"[25],"法者,治之具,而尚有以济法者,道何在,在法天之刑,德以严赏罚而已。"[26]"刑"是与"法"相配合的,另一方面说律是义理之权衡,乃在于"律"对"法"作了具体的斟酌权衡而形成确定性的文本规定,所以在清代司法场域中通常讲"查照定律","按律科断"。

申言之,刑法者,即刑罚、法令。刑,更多侧重于从"五刑"这一基本含义而引申的表意。律与刑有相似的地方,但"律"比"刑"的抽象性更高一些,马小红先生认为"律"是王朝颁行的刑典名称,律源

---

〔22〕 盛康辑:《皇朝经世文续编》卷一百,唐鉴:"请申明殿期亲旧章以符定律议",收入《清朝经世文正续编》,广陵书社 2011 年版,第 525 页。

〔23〕 盛康辑:《皇朝经世文续编》卷九十八,蒋彤:"刑论",收入《清朝经世文正续编》（第 4 册）,广陵书社 2011 年版,第 511 页。

〔24〕《皇朝经世文编》卷九十一,赵俞:"读律辨讹序",收入《魏源全集》（第 18 册）,第 32 页。

〔25〕 盛康辑:《皇朝经世文续编》卷九十八,汤鹏:"原刑",收入《清朝经世文正续编》（第 4 册）,广陵书社 2011 年版,第 511 页。

〔26〕 陈忠倚辑:《皇朝经世文三编》卷六十,陈虬:"治法在严刑赏议",收入《近代中国史料丛刊》第 751 册,第 907 页。

于刑，律是罪名、刑名合一之制[27]，这同样显示了"律"之于"刑"具有更高的等级和层次；但"律"又相较于"法"体现出更多的实在性和具体性，所以《大清律例》中讲"枉法"或"不枉法"，而不是说"枉律"，讲"违制"而不是表述为"违律"。律与刑之别，某种程度上即是律例与刑章的差异。

另外，值得思考的是，在传统的纪传志表体裁的正史如《清史稿》中，与《地理志》、《职官志》、《食货志》、《艺文志》等并列的是《刑法志》，而非称为"律法志"，但称"律"者则为律学。"律自当有学，汉志不收汉律者，以律不在中祕；刑法自有志，而法经汉律，马郑诸儒皆有章句。"[28]汉代有律学但汉律没有收入到《汉书·艺文志》中，原因是汉律其书当时没有庋藏在锢藏图籍的秘府，而刑法有"志"，但在此之外，汉代用章句注律者不乏大儒。张舜徽先生认为"志"体例的起源出自《尚书》，"《尚书》为体不一，典、谟、誓、诰，既开本纪、列传之法。若《禹贡》专详地理，《洪范》总述灾祥，《吕刑》致详法制，各有专篇以明一事，故班固撰地理、五行、刑法诸志，咸必甄采其文。"[29]最初"刑法志"之立，导源于《吕刑》，可窥一隙之明乃在"刑法志"之侧重在于"刑"而非述"律"之内容，而"刑"与"律"之分殊即此彰显。

（三）律学

从律典的文本来看，称之为"律"最重要的特征乃在于其文本的实在性。清人言《大清律例》则曰"律分六部，皆为内外遵循之大典，惟刑律为人命所在，普天率土，无一日而不用，其所关尤重，而为用尤

---

〔27〕 马小红："律、律义与中华法系关系之研究"，收入马小红、刘婷婷主编：《法律文化研究·第7辑·中华法系专题》，社会科学文献出版社2014年版，第303、309、312页。

〔28〕 盛康辑：《皇朝经世文续编》卷九十九，俞正燮："唐律疏议跋"，收入《清朝经世文正续编》（第4册），广陵书社2011年版，第518页。

〔29〕 张舜徽："史通平议"，见于氏著：《史学三书平议》，华中师范大学出版社2005年版，第376页。

切。"[30] 律分六部，"刑律严明，最重服制。"[31] 以《大清律例》下括吏律、户律、礼律、兵律、刑律、工律六门，清代官吏读律，即读的是这种文本。

清人朱彝尊回顾唐代的学问，指出"律学以讲律令格式，书学以考篆籀，分隶真草章行，算学以明亿兆。"[32] 到了北宋，周邦彦（1056～1121年）亦言"律学以议刑制，算学以穷九九。"[33] 律学的这种基本含义至清代亦承续罔替，得到了保留，在清代律学即是律例之学，它讨论用刑的宽严尺度以使罪与罚相称，它直接与清代法律的适用相关，因此具有鲜明的实用性，"圣人之定律也，案其事而度其心，当其情而顺其理。"[34] 毫无疑问，这样的表述即是宣称"律"在司法实践的适用中所具有的正当性与合法性。律学之于治狱以及吏治等实践性的重要作用也表现得非常突出，"以律学佐吏治于燕赵间者三十余年，自在官者不习律例，听断必求助于人。"[35]"中国之问官，司审既于律法非所素娴，而所用之刑名幕友，又于律学不轻传授。生死系其只字，枉直视其片词。"[36] 研习律例以通律学，便可于听案审断、吏治良窳大有裨益，律

---

〔30〕 兵部右侍郎吴应棻："奏为请饬律例馆将刑律名例先行斟酌尽善编纂并饬部议复事"〔乾隆三十五年（1770年）【具体月份日期不详】〕，中国第一历史档案馆藏朱批奏折，档案号：04－01－08－0003－001。

〔31〕 盛康辑：《皇朝经世文续编》卷一〇〇，钱宝廉："请饬议尊长谋杀卑幼罪名专条疏"〔光绪五年（1879年）〕，收入《清朝经世文正续编》（第4册），广陵书社2011年版，第525页。

〔32〕 朱彝尊：《曝书亭集》卷六十五"扬州府仪真县重修儒学记"，民国涵芬楼影印清康熙五十三年（1714年）刻本，收入《清代诗文集汇编》第116册，第497页。

〔33〕 周邦彦："汴都赋并序"，见顾栋高、孙灏等编纂，王士俊、田文镜等监修：《河南通志》卷七十二艺文，收入《景印文渊阁四库全书》（第538册），第386页。

〔34〕 盛康辑：《皇朝经世文续编》卷一〇〇，徐时栋："驳崔三过失杀父议"，收入《清朝经世文正续编》（第4册），广陵书社2011年版，第528页。

〔35〕 贺涛撰：《贺先生文集》卷四"王普斋先生墓表"，民国三年徐世昌京师刻本，收入《清代诗文集汇编》（第771册），第632页。

〔36〕 夏东元编：《郑观应集·盛世危言》之"刑法"，中华书局2013年版，第275页。

学的这种重要特质下文将进一步阐述。

张伟仁先生曾指出："我国古来称'法'称'律'者，往往专指刑法而言……比较大略的、原则性的规定，自秦汉以下都称之为'律'。"[37] 这种概括大体上把握住了律的涵括性的特征，但对于法、律、刑三者之间的细微差别并未有自觉的分殊。综而言之，在清人那里，律、法、刑三者常常搭配混合使用出现在各种不同的语境中，传统中国自来在思维习惯上具有模糊性和笼统性的特点，因此常常对于一些词语并没有加以特别界定或者是含义具有唯一所指，但结合单音节字的基本表意与词语所在的上下语境，法、律、刑三者基本含义有别，这在清代自是没有疑义的。而关于清人对"律学"的看法，下文随后两小节亦将有进一步涉及。

二、"律为用世本"：律学作为"术"的实用性

梁启超早在宣统三年（1911 年）《学与术》一文中就明确指出："学也者，观察事物而发明其真理者也；术也者，取所发明之真理而致诸用者也。"[38] 本文随后两个小节正是以这种学与术分途的视角来检视清代律学的学问属性和学术地位，与前辈学者看法不同的是，清代律学作为一种专门之学，我认为目前的研究有拔高之嫌。陈寅恪 1930 年在《冯友兰中国哲学史上册审查报告》中曾兼及指陈当时整理国故之弊，曰："著者有意无意之间，往往依其自身所遭际之时代，所居处之环境，所熏染之学说，以推测解释古人之意志。"[39] 因为时空的间隔，后世者往往以自己的关注重点放大了研究对象而不能鉴空衡平。

有清一代推动律学研究的群体主要是官员和幕宾，推动律学研究的

---

〔37〕 张伟仁："清代的法学教育"，收入贺卫方编：《中国法律教育之路》，中国政法大学出版社 1997 年版，第 207 页。

〔38〕 梁启超："学与术"，收入梁启超：《饮冰室合集》第 3 册《饮冰室文集之二十五（下）》，中华书局 2003 年重印版，第 12 页。

〔39〕 陈寅恪："冯友兰中国哲学史上册审查报告"，收入《中国现代学术经典·陈寅恪卷》，河北教育出版社 2000 年版，第 839 页。

动机即是为了致用，这也决定了清代律学研究所具有特质。在清代，律学作品的研习群体和阅读群体范围并不会太大，律学作品相较于同时期清代汉学主流学术对经义的精研阐释和宋学对性理的往复绎思（毫无疑问，律学在清代属于"实学"[40]的范畴）在讨论内容上所体现出的技术性和论述旨趣上所具有的实用性，决定了它并不会受到士民的普遍关注。一方面律例之难，这是当时智识群体普遍存在的对于清代法律的知识感觉，在这个意义上，清代的律学是专门之学，藉此之故，清代的律学在研究进路和风格上，突出呈现出如何便利于应用的倾向，因此出现了数量较多的便览、图、表、歌诀类的律学作品；另一方面，对于初出为官，临民治事者，办理命盗等案件是处理钱谷、刑名庶务之重要一端，然而士子初释褐衣，以往所学非所用[41]，因此对于律学知识又有着"刚性"的需求。"律为用世本，不可不读。"[42]律学的实用性旨趣旗帜鲜明地表明，它在传统中国知识体系中归属于"术"的范畴，中国自来就有学与术分殊，道与器分途的看法，形而上者谓之道，形而下者谓之器，学术思想是形上之学，技艺之学则属形下学的范畴。

　　熙宁四年（1071 年），苏轼在《戏子由》一诗中讥切时事，说"读

---

　　[40]　本文是在利用厚生、经世致用、实事求是、实学实用这个意义层面使用"实学"一词。葛荣晋先生指出："中国所谓实学，实际上就是从北宋开始的'实体达用之学'，是一个内容极为丰富的多层次的概念。在不同的历史时期、不同的学派和不同的学者那里，其实学或偏重于'实体'，或偏重于'达用'，或二者兼而有之，或偏重于二者之中的某些内容，情况虽有区别，但大体不会越出这个范围。'实体达用之学'既是实学的基本内涵，又是实学的研究对象。"参见葛荣晋：《葛荣晋文集》第 5 卷《中国实学通论》，社会科学文献出版社 2014 年版，第 10 页。

　　[41]　正如张伟仁在"清代的法学教育"一文中研究指出的，在清代科举制度的导向下，由于政治和文化的基本原因以及种种技术问题，在正规的清代教育部分中，一般读书人接受法学教育是付诸阙如的。张伟仁："清代的法学教育"，收入贺卫方编：《中国法律教育之路》，中国政法大学出版社 1997 年版，第 174 页。

　　[42]　（清）高世宁编、高世泰订：《高忠宪公年谱》卷上"万历二十年壬辰三十一岁"条，清康熙间刻本，收入北京图书馆编：《北京图书馆藏珍本年谱丛刊》第 54 册，北京图书馆出版社 1999 年版，第 503 页。

书万卷不读律，致君尧舜知无术。"[43]意即虽读书万卷，但不读当今的法律，则想辅佐君主而没有本领。在当时苏轼是反用其意，但至少到了清代，已有人视为正论[44]，可见时移事迁，风尚转捩，读律在清代所体现出的强烈工具性也由此可见一斑。

因为"律书精微奥衍、目类繁绩"[45]，所以如何准确把握律例的要旨，如何更加方便地适用律例条文而减少司法实践中的失误，这些直接关系到了地方官员叙供审断、用刑拟判的结果。《大清律例》的律文在乾隆五年（1740 年）固定为四百三十六条不再轻议纷更后，迭次对例文修辑的惯举则在某种程度上弥补了律例对于不断变动的社会实践的调适，随之而来的后果则一方面是例文的增删合并所形成的变动，另一方面则是例文数量的增加，这些均对运用律例者提出了更高的要求。"律例者自执事临民，行政之规矩也。顾卷帙繁多，读者骤难得其要领。"[46]让浩繁的律例理解起来更加准确，使用起来更加便利，这些是清代律学研究的中心关怀和终极目的。乾隆年间刊刻的曾恒德《律表》绘制律例表格，夹加小注，一目了然；光绪初年刊行的杨荣绪《读律提纲》将《大清律例》的内容按照律文内在的特点与涵义进行提挈编排；光绪二十九年（1903 年）

---

〔43〕 张志烈等校注：《苏轼全集校注》第 2 册，诗集卷 7 "戏子由"，河北人民出版社 2010 年版，第 642 页。《乌台诗案》："是时朝廷新兴律学，轼意非之，以为法律不足以致君于尧舜。今时又专用法律而忘诗书，故言我读万卷书不读法律，盖闻法律之中无致尧舜之术"（同前书，第 645 页）。清人在引述苏轼该诗句时，常将"知无术"写作"终无术"，如《律例精言歌诀》中开篇："读书万卷不读律，致君尧舜终无术。东坡此言真不错，个中精要明明晰。余将律例合纂成，知之方可理刑名。"，收入桑兵主编：《清代稿钞本》第 5 编第 249 册，广东人民出版社，第 83 页。

〔44〕 张文虎：《螺江日记》卷六 "东坡诗"："读书万卷不读律，致君尧舜终无术。此东坡讥切时事之言，盖因当时竞尚律法，所谓以法律为诗者，故反言讽之，且以自嘲。传至后世，竟有据作正论者矣。"收入李德龙、俞冰主编：《历代日记丛钞》影印本第 19 册，学苑出版社 2006 年版，第 416 页。

〔45〕 刚毅："审看拟式"，转引自张晋藩主编：《清代律学名著选介》，中国政法大学出版社 2009 年版，第 428 页。

〔46〕 《名法指掌新纂》之 "桂良序"，转引自张晋藩主编：《清代律学名著选介》，中国政法大学出版社 2009 年版，第 302 页。

刊印《大清律例汇辑便览》分栏汇辑，眉目清晰；光绪初年梁他山《读律琯朗》七字一句，简而不陋；光绪年间沈国梁《大清律例精言辑览》七字一句，条例清晰。以图表、摘要、提纲或歌诀等形式对律例加工，显然直接是为了使用者的理解和援引使用。这一类律学作品在数量上占据了清代律学作品的绝大部分，其实用性旨趣很明显，毋庸赘言。

清代的律学著述中还有一小部分考释性的作品，如王明德《读律佩觽》、吴坛《大清律例通考》、薛允升《读例存疑》等，这一类的作品数量并不太多，然而是律学中精品，质量上乘。"虽然至难者修律之事，而尤难者读律之人。何则？律文至细，律义至深。有一句一意者，有一句数意者；有一字一意者，有一字数意者。"[47]对于晦涩难明者则通过考镜源流、比对辨析的方式使其彰明昭著、意无模棱，减少在判案时法律适用中的分歧。例如，在王明德《读律佩觽》中对"但"的解释，从音训的方法入手，对该字进行了精确而全面的规范性定义。"但者，淡也。不必深入其中，只微有沾涉便是。如色之染物，不必煎染浸渍深厚而明切，只微着其所异之濡，则本来面目已失，不复成其本色矣。故曰但。律义于最大最重处，每用但字以严之。此与文字内，所用虚文，作为转语之义者迥别。如谋反大逆条，内云：凡谋反、谋大逆，但共谋者不分首从，皆凌迟处死。此一条用但字之义，是对已行、未行言。盖凡律，皆以已行、未行分轻重，此则不问已行、未行，而但得系共谋时在场即坐矣。盖所以重阴谋严反逆也。"[48]一字之失出，则干系人命，不可不慎。中国文字言简义丰，一字而兼括数义，律学的严谨性要求对律例中使用的专门术语及概念做出明确的界定，不得有含混和发生歧义的余地。

律学对于资治的重要作用也反映在了清代对于律学作品的汇辑刊刻方面，在官刻或坊刻发售的这一类针对官员群体（兼或包括幕宾群体）的资治小丛书中，收录入律学相关的作品是其中的必选项目。在许乃普

---

[47]《皇朝经世文编》卷九十一，徐宏先："修律自愧文"，参见《魏源全集》（第18册），第31页。

[48]（清）王明德撰：《读律佩觽》，何勤华等点校，法律出版社2000年版，第29页。

所辑《宦海指南五种》中，收入了田文镜《钦颁州县事宜》一卷、刘衡《州县须知》一卷、汪辉祖《佐治药言》一卷《续》一卷以及《学治臆说》二卷《续说》一卷，第五种即是《折狱便览》一卷。许乃普以七品小京官分刑部奉天司行走为仕途起点，他任职中外，咸丰三年（1853年）曾出任刑部尚书职。他在汇辑的这部丛书中，对于州县事务的侧重昭然显示汇辑者对于如何办理地方政务的实用指南取向，其中《折狱便览》则是直接对于法律知识运用的指导说明。《宦海指南五种》有咸丰九年（1859年）许氏刻本，光绪十六年（1890年）四川臬署刻本[49]，这五种书的单行本则更多，流布更广。在丁日昌所辑的《牧令全书》这一套丛书中，除了《宦海指南五种》中已有的《钦颁州县事宜》外，其中还重点收入了刘衡所撰《刘簾舫吏治三书》，包括《庸吏庸言》二卷、《读律心得》三卷、《蜀僚问答》一卷。除《庸吏庸言》是刘衡任职州县时办理地方政务的文案存稿，与律例无涉；《蜀僚问答》则以问答的形式，提挈了在地方为官者所应当留心讲求和切实遵行的注意事项，其中即指出"禁制棍蠹诬扰在熟读律例"："或问何以除其弊，曰熟读《大清律例》而已。"并对浩繁的律例如何进行阅读，分享了他的心得，即"读律在熟读诉讼、断狱两门共四十一条"、"律宜全读、惟首卷之名例律却宜后读"，并结合他的阅读经验，提出"律例而外尚有应读之书"，如明人吕新吾《实政录》，国朝陈弘谋《从政遗规》、黄六鸿《福惠全书》、杨景仁《筹济编》、汪辉祖《学治臆说》和《佐治药言》两种，在刘衡看来，律例和这些书一样，均是"有裨益吏治之书"、"俱切要治谱"。[50] 刘衡从地方治理、办理司法事务、助益于实用而展开对律例的阅读，而他对《大清律例》更为集中的理解和掌握，则体现在《读律心得》这部精研律例的作品中。

---

〔49〕 辽宁、吉林、黑龙江图书馆主编：《东北地区古籍线装书联合目录》，辽海出版社 2003 年版，第 1168 页。

〔50〕 （清）刘衡撰：《蜀僚问答》，同治七年（1868 年）刊本，收入《官箴书集成》（第 6 册），黄山书社 1997 年版，第 155 ~ 156 页。

刘衡制作《读律心得》是在他广东"七年三任"之后，在嘉庆二十四年（1819 年）冬因丁忧告归，受叔父之邀于道光元年（1821 年）入幕襄理政务期间读律八个月而成。从刘衡读律并创作出《读律心得》的动机来看，他希望能够以主政官员自己掌握并熟悉律例的途径来解决地方政府中棍蠹为害百姓的弊端，从他自己的经验来看，最初他对律不熟且未得要领，在广东任知县时处理事务起来底气不够，苦于胆力不足，然而在丁忧期间入幕襄助叔父，悉心读律八个月，律例既熟，待到道光三年（1823 年）服除而授四川垫江知县，这时他胆力既壮，行事更具魄力，能够收摄棍蠹为非作歹。"自嘉庆十三年教习期满以县令注籍候铨，常家居授徒，或出游外省，灼见棍蠹害民，辄破民家，自念将来有牧民责，必当有以除之，但不知措手所耳。先大父编修公出为外任多年，深知其弊，乃课衡读律。衡旋奉檄试令广东，时律未熟未得要领，苦无胆力。是以在粤七年三任，自愧有忝厥官。己卯冬，以忧归。道光元年，眉生叔父以侍御特简陕西西安知府，府剧甚，案牍山积。叔父以衡家居无事，招入幕命服检点劳。衡恐无以报命也，乃更悉心读律，凡八阅月，方得微窥圣人制律之深意，辄随读分类录之，闲缀以小注数语，录竟得三种：一曰理讼撮要，一曰通用加减罪例，一曰祥刑随笔，乃汇录为一帙呈叔父训政，曰：此若年来心得者，可存也。衡乃以读律心得四字题其签，置之案头，时用省览。其明年服阕，选授四川垫江知县，律例既熟，胆力以壮，乃能于收呈时，依据刑律诉讼门之十二条，分别准驳，于听断时，则体会设身处地四字，恪遵断狱门之二十九条，分判曲直，乃稍稍能禁制棍蠹之害民者，惟于宦场所在多触迕，间有掣予肘者，予犹未得径行其志，方歉然虑无以对吾民，而民固已无不予信者，自是遂无一不结之案，更无结而复翻之案。"[51] 由此可见刘衡

〔51〕（清）刘衡撰：《蜀僚问答》，同治七年（1868 年）刊本，收入《官箴书集成》（第 6 册），黄山书社 1997 年版，第 149 页。原刊本在此处复有眉批，亦可做补充说明，兹引述如下："律例精熟，则道理透彻，自然确有把握，不至朦胧受欺，所谓明镜高悬，物来毕照也。"

在广东、四川任地方官治事时心态的前后转变，在广东未能放开手脚，仅是忝列官职而深感惭愧，而在四川知县新任上，管制棍蠹，案无留牍。促使刘衡提高临民理事能力的关键，乃在于对律例经过了一番苦心的研读，由此可见律学研究对于处事治民所具有的重要作用。

也许正是因为刘衡究心律学所发生的这种能力的转变，使得《读律心得》这类律学作品受到经世官员的重视而被丁日昌收入丛书中广布流传，《牧令全书》有同治七年（1868 年）江苏书局刻本，同治十二年（1873 年）羊城书局刻本和光绪二十二年（1896 年）上海图书集成印书局铅印本，而收入在《牧令全书》中的《刘簾舫吏治三书》尚有独立刊行的本子，如同治十年（1871 年）黔阳官署刻本和同治十二年刻本[52]，从江苏到广州，从贵州到上海，从道光初年该作品诞生赓续直至清末，《读律心得》的传布呈现出了作品旺盛的生命力，而这种力量主要渊源自作品对于浩繁律例的撮要整编与切要实用。当刘衡的儿子归蜀手录一帙，"携至京师，戚友铨授外吏者，竞向假抄"，"从父叙将试令山西，尤读而好之，谓此编实学治津梁"[53]。由时人对《读律心得》之评论及追捧，亦可证该律学作品有资实用之不诬。

在光绪八年（1882 年）苏州韩园潘氏刻本《牧令书歌诀十种》之中，同样囊括了刘衡纂辑的《读律心得》、《蜀僚问答》，相较于上引两种丛书，该丛书更加直接侧重于律学知识的整理与运用，它包括了程梦元所编《大清律例歌诀》二卷、《大清命盗摘要》一卷、《洗冤录歌诀》一卷、《急救方》一卷、《检验杂说》一卷、《七杀式并附》一卷，以及刘衡纂辑的另两种文献：《手镜》一卷和《劝论牧令文》一卷。[54] 对于《大清律例》的歌诀式整理，命盗案件的办理、尸检与急救的措置以及摘要出刑律中人命门的劫杀、谋杀、斗殴杀、故杀、戏杀、误伤杀、过

---

〔52〕 参见《东北地区古籍线装书联合目录》，第 1168～1169 页。

〔53〕 （清）刘衡撰：《读律心得》卷末道光丙申，刘良驹"跋文"，同治七年（1868年）刊本，收入《官箴书集成》（第 6 册），黄山书社 1997 年版，第 171 页。

〔54〕 参见《东北地区古籍线装书联合目录》，第 1168 页。

失杀（即"七杀"）单独讲习，这些均是对律例及刑名知识的专门讲求，很显然这些律例及刑名知识的整理与研究，从其体式来看即是为了便于牧令在施政的实践中加以使用。嘉庆初年即已流传佚名者所编《律例精言歌诀》一书中，四川唐安人朱深扬在嘉庆十三年（1808 年）为该书付印前所做的序文中开篇即言："律例一书，有司奉为成宪，将膺民社之责者，宜精思熟习，悉其聪明，以察大小之比，则临民治事，始克游刃有余。"他在阅读该书后指出，"是编去繁就简，择其紧要切用者，著为七言。其间或直叙纲目，或摘录罪名，按类汇登，以备参考。"他自述在嘉庆十年（1805 年）"吾乡蹇廉山由制科选授惠阳和平县令，余自都门来粤，途中日究此编，始则疑其太略，迨阅之既久，窃喜言简意该，苟能触类旁通，亦筮仕之一助。"[55]朱深扬在玩味此书之后，决定将此书"因付剞劂，以公同好"，原因即在于该书"紧要切用"，对于"筮仕"（即初出为官）、"临民治事"均有帮助，由此可窥当时律学研究旨趣的时代风尚之一斑。

通过对律例的研读提高了官员的办事能力，这是律例虽难却仍有官员留心研治、究心讲求的内在驱动力。咸丰三年进士杨荣绪（广东番禺人，字浦香，1874 年卒）在同治二年（1863 年）补授浙江湖州府知府，他整顿地方庶务，绩著循良，"其守湖州十年，专心读律，为提纲一书。"[56]正是因为下了这一番读律的功夫，治于学而达于用，读律与为官相得益彰，杨荣绪"尤尽心于鞫狱，坚坐详问，吏役立侍相更代，而君无倦容。放告之期，坐大堂，来告者直入无阻，视其讼牒，有虚谬语则指示之，曰'汝倩人为此耶？如此，使汝讼不得休，徒为吏役利耳。汝持归，细思果如此，明白再来。'往往不复至，其受理者即日手自批发，恒数百言，剖析曲直，情理兼尽，观者咸服，由是讼牒渐稀，兼旬

---

〔55〕《律例精言歌诀》不分卷，佚名撰，钞本，广东省立中山图书馆藏。收入桑兵主编：《清代稿钞本》第 5 编第 249 册，广东人民出版社，第 81、82 页。

〔56〕陈澧："读律提纲序"（光绪四年正月），参见杨荣绪：《读律提纲》（光绪三年刊），收入《广州大典》第 10 辑第 79 册，影印《学海堂丛刻》，广州出版社，第 133 页。

无一纸，刑具敝而不试，隶役无事坐府门卖果以自活，论者以为能使无讼焉。"[57] 从他坐堂办理案件时所表现出的果断和自信，以及兼顾情理的审断智慧，不恃吏役的行事作风，非熟于律例、勤于吏治者不能至于此。杨荣绪"自少擅文名……博览经史，尤精说文之学。……生平所读书，皆有评识。其文章多不存稿，是可惜矣。"[58]"君身后著述不存，而犹存此书。"[59] 时间的自然筛淘留下的是为世所重的精品，杨荣绪没有以文名，也没有以治经史而传，反而是以治守湖州的十年中读律而结撰的《读律提纲》，这部篇幅不长、部头不大的作品沾溉身后、刊布传世而为人所知。

三、"读律即读书"：律学作为"学"的边缘性

清代尽管产生了数量并不算少的律学相关著述[60]，但律学在清代是否发展壮大已经成为一门独立的学问，或者它作为一种知识门类在清代的学术体系中处于怎样的位置，事实上需要回到清代的场域、用清人

---

[57] 国子监学衔职衔前河源县学训导陈澧："浙江湖州府知府候选道杨君碑铭"，参见《读律提纲》附录，第 157～158 页。

[58] 同上，第 158 页。

[59] 陈澧："读律提纲序"，参见《读律提纲》，第 133 页。

[60] 多伦多大学陈利将清代幕友出版的律学书籍分为：律例类、司法检验类、刑部成案类、地方法制类、官箴指南类等（参见陈利："知识的力量：清代幕友秘本和公开出版的律学著作对清代司法场域的影响"，载《浙江大学学报（人文社会科学版）》2015 年第 1 期，第 26 页）。这样的分类对于了解清代法律文献的不同种类有一定的帮助，但全然统摄到"律学"书籍这个主题下，尚有过于庞杂的嫌疑，最重要的一点即是对原始册档与加工、研究类的著述没有加以区别，如《大清律例》的历次文本，成案、说帖等案件办理后的文档汇编，以及地方臬司发布的地方文件等。因此徐忠明主张将"律典注释"类的作品归入狭义的律学，而将官箴书、幕友指南、官场善书、案例汇编、司法检验手册，甚至还有讼师秘本等文献则纳入到广义的律学（参见徐忠明："困境与出路：回望清代律学研究——以张晋藩先生的律学论著为中心"，收入徐忠明、杜金：《传播与阅读：明清法律知识史》，北京大学出版社 2012 年版，第 322～323 页）。当然，将律学区分为广义与狭义是处理这个问题的一种方法，但后来者为研究之便而取此路径是否已经逸出了清人在论述"律学"时所秉持的看法，同时扩大清代"律学"的范畴则使得"律学"的特质变得混杂，至少是模糊了其底色。

的眼光来加以重新检讨。乾隆末年，孙星衍官刑部直隶司主事，他"在刑部时，尝有句云：'幸逢尧舜求刑措，敢学申韩号法家。'同官辄笑为迂。"[61] 可见在当时即使在刑部的官员群体中对于刑名法家之学的微妙心理，沈家本在清末就曾明确指出，"独是《律例》为专门之学，人多惮其难，故虽著讲读之律，而世之从事斯学者实鲜。"[62] 道光三十年（1850 年）进士俞樾曾为江苏臬台署撰联一幅，曰："读律即读书，愿凡事从天理讲求，勿以聪明矜独见；在官如在客，念平生所私心向往，肯向温饱负初衷。"[63] 此官箴联中"即"字颇堪玩味，虽同但仍有间，此亦可窥知律学在当时一般士子心目中的地位仍与读圣贤之书有差。

作为清代中前期思想学术总汇的《四库全书》，它对坟籍的别择整理鲜明地体现出当时官方对于学问门类的取舍和对学术盛衰升降的把握。对于清及此前历代的法律书籍，《四库全书》在史部·政书类·法令下仅收入两种：《唐律疏议》三十卷，《大清律例》四十七卷（乾隆五年奉敕撰）。并明确表达了为何著录如此简省的原因所在："右政书类法令之属，二部七十七卷，皆文渊阁著录。案，法令与法家，其事相近而实不同，法家者，私议其理；法令者，官著为令也。刑为盛世所不能废，而亦盛世所不尚。兹所录者，略存梗概而已，不求备也。"[64] 刑为世所需却不以之为尚，这是历代法律之学所处的尴尬处境的道白。

以上二种是著录于《文渊阁四库全书》者，此外当时尚有仅存其目者，在史部·政书类存目·法令下收入：元郑汝翼撰《永徽法经》三十卷、《至正条格》二十三卷、《金玉新书》二十七卷、《官民准用》七卷（以上均为元代）；《明律》三十卷。"右政书类法令之属，五部，一百

---

[61] 陈康祺撰：《郎潜纪闻初笔》卷八，晋石点校，中华书局 1984 年版，第 182 页。

[62] 沈家本：《寄簃文存》卷六《大清律例讲义序》，商务印书馆 2015 年版，第 202 页。

[63] 参见河北省保定市直隶总督署博物馆展览碑刻。

[64] 永瑢等撰：《四库全书总目》卷八十二史部·政书类，中华书局 1987 年版，第 712 页。

十七卷，皆附存目。"[65]存目法令类之书没有收录入一部清代之书。《四库全书》在子部法家类，开篇总述，甚至得首先解释为何要立此门类："刑名之学，起于周季，其术为圣世所不取，然流览遗篇，兼资法戒。观于管仲诸家，可以知近功小利之隘，观于商鞅、韩非诸家，可以知刻薄寡恩之非，鉴彼前非，即所以克端治本，曾巩所谓不灭其籍，乃善于放绝者欤？至于凝、嵘所编（和凝、和嵘父子相继撰《疑狱集》）阐明疑狱，桂吴所录（桂万荣、吴讷相续撰《棠阴比事》）矜慎祥刑，并义取持平，道资弼教，虽类从而录，均隶法家，然立议不同，用心各异，于虞廷钦恤，亦属有裨，是以仍准旧史，录此一家焉。"[66]刑名之学其术为世所不取，著录法家类的著作乃在于作为反面教材，以资镜鉴。法家类八部文渊阁著录，悉无清人作品。法家类存目收书十九种，其中清人著述者包括陈士镳撰《折狱卮言》一卷，魏裔介撰《巡城条约》一卷、《风宪禁约》一卷，王明德《读律佩觽》八卷，谭瑄撰《续刑法叙略》一卷，陈芳生撰《疑狱笺》四卷，共计五种。这五种中《折狱卮言》和《疑狱笺》均是辑录四书诸经或昔贤论说、谳狱成法之类，以前人的论述为要旨；《续刑法叙略》论宋元明三代法制，与清代无涉；《巡城条约》事关京师五城治安，《风宪禁约》乃巡按条约五十四条。仅《读律佩觽》为专论清代律例之书。

对于后世评价较高的《读律佩觽》，《四库全书总目》提要钩玄指出："《读律佩觽》八卷（江苏周厚堉家藏本）。国朝王明德撰，明德字金樵，高邮人，官刑部陕西司郎中，是编成于康熙甲寅，取现行律例，分类编辑，各为笺释，附以《洗冤录》及《洗冤录补》，每门先载《大清律》本注，次《明律》旧注，而以己意辨证之，其说好为驳难，而不免穿凿，所作《洗冤录补》，杂记异闻，旁及鬼神医药之事，尤近小

---

[65] 永瑢等撰：《四库全书总目》卷八十四史部·政书类存目，中华书局1987年版，第727页。

[66] 永瑢等撰：《四库全书总目》卷一〇一子部·法家类，中华书局1987年版，第847页。

说家言。"〔67〕很显然，评价的论调并不高甚至有些鄙弃。如果不是当时律学地位低落的反映，那么至少透露出提要撰写者个人的学术嗜好对于律学的淡漠。可附录一笔的是，在清代走完其历程，梁启超于二十世纪二十年代回望中国近三百年学术史的时候，辟有专章历述历算学、物理学、医学乃至乐曲学，并无一语及于清代的法律之学，他在讨论乐学时开篇即言："昔之言学者，多以律历并举。律盖言乐之律吕也。"〔68〕在他看来，律者指代的是律吕之学，清亡未久，去时匪远，当时知识分子的知识结构中律学的踪履依然难觅。

如果说《四库全书》代表了乾隆朝官方对于天下学问别择去取的态度，那么清后期的《书目答问》则接续"四库"〔69〕从浩繁的著述中"分别条流，慎择约举"，选择出具有代表性的著作以示人读书门径。其中在子部·法家类下，原书举出《唐律疏议》、《折狱龟鉴》、《龙筋凤髓判》，清人著述则是汪辉祖的《佐治药言》一卷《续》一卷和《学治臆说》二卷。清人范希曾在原书基础上另补入书目数种，除去清之前的《刑统》、《永徽法经》、《大明律》外，尚有乾隆五年官撰《大清律例》四十七卷，沈家本《历代刑法考》七十八卷、《寄簃文存》八卷，程树德《九朝律考》二十卷，徐栋辑《牧令书》二十三卷、《保甲书》四卷〔70〕。张之洞在《略例》中声言子部之书著录的标准是"举近古及有实用者"〔71〕。但很显然，对于与清代律学相关的那么多著述很少进入到了被甄别和遴选的范畴，但相较于四库实又有较大的扩展和进步，它至少

---

〔67〕 永瑢等撰：《四库全书总目》卷一〇一子部·法家类存目，中华书局1987年版，第851页。

〔68〕 梁启超：《中国近三百年学术史》，山西古籍出版社2003年版，第339页。

〔69〕 张之洞在"《书目答问》略例"中指出："此编所录，其原书为修四库书时所未有者，十之三四。四库虽有其书，而校本、注本晚出者，十之八九。"参见张之洞著，范希曾补正，高路明点校：《书目答问补正》，北京燕山出版社1999年版，第1页。

〔70〕 张之洞著，范希曾补正；高路明点校：《书目答问补正》，北京燕山出版社1999年版，第168~168页。

〔71〕 张之洞著，范希曾补正；高路明点校：《书目答问补正》，北京燕山出版社1999年版，第1页。

肯定了汪辉祖、沈家本、程树德等人的撰述价值与地位。由此可见百年间律学地位的荣辱升降。

清代律学之势稍有提振，既有内在理路又时乘外在机缘。杨荣绪在《读律提纲》中提挈揭示出这样一则条目："《律主于仁亦辅乎礼且多本于六经之义》：此类不可枚举，须逐条以经注之"〔72〕。杨荣绪提出以经注律，但此条至此即止，并未见有进一步的阐发，只是在此条末尾有后来者双行小字夹注，曰："昌龄谨案，先生欲逐条以经注之，然未及注，今仍其旧，不敢妄补。"值得注意的是，在该书最后，作者总结出如下数条，似乎是对此条的呼应：《律所以教人崇正学》、《律所以教人重纲常》、《律所以教人讲礼让》、《律所以教人尚信义》、《律所以教人惜廉耻》、《律所以教人别流品》、《律所以教人重户籍》、《律于至严中寓至仁》〔73〕。是举出律中相关的门类条目以分析之，由此发明律中旨意与仁义道德、纲常礼教之相符相通。杨荣绪少年读书粤秀书院的同学陈澧在为他撰写的碑铭中总结指出：杨荣绪在"守郡后专心吏治，著书解释律例，以治经之法为之，谓律意即经义也"。〔74〕以治经之法来治律，律意即经义，这种将律与经在方法论和价值论方面相沟通的看法，是嘉道后学术潮流的一种共相。经学自来是学术之正宗，其地位之崇隆自不待言，阐明律学之中与经学相通之旨意，与其说是援经入律，阐明律学之宏旨，毋宁说是律学以技术之学而藉经学以自重、以自显。杨荣绪在《律主于仁亦辅乎礼且多本于六经之义》一条下声言要逐条以经注律，却并未见其详，事实上，作者"授徒十年，讲经必讲注疏，从学者数百人"，具有如此深厚经学知识背景的作者，在读律之后体会律意微旨与经意若合符节，这种知识的比对迁移是当时读书人常有的思维路径。援经入律、以经注律是律学脱离纯粹技术性工具而在增进价值关怀和发掘理论旨趣的重要手段。正如俞樾所言"读律即读书"，援经学以提振律

---

〔72〕 《读律提纲》，第149页。

〔73〕 《读律提纲》，第152~154页。

〔74〕 陈澧撰："浙江湖州府知府候选道杨君碑铭"，参见《读律提纲》，第158页。

学地位的努力，改变一般读书人对律学的知识态度，促使士子对律学鄙薄态度的更代，从而制造了律学研究的有益氛围。

在另一方面，嘉道以降经世思潮的勃兴，对于律学研究的生长提供了培植的沃土。张晋藩先生所主编《清代律学名著选介》一书附录《律学简介总表》[75]，该表对律学作品及作者均有简要整理与介绍，且附带说明作品版本，该表收录一百七十种律学作品，虽较该书最末的《附录书目》中开列的四百二十八种，在数量上为少，但《律学简介总表》信息更为详实，且代表性更强，兹以此一百七十种清代律学书目为统计对象，以分析律学作品在清代各朝的数量分布情形。需要说明的是，这一百七十种书并非是一百七十本，其中有汇集丛刊的情况，这种情况只算为一种；作品归属于哪一个朝代以刻本或抄本的年代为准，且大多数以初次刊刻的时间为率，因为其中有一些书被不同的机构刊刻或前后多次刊刷，有的书出版时间情况相对复杂，对于各书出版的时间均已经过了笔者的初步辨别考量；存在这种情形，即有的作品是由主要活动于乾隆朝时期的人在乾隆朝所撰写，但到了光绪年才刊出，这种情形笔者归入到光绪朝即作品刊刻的朝代中。这 170 种书，除去时间不详者计有八种；对于厕入其中的《大清律例》文本和三流道里表和五军道里表等计有五种，笔者认为这几种并非律学研究的作品，应当抛开不计；此外，还有虽是清人所作，但并非讨论清代的律学问题，而是对汉律或宋元明法制，或是以清之前的历代为讨论时间范畴的作品，计有六种，亦不计算在内：因此有效样本为一百五十一种，兹将其时间分布列表如下：

时间	顺治	康熙	雍正	乾 隆	嘉 庆	道光	咸丰	同治	光绪	民国
数量	2	13	4	15	12	32	6	13	51	3

----

[75] 张晋藩主编：《清代律学名著选介》，中国政法大学出版社 2009 年版，第 543 ~ 608 页。

可堪注意的是，嘉庆一朝时间尚不及乾隆朝一半，但出现的律学作品二者却几乎相埒，并且到了道光朝这种趋势愈益发展，数量是乾隆朝的两倍多，出现了首个峰值[76]。嘉道间律学作品的突然加增和数量的高涨，结合清代中后期学术思潮变动的背景，便不难发现，它实与嘉道间学术的转向与经世潮流的崛兴桴鼓相应。陆宝千在《嘉道史学：从考据到经世》一文梳理嘉道学风嬗递，指出"明末遗老之治史，盖以天下生民为念也。其后考据之学，为达人显贵之所主持，聪明才俊之所奔赴，此种以史学经世之精神，渐淡渐湮矣。唯物极必反，途穷则变。搜断碑，刺佚书，辨训诂，考异文，其术至浅；为稍有才气者所不耐。联族殚翰，反之身己心行，推之民人家国，了无益处；尤为有心之士所不满。适嘉庆以还，政事如河、如漕、如盐，以及吏治、财赋、戎政，无不积弊丛生。而白莲教痈溃于腹地，张格尔变乱于西北，英吉利凭陵于东南。士大夫懔于商羊石燕之警，惧有梁倾压侨之祸。于是自陇亩而至庙堂，相与讨论朝章国故，古今利病，边陲离合，绝域政教。而史学兴焉。而经世之音振焉。喁于相望，遂与明末遗老相桴鼓矣。"[77]一则是学术内在的发展对于积弊的反动，二则是时事的窘迫，催生了经世潮流的到来，律学以鲜明的致用特质而受到经世学者的重视，并且律学直接作用于吏治，匡时救弊，其用尤显。在道光六年问世的首部清代经世文编，选录者以注重实际、经世致用的标准，汇辑清初至道光五年（1825年）间的相关篇目，文编的下属门类包括吏户礼兵刑工六政，其中刑政门下又分为刑论、律例和治狱，共计五卷，所收录文章八十三篇[78]，

---

[76] 光绪朝的数量为最，一方面是这个时期很多此前如乾隆朝、嘉庆朝等出现的作品这个时候才得以刊刻出来，另一方面，也可能是时去不远，文献的保存更为丰富完整，当然遴选入《律学简介总表》中的作品并非滥竽，时间的筛选也是对律学作品质量的鉴别，由此可见，愈是世忧时艰则对律学的讲求则愈为昌明，而经世的学术空气和律学作为一门学问的知识氛围的转变也助力了这个时期的律学研究及作品的问世。

[77] 陆宝千："嘉道史学：从考据到经世"，载《"中央研究院"近代史研究所集刊》1974年第4期下册，第550页。

[78]《魏源全集》（第18册）：《皇朝经世文编》刑政卷九十一—九十四。

篇幅不可谓少，其中不少有关律学的论说则将律学作为一门经世之学集中展示了出来，宣示了其存在和价值，张大了其声势。

在清代，律学作为"术"的实用性，于某种程度上也决定了其作为"学"的边缘性，清代律学的地位从侧面也可以从当时读书人对于入幕从事刑名工作的心态中得到反映，正如邱澎生在《有资用世或福祚子孙——晚明有关法律知识的两种价值观》中所指出的，阴谴观念与法律知识间的关系从晚明始就在尝试重新界定和调整[79]，但到了清代，从汪辉祖认为做幕就是"吃子孙饭"，他本人在工作中表现出的积阴德、避天谴，浓厚的阴骘观念，[80] 以及法律工作者"救生不救死"、讼师之恶名，由这些不难推断，清代普通读书人视从事法律工作为畏途，可想而知，律学在当时人心目中的地位和分量。"顾律文古质简奥，难以猝读，而经生家又辄视为法律之书，不肯深究。迄身为刑官，乃勉强检按，取办一时，无惑乎学士大夫之能精于律者鲜也。"[81]"胥吏之考故事，幕宾之读律法，俗儒采集性理之说。"[82] 清人以此三者并举，可见"读律法"受到时人之鄙夷，孙星衍在当时也指出"近时则内自比部，外而牧令，以举业起家，目不觌律令之文。"[83] 可见当时一般读书人乃至临民为宰者对于律学普遍的淡漠态度。

在同治五年（1866 年）董文焕所上《请饬臣工讲求律例疏》中就指出："律例者，帝王驭世之大柄，为治之要，莫先于此。今士子读书

---

〔79〕 邱澎生："有资用世或福祚子孙——晚明有关法律知识的两种价值观"，收入许章润主编：《清华法学》第九辑，清华大学出版社 2006 年版，第 157、161 页。

〔80〕 张伟仁：《清代的法学教育》，第 233～234 页。以及张伟仁："良幕循吏汪辉祖：一个法制工作者的典范"，收入中南财经政法大学法律文化研究院编：《中西法律传统》第 6 卷，北京大学出版社 2008 年版，第 362～370 页。

〔81〕《皇朝经世文编》卷九十，张玉书："刑书纂要序"，收入《魏源全集》（第 18 册），第 8 页。

〔82〕《贺涛传》（畿辅文学传稿），参见《贺先生文集》，1914 年徐世昌京师刻本，收入《清代诗文集汇编》（第 771 册），第 635 页。

〔83〕 孙星衍：《嘉穀堂集》之"李子法经序"，参见《孙渊如先生全集》，四部丛刊本，收入《清代诗文集汇编》（第 436 册），第 199 页。

应试，以至登第，皆以制艺诗赋，分厥高下，而于吏治法律诸书，则固无暇深究。及释褐登仕，所用皆非所学，每视律例为末务，薄为幕客胥吏之能，才贤者既不屑究心，庸下者又苦其难读，至躬亲案牍，茫无主见，跋前疐后，在在不免，势不能不委诸胥吏，吏熟官生，吏明官暗，把持朦蔽，百弊丛生，幕客日尊，吏权日重，无怪内外政事，日蹈因循，而不能更求实效矣。"[84] 董文焕指出了吏治法律之书疏远于当时读书人的阅读范围，律学之不研习在董看来甚至影响到了清代吏治的生态整体，关切尤大。

四、结语

日本法制史学者滋贺秀三在三十年前对传统中国律学曾有这样的论断："在中国，有关法律的学问叫'律学'，是为通称。律学在帝制中国的前半期受到相当重视而颇有力量，成为产生出唐律那样优秀的刑法典的原动力，但是至此以后就不再活跃和取得进展。'律'字的含义就是阶梯，意味着音乐中的音阶，因为刑罚的轻重上下这种阶梯性结构也具有了法律的意义。在西洋所谓法就是正义，所谓法学是'关于正义的学问'；而与此相对，所谓律学则是'关于刑罚上下轻重的学问'。律学尽管在技术上可以精细繁琐，但作为整体却局限在一个狭窄的范围内，在自己文明中所占的比重终究无法与西洋的法学相比。"[85] 滋贺氏对于传统中国律学的内涵、特质及其地位的把握颇具洞见，三十年来学界对律学的研究不断推进其广度与深度，然而回过头来重新检视滋贺氏的这一看法，其论点中肯、平允而仍不失其价值，贴合清人在当时对律学的看法。

清代的律学作品纷呈，体裁多样，数量甚夥，然而这些研究之作的

---

〔84〕 盛康辑：《皇朝经世文续编》卷九十九，董文焕："请饬臣工讲求律例疏"，同治五年（1866年），收入《清朝经世文正续编》（第4册），广陵书社2011年版，第520页。

〔85〕 [日] 滋贺秀三："中国法文化的考察：以诉讼的形态为素材"，载滋贺秀三等著，王亚新、梁治平编：《明清时期的民事审判与民间契约》，法律出版社1998年版，第16~17页。

要旨乃在于使冗繁难读的律典简化或简明，明晰刑罚的上下轻重，确定罪与罚的稳定统一，使临民治事者在司法实践中准确适用律例，这正是治此学的学术关怀。即使是考释性的作品，其考释、辨析的结果亦莫不是通达于对条文的准确理解和适用时的精确无歧。清代律学鲜明的技术性和实用性，体现在了作品的风格上，也反映在了清代特定群体对这一门学问（如果在清代律学已经发展成为一种独立的学术门类的话）的需求，以及在此需求的催动下律学作品的刊布流传上。跳出律学自身发展的脉络而将其置于清代的时代学术氛围中，不难发现清代律学的地位并不谓高，一般读书人在知识养成中对这一门学问的淡漠疏远，加之传统因袭对于"读律法"心态上的深闭固拒甚至鄙弃，清代律学盛衰升降经历一个过程。援"经"或"礼"而进入到律学，是当时读书人以自身知识结构从事该项学问研究在方法论上的自然选择和在价值论上的自然迁移，也是提振律学地位使其靠近或进入学术主流知识形态的一种尝试和努力，以期获得普遍的接纳而非囿于个别群体中的研习。从工具性的形而下到阐释律学的精神旨趣而预流形而上，并不是要抛却律学的工具性、实用性的学问底色，相反在另一条线索上，正是因为律学的这一最重要的特质，使得它在清代经世致用思潮的勃兴中乘时而兴，宽纾了时代对于律学的既有成见，清代律学也因缘获得了显著发展，当然这种发展正如滋贺氏所指出的，并没有质的突破。

综之，清代律学作为"术"的实用性和作为"学"的边缘性，如上所述，这些决定了律学在清代的学术际遇以及它所经历的发展道路，同时也直接影响了清代律学的内涵、特质及其地位，这是清代律学研究中不可忽视的基本方面。

古代"杀人无罪"考论

李勤通[*]

"杀人者死"[1]是古代刑事立法与司法的基本原则。杀人者死的原则以同态复仇的报应观念为支撑。但随着社会文明化,同态复仇被罪的观念支撑起来了。[2]尽管这种转变可能来源于国家权力的强大和秩序期待,但任何稳定的国家都需要正当化自身,包括刑罚权的正当化。罪的观念是国家刑罚权正当化的基础。古今中外对罪的理解都有对神圣秩序破坏之理念。[3]《尚书·皋陶谟》载"天命有德,五服五章哉;天讨有罪,五刑五用哉。"神圣秩序→罪→刑罚权这种正当性的传递体现了罪的特征。但尽管某些行为通常被认定为犯罪,但也会出现例外情形。杀人为罪,古今中外所同,儒家认为"大罪有五,而杀人为下矣。"[4]但杀人在我国古代多种情况下并不被认为是犯罪。[5]杀人无罪的出现是与古人关于罪的理念有关的,本文试图通过杀人无罪的制度考察来分析为何某些行为不被认为是罪,从而侧面深入探讨罪的观念。

---

[*] 厦门大学法学院博士研究生。

[1] "杀人者死"从《荀子》、《吕氏春秋》等就有记载,历代沿之。作为刑名在《周礼》也有开始记载:《秋官·掌戮》记载"凡杀其亲者焚之,杀王之亲者辜之。凡杀人者,踣诸市,肆之三日。"

[2] 有学者认为罪有犯禁忌、原始复仇两个来源。参见杜辉:"论罪的缘起与流变",载《社科纵横》2010年第3期。在此仅关注原始复仇与罪的关系。

[3] 参见李永生:《犯罪论前沿问题研究》,中山大学出版社2009年版,第1页。

[4] 王德明主编:《孔子家语译注》,广西师范大学出版社1998年版,第329页。

[5] 关于杀人无罪的专门研究较少,典型如闫晓君:"唐律'格杀勿论'源流考",载《现代法学》2009年第4期。

一、杀人无罪的性质解读

杀人无罪在古代有很多种类型。但首先需要区别杀人无罪与几种特殊情形。首先，需要区别于杀人不刑、杀人减刑的情况。蒋冬梅总结杀人者死的例外规定主要包括可议请免死的特殊人群、不平等主体之间的尊贵者、杀人获赦免者、主观无意的杀人者、某些防卫性质的杀人者、部分复仇杀人者。[6] 这种总结并没有区分杀人无罪与杀人不刑、杀人减刑。如果用现代犯罪构成三要件——构成要件符合性、违法性、有责性——来看，这种不区分的做法混淆了违法性与有责性。[7] 如她引述《周礼·朝士》"凡盗贼军乡邑及家人，杀之无罪"，在这里杀人无罪属于违法阻却事由，而杀人获赦免的制度则属于责任阻却事由。作为违法阻却事由，杀人在本质上不被认为是犯罪。当然古人清晰地区分犯罪不成立与刑罚免除，[8] 这可能导致强行区分在某些情况下是较为困难的。但不区分则会导致无法认清罪的观念在其中的作用。

其次，需要区别杀人无罪在国家法与社会层面的差异。政府统治需求与社会伦理并不等同，被政府视为犯罪的行为也可能被社会伦理所认同，最典型的就是复仇行为。[9] 杨鸿烈认为"'复仇'是文化不开时人民的自助，到了实行国家司法主义的时候，可就成为'不法行为'

---

〔6〕 参见蒋冬梅："杀人者死的中国传统观念及其实践研究"，华东政法大学 2008 年博士学位论文，第 115 ~ 150 页。

〔7〕 在现代刑法观念中，犯罪构成指的是行为成立犯罪所必须具备的全部成立条件。参见张明楷：《刑法学》，法律出版社 2011 年版，第 97 页。但这在罪刑法定下才存在的，某一行为究竟是否属于犯罪并应受刑罚首先需要在法律上被界定为犯罪，这就与古代罪的观念存在差异。古代的罪并非一定要在法律中有明文规定，这在"不应得为"条款中最为明显。不过现代犯罪构成中罪刑关系紧密，犯罪构成涉及是否受刑的思维过程，仅从是否受刑来说，犯罪构成对于古代罪的成立具有借鉴意义。

〔8〕 参见徐朝阳：《中国刑法溯源》，台湾商务印书馆 1970 年版，第 130 页。

〔9〕 牧野巽对于汉代复仇在国家法与社会认同之间的矛盾有比较详细的论述。参见 [日] 牧野巽："汉代的复仇"，载籾山明主编：《中国法制史考证》（丙编第 1 卷），中国社会科学出版社 2003 年版，第 446 ~ 457 页。

了。"[10] 但国家法对复仇的犯罪化并没有阻止观念中复仇的非罪化。《后汉书·郅恽传》载：

> "恽友人董子张者，父先为乡人所害。及子张病，将终，恽往候之。子张垂殁，视恽，歔欷不能言。恽曰：'吾知子不悲天命，而痛仇不复也。子在，吾忧而不手；子亡，吾手而不忧也。'子张但目击而已。恽即起，将客遮仇人，取其头以示子张。子张见而气绝。恽因而诣县，以状自首。令应之迟，恽曰：'为友报仇，吏之私也。奉法不阿，君之义也。亏君以生，非臣节也。'趋出就狱。令跣而追恽，不及，遂自至狱，令拔刃自向以要恽曰：'子不从我出，敢以死明心。'恽得此乃出，因病去。"

国家依据罪的理念，将特定的行为规定为实在法上的犯罪。但这并不代表社会就完全认同。在郅恽复仇案中，他替人复仇本属违法，但县令却宁愿自杀也不愿判处他刑罚。罪与非罪在国家法与社会层面产生极大冲突。这种影响不仅在理念层面存在，也影响到了具体的司法实践，尤其是有争议的司法实践。因此，杀人无罪需要考虑两个层面的无罪，即国家法的无罪和社会的无罪，不能局限于实在法，否则也会导致无法解释某些司法实践。[11] 由于私的无罪主要合乎现实需求和伦理观念，所以国家法、社会在杀人无罪方面的冲突也是规范性与现实性、伦理性的冲突，不过古代法律观中它们是交织在一起的。[12]

---

〔10〕 杨鸿烈：《中国法律思想史》，中国政法大学出版社 2004 年版，第 199 页。

〔11〕 以汉代为例，经、律关系有以经补律、以经饰律、以经注律、以经破律，儒家伦理与律令之间的关系在司法实践中是多层次的。参见朱腾："再论两汉经义折狱"，载《清华法学》2011 年第 5 期。

〔12〕 现代刑法理论中的形式违法性与实质违法性的区别可以部分解释这一问题。关于形式违法性与实质违法性的区别，参见〔日〕大塚仁：《犯罪论的基本问题》，冯军译，中国政法大学出版社 1993 年版，第 115~120 页。当然现代刑法理论中无论是形式违法性还是实质违法性都需要在罪刑法定下予以考虑。

因此，杀人无罪作为违法阻却事由存在，法却内涵着多种不同要素，不过在具体的认定上还需要以国家法为中心，观察国家法（无论是立法层面还是司法层面）对社会层面杀人无罪的态度。为此，首先需要对于基本的杀人无罪类型进行总结。

二、杀人无罪的主要类型

杀人无罪有多种类型，也在不同层面上被认同。根本来说，文明社会杀人主要作为刑罚权存在，当国家执行死刑时，杀人才会正当（姑且不考虑当前死刑废除潮流）。但一方面，国家刑罚权有限度，在某些领域并不适用；另一方面，政府官吏某些导致人死亡的行为也会被认为是非罪的；同时，还有一些特殊情形。在此，本文主要将杀人无罪的类型分为刑罚权的私力行使、政府官吏的正当行为和尊长特权及其它等三个层面。

（一）刑罚权的私力行使

统一刑罚权是国家产生、发展的必然结果。但很多情况下国家刑罚权并不能实现，这就需要私人执行。一般来说，紧急情况、家族规定、社会伦理等构成了私力行使刑罚权的例外，被杀者有罪是杀人无罪最为重要的条件之一。

1. 正当防卫[13]中的杀人无罪。在现代刑法理论中，正当防卫是法

---

[13]　关于我国古代正当防卫的研究众多。如陈兴良：《正当防卫论》，中国人民大学出版社1987年版，第10~18页；高绍先：《中国刑法史精要》，法律出版社2001年版，第191~206页；田宏杰：《刑法中的正当化行为》，中国检察出版社2004年版，第184~189页；王政勋：《正当行为论》，法律出版社2000年版，第79~84页；江凌燕："古今正当防卫制度比较"，载《人民论坛》2013年第1期；方毓敏、王欣元："唐律与现行刑法关于正当防卫之规定比较"，载《黑龙江政法管理干部学院学报》2005年第5期；戴炎辉：《唐律通论》，元照出版有限公司2010年版，第111~115页；钱大群、夏锦文：《唐律与中国现行刑法比较论》，江苏人民出版社1991年版，第155~159页；张晋藩等：《中国刑法史新论》，人民法院出版社1992年版，第359~362页；徐朝阳：《中国刑法溯源》，台湾商务印书馆1970年版，第127~140页；闵东芳："唐律'夜无故入人家'条源流考"，载《法学研究》2010年第6期；张群："也谈'夜无故入人家'"，载《北大法律评论》2011年第2辑，等等。

定的违法阻却事由。[14] 在古代，正当防卫作为杀人无罪的事由起源很早。《周礼·地官》就有"凡杀人而义者，不同国，令勿仇，仇之则死"的说法。正当防卫通常是在国家刑罚权无法实现的情况下出现的，"国家无法在这一特定时刻对正在受到侵害的权利予以有效的公力救济，便只有由公民个人行使私力救济权"[15]。因此可以说，正当防卫也就是刑罚权的私力行使。当然在不同类型的正当防卫中，法律对之的宽容度是不一样的，杀人是否有罪也会随情况的变化而变化。

根据所防卫的犯罪行为之性质，古代正当防卫可分为对人身侵害和财产侵害的防卫。一般来说，在人身侵害中正当防卫的宽容度要高。[16] 杀人无罪表现得更明显。这可以分为三个方面：其一，对于人身损害的防卫。《周礼·朝士》载："凡盗贼军乡邑及家人，杀之无罪。"郑玄注引汉律："无故入人室宅庐舍，上人车船，牵引人欲犯法者，其时格杀之，无罪。"北周沿用周制，"盗贼群攻乡邑及入人家者，杀之无罪"[17]。在这些情形中杀人是无罪的。不过其他场合的防卫，古代并不主张无限防卫。如《唐律》规定："诸斗两相殴伤者，各随轻重，两论如律；后下手理直者，减二等。"[18] 而又规定为："人以兵刃逼己，因用兵刃拒而伤杀，逼己之人，虽用兵刃，亦依斗杀之法。"[19] 因为唐律认为："以刃及故杀者，谓斗而用刃，即有害心"[20]，所以可知即使他人有杀害之心，防卫之人亦不得将之杀死。身份关系则会影响到对正当防卫的

---

[14] 参见王剑波：《正当防卫正当化的根据及其展开》，对外经济贸易大学出版社2010年版，第31页。

[15] 王正勋：《正当行为论》，法律出版社2000年版，第111页。

[16] 如现行刑法第二十条规定"对正在进行行凶、杀人、抢劫、强奸、绑架以及其他严重危及人身安全的暴力犯罪，采取防卫行为，造成不法侵害人伤亡的，不属于防卫过当，不负刑事责任。"无限防卫只有在人身侵害中才被认可。

[17] 参见《隋书·刑法志》。

[18] 《唐律疏议·斗讼》，"两相殴伤论如律"。

[19] 《唐律疏议·斗讼》，"斗故杀人"。

[20] 《唐律疏议·斗讼》，"斗故杀人"。

认识。如元律规定:"诸奴殴詈其主,主殴伤奴致死者,免罪。"[21] 其二,对于女性性权利的防卫,[22] 古代对之采取较高的保护标准。《春秋公羊传·桓公六年》载"蔡人杀陈佗"之事,何休注:"犹律文立子奸母,见乃得杀之。"元律规定:"诸妻妾与人奸,夫于奸所杀其奸夫及其妻妾,及为人妻杀其强奸之夫,并不坐。"[23] 清代规定:"妇女遭强暴而杀死人者,杖五十,准听钱赎。如凶器为男子者免杖。"[24] 又规定"强奸未成,被本妇之子登时杀死勿论。"[25] 其三,对于亲属的防卫。出于鼓励孝道,古代对防卫祖父母、父母的行为予以宽容。唐律规定:"诸祖父母、父母为人所殴击,子孙即殴击之,非折伤者,勿论。折伤者,减凡斗折伤三等。至死者,依常律。"[26] 但未有杀人无罪的情形。元律则规定:"诸人杀死其父,子殴之死者,不坐。"[27] 明律规定沿用唐律的同时加上了"若祖父母、父母为人所杀,而子孙擅杀行凶人者,杖六十。其即时杀死者,勿论。"[28] 清律沿之。《大清律辑注》注:"若目击其亲被杀,痛忿激切,即时手刃其仇,情义之正也,何罪之有?"[29] 可见此时杀人无论在伦理上还在法律上都是无罪化。

---

[21] 《元史·刑法志》。

[22] 陈兴良等俱引《左传·襄公二十二年》的"游贩被杀"案作为正当防卫的例子。参见陈兴良:《正当防卫论》,中国人民大学出版社1987年版,第12~13页;桂齐逊:"唐律与台湾现行法关于'正当防卫'规定之比较研究",载范忠信、陈景良主编:《中西法律传统》(第6卷),北京大学出版社2008年版,第100~102页;徐朝阳:《中国刑法溯源》,台湾商务印书馆1970年版,第134页。但解读案情,游贩因强奸他人之妻被杀虽属实情,但属隔日被杀而非当时被杀,所以不应被认为正当防卫。

[23] 《元史·刑法志》。

[24] 参见陈兴良:《正当防卫论》,中国人民大学出版社1987年版,第17页。

[25] (清)祝庆祺等编:《刑案汇览三编》(四),北京古籍出版社2004年版,第54页。

[26] 《唐律疏议·斗讼》,"祖父母为人殴击"。

[27] 《元史·刑法志》。

[28] 《大明律·刑律·斗殴》,"父祖被殴"。

[29] (清)沈之奇:《大清律辑注》,怀效锋等点校,法律出版社2000年版,第785页。

对财产权的防卫也会出现杀人无罪的情形，尤其是对盗这种故意犯罪的无限防卫得到了继承和发展。前引"凡盗贼军乡邑及家人，杀之无罪"即可说明问题。唐律规定："得阑遗之物，财主来认，因即殴击，不肯还物；及窃盗取人财，财主知觉，遂弃财逃走，财主逐之，因相拒捍：如此之类，是事有因缘，并非'强盗'，自从'斗殴'及'拒捍追捕'之法。"[30] 而拒捍追捕在唐律中规定为："诸捕罪人而罪人持仗拒捍，其捕者格杀之，及走逐而杀，走者，持仗、空手等。若迫窘而自杀者，皆勿论。"[31] 元律规定："诸事主杀死盗者，不坐。"[32] 大明律规定得更为清楚："其窃盗，事主知觉，弃财逃走，事主追逐，因而拒捕者，自依罪人拒捕律科罪。"[33] 而罪人拒捕律规定："若罪人持杖拒捕，其捕者格杀之，及囚逃走，捕者逐而杀之，若囚窘迫而自杀者，皆勿论。"[34] 清律沿之。

还有种特殊防卫很难划入防卫人身侵害还是财产侵害的范畴，即"夜无故入人家"。其由来已久，被认为始自西周，并延至清末。[35] 相关研究比比皆是。但究竟该条下为何会有无限防卫权，还有待思考。唐律规定："诸夜无故入人家者，笞四十。主人登时杀者，勿论；若知非侵犯而杀伤者，减斗杀伤二等。"[36] 元律规定："诸寅夜潜入人家，被殴伤而死者，勿论。"[37] 明清律亦因之，只是有所改变。《大清律辑注》载

---

〔30〕《唐律疏议·贼盗》，"强盗"。

〔31〕《唐律疏议·捕亡》，"罪人执杖拒捕"。桂齐逊认为捕罪人指的是"官人"。参见桂齐逊："唐律与台湾现行法关于'正当防卫'规定之比较研究"，载范忠信、陈景良主编：《中西法律传统》（第 6 卷），北京大学出版社 2008 年版，第 129 页。但对比"强盗"条与该条，捕罪人可能不限于官人。

〔32〕《元史·刑法志》。

〔33〕《大明律·刑律·贼盗》，"强盗"。

〔34〕《大明律·刑律·捕亡》，"罪人拒捕"。

〔35〕参见闵东芳："唐律'夜无故入人家'条源流考"，载《法学研究》2010 年第 6 期；张群："也谈'夜无故入人家'"，载贺剑主编：《北大法律评论》（2011 年第 2 辑），北京大学出版社 2011 年版；等等。

〔36〕《唐律疏议·贼盗》，"夜无故入人家"。

〔37〕《元史·刑法志》。

该条的立法理由为:"时在昏夜,又无事故……主家惊觉,不知其何人,不知为何事,登时在家内格杀身死者,弗论。盖无故而来,其意莫测,安知非刺客、奸人?家主惧为所伤,情急事迫,仓猝防御而杀之,故得原宥耳。"又云:"无故入人家,一不应罪耳,而附于盗律之内者,谓其近于盗也。"〔38〕防微杜渐、禁绝奸盗是该条的主要立法目的,也是前节法律对奸罪、盗罪杀人免死的进一步延伸。不过,此处需要注意传统法律防患于未然的思维方式。对比一下弃灰于道的思维方式。〔39〕"殷之法,刑弃灰于街者。子贡以为重,问之仲尼。仲尼曰:'知治之道也。夫弃灰于街必掩人,掩人,人必怒,怒则斗,斗必三族相残也。此残三族之道也,虽刑之可也。且夫重罚者,人之所恶也;而无弃灰,人之所易也。使人行之所易,而无离所恶,此治之道。'"〔40〕从弃灰到残三族,行为所能导致的恶果被无限放大。夜无故入人家之人,究竟会带来什么样的后果是不可预测的,只能从最坏处考虑,杀人无罪的无限防卫权因之出现。

2. 父权执法中的杀人无罪。在古代,家长也会出现杀害子女、奴婢的行为,由于父权观念的存在,家长的这些行为并不被认为当然有罪。尽管《汉书·刑法志》载:"鞭扑不可弛于家,刑罚不可废于国",将作为家法的鞭扑与刑罚并列起来,但是《尚书·舜典》载:"象以典刑,流宥五刑,鞭作官刑,扑作教刑,金作赎刑。"《汉书·刑法志》又载:"大刑用甲兵,其次用斧钺;中刑用刀锯,其次用钻凿;薄刑用鞭扑",又把鞭扑归入刑罚。

父权杀人可以分成三个层面:一是宗族对族人的执法。宗族执法权在某种意义上就是刑罚权在国家与宗族层面的分配。"宗规与国法共同

---

〔38〕 (清)沈之奇:《大清律辑注》,怀效锋等点校,法律出版社2000年版,第634~635页。

〔39〕 关于弃灰于道的研究,参见方潇:"'弃灰法'定位的再思考",载《法商研究》2008年第5期。

〔40〕 《韩非子·内储说上》。

渊源于礼制规范，宗规与国法的基本精神是一致的。"[41] 家法规范中会出现对族人处死的规定。按照瞿同祖的解读，《左传·成公三年》记载："首其请于寡君而以戮于宗，亦死且不朽"中的"戮于宗"表征宗子有生杀权。[42] 唐代李绩定家法，子孙"有不厉言行、交非类者，急榜杀以闻，毋令后人笑吾。"[43] 由于历代统治者对于家族杀人持有谨慎态度，只有少数家族规定了针对淫乱、作奸犯科之人处死的家法，主要执行方式有自尽、勒毙、打死、溺毙、活埋、丢开等。[44] 相比较，宗族对于涉及处死的行为往往做了重于国家法的规定。[45]

二是父母对子孙扑责中的杀人。《韩非子·奸劫弑臣》载春申君的妾想要让自己的儿子取代前妻子甲，于是"因自裂其亲身衣之里，以示君而泣，曰：'余之得幸君之日久矣，甲非弗知也，今乃欲强戏余。余与争之，至裂余之衣，而此子之不孝，莫大于此矣！'君怒，而杀甲也。"似乎可以认为战国时家父有杀子权。瞿同祖认为《左传·昭公二十一年》记载的宋国司马华费遂与宋公驱逐华䝙的事件、秦二世矫诏赐死扶苏指向春秋和秦朝时的杀子权，而汉唐时法律则将之取消。[46] 但据秦律《法律问答》载："擅杀子，黥为城旦舂"[47]，秦朝时父亲就已

---

〔41〕 史凤仪：《中国古代的家族与身份》，中国社会科学文献出版社 1999 年版，第57 页。

〔42〕 瞿同祖：《中国法律与中国社会》，商务印书馆 2010 年版，第 23 页。

〔43〕《新唐书·李绩传》。

〔44〕 参见费成康主编：《中国的家法族规》，上海社会科学院出版社 1998 年版，第108～110 页。

〔45〕 如孔氏家族法的关于乱伦、盗窃的规定就明显高于《大清律例》。参见袁兆春：《孔府档案的法律史料研究价值》，中国人民大学出版社 2013 年版，第 34 页。

〔46〕 参见瞿同祖：《中国法律与中国社会》，商务印书馆 2010 年版，第 7～8 页。也有学者赞同这一观点，参见史凤仪：《中国古代的家族与身分》，社会科学文献出版社 1999 年版，第 92 页。

〔47〕 睡虎地秦墓竹简整理小组编：《睡虎地秦墓竹简》，文物出版社 1990 年版，第109 页。

无杀子权。[48]北魏《斗律》规定:"祖父母、父母忿怒,以兵刃杀子孙者五岁刑,殴杀者四岁刑,若心有爱憎而故杀者,各加一等。"[49]南北朝时期当也无杀子权。秦律《法律问答》又载:"免老告人以为不孝,谒杀,当三环之不?不当环,亟执勿失。"[50]父母可以不孝为名要求官府处死子女。考诸唐律:"'过失杀者,各勿论',即有违反教令,依法决罚,邂逅致死者,亦无罪"[51],祖父母、父母在教令子女中仅过失杀死子女是为无罪。元律亦规定:"诸父有故殴其子女,邂逅致死者,免罪。"[52]大明律在规定:"若违反教令,而依法决罚,邂逅致死,及过失杀者,各勿论"的同时,又将父母殴伤子女定罪限定为"非理殴杀"。[53]清律因之。

第三,主人对奴婢、部曲决罚中的过失杀人。在秦汉家庭中,奴婢被认为是半人半物,但也有家庭身份。[54]甚至于唐宋还有此种观念存在。[55]因此,奴婢犯错,主人有决罚权。但秦汉时期擅杀奴婢为犯罪。部曲虽然产生较晚但身份为家仆,主人亦可行决罚权。唐律规定:"诸主殴部曲……其有愆犯,决罚致死及过失杀者,各勿论。"[56]根据"举

---

[48] 孙家红、吕利等有同样的看法。参见孙家红:《关于"子孙违反教令"的历史考察:一个微观法史学的尝试》,社会科学文献出版社2013年版,第38、43页;吕利:《律简身份法考论》,法律出版社2011年版,第56~59页。

[49] 《魏书·刑罚志》。

[50] 睡虎地秦墓竹简整理小组编:《睡虎地秦墓竹简》,文物出版社1990年版,第117页。

[51] 《唐律疏议·斗讼》,"殴詈祖父母父母"。

[52] 《元史·刑法志》。

[53] 参见《大明律·刑律·斗殴》,"殴祖父母父母"。薛允升指出该条规定解读为"祖父母、父母非理殴杀者,满杖邂逅致死者勿论。"参见(清)薛允升:《唐明律合编》,怀效锋等校,法律出版社1999年版,第612页。

[54] 参见吕利:《律简身份法考论》,法律出版社2011年版,第54页。王彦辉:"从张家山汉简看西汉时期私奴婢的社会地位",载《东北师大学报(哲学社会科学版)》2003年第2期。

[55] 参见戴建国:"'主仆名分'与宋代奴婢的法律地位",载《历史研究》2004年第4期。

[56] 《唐律疏议·斗讼》,"主殴部曲死"。

轻以明重"的原则，奴婢身份较部曲为低。[57]因此，尽管唐律规定：
"诸奴婢有罪，其主不请官司而杀者，杖一百。无罪而杀者，徒一年。"[58]
但若属过失杀人，主人应为无罪。《宋刑统》因之。明律将主的范围予
以扩大，规定："若家长及家长之期亲，若外祖父母，殴雇工人……若
违反教令，而依法决罚邂逅致死，及过失杀者，各勿论。"[59]对奴婢犯
错的过失杀害也与唐律做同解。清律因之。

3. 复仇中的杀人无罪。复仇是最为常见的杀人无罪行为。原始社会
的复仇被认为普遍存在。"复仇源自人类的种族保存性，故复仇现象乃
人类的一般现象。"[60]大量人类学的研究也证明了这一点。但随着社会
的发展，复仇现象逐渐被禁止。[61]儒家对复仇保持了认同态度。但官
方却基于不同的考虑而采取了逐渐限制的态度。[62]

《礼记·曲礼上》载："父之仇，弗与共戴天；兄弟之仇，不反兵；
交游之仇，不同国。"儒家规定了子女的复仇义务。《春秋公羊传》在

---

[57]　明律因部曲已无，改为雇工人。参见（清）薛允升：《唐明律合编》，怀效锋等
校，法律出版社1999年版，第599页。雇工人与奴婢的法律地位颇多相似，尤其是在家
长等行使决罚权时。参见《大清律例·刑律·斗殴》，"良贱相殴"、"奴婢殴家长"。

[58]　《唐律疏议·斗讼》，"主杀有罪奴婢"。

[59]　《大明律·刑律·斗殴》，"奴婢殴家长"。

[60]　[日]穗积陈重：《复仇与法律》，曾玉婷、魏磊杰译，中国法制出版社2013年
版，第3页。

[61]　甚至于在原始社会时期，复仇也并绝对的。根据马林诺夫斯基对亚氏族的考
察，"无论在何种情况下，当一个男人被另一个亚氏族的人杀死后，（同一氏族）都有以
牙还牙的义务。在理论上这是绝对的，但在实践中只有当权者和重要的成年男子被杀的情
况下，才被认为是义务。"[英]马林诺夫斯基：《原始社会的犯罪与习俗》，原江译，法
律出版社2007年版，第79页。

[62]　按照穗积陈重的分法，复仇可以分为复仇公许时期、复仇限制时期、复仇禁止
时期，唐代之后大约为复仇禁止时期。参见[日]穗积陈重：《复仇与法律》，曾玉婷、魏
磊杰译，中国法制出版社2013年版，第3、14页。但实际从西汉时期就有关于禁止复仇
的禁令。参见[日]西田太一郎：《中国刑法史研究》，段秋关译，北京大学出版社1985
年版，第75页。根据霍存福的研究，甚至于到了清代，复仇者不受追求的情况仍然存在
很多。参见霍存福："对中国古代复仇案的诸分析"，载韩延龙主编：《法律史论集》，法律
出版社1999年版，第20页。

评述鲁隐公之死时指出:"君弑,臣不讨贼,非臣子也。不复仇,非子也。"[63] 但随着时间推移,复仇的是与非之间出现了礼法冲突。[64] 法律追求稳定的社会秩序,但礼被认为更具恒常性。故有人认为:"礼开报仇之典,以申孝义之情;法断相杀之条,以表权时之制。"[65] 南北朝时,法律禁止复仇仅被认为权宜之制。陈子昂在论述徐元庆复仇案时提出:"以私义而害公法,仁者不为。以公法而徇私节,王道不设。"[66] 礼法冲突显露无遗。但作为儒家主流观念,复仇无罪观到了明代时仍旧无改。邱濬认为:"复仇之义,乃生民秉彝之道,天地自然之理,事虽若变,然变而不失正,斯为常矣。"[67] 乃至于父母被掘坟,子女擒盗而杀之也被他认为无罪。[68] 从制度上来看,复仇为古制,不被认为有罪。但至少从西汉开始就受到限制。当然,复仇观从春秋时期就开始矫正。《周礼·秋官·朝士》载:"凡报仇者,书于士,杀之无罪。"《周礼·地官·调人》则载:"凡杀人而义者,不同国,令勿仇,仇之则死。"《春秋公羊传·定公四年》载:"父不受诛,子复仇可也。父受诛,子复仇,推刃之道也,复仇不除害,朋友相卫,而不相迿,古之道也。"矫正的复仇观排除了绝对地以眼还眼、以牙还牙,增添了前提两个条件:一是经过政府专门部门的等级,二是父的被杀属于无罪受诛。这也是后人争论复仇的理论资源。三国时,魏明帝定律"贼斗杀人,以劾而亡,许依

---

[63] 《春秋公羊传·隐公十一年》。

[64] 关于这点可以参考霍存福:《复仇·报复刑·报应说》,吉林人民出版社2005年版,第60~70页。

[65] 《南齐书·孝义传》。这也与时代相关,三国魏晋南北朝时期,复仇基本处于被禁止状态,或与当时战乱频仍、人口锐减,而国家对人口、秩序的时代需求凌驾于儒家伦理之上有关。故霍存福认为:"这或许是战乱年间为防止人们借机互相残杀的通规。"参见霍存福:《复仇·报复刑·报应说》,吉林人民出版社2005年版,第53页。

[66] 陈子昂:"复仇议状",载(清)董诰等撰:《全唐文》,中华书局1983年版,第2159页。

[67] (明)邱濬:《大学衍义补》,蓝田玉等校,中州古籍出版社1995年版,第1405页。

[68] (明)邱濬:《大学衍义补》,蓝田玉等校,中州古籍出版社1995年版,第1408页。

古义，听子弟得追杀之。会赦及过误相杀，不得报仇"〔69〕，对复仇的条件作了进一步限制。只有符合特定条件的复仇才被官方认为是无罪的。又做移乡避祸之制，防止相杀无已。

4. 奸罪中的杀人无罪〔70〕。在奸罪中，夫及有服亲属常有杀奸权，杀之无罪。《史记·秦始皇本纪》载："夫为寄豭，杀之无罪。"司马贞索隐"豭，牡猪也。言夫淫他室，若寄豭之豬也。豭音加。"可知秦时，杀奸夫是无罪的。〔71〕不过不知是否任何人杀死奸夫皆无罪。汉唐之间，杀奸是否无罪未知，但瞿同祖认为元代之前夫没有任何杀妻权，元代之后由于"妻犯七出，只能出之，却不能擅杀，后来人们轻易不肯出妻。七出成了具文，于是才有了杀妻的规定，和七出并存于律。"〔72〕。但唐律对同籍相奸捕亡中的格杀勿论给予了宽待，其规定："诸被人殴击折伤以上，若盗及强奸，虽傍人皆得捕系，以送官司。捕格法，准上条。即奸同籍内，虽和，听从捕格法。""同籍"疏议为："言同籍之内，明是不限良贱亲疏，虽和奸，亦听从上条'捕格'之法。"〔73〕而据捕格法，"诸捕罪人而罪人持仗拒捍，其捕者格杀之及走逐而杀。走者，持仗、空手等。若迫窘而自杀者，皆勿论。"〔74〕可知两种情况下同籍"和奸"杀之无罪：一是罪犯持仗拒捍，捕者因其拒捍而杀之；二是逃走追逐过程中杀害。到元律时，"诸夫获妻奸，妻拒捕，杀之无罪……诸妻妾与人奸，夫于奸所杀其奸夫及其妻妾，及为人妻杀其强奸之夫，并不

----

〔69〕 《晋书·刑法志》。

〔70〕 相当部分学者认为杀奸无罪是正当防卫的一种。这点令人无法赞同。但它一定是刑罚权的私力执行。

〔71〕 蔡枢衡对该材料有不同的解读。参见蔡枢衡：《中国刑法史》，广西人民出版社1983年版，第176页。而林剑鸣认为，该法恐为秦始皇依个人经历进行的现时立法而非法律传承。参见林剑鸣："会稽'淫风'考"，载《历史研究》1995年第1期。

〔72〕 参见瞿同祖：《中国法律与中国社会》；又见钱泳宏："清代夫妻相犯研究"，华东政法大学2010年博士学位论文，第23页。

〔73〕 《唐律疏议·捕亡》，"被殴击奸盗捕法"。

〔74〕 《唐律疏议·捕亡》，"罪人执仗拒捕"。

坐。"[75]明律则有杀死奸夫条，"凡妻、妾与人奸通，而于奸所亲获奸夫奸妇，登时杀死者，勿论。若止杀死奸夫者，奸妇依律断罪，从夫嫁卖。"[76]清律因之，但又有所起伏。《清史稿·钱维城传》载，乾隆时"杀奸之狱，奸夫拒捕，有司辄用斗杀律定谳。杀奸拒捕者，反重于杀不拒捕者。"故钱维城上奏"请用杀拒捕罪人律勿论"下部议行。不过对于杀奸无罪也需要特定的条件，即杀于奸所、登时杀死。[77]从清律来看，父母杀死奸夫也被认为无罪。[78]

5. 私人捕系中的杀人无罪。在打击恶性犯罪时，公权力未必总是能够发挥作用，所以古代鼓励私人参与打击相关犯罪。《礼记·檀弓下》载："子弑父，凡在官者，杀无赦。言诸臣子孙无尊卑皆得杀之，其罪无赦。"疏云："除子以外，皆得杀其弑父之人。……殴母，妻不得杀之；若其杀母，妻得杀之。"这段似有正当防卫之意，但更可能是指任何人（包括官方执法人员）对杀母弑父的行为都要严惩打击，无论行为中还是行为后。唐律规定："诸有所规避，而执持人为质者，皆斩。部司及邻伍知见，避质不格者，徒两年。质期以上亲及外祖父母者，听身避不格。"疏议："部司，谓质人处村正以上，并四邻五保。"[79]又规定："诸邻里被强盗及杀人，告而不救助者，杖一百；闻而不救助者，减一等。力势不能赴救者，速告随近官司，若不告者，亦以不救助论。"[80]在对民众科以捕格义务时，偶有杀伤犯罪人几乎成为必然，所以国家对普通人捕格盗贼中的杀伤行为予以一定宽待，即特定情况下杀之无罪。如唐律规定："有人殴击他人折齿、折指以上，若盗及强奸，虽非被伤，

---

[75]《元史·刑法志》。

[76]《大明律·刑律·人命》，"杀死奸夫"。

[77] 参见江照信："以史立论：案件与法学的认识问题"，载《法律方法》（第8卷），第236页。

[78] 参见钱泳宏："防控与失控：清代重惩奸罪与'因奸杀夫'"，载《华东政法大学学报》2012年第1期。

[79]《唐律疏议·贼盗》，"诸有所规避执持"。

[80]《唐律疏议·捕亡》，"邻里被强盗不救助"。

被盗、被奸家人及所亲，但是傍人，皆得捕系以送官司。'捕格法，准上条'，持仗拒捍，其捕者得格杀之；持仗及空手而走者，亦得杀之。"[81]高绍先等认为这属于正当防卫。[82]但从"被伤"、"被盗"、"被奸"可以看出，杀之无罪是属于犯罪完成后的捕格，而非犯罪中的正当防卫。而《大明律·刑律·捕亡》"罪人拒捕"条在此基础上删去"空手拒捍而杀者，徒两年。"按照清末段维的观点，唐律中禁止杀死空手拒捍之人是对可以"走逐而杀"的限制[83]，而明律削去这一点，是对捕杀行为的放宽。清律因之。

（二）政府管理的正当行为

除私人执法外，还有某些杀人无罪属于政府人员的杀人行为。一般来说杀人作为刑罚需要遵循特定的司法程序，但某些情形中，即使不遵循司法程序的杀人也被认为无罪，其中既有作为手段的杀人，也有偶然的杀人。

1. 政治治理中的杀人无罪。杀人作为手段能够起到震慑作用，是早期政治治理中的常见做法，被认为是一种特定的政治治理手段。当然这种做法也随着法制的逐渐完善而消弭。著名的以杀人作为治理手段的如孙武杀宫人[84]、西门豹治邺县故事[85]等。类似案例汉代居多。

按照沈家本的说法，汉代"三辅及守令、相皆有专杀之权"[86]。但郡守的专杀之权是与法律相违背的，专杀之权是事实存在而非法律存

---

[81] 《唐律疏议·捕亡》，"被殴击奸盗捕法"。张晋藩等认为该条不仅包括傍人也包括受害者本人。参见张晋藩等：《中国刑法史新论》，人民法院出版社1992年版，第361页。

[82] 高绍先：《中国刑法史精要》，法律出版社2001年版，第203页。但戴炎辉认为属于法令行为并非正当防卫。参见戴炎辉：《唐律通论》，元照出版有限公司2010年版，第115页。根据唐律的规定，登时杀死与绝时而杀性质的认定是不一样的，对比正当防卫的观点，显然登时杀死与之更相契合。

[83] 参见闫晓君："唐律'格杀勿论'渊流考"，载《现代法学》2009年第4期。

[84] 《史记·孙武列传》。

[85] 参见《史记·滑稽列传·西门豹传》。

[86] （清）沈家本：《历代刑法考》，中华书局1985年版，第1976页。

在。[87] 考诸史籍，这些专杀之权主要作为社会治理的手段存在。如《汉书·胡建传》载，胡建对监御史的求贾利、私买卖以与士市不满，引《黄帝李法》："壁垒已定，穿窬不由路，是谓奸人，奸人者杀"，将监御史处死。《汉书·王尊传》载："春正月，美阳女子告假子不孝，曰：'儿常以我为妻，妒笞我。'尊闻之，遣吏收捕验问，辞服。尊曰：'律无妻母之法，圣人所不忍书，此经所谓造狱者也。'尊于是出坐廷上，取不孝子悬磔著树，使骑吏五人张弓射杀之，吏民惊骇。"《汉书·尹赏传》载："乃部户曹掾史，与乡吏、亭长、里正、父老、伍人，杂举长安中轻薄少年恶子，无市籍商贩作务，而鲜衣凶服被铠扞持刀兵者，悉籍记之，得数百人。赏一朝会长安吏，车数百辆，分行收捕，皆劾以为通行饮食群盗。赏亲阅，见十置一，其余尽以次内虎穴中，百人为辈，覆以大石。数日一发视，皆相枕藉死，便舆出，瘗寺门桓东。楬著其姓名，百日后，乃令死者家各自发取其尸。"《汉书·义纵传》载："纵至，掩定襄狱中重罪二百余人，及宾客昆弟私入相视者亦二百余人。纵一切捕鞠，曰'为死罪解脱'。是日皆报杀四百余人"，等等不一而足。这导致"特别是汉武帝以后，任用酷吏，条定法律，允许郡守们便宜从事，先斩后奏或斩而不奏的情况愈益增多。"[88] 杀人作为社会治理的手段，被不少官僚所青睐，而且存乎律令之外。但随着司法权的中央集权化，地方长官治理很难再用杀人立威的手段来实现。作为政治一部分的军事征战中，也会存在杀人无罪的问题。但军事特殊性更强，即军事首领常常被授斧钺，得便宜从事，固有专杀之权，是在法律范围内的，故不讨论。

2. 司法刑讯中的杀人无罪。由于古代侦查手段的有限和口供证据的定罪地位，刑讯制度在先秦就已出现。[89] 有学者称之为"合法伤害

---

[87]　参见安作璋等：《秦汉官制史稿》，齐鲁书社 2007 年版，第 557 页。

[88]　白钢主编：《中国政治制度史》，社会科学文献出版社 2007 年版，第 201 页。

[89]　参见姜小川："中国古代刑讯制度及其评析"，载《证据科学》2009 年第 5 期。

权"。〔90〕从刑讯发展史来看，它经历了从滥用到规范，从残酷到相对文明的变迁。刑讯存在必然残酷性，所谓"笞人之背、灼人之胁、束人之指，而讯囚之情，虽国士有不胜其酷而自诬矣"〔91〕，刑讯致死在历史上时有发生。但刑讯致死未必被认为是犯罪。传统刑侦手段的有限使得刑讯在维护国家统治上是必要的。当刑讯权被放于各级官吏手中时，又延伸出种种功能，〔92〕刑讯致死也就成为某种必然，而国家为维护统治也必然对此予以一定容忍。只是，刑讯致死是否被认为是罪经历从宽松到紧缩的过程。

从前引《尉缭子》来看，先秦的刑讯比较残酷。秦律《封诊式·治狱》载："治狱，能以书迹其言，毋治（笞）谅（掠）而得人情为上；治（笞）谅（掠）为下。"当知秦代刑讯用笞。〔93〕《后汉书·景帝纪》载："掠者，唯得榜、笞、立"，说明秦汉刑讯有法定刑具，对于用刑的时间和对象等方面有所规定。秦末可知，汉代则酷吏辈出，法外刑讯也多有致死。《汉书·谷永传》载："又以掖庭狱大为乱阱，榜棰瘝于砲格，绝灭人命，主为赵、李报德复怨，反除白罪，建治正吏，多系无辜，掠立迫恐，至为人起责，分利受谢。生入死出者，不可胜数。"又如《后汉书·陆续传》："楚王英谋反，阴疏天下善士。及楚事觉，显宗得其录，有尹兴名，乃征兴诣廷尉狱。续与主簿梁宏、功曹史驷勋及掾史五百余人诣洛阳诏狱就考，诸吏不堪痛楚，死者大半。"刑讯致死而定罪的官吏少见，而酷吏又多受重用。魏晋南北朝总结前代刑讯教训主张"恤狱讼"，"拷讯以法，不苛不暴"〔94〕，对刑讯的条件、刑具、

---

〔90〕 参见张建伟："口供主义与刑讯取证"，载《国家检察官学院学报》2006年第4期。

〔91〕 《尉缭子·将理》。

〔92〕 如追求有罪认定、徇私枉法、维护官威等。参见蒋铁初："中国古代刑讯的目的与代价分析"，载《法制与社会发展》2014年第3期。每一种功能都把被刑讯人足以把当然罪人来对待，在酷吏的观念中对待罪人又何须太过仁慈。

〔93〕 睡虎地秦墓竹简整理小组编：《睡虎地秦墓竹简》，文物出版社1990年版，第147页。

〔94〕 参见《北史·苏绰传》。

对象、拷略的数量等做出更加详细的规定来控制残酷刑讯，并对滥用刑讯的官吏也规定了处罚。如《魏书·赵邕传》载："邕乃拷掠阳叔，遂至于死。阳氏诉冤，台遣中散大夫孙景安研检事状，邕坐处死，会赦得免，犹当除名。"到了隋唐时期，刑讯制度更加完备，对拷囚致死规定了详细的刑罚以控制刑讯。但又不得不对刑讯可能出现的意外状况予以宽待。唐律规定了："若拷过三度及杖外以他法拷略……以故致死者，徒两年"，又表示"若依法拷决，而邂逅致死者，勿论。"〔95〕而宋、元、明、清等在对刑讯进一步规制的基础上，对刑讯致死规定了进一步限制。宋太平兴国九年规定："自今诸道敢有擅掠囚致死者，悉以私罪论。"〔96〕元律规定："诸有司因公依理决罚，邂逅身死者，不坐"后，又规定："诸职官辄以微故，乘怒不取招词，断决人邂逅致死，又诱苦主焚瘗其尸者，笞五十七，解职别叙，记过。"〔97〕明清律规定的则更为具体，"若于人臀腿受刑去处，依法决打，邂逅致死，及自尽者，各勿论。"〔98〕过失致死无罪的条件更加严苛。

3. 捕盗中的杀人无罪。私人捕系的规定适用捕格法，所以捕盗中杀人无罪在前文已有所论述。不过捕盗中的杀人无罪由来已久。睡虎地秦简《封诊式》就记载了捕盗者杀死被捕者的事情，"某亭长甲、求盗才（在）某里曰乙、丙缚诣男子丁，斩首一……自昼居某山，甲等而捕丁戊，戊射乙，而伐杀收首。皆毋（无）它坐罪。"〔99〕张家山汉简《捕律》载："捕盗贼、罪人，及以告劾逮捕人，所捕格斗而杀伤之，及穷之而自杀也，杀伤者除，其当购赏者，半购赏之。"〔100〕闫晓君认为此处

〔95〕 《唐律疏议·断狱》"拷囚不得过三度"。

〔96〕 （宋）马端临：《文献通考》，中华书局 2011 年版，第 5094～5095 页。

〔97〕 《元史·刑法志》。

〔98〕 《大明律·刑律·断狱》"决罚不如法"及《大清律例·刑律·断狱》"决罚不如法"。

〔99〕 睡虎地秦墓竹简整理小组编：《睡虎地秦墓竹简》，文物出版社 1990 年版，第 152 页。

〔100〕 朱红林：《张家山汉简〈二年律令〉集释》，社会科学文献出版社 2005 年版，第 111 页。

"格斗而杀伤之"意为格杀，"杀伤者除"则意为"格杀勿论"和"伤者勿论"。[101]桂齐逊则认为该条规定仅适用于杀伤罪人勿论而非杀死。[102]考诸汉书，《宣帝纪》载："自今以来，诸年八十以上，非诬告杀伤人，它皆勿坐"，可知汉代杀伤不仅为伤害，当为杀死及伤害。

（三）尊长过失杀人无罪及其他

一般来说，过失杀在古代属于减轻刑事责任的情况。[103]前文中多处记载"邂逅勿论"、"过失杀勿论"，[104]过失杀人在许多情况下都是勿论或不坐的。不过前文的过失杀多处于特殊情景中，如子孙违法教令、犯奸等，被杀者在当时被认为有过错的。但还有多种情形仅因为杀人者与被杀人者的尊卑关系，过失杀人也存在勿论或不坐的情况。秦汉、魏晋南北朝时，尊长过失杀死人卑幼的法律未能得见。唐律关于过失杀死卑幼无罪的情况则相对较多。根据刘晓林的总结，《唐律疏议·斗讼》规定过失杀缌麻小功亲部曲奴婢（"殴缌麻小功亲部曲奴婢"）、妻过失杀妾（"殴伤妻妾"）、夫过失杀妻（"殴伤妻妾"）、过失杀子孙妇妾（"妻妾殴詈夫父母"）、旧舅姑过失杀子孙旧妻妾（"妻妾殴詈故夫父母"）、主过失杀旧部曲奴婢（"部曲奴婢詈殴旧主"）中都有尊长过失杀死卑幼勿论、无罪的情况。[105]元律也规定："诸夫卧疾，妻不侍汤药，又诟詈其舅姑，以伤其夫之心，夫殴之，邂逅致死者，不坐。"[106]明律改过失杀缌麻小功亲部曲奴婢入"良贱相殴"条，改妻过失杀妾、夫过失杀妻入"妻妾殴夫"条，改过失杀子孙妇妾入"殴祖父母父母"，

〔101〕 参见闫晓君："唐律'格杀勿论'渊流考"，载《现代法学》2009年第4期。

〔102〕 桂齐逊："唐律与台湾现行法关于'正当防卫'规定之比较研究"，载《中西法律传统》（第6卷），第129页。

〔103〕 参见刘晓林：《唐律"七杀"研究》，商务印书馆2012年版，第147页。

〔104〕 依《唐律疏议·斗讼》"殴詈祖父母、父母"条规定："'过失杀者，各勿论'，即有违反教令，依法决罚，邂逅致死者，亦无罪"可知，邂逅与过失为同一意思。

〔105〕 参见刘晓林：《唐律"七杀"研究》，商务印书馆2012年版，第152页。

〔106〕 《元史·刑法志》。

旧舅姑过失杀子孙旧妻妾如旧，而主过失杀旧部曲奴婢不见[107]。不过明律加入了"兄姊殴杀弟妹，及伯叔、姑殴杀侄并侄孙，若外祖父母殴杀外孙者……过失杀者，各勿论"[108]和"若殴缌麻、小功亲雇工人……过失杀者，各勿论"[109]两条。清律因之。

还有几种比较特殊的情况，杀人亦属无罪。其一，为了保证后代的健康，父母可以杀死畸形儿。秦律《法律问答》载："其子新生而有怪物其身及不全而杀之，勿罪。"[110]其二，迷信的原因也会导致父母杀婴无罪。如睡虎地秦简《日书·乙种》规定："凡己巳生，勿举，不利父母，男子为人臣，女子为人妾。"[111]民间更胜，多胞胎、双胞胎、与父亲同月生、月份禁忌等都可能导致父母杀婴，但国家法并不认同这一点。[112]其三，杀人者存在精神疾病也为无罪。如元律规定"诸病风狂，殴伤人致死，免罪，征烧埋银。"[113]其四，决罚过重导致死亡。古代的鞭仗之刑、肉刑很可能会导致受刑人死亡。如汉文帝废肉刑后却导致"斩左止者笞五百，当劓者笞三百，率多死。"[114]这种情况基本不可能有人为之承担责任，却有杀人事实。其五，古代"人相食"在灾荒时期并不比认为是罪。一部中华民族史，也是一部自然灾害史，从先秦到近

〔107〕 该条清律说得比较清楚。《大清律例·刑律·斗殴》"妻妾殴故父母"条载"家长殴旧奴婢者，各以凡人论。"

〔108〕 《大明律·刑律·斗殴》，"殴期亲尊长"。

〔109〕 《大明律·刑律·斗殴》，"良贱相殴"。

〔110〕 睡虎地秦墓竹简整理小组编：《睡虎地秦墓竹简》，文物出版社1990年版，第109页。

〔111〕 睡虎地秦墓竹简整理小组编：《睡虎地秦墓竹简》，文物出版社1990年版，第254页。

〔112〕 参见薛洪波："秦汉家族法研究"，东北师范大学2012年博士学位论文，第85页。罪与禁忌有着密切的关系，如果侵犯了禁忌很多情况下就被认为是有罪（参见郑定："'罪'之渊源与哲学依据"，载《法学家》2006年第5期）。这样伴随禁忌出生的婴儿反而可能会被认为是邪恶的或有罪的，杀害他们的人也就是当然无罪的。

〔113〕 《元史·刑法志》。

〔114〕 《汉书·刑法志》。

代自然灾荒频仍，人相食也不绝于史书。[115] 自然灾荒后的人相食之后很难想象会将之定罪。蔡枢衡更认为"眚灾肆赦"的内涵就是指"凡因饥荒或复仇而食人，都不处罚。"[116]

三、杀人无罪反映的罪刑观

罪，《说文解字注》训："罪，犯法也。"《盐铁论·诏圣》载："法者，刑罚也，所以禁强暴。"《尔雅义疏》训"辟"提出："辟者，法也。又训罪者，出乎法即入乎罪，治其罪者亦罪也。"出乎法即入乎罪，强调法是界定罪的主要依据。梁治平认为法保护禁止和命令两层意思。[117] 从刑罚作为法实现禁止与命令功能的手段之意来说，法与刑共同指向国家法。罪与刑被紧紧地联系在一起，可以说是一体两面。但杀人无罪却体现出了罪与刑的隔膜。这种情况之所以出现与罪的现实性、伦理性及政治性有着密切关系。

罪的现实性与对罪的认识十分重要。法不强人所难，当社会对某种行为的罪性并不认同时，罪刑就容易出现冲突。《荀子·正论》云："杀人者死，伤人者刑，是百王之所同也，未有知其所由来者也。"汉高祖进关中约法三章："杀人者死，伤人及盗抵罪。"[118] 同时杀人不仅意味着对个人权利的侵害，也意味着对国家秩序的破坏。故《汉书·刑法志》云："是杀人者不死，而伤人者不刑也。罪至重而刑至轻，民无所畏，乱莫大焉。"杀人对国家秩序及人身的严重侵害，导致国家不得不将之纳入到刑罚规制内。无论是复仇从公许到禁止，还是对于家长权的收紧，甚至于对于自身正当防卫中杀人的禁止（如从唐律来看，对自身

---

〔115〕 参见桂慕文："中国古代自然灾害史概说"，载《农业考古》1997年第3期。

〔116〕 参见蔡枢衡：《中国刑法史》，广西人民出版社1983年版，第162页。但其他学者并不如此认为。如徐朝阳认为"眚灾肆赦"意为"肆赦因过失或不幸而犯罪者。"徐朝阳：《中国刑法溯源》，台湾商务印书馆1970年版，第128页。

〔117〕 参见梁治平：《法辨》，中国政法大学出版社2002年版，第65~66页。

〔118〕 《史记·高祖本纪》。

正当防卫导致杀人应依斗杀律[119]），国家法都在试图把杀人规制到国家刑罚范围内。

但现实经常会使人面临某些不得不通过杀人来解决的问题，尤其当涉及到人的生存时。因此某些正当防卫的情形及杀婴的情况并不会被认为是犯罪。故有"凡盗贼军乡邑及家人，杀之无罪"、"诸夜无故入人家者……登时杀死勿论"、"其子新生而有怪物其身及不全而杀之，勿罪"之规定。"当为了保卫我而制定的法律不能对当时的强力加以干预以保障我的生命，而生命一经丧失就无法补偿时，我就可以进行自卫并享有战争的权利、即杀死侵犯者的自由，因为侵犯者不容许我有时间诉诸我国的共同的裁判者或法律的判决来救助一个无可补偿的损害。"[120]无论是正当防卫，某些情况下的杀婴[121]，甚至于人相食，人性自保的观念都深植其中，不能期待人们面对生存威胁时仍旧能够克己复礼。甚至某些特殊情况下的杀婴还被认为是孝。[122]结果社会自然会对这些情况下的杀人予以认同。故《后汉书·贾彪传》云："小民困贫，多不养子。"罪的界定需要现实性，这样才有社会认同的可能，否则只会出现罪与刑的隔离，国家法也不得不予以回应，将之从社会的无罪化归入法律的无罪化。

而这种现实性如果附以强烈的伦理性，国家法会面临更大的冲突。复仇、家父权的制度变迁就是明证。复仇、家父权具有强烈的伦理性，

---

〔119〕 参见钱大群等：《唐律与中国现行刑法比较论》，江苏人民出版社1991年版，第155页。

〔120〕 ［英］洛克：《政府论》（下篇），叶启芳等译，商务印书馆1982年版，第14页。

〔121〕 杀婴所面临的生存问题主要来自沉重的家庭负担、迷信禁忌等产生的对生存的事实与观念上的威胁。

〔122〕 《太平御览》卷四百一十一"人事部五十二"载："郭巨，河内温人，甚富。父没，分财二千万为两分，与两弟，己独取母供养寄住。邻有凶宅，无人居者，共推与之居，无祸患。妻产男，虑养之则妨供养，乃令妻抱儿欲掘地埋之，于土中得金一釜，上有铁券云：'赐孝子郭巨。'巨还宅主，宅主不敢受，遂以闻官。官依券题还巨，遂得兼养儿。"（宋）李昉等撰：《太平御览》，中华书局1985年版，第1898～1899页。

但进一步解读，这是一种伦理现实性。即伦理性是直接转化为现实的义务。"父之仇，弗与共戴天；兄弟之仇，不反兵；交游之仇，不同国。"复仇从开始就带有强烈的现实义务性。不复仇者会受到人们的鄙视，[123]会直接影响到人的生存。东汉时人们就认识到复仇的内在冲突，东汉章帝以"《春秋》之义，子不报仇，非子也"定轻侮法。张敏对之曰："天地之性，唯人为贵，杀人者死，三代通制。"[124] 这一点柳宗元论述的更为清楚，复仇既符合礼的又不符合礼。[125] 从情感存在的现实性来说，"复仇因人之至情，以立臣子之大义也。仇而不复，则人道灭绝，天理沦亡。"[126] 论者或以为人情"多少是从人之常情即人的本性的角度出发的。"[127] 但在儒家伦理下，这种人情观是规范性的，即出现特定情形时人们即使没有某种情感，也会被假定为有某种情感，甚至必须有这种情感。伦理性与现实性在这一问题上交织在一起。家父权的行使同样具有伦理现实性。从复仇消退、家父权受限以及死刑复核权收归中央等的变迁来看，杀人无罪的变迁背景当为"人命渐重"。从杀人无罪到邂逅或过失杀死才无罪，家父权也逐渐受限。但"作为儒家思想主体的道德论其实就是家族伦理主义或宗法人伦主义"[128]，甚至宋代在规范层面出现了"独立于政治序列之外的宗法制度理论"[129]。家法伦理中个人的有限，使得家长对子孙、奴婢等都保留了很强的刑罚权，甚至与国家法严重背离的家法杀人也会被宽容。[130] 伴随着人命渐重，伦理观从未削

---

〔123〕 参见范忠信等：《情理法与中国人》（修订版），北京大学出版社 2011 年版，第 114～116 页。

〔124〕 《后汉书·张敏传》。

〔125〕 （唐）柳宗元：《柳宗元集校注》，尹占华等校注，中华书局 2013 年版，第 291～193 页。

〔126〕 （宋）马端临：《文献通考》，中华书局 2011 年版，第 4965 页。

〔127〕 范忠信等：《情理法与中国人》（修订版），北京大学出版社 2011 年版，第 20 页。

〔128〕 俞荣根：《儒家法思想通论》，广西人民出版社 1998 年版，第 144 页。

〔129〕 刘广明：《宗法中国》，上海三联书店 1993 年版，第 74 页。

〔130〕 参见宇培峰："'家长权'研究"，中国政法大学 2011 年博士学位论文，第 66 页。

减，尽管尊长杀人无罪尽管被限制在特殊情形或过失中，但也会以族规的形式出现。至于奸罪中的杀人无罪，尽管有一种情绪上的不可克制性，但也带有强烈的伦理色彩，毕竟在某种意义上妻子被视为丈夫的专有物。[131]

上述属于自治层面的杀人非罪化，还有政治层面的杀人无罪。孟德斯鸠讨论专制政体时指出，"在专制政体之下，君主把大权全部交给他所委任的人们。那些有强烈自尊心的人们，就有可能在那里进行革命，所以就要用恐怖去压制人们的一切勇气，去窒息一切野心。"[132] 因此，地方政府超越法律的杀人行为在汉代较为明显，杀人的结果是地方秩序的井然。当然也会存在中央无法完全控制地方时的妥协。[133] 当功与过在统治者看来出现功大于过的情形时，杀人也必然被认为无罪，而对于享受到地方安宁的百姓来说也不会认为这属于罪。这是宏观层面的生态。至于微观层面，王者之政莫急于盗贼，无论狱讼还是盗贼对政治秩序的潜在破坏性都足以引起国家的压制。因此，刑讯与捕盗是必然存在的，暴力的正当行使即使在政治较为宽缓的时代也足以导致杀人的频发。杀人者死作为维护政治统治的基本原则与维护统治的基本手段之间就产生了矛盾。刑讯容易导致无辜者披刑，故刑讯从滥用走向了制度化、法律化；捕盗却因为指向了秩序的主要破坏者，反而从唐律到明律对杀人无罪有了扩大化的适用。"与其杀不辜，宁失不经"[134] 作为政治伦理在不同的方面有着截然相反的表现。

从这三个方面来说，现实性、伦理性、政治需求提出了自己对杀人是否有罪的诉求，也就对国家法的"杀人者死"提出了挑战。国家法也不得不在多方面对于进行回应。国家法在回应杀人无罪时，资源是多重的。儒家观念"杀人者死"是其根本。到了宋代时，人们仍旧认为

---

〔131〕　陈晓枫等：《中国法制史》，武汉大学出版社 2012 年版，第 611 页。

〔132〕　[法] 孟德斯鸠：《论法的精神》（上册），商务印书馆 1981 年版，第 26 页。

〔133〕　"五代用兵以来，藩侯跋扈，率多枉法杀人，朝廷务行姑息之政，多置不问，刑部按覆之制遂废。"（宋）马端临：《文献通考》，中华书局 2011 年版，第 5094 页。

〔134〕　《尚书·大禹谟》。

"杀人不死，伤人不刑，尧舜不能以致治。"[135] 相比儒家的 "大罪有五，而杀人为下"，佛教将杀生列为 "佛制戒律的第一重罪。"[136] 犯杀戒会受到无量恶报。杀人作为大罪就不仅会受到来生的地狱惩罚，还是受到现世的国家惩罚。因此，国家法总体反对非官方的杀人，但又区分不同情况。其一，杀人被确定有罪。地方的专杀之权在宋代之后被彻底剥夺。[137] 如宋高宗时 "知常州周杞擅杀人，帝曰：'朕日亲听断，岂不能任情诛僇，顾非理耳。'即命削杞籍。"[138] 这样地方长官就不能再用杀人立威的方式来整顿社会秩序。政治需求与国家法的内在统一性要高，而且地方权力过大容易对中央形成威胁，所以国家法将之完全归入犯罪。如杀婴等则被确定为绝对有罪，甚至堕胎也被认为是有罪的，还要受到地狱轮回畜生道的惩罚。[139] 其二，杀人有罪但减刑。杀人者死与杀人无罪之间的折中就是杀人有罪但减刑。以家父权为例，家父对子女有生杀权，但是 "擅杀子，黥为城旦舂"，再到汉律的 "父母殴笞子……辜死，令赎死"[140]，汉代之后家父杀死卑幼的惩罚又逐渐减轻，并未适用死刑。其三，杀人无罪，但是被限定为需要特殊条件。正当防卫、家父执法、杀奸、复仇、捕格等都被限定在特殊情况下才为无罪。如争论千年的复仇被限定为告于官方、被杀者有罪、仇人被赦或过失不得追杀等。又如家父执法从秦始就被限定为谒杀，"免告老人以为不孝，谒杀，当三环之不？不当环，亟执勿失"。《晋书·刑法志》载："奴婢捍主，主得谒杀之。"

---

[135] 《宋史·刑法志》。

[136] 陈晓聪：《中国古代佛教法初探》，法律出版社 2014 年版，第 179 页。

[137] 参见林乾：《传统中国的权与法》，法律出版社 2013 年版，第 69 页。

[138] 《宋史·刑法志》。

[139] 参见刘馨珺："鬼怪文化与性别：从宋代堕胎杀婴谈起"，载《学术研究》2013 年第 3 期。

[140] 朱红林：《张家山汉简〈二年律令〉集释》，社会科学文献出版社 2005 年版，第 44 页。

结　语

　　罪与刑在我国古代是紧密联系在一起的，但是国家层面与社会层面对于罪的理解并不完全等同。何者为罪受到时代的影响，但又存在相对恒定性。严格来说，"不得已"或者法不强人所难构成了杀人无罪的核心。但这也并未使国家法对之完全妥协。在社会秩序、统治安宁的总体目标下，国家法做出了部分让步，但又试图控制。而如果从罪之观念的层次性来说，个人、家族、国家法由于情境的不同对于罪的理解也会是不一样，但是又都受到儒家伦理的影响。作为以刑为评价体系的国家法实际也就是在试图协调、中和这些不同层面的罪观念及其最终在法律中的地位。

《东西洋考每月统纪传》中的
法政知识研究

王世柱[*]

导 论

《东西洋考每月统纪传》（以下简称《东西洋考》）于1833年7月（清道光癸巳年六月）创刊于广州，戈公振在其1927年著的《中国报学史》中称其为"华文报纸第一种"，"我国有现代报纸之始"。[1]之后的任何有关中国出版史、新闻史和报刊史的著作中都无一遗漏地引用该结论，然而所引的仅仅是结论而已，缺少对这份杂志的详细介绍和分析，更遑论对所涉及的法政[2]知识内容的研究。造成这一结果的主要原因是该份杂志创办的时代久远，国内极少收藏，研究者缺乏对其进行研究的第一手材料。1993年，杭州大学黄时鉴教授在哈佛大学哈佛——燕京学社图书馆找到该馆馆藏39期（不计复本）《东西洋考》善本，后根据善本影印，于1997年6月由中华书局出版，研究者始能窥其全貌。

《东西洋考》是中国历史上第一本在本土发行的中文报刊，创办者为德国人郭实腊，1833年初次发行于中国广州，1834年和1835年曾两度休刊，1836年全年未刊，1837年正月在马六甲复刊后一直维持到1838年。1833至1835年署名"爱汉者纂"，"爱汉者"为郭实腊笔名。

---

* 中南财经政法大学法学院硕士研究生。

　〔1〕戈公振：《中国报学史》，上海古籍出版社2003年版，第78~79页。

　〔2〕"法政"一词在1949年以前是一个比"政法"一词使用频率更高的概念，1949年以后，"政法"完全取代"法政"。近代"法政"之义实际包括法律学、政治学、经济学乃至社会学，而"政法"一词在1949年前含有政治与法律之意，1949年之后嬗变为"以政统法"之意，结合本文实际情况，笔者认为"法政"一词更加合适。

1837 年在马六甲复刊后由中国益智会负责，作为中国益智会的秘书，郭实腊实际上为主要撰稿人[3]。该刊前后共 39 期，其中有 6 期重复，实际刊物只有 33 期。

诚如"每月统计传"这几个字所言，《东西洋考》的编纂者采用的是月刊的编纂方法，每月一期，每期分类编纂。创刊号一开始便将所刊文字分为序、东西史记和合、地理、新闻；接着，以论代序，增加天文、煞语；1834 年五期均附市贾篇，从 1 月号起增加文艺、科技方面的文字，从 3 月号起增开史记（史）；从 4 月号起，又开始以书信发论。1837 年复刊后，编纂方法有一次整合，更多地介绍西方科技、商务、政治、文化等方面的知识。《东西洋考》在编辑方面每期在卷首都刊有本期内容目录，清晰醒目，便利读者阅看。

尽管《东西洋考》并非介绍西方法政知识的专业性刊物，但是，该刊蕴含了丰富的西方法政知识，它是 1842 年以前我们了解西方法律知识最全面的历史材料。[4] 需要指出的是，《东西洋考》对西方法政知识的介绍主要是 1837 年在新加坡复刊之后，个中原因，正如该刊物的整理者黄时鉴所言："在这个不属于清朝政府管辖的地方，西方传教士可以减少许多顾忌，行文时只需主要考虑主要读者的文化心理状态就无伤大雅。在一种主体文化的边缘，异质的文化有时更容易移植生根，然后向此一文化的本土逐渐扩散和渗透。"[5] 这些涉法内容，构成了本文的研究对象。

本文将依据原始的影印资料，将研究重点放在对《东西洋考》所刊载的法政知识的归类与分析上。作为外国人在中国本土所创办的第一份报纸，其传播法政知识的动因与方式是笔者关注的第一个焦点，故而在

---

〔3〕 有关该杂志创办起、止卷以及其他相关情况，参见黄时鉴《东西洋考每月统计传》影印本导言。

〔4〕 李栋：《鸦片战争前后英美法知识在中国的输入与影响》，第 104 页，中国政法大学出版社 2013 年版。

〔5〕 爱汉者等编：《东西洋考每月统纪传》，黄时鉴整理，中华书局 1997 年版，导言，第 14 页。

第一部分中笔者简要地探讨了《东西洋考》传播西方法政知识的动因及方式，在第二部分中笔者对《东西洋考》中所涉及的法政知识进行了全面地梳理与分类，在第三部分中，笔者对《东西洋考》的历史贡献进行简要的评价。作为一篇梳理性论文，其主要意义在于通过全面而细致的梳理，将有价值的史料类型化地呈现出来，为研究者提供一条快速查阅的捷径。

一、《东西洋考》传播西方法政知识动因及方式

（一）《东西洋考》传播西方法政知识动因

长期以来，有关郭实腊创办《东西洋考》的动因，存在两种说法。第一种以戈公振为代表，戈氏在《中国报业史》中认为，早期来华办报的传教士是外国列强侵略中国的帮凶与工具，该说影响深远，后世从之者众。[6]第二种以王健为代表，王健认为，传教士在华办报，目的是传播西学，传教士架起了东西文明沟通的桥梁。[7]戈氏《中国报业史》出版于1927年，当时，经历近百年的外敌入侵，知识分子或多或少带有民族主义情绪，故而该书整体上对洋人办报采取否定态度，新中国成立以后，受官方革命主义意识形态影响，该说被固化下来。二十世纪九十年代以后，随着中国民族自信心的提升，学术研究的多样化，学者能够更加全面、从容地看待近代以来许多历史事务，王健的观点就是在这一背景下提出的。笔者认为，探讨《东西洋考》传播西方法政知识动因时，必须站在西法东渐的历史框架下并结合杂志文本及编纂者经历进行综合评价，具体分析见下文。

在相当长的时间里，西方人对中国的了解是支离且隔膜的。十三至十四世纪意大利旅行家马可·波罗开启了西方对中国形象的赞美与想象。十六世纪后利玛窦等西方传教士来到中国，在近两百年的东西文化

---

〔6〕 戈公振：《中国报学史》，上海古籍出版社2003年版。
〔7〕 王健："西法东渐：东西法律概念对应关系早期历史的考察"，载《清华法治论衡》第二辑。

交流中，西方传教士能够近距离观察与接触现实中国，并将许多中国现实情况反馈到欧洲。在传教士眼中，古代中国政治落后程度让人吃惊，正如利玛窦所言：

> 大臣们作威作福到这种地步，以致简直没有一个人可以说自己的财产是安全的，人人整天提心吊胆，唯恐受到诬告而被剥夺他所有的一切。正如这里的人民十分迷信，所以他们也不大关心什么真理，行事总是十分谨慎，难得信任任何人。[8]

正因为如此，甚少传播西方法政知识的耶稣会传教士艾儒略在《职方外纪》中介绍了刑事诉讼规范，三级审判制度、证据制度、刑讯制度等内容，作者尝试通过对比使中国人了解到本国法律的落后，囿于一些原因，这种设想未能成功，但却无意间开启了西法东渐的大门。两百年间耶稣会传教士将大量中国法律介绍到欧洲，虽然从那时起，欧洲人就曾围绕着中国人的精神、中国政治法律制度等展开热烈讨论，但实际上，所有参与讨论的那些人，包括启蒙思想家在内，谁也没能透过法典之类的文章了解中国法。1810 年，英国东印度公司驻广州商馆特选委员会书记员乔治·汤姆司·司汤东在伦敦出版他在华期间翻译的《大清律例》，并刊文对《大清律例》进行评论。中国法律给司汤东的整体印象就是，法律对个人人身束缚很大，公民享有的自由权利过小。《大清律例》的出版及司汤东对中国法律的评价直截了当地颠覆了西人对中国法律的美好想象，西方人越来越认识到："一个民族不进则退，最终他将重新堕落到野蛮和贫困的状态。"[9] 在西人眼中，中国已是野蛮、落后的代名词。至新教传教士马礼逊等人东来，他们亦感觉到了中国社会那

---

〔8〕［意］利玛窦、［比］金尼阁：《利玛窦中国札记》，何高济、王遵仲、李申译，何兆武校，中华书局 1983 年版，第 93 页。

〔9〕［法］佩雷菲特：《停滞的帝国——两个世界的撞击》，王国卿等译，生活·读书·新知三联书店 1993 年版，第 553 页。

种压抑、专制的气氛，故马礼逊用英文写成《印刷自由论》[10]一文发表在《广州纪录报》[11]上，大谈天赋人权与言论自由，新教传教士向中国传播的西方法政知识明显增加，范围亦扩大。与此同时，中国整体上对世界的认识仍旧禁锢在以天朝朝贡体系为核心的东亚文化圈中，在这个体系中，越是远离中国，就越落后，西人在国人眼中简直就是夷狄之国的荒蛮野人，这种对西人的不当认识在当时几乎成为一种不假思索的"共识"。

新教传教士属于欧洲宗教改革之后的基督教徒，正如有学者所言，新教的价值观不仅为近代资产阶级的自由、平等、民主和人权等思想提供思想基础，而且在资产阶级理性主义与科学进步的影响下实现了调和，宗教改革以来的社会化潮流也使新教各派积极从事社会文化活动，参与社会改革，把建立人道主义社会秩序作为教会的圣神职责。[12]很明显，经过两百多年的西方主动认识与探索，至《东西洋考》出版的时代，西人对中国已有深入了解，他们确信基督文明已经超越中国文明，然而同期的中国人对西方的认识却仍旧固守在数千年前的夷狄观念上。传教士在华的新使命，使得他们在传教之余积极从事各项社会活动，以期实现社会的变革与改良，《东西洋考》传播西方法政知识正是这一政策的结果。西方对中国现实的清醒认识是西法东渐的前提条件，而新教

---

〔10〕《印刷自由论》用英文写成，发表在《广州纪录报》上，文章很少有中国人能看到，且当时懂英文的国人又屈指可数，故在"《东西洋考》之前的西法东渐概述"一节中未录。

〔11〕《广州纪录报》创刊于1827年11月8日，是第一份创刊于中国广州的英文双周刊报。该报由英国鸦片商人出资创办，美国商人伍德为第一任编辑。该报是一张商业报纸，货价行情、航运消息占主要篇幅。该报还广泛刊登政治时事新闻和评论，有较强烈的政治色彩，中国新闻和材料占相当多的篇幅。曾竭力为鸦片贸易辩护，攻击中国官员对外国人的傲慢无礼，无视外商利益，主张英国政府对中国持强硬政策。该报在当时影响很大，读者远及南洋、印度及英美一些主要商埠，自1835年起接受华人订户。1843年，该报由澳门迁至香港出版，改名为《香港纪录报》。

〔12〕王立新：《美国传教士与晚清中国现代化》，天津人民出版社1997年版，第9页。

传教士自身属性则为西法东渐提供动因。

从文本的角度来看，有关《东西洋考每月统计传》创办的缘起，郭实腊写过一份创刊意见书，刊登在 Chinese Repository（《中国丛报》，又译为《中国文库》），内有：

> 当文明几乎在地球各处取得迅速进步并超越无知与谬误之时——即使排斥异见的印度人也已开始用他们自己的语言出版若干期刊——唯独中国人却一如既往，依然故我。虽然我们与他们长久交往，他们仍自称为天下诸民族之首尊，并视所有其他民族为"蛮夷"。如此妄自尊大严重影响到广州的外国居民的利益，以及他们与中国人的交往。
>
> 本月刊……是为了使中国人获知我们的技艺、科学与准则。它将不谈政治，避免就任何主题以尖锐言词触怒他们。可有较妙的方法表达，我们确实不是"蛮夷"；编者偏向于用展示事实的手法，使中国人相信，他们仍有许多东西要学。又，悉知外国人与地方当局关系的意义，编纂者已致力于赢得他们的友谊，并且希望最终取得成功。[13]

这段话认为，中国人妄自尊大，拒绝接受新知识，视西方为不开化的蛮夷是阻碍东西文化交流的最大障碍。故而创办月刊的目的，是使中国人认识到自身的不足，并愿意与西方学习。这一表述跟笔者从西法东渐的角度分析所得结果是一致的。当然郭实腊也提到，此举也是为了在广州的外国居民利益考虑。

再来看看郭实腊的在华经历，1831 年初新教传教士郭实腊来华，之后两年，通过三次中国沿海航行，他看到了中国的衰败和羸弱面，他认为西方能够通过船坚炮利打开封闭顽固守旧的清帝国大门。通过三次沿

---

〔13〕 *Chinese Repository*，August，1833. 参见黄时鉴：《东西洋考每月记传·导言》，中华书局 1997 年版。

海航行，他将实地考察获得的大量一手资料送与英国商人，并以此换取英商对即将出版的《东西洋考》的物质资助。鸦片战争爆发后，他以翻译的身份参与了《南京条约》谈判和签订全过程，之后还做过定海、宁波的"民政长官"。当然，郭实腊也是一位迫切想要西方了解中国的汉学家，在华期间，郭实腊留下了大量中文著作。作为虔诚的教徒，他对上帝忠心耿耿，不遗余力地利用一切机会在中国人中间传教布道。

郭实腊集教徒、间谍、侵略者、汉学家诸种身份于一身。诸多身份使《东西洋考》传播西方法政知识的动因变得复杂。作为教徒，他有新教传教士促进社会改革的理想，为完成这一理想，必须使中国人认识到西方法律的先进，从而认识到改革本国法律的必要，事实上《东西洋考》也是这么做的。作为间谍，《东西洋考》的创办本身带有原罪，且他也想通过传播西方法政知识来促动中国改革，从而打开国门，为西方获取利益。

综上所述，《东西洋考》传播西方法政知识的动因是复杂的：基于西方社会对中国情况的清醒认识，向中国传播西方法律文明，促动中国社会改革，同时为西方在华利益服务。集法律文明的传播与侵略于一身，任何单方面的评价都是片面的。

（二）《东西洋考》传播西方法律方式

为了传播西方文明，同时又必须考虑让中国读者接受而不致引起反感，正如创刊意见中所言，郭实腊须使用正确的指导思想，采取巧妙的表达方法。在传播指导思想上，采取"东西和合"思想。所谓"东西和合"思想是一种以基督思想来统摄东西文化差异的富于文化与文明之融会整合的意识与精神，其主要特点是借助中国传统文化，特别是儒学来表达西方文明。第1期的序说很明显地体现了这一思想[14]：

"夫诚恐因远人以汉话阐发文艺，人多奇巧。却可恨该人不思

---

〔14〕 爱汉者等编：《东西洋考每月统纪传》，黄时鉴整理，中华书局1997年版，第3页。

宗族国民之犹水之有分派，木之有分枝，虽远近异势，疏密异形，要其水源则一。故人之待其宗族、列国民须以友恤也。必如身之有四肢百体，务使血脉相通，而琦痒相关。万性虽性刚柔缓急，音声不同，却万民出祖宗一人之身。子曰：四海之内皆兄弟也。是圣人之言不可弃之言者也，其结外中之绸缪。倘子视外国与中国人当兄弟也，请善读者仰体焉，不轻忽远人之文矣。"

这段话说东西方文化不同，却像河流一样源自同一水源。东西方人不同，却拥有同一个祖宗。接着引用中国古语"四海之内皆兄弟"来说服中国人不要排斥西人所办刊物。其实，对"东西和合"思想的利用，明清之际的传教士在这方面已经做了有益尝试，传教士们逐步懂得，要想把西方文明传入中国，就要将之与中国传统儒家文化相和合。故而，利玛窦坚持把孔孟之道及中国传统的敬天法祖思想与天主教教义相融合，认为，中国古书上的"天"或者"上帝"就是西方所推崇的"天主"。及至近代，比《东西洋考》早十几年的《察世俗每月统纪传》采用的就是"孔子加耶稣"的传教策略。《东西洋考》与此一脉相承，在每一期的封面上，都会大量引用孔子和孟子的言论。

郭实腊希望通过这种"东西和合"思想来改变国人排外的天朝观念，降低传播阻碍。以此思想为指导传播西方法律最典型的就是，1838年《东西洋考每月统纪传》4、5、6月份三期刊载了《英吉利政公会》一文。在这三期连载文章的开头，作者都首先引用了一段荀子或管子的话，对于文中难以理解的话则以儒家经典来解释。该文采用中国纪年方法，将英国的贵族与平民译为"五爵"、"良民"，将英国上议院与下议院分别翻译为"爵房"和"乡绅房"等具有浓烈中国本土色彩的词语。

"东西和合"思想贯彻于该刊物的所有文章中。以此思想为基础，《东西洋考》中西方法政知识主要是通过以下几种方式表达的：

1. 以新闻的名义传播法政知识。在《东西洋考》中，"新闻"栏目里作者大量介绍了十八世纪以来西方国家发生的一些政治大事，如国会辩论、总统选举、法令制定、国家动乱等。

该刊 1835 年 5 月"新闻"栏刊载了英国上议院议长的情况[15]：

> 大英国之宰相，已高寿，三十有余年间，在爵之公会，论本国
> 之政，推正邪也，故此名声显扬，及百姓景仰之。夫衰迈之年，操
> 管难作，就退位也，兼户部堂官。高谈阔论，满腹锦绣，与宰相亦
> 擅仕矣。

该段文字说英国上议院议长执掌上议院三十多年，期间推行良策治
国，因此留下了好的名声，老百姓都很敬仰他。待到年老，即使年高德
劭，也退位让贤，而非终身任职。最后一句话，似乎说明上议院议员不
得担任政府官员，除非卸任。

该刊 1835 年 6 月"新闻"栏刊载了英国公会的情形[16]：

> 英吉利国之公会，甚推自主之理，开诸阻挡，自操权焉。五爵
> 不悦，争论不止。倘国要旺相，必有自主之理，不然民人无力、百
> 工废、而士农工商、未知忠心竭力矣。是以英吉利良民不安，必须
> 固执自主之利也。

这则新闻说英国议员在国会上拥有"自由辩论"的权利，作者认为
国家要想兴旺发达，必须坚持"自由"，否则士农工商都不会为国竭忠
尽力。

该刊 1837 年 11 月"新闻"栏刊载了"英吉利公会辩论"的情
况[17]：

---

〔15〕 爱汉者等编：《东西洋考每月统纪传》，黄时鉴整理，中华书局 1997 年版，第
176 页。

〔16〕 爱汉者等编：《东西洋考每月统纪传》，黄时鉴整理，中华书局 1997 年版，第
186 页。

〔17〕 爱汉者等编：《东西洋考每月统纪传》，黄时鉴整理，中华书局 1997 年版，第
297 页。

本年二月，耳兰地有数十位牧师，联名作状，谨禀公会五爵列位，养育成人，宜循圣书之理，而训道也。大学士竭股肱之力，开言云……今英吉利公会酌核妥议，以免律之害，省业之损，且保债主之才，而避负债之难焉。

这段文字说数十位牧师联名上书英国上议院，请求议会讨论限制高利贷的问题。

该刊 1837 年 12 月刊登了一篇英国议会立法严禁贩卖黑奴的文章，文载[18]：

向来有匪徒驾船，驶到亚非利加之海，返载……贩卖于黑面奴。此经营贩卖人口，诱本地人，从暴杀伤，招祸极酷，殃累无穷……英吉利公会立法定例，凡贩卖人口者，其罪之重，如为海贼矣。巡船常驶来航去，无处不搜寻探访，所有载奴船只，一遇着即捕掠押送，定是死罪矣。

新闻中除了介绍英国之外还涉及美国、法国、德国等。如 1837 年 11 月一则关于"北亚米利加合郡"的新闻[19]：

此民自主治国，每三年一次选首领主，以总摄政事。今年有一位称元比林继承大统，盖其为历年勋旧之臣，胸怀大志，腹有良谋者耳。

---

[18] 爱汉者等编：《东西洋考每月统纪传》，黄时鉴整理，中华书局 1997 年版，第 307 页。

[19] 爱汉者等编：《东西洋考每月统纪传》，黄时鉴整理，中华书局 1997 年版，第 297 页。

该段文字介绍了美国第 8 任总统马丁·范布伦的当选情况。

该刊 1838 年 3 月"新闻"栏刊载了"英吉利国、亚米利加兼合国"一文，其中有如下一段文字[20]：

> 上年八月，理国事公会散，良民选择乡绅代为兼摄。于是百姓眉花眼笑峰聚。候补相公多嘴多舌甘言应承，即职伸民之冤，而推个人之利。倘民悦意随轮选之。届期入公会论道辩理，以副国政，愈英姿敏慧，愈名垂百世，万民景仰，且开升迁职位之路也。
>
> ……是以首领主按例招列老翁会议定事，推国之利，免其陷害。倘各人众皆一心，
>
> 一见，饶此唇舌，事情如意，及民不期复兴焉。

这段文字将英国、美国放在一起，述说英美议员选举的共同之处。所选议员须为民办事，才能得到民众支持进入国会论政。后一段则述说议会之上议员唇枪舌战的情形，作者认为，通过这样作出的决定将利国利民。

1837 年 1 月"新闻"栏刊载了法国的情况[21]：

> 法兰西国自道光十年至今，此民自操权，擅自立王，而悦服矣。但有多人甚原推自主之理，莫不恨人之君焉。此徒勾串立志、弑君、庶乎可弄权焉。因此国王二次临危矣。道光十五年有一壮士，心勇胆志，好殆欲弑其王也。遂买鸟枪藏空竿内，赴御园，待王乘车出来，一看之立即整被，正要放枪，役隶捉之，押送监禁焉。内阁按察司审察恶弊弊，匪徒以弑人之君焉无罪，并无廉耻明

〔20〕 爱汉者等编：《东西洋考每月统纪传》，黄时鉴整理，中华书局 1997 年版，第 347 页。

〔21〕 爱汉者等编：《东西洋考每月统纪传》，黄时鉴整理，中华书局 1997 年版，第 197 页。

说，弑君本所当焉，甘心受死矣。为国民出力，真可谓立仁国政等语。如此欲千百姓之悦，却良民怨恨之。提参之日，臬司提究证见人，断死刑。按本国律例谋杀人君者，若弑父凶手。若无君无亲，反伦乱德，国家庶民临危也。故拟曰"以黑帕罩首"斩之。罪犯不战栗，心志坚平过于石，视死如归也。

这段"新闻"说的是法兰西国王路易·菲利普 1835 年遇刺的情形。一位法国爱好"自由"的国民，痛恨弄权的路易·菲利普，刺杀未成而被捕，最终被判死刑，行刑时视死如归，为"自由"而献身。

1835 年 6 月"新闻"栏刊载了西班牙的情况[22]：

> 西班牙国未平，自王崩，后代公主治国。庶民结党，或好自主之理，或固执异端焉，战斗不息。

该段新闻说西班牙国王驾崩后，王后代公主处理国政，民众或者结党，或者追求"自由"，或者固执异端说辞，导致国家内乱不息。

从上可知，新闻一栏中大量夹杂着西方法政知识，就全刊物"新闻"栏目来说，涉及法政知识的内容占有重要地位，新闻有千千万万，作者钟情于涉及法政知识内容，很能体现出作者的偏向性。况且，有些根本算不上新闻，或者在西方算不上新闻，但作者为了特定的目的，将一些涉法的历史常识编入新闻。以新闻为名，能够减小内容的敏感性，达到传播的目的。

总结以上政法内容，涉及英、美、法、西班牙等国。在作者的笔下，这些国家的国民都是爱好"自由"的，有些甚至为了自由而献出生命。整体而言法政知识内容是比较零散的，导致这一结果，一方面是受新闻这种体裁的限制，作者只能在新闻的夹缝中引入一些涉及法政的知

---

〔22〕 爱汉者等编：《东西洋考每月统纪传》，黄时鉴整理，中华书局 1997 年版，第186 页。

识;另一方面则受地域影响,"新闻"一栏是 1837 年以前广州出版的《东西洋考每月统纪传》中涉法内容最多的一个栏目,其他栏目甚少涉及,1837 年以后出版地点搬到新加坡,此处已非大清国土,来自当局的政治压力减小,作者也能更从容地利用其他形式传播法学知识,"新闻"一栏则逐渐回归它本来的用途,传播法政知识的功能逐渐减弱。

2. 以书信的形式传播西方法政知识。《东西洋考》从 1835 年 4 月号开始登载《子外寄父》,后来又断断续续刊登了 11 封书信,总共 12 封构成了该刊突出的一个栏目。这 12 封信是:"子外寄父"(1834 年 4 月号),"侄外奉姑书"(1837 年 2 月号),"儒外寄朋友书"(1837 年 4 月号),"侄外奉叔书"(1837 年 6 月号),"叔家答侄、侄覆叔书"(1837 年 7 月号),"自主之理"(1838 年 3 月号),"侄寄叔、叔寄侄"(1838 年 4 月号),"侄答叔书"(1838 年 7 月号),"侄奉叔"(道光戊戌年 8 月号),"侄覆叔"(1839 年 9 月号)。

第一封"子外寄父"借在国外儿子给父亲写信讲述在外所见所闻。儿子原以为"诸夷国当小洲",认为"夷人如恶鬼贫贱,甚实堪怜"。但在国外之后却发现"地方之宽,城邑之美,百姓之盛,市头之闹"。且"农商相资,工贾相让,且此地之官员推广立教,使民知礼识义",这远远超出了他的意料,从而使他"色沮言塞"。[23] 在"儿子"之前的观念里,中国为天下的中心,为文明礼仪之邦,外国皆为蛮夷之地,这其实反映的是当时国人的普遍心态。这封信的目的就是要破除中国人这种自大的观念,将中国人的视野扩大到海外。

"侄外奉姑书"借侄子之言讲述,英国重视女孩,宣扬男女平等,提倡婚姻自由。"儒外寄朋友书"借朋友的口吻讲述英国文官政治,他说:"例律学士,国家令学习武艺,又守律例义度,准则学习之期,亦满三年而考,考中了为文官,经历笔贴试、知府、知县等,上及按察

---

〔23〕 爱汉者等编:《东西洋考每月统纪传》,黄时鉴整理,中华书局 1997 年版,第 111 页。

使、抚院、总督。"〔24〕"侄外奉叔书"借侄子的口吻给叔叔写信,讲述了美国的建国历史及政治情况。"叔家答侄、侄覆叔书"一文承接前篇继续讲述美国基本国情。"自主之理"一文"引人信启之言"讲述了英国政体之核心"自由"。"侄寄叔、叔寄侄"、"侄答叔书"、"侄奉叔"、"侄覆叔"连续数封信完整介绍了西方监狱改革历史。

以书信形式传播西方法政知识是这本刊物中传播西方法政内容最多的一种方式,也是本文研究的重点。这些书信都是借旅居海外的中国人之口来叙述介绍外国的情况。书信、开头语均为模仿中国人父子、叔侄、朋友之间交流的问候词语,显得亲切、真实可信,非常适合中国读者的口味。

3. 借鉴章回小说叙事形式传播法政知识。章回小说是长篇小说的一种,中国古典小说的主要形式,由宋元讲史话本发展而来,至明清走向成熟。它的特点是分章叙事,分回标目,每回故事相对独立,但前后又互相勾连,从而构成一个有机的整体。小说正文经常以"话说"两字起头,并在情节展开的紧要关头煞尾,用一句"欲知后事如何,且听下回分解"的套语。显然,《东西洋考》的编者深知章回小说在中国的影响力,故借用它的某些形式来表达观点,这尤其集中体现在该刊的后半部分。

1838 年 4、5、6 月连续发表三篇"英吉利政公会"的文章,文章用三个博学名儒苏发令、张现德、吴相公之间的对话详细阐述了英国国会的运作机制。文章以"话说",中间遇有困难不解之处,由其中一人发问,另一人回答,以此推动行文,至紧要关头处,则言"不知国政公会如何,只看下月传"。三篇"英吉利政公会"的文章,充分体现了中国章回小说的一些特征,每个相对独立,又互相连接。故事有起伏、有悬念。读起来不使人感到沉闷,十分适合传统中国人的阅读趣味。

---

〔24〕 爱汉者等编:《东西洋考每月统纪传》,黄时鉴整理,中华书局 1997 年版,第 221 页。

二、《东西洋考》中法政知识梳理

《东西洋考》中传播的西方法政知识内容十分丰富，涉及欧美各国民主政治、司法、狱政、革命等各个方面。这为当时中国人了解西方政治打开了一扇天窗，也为我们认识近代西方法政知识输入中国的早期状况提供了宝贵的历史材料。本部分将根据《东西洋考》所传播的西方法政知识的内在逻辑对其进行整理，分为：欧美国家民主革命情况、自主之理、英美宪政体制、狱政及司法制度、其他，五个部分。

（一）民主变革的先声：欧美国家民主革命情况

《东西洋考》中大量介绍了英、美、法等国的民主革命历史：

1. 关于英国。1833 年 5 月刊"东西史记"栏目中介绍了英国历史上具有里程碑意义的《大宪章》，文中说英王约翰暴虐无道，先是被传教士欺压，后又被诸侯围困，在不得已的情况下"立法赐民自专"，所立之法至今还在使用。接着介绍了 1265 年英国议会形成等方面的知识，文中说亨利三世时，"诸侯专权"，国王迫不得已召集民众中有能力的贤者辅佐自己，每郡出两人，聚于王都商量国家大事，从此以后"小民得志于英吉利国而大王公侯不能苦压之焉"[25]。

1835 年 1 月刊文介绍的是英国"光荣革命"一事，文中说威廉三世时期，国会理政，改变原有的统治政策，减免债务。国家人口逐渐增长，政府鼓励老百姓移民美洲。最后一段则说国会立法保护宗教信仰。其文曰：

> 大英国君廪宝，真可谓兴隆之际，其公会理国之事，改邪辟正，蠲租填债，当下生齿日繁，推民挪移亚墨利加，兼新荷兰藩属，开垦土地，因疫气之流行，人多一瞬间殂殁，人呼泣昊天，血

---

[25] 爱汉者等编：《东西洋考每月统纪传》，黄时鉴整理，中华书局 1997 年版，第 125 页。"东西史记"一栏所刊载内容来自《东西史记和合》一书，故该段内容前面摘录过。

泪盈襟，此灾祸如今止矣，居民都赴神天之堂，感激神天之恩慈，省得瘟疫也，大英国人因奉事上帝救主耶稣，每七日有瞻礼拜……是以良民已经伏禀大英国之公会，立法严禁亵渎圣法度及公会允之。[26]

2. 关于美国。1837 年 5 月刊《论》一篇，该文以对答方式讲述了花旗国的来历。北亚墨利加（美国）在明朝年间皆是"野旷"，明弘治年间英吉利人也来到北亚墨利加。后该地"地方兴隆，人民日增"，于是就设立公会，"定田赋、税饷"，权利操纵在人民手中，只有各处总督是英国人。乾隆年间大英国公会征纳钱粮，北亚墨利加人民不肯纳饷，"总督催迫"。乾隆三十八年（1774 年），"公司船载茶叶赴北亚墨利加海口"，海关欲征税而百姓不顺，登船将茶叶投海。之后"大英国公会议论定旨强服新民"，双方"久战不分胜负"。在法兰西、荷兰、西班牙的帮助下，英军无奈，只能"赐民自主操权"。自那以后"亚墨理驾民行宽政，乃以民安。十八省合总及叫做亚墨理驾总郡或兼合邦。各省诸郡有本宪代民理国事，则于京都有公会，治总郡之政事。每四年一回拣择尊贤之人，为国之魁首领，另拣公会之尚书"。这段文字讲述了美国独立战争前后的历史，涉及到"殖民历史"，"波士顿倾茶事件"，法兰西、荷兰等国帮助美国独立等，最后英国迫于无奈，只能让美国独立，独立后的美国公会治国之事，每四年选举一次国家元首。[27]

1837 年 6 月刊《侄外奉叔书》一文，借侄子之口写道花旗国（美国）自乾隆年间起各州就"自操权而行宽政，乃以民安，容个人任言莫疑"，后民众不服英王，每个州自立公会，自选人才，代庶民"政治脩举，然统理国会与列邦首领之主而治国纲纪"，首领主在位四年之后就

〔26〕 爱汉者等编：《东西洋考每月统纪传》，黄时鉴整理，中华书局 1997 年版，第 140 页。

〔27〕 爱汉者等编：《东西洋考每月统纪传》，黄时鉴整理，中华书局 1997 年版，第 231 页。

退位,倘若"民仰望之,欢声载道,复任四年"。百姓所喜爱的,是能办事的人,如果具备这个条件,就会被举荐做官。之后又说"该国无爵,民齐平等,惟赋性惠达,财帛繁多之主,大有体面焉",在这种情况下"民之通商迄于四海,可谓之贸易洋溢呼中国,施及蛮貊,舟车所至,人力所通,遍有居民,莫不知有花旗矣"。在独立战争期间,各州民结党,誓死为了执行"自主之理",以"自主之理"作为立国之基,各州兴旺发达起来。正因为如此"旗之星表国之列省,合为一国也"。[28]

1838 年 1 月刊《华盛顿言行最略》一文,该文称赞华盛顿为"经纶济世之才,宽仁清德遍苑,忠义两全之烈士中,华盛顿独立无比"。之后回顾了华盛顿的成长经历,早年参加军队抵抗法兰西与土著居民对英吉利新民的骚扰,战争中立有大功,但"英帅不赏犒",于是"同乡郡之民,立之为统领其郡之三军",因生病,无奈解甲归田。待"英国家磨难本民,征税不义"后,众人推举华盛顿为大元帅,举兵反抗不义之主,后法兰西王联合美理哥(美国)民众攻打英军,英王无奈何而与之结和。自此以后"美理哥民自主操权掌治国也。乾隆四十七年(1782年)华盛勇将军之分,绥靖军士,为谢烈士,而致仕矣,归田、安业、而不干预政事,虽势浩大、威震天下、弄权在掌握之中,为所得为。然上报国家,下安黎庶,竭心忠诚,夙夜专务。良民知华胸怀大志,腹有良谋,故立之为国之首领主。"[29]

3. 关于法国。1834 年 2 月刊《新闻之撮要》报道了法国大革命,"佛兰西国数年之先,除位不义之帝君,别设王。惟先世子之后不悦,招民逐新王归旧政,岁月之间混乱后,忽然捉住后也。……自旧王之除以来,佛兰西人自主惆悦,大开言路,自操其权。"[30] 文中的"不义之

---

〔28〕 爱汉者等编:《东西洋考每月统纪传》,黄时鉴整理,中华书局 1997 年版,第241 页。

〔29〕 爱汉者等编:《东西洋考每月统纪传》,黄时鉴整理,中华书局 1997 年版,第319 页。

〔30〕 爱汉者等编:《东西洋考每月统纪传》,黄时鉴整理,中华书局 1997 年版,第92 页。

帝君"指的是路易十六,这是第一次经由中文期刊报道法国大革命。

这段历史在 1837 年十月刊《拿破戾翁》一文中有更加详细的描述,文中说:

> 乾隆五十三年(1789 年)法兰西国民因难为征收钱粮闹出祸来,……其五爵强迫下民而不纳赋税,其良民遭磨难无告者,其僧掌教师等弄权,……王招公会辩论政情,定着赋税……匪徒钟灵毓秀、伶牙俐齿挑唆百姓作乱弄权……乾隆五十七年(1793 年),捉王禁押监牢,定罪斩头矣。忽然邻国皆发兵攻击法兰西之民……此乱政之时,拿破戾翁乘机依军功自为皇帝登位也。……法兰西初作乱之际,其为千总,大有名声也。既好自主之理,与摄国之民权结友也,公会弑王之后,其良民皆混乱……拿破戾翁领军抵挡,冲锋破阵。因此著有功勋,为国之总帅也。[31]

该段文字叙述拿破仑平生经历,法国大革命后法国处于内忧外患之中,拿破仑力挽狂澜于既倒,因功获得法国政权。值得一提的是,该文名为《拿破戾翁》,文中提及拿破仑时也以一个"戾"字修饰,显有贬损否定之意,然则考察其内容,却为肯定之语,该文最后评价拿破仑时说他"立山岳之武德",即武德功勋如同山岳一样高大。这种明贬暗褒,颇得春秋笔法之意。

上述内容讲述了英、美、法三国革命历史,人民武装动乱对抗封建王朝,追求"自主之理",这对中国人来说是非常震撼的事情,在十九世纪三十年代,刊载这样的文章,是极其冒险的行为。三国革命,尤以法国最为暴烈,对封建王权的冲击最为凶猛,故作者在《拿破戾翁》一文中用了明贬暗褒的写法。

---

〔31〕 爱汉者等编:《东西洋考每月统纪传》,黄时鉴整理,中华书局 1997 年版,第281 页。

（二）民主政治的核心：自主之理

《东西洋考》中提及最多的一个法律名词当属"自主之理"，甚至专门撰写《自主之理》一文，论述其义。关于"自主之理"的含义，《东西洋考》中并未给出对应的英文词义，马礼逊在《华英字典》中用"freedom"对应"自主之理"，即自由。对于该词的含义，学界有不同看法，黄时鉴认为"自主之理"就是今天所说的"法治"[32]，何勤华持有类似看法[33]；方维规认为"自主之理"是西语概念"democracy"，即"民主"的早期汉译[34]；王健偏向于"自主之理"为"依法治国"之义[35]。无论是"法治"、"民主"、抑或"依法治国"，其概念都过于宽大，结合《东西洋考》文本及1837年3月刊《自主之理》一文，笔者认为"自主之理"就是"自由"之意，现做一梳理。

1834年2月刊中提及"自旧王之除以来，佛兰西人自主惆悦，大开言路，自操其权。"[36]1835年1月"新闻"栏刊载"者耳马尼国比大英与佛兰西两国更大，列帝君治之，因居民悉自主的理，任言莫？帝君等甚发怒，会议论设诚自主之主义，撰书著文禁得自行奏事。"[37]这里作者使用的是"自主惆悦"、"自主的理"，含义上跟"自主之理"没有差别。无论是佛兰西人还是者耳马尼国居民，其好"自主之理"的都是民众，是一个跟君主对应的群体，且德国君主打算禁止"自主之义"，由此可见，"自主之理"是一个跟"专制"相对应的概念。从结果上看，获得"自主之理"后就可以"大开言路，自操其权"，即民众获得

---

〔32〕 爱汉者等编：《东西洋考每月统纪传》，黄时鉴整理，中华书局1997年版，导言第20页。

〔33〕 何勤华："传教士与中国近代法学"，载《法治与社会发展》2004年第5期。

〔34〕 方维规："东西洋考'自主之理'"，载《中外法学》2000年第3期。

〔35〕 王健："西方政法知识在中国的早期传播——以《东西洋考每月统纪传》为中心"，载《法律科学：西北政法学院学报》2001年第3期。

〔36〕 爱汉者等编：《东西洋考每月统纪传》，黄时鉴整理，中华书局1997年版，第92页。

〔37〕 爱汉者等编：《东西洋考每月统纪传》，黄时鉴整理，中华书局1997年版，第140页。

自己的权利和自由。论及英、美、荷兰等国政治时，亦多述及该国民众好"自主之理"，因而反抗"不义之王"。这些内容，鲜明地显示出"自主之理"的含义为"自由"。

1837 年 3 月刊《自主之理》一文则更加明了地进行了说明，文章开头提到"我中国人慕英吉利国名，而未知其国家之政体如何。"进而写道"询此国政之缘由，英民说道我国基为自主之理。"〔38〕这里的"政体"应当是指英国的"国政"，文中说"自主之理"为英国的"国基"。与美、法等国暴风骤雨式的"革命"不同，英国"政体"发展有其历史的渐进性，这点文中也有提及：

> 英吉利国养高修正，守志乐道，才德兼备。若有重要之事，遂推古验今，穷经博史、洞察渊源。既知各国立政，以安黎明而诸政不同。英吉利权衡与他国殊异，就力勉引其端绪，修书信与心腹之朋友知。〔39〕

接着作者讲到，"自主之理"是通过"法治"来实现的，即法律保障自由。文载：

> 愚问其义云自主之理者，按例任意而行也。所设之律千条万绪，皆以彰副愚体，独其律例为国主秉钧，自帝君至于众人，各品必凛尊国之律例。所设之例律必为益众者，诸凡必定知其益处。一设则不可改，偶从权略易者，因其形式不同，只推民之益而变焉。情不背理、律协呼情。上自国主公侯、下而士民凡众，不论何人，犯之者一齐治罪，不论男女老幼、尊卑贵贱，从重究治，稍不宽

---

〔38〕 爱汉者等编：《东西洋考每月统纪传》，黄时鉴整理，中华书局 1997 年版，第339 页。
〔39〕 爱汉者等编：《东西洋考每月统纪传》，黄时鉴整理，中华书局 1997 年版，第339 页。

贷……其审问案必众人睹目之地，不可徇私情焉。泉司细加诘讯，搜根寻衅，不擅自定案，而将所犯之例，委曲详明昭示，解送于副审良民。此人即退和厢，商量妥议，明示所行之事，有罪、无罪按此议定批判。遂将案之节恃著撰，檄于天下，令众民自主细辩定疑之义不义否。至于桌宪，其俸禄甚厚，不敢收陋规，人视之如见其肺肝。真可谓'十目所视'、'十手所指'其敢呼？由是观之，此国之宪，不能稍恃强倚弱，肆意横行焉。设使国主任情偏执，藉势舞权，众民恃其律例，可以即防范。倘律例不定人之罪，国主也弗能定案判决矣。[40]

从上文可以看出，要实现"自主之理"，应当"按例任意而行"，而所按之例又必须符合法治的理念。其一，它明确了法律的正当性，即"所设之例律必为益众者，诸凡必定知其益处"，法律一经实施，不能随意修改，即使修改也必须"只推民之益而变焉"。其二，它阐述了法律的权威性，即"自帝君至于众人，各品必凛尊国之律例"。其三，它论及法律面前，人人平等原则，即"上自国主公侯、下而士民凡众，不论何人，犯之者一齐治罪，不论男女老幼、尊卑贵贱，从重究治，稍不宽贷"。其四，它描述了对权力的控制手段，即一方面从制度上限制"桌宪"（司法官员），另一方面限制"国主任情偏执，借势舞权"。其五，它指出在实施法律过程要体现程序正义。要求审案"其审问案必众人睹目之地，不可徇私情焉"，"遂将案之节恃著撰，檄于天下，令众民自主细辩定疑之义不义否"。[41]

接着作者从理论的高度讲述了"自主之理"的意义与限度。即：

---

〔40〕 爱汉者等编：《东西洋考每月统纪传》，黄时鉴整理，中华书局 1997 年版，第 339 页。

〔41〕 该部分内容借鉴了李栋：《鸦片战争前后英美法知识在中国的输入与影响》，中国政法大学出版社 2013 年版，第 118 页的部分观点。

　　义人曰"上帝降衷，秉□之则，侠烈义气可以养高修正、守志乐道。我本生之时为自主，而不役人也"。[42]

　　该段话从天赋人权的角度指出，人生而具有不受奴役的先在性权利，但由于人性本恶，故而人们需要受到法律的约束：

　　却人之情偏恶，心所慕者为邪也。故创制垂法，致弹压管束人马。我若犯律例就私利损众，必失自主之理矣。[43]

　　法律的意义在于保障自由，实现每个人的"自主"。自由是法律之下的自由，自由必须受到法律的限制，即所谓"至于自主之理，与纵情自用迥分别矣"[44]。之后，作者阐述了，"自主之理"即"自由"的基本内容，大体上分四项：

　　第一，人身自由不受侵害。对人身自由的保护大体上分两种情况，其一，"非经法定程序，任何人不受逮捕、监禁"，即：

　　刑能防恶徒也，或枭首绞缢，致除害之根诛也。但无罪而累人者，甚屈曲逼民不可也。设使原拿住人物，而不出宪票，以无凭据捉人，恐惧陌民，致卒役诬良受罪，定不可也。必须循律例办事而不准恣意焉。[45]

---

〔42〕　爱汉者等编：《东西洋考每月统纪传》，黄时鉴整理，中华书局1997年版，第339页。

〔43〕　爱汉者等编：《东西洋考每月统纪传》，黄时鉴整理，中华书局1997年版，第339页。

〔44〕　爱汉者等编：《东西洋考每月统纪传》，黄时鉴整理，中华书局1997年版，第339页。

〔45〕　爱汉者等编：《东西洋考每月统纪传》，黄时鉴整理，中华书局1997年版，第339页。

其二，审判、行刑必须严格依照法律规定的程序执行，即：

> 设使将罪犯禁狱，届期必须出狱，研讯审事，即如明镜，鉴察秋毫，瞒他不得。[46]

第二，财产自由权利受到保护。这里作者描述了两种状态，其一，在专制暴政情况下，财产权利得不到保护，君主将引火烧身，即：

> 倘主势迫屡擅作威福，良民丧心。既畏暴主，最惮勤劳，恐所利之物强夺也，暴其民甚，则身弑国亡，不甚则身危国削。[47]

其二，从正面论述，如果君主遵守"自主之理"，则会出现国富民强的局面。即：

> 但各国操自主之理，百姓勤务本业，百计经营，上不畏、下不仇。自主理之人偶觉事务。是以此样之国大兴，贸易运物甚盛，富庶？享，文风日旺。岂不美哉。[48]

第三，言论、出版自由为"自主之理"的应有之义。作者认为，言论、出版自由能够使民众议论国是，纠正官员错误，限制政府恣意妄为。即：

> 欲守此自主之理，大开言路，任言无疑，各语其意，各著其

---

[46] 爱汉者等编：《东西洋考每月统纪传》，黄时鉴整理，中华书局1997年版，第339页。

[47] 爱汉者等编：《东西洋考每月统纪传》，黄时鉴整理，中华书局1997年版，第340页。

[48] 爱汉者等编：《东西洋考每月统纪传》，黄时鉴整理，中华书局1997年版，第340页。

志。至于国政之法度，可以议论慷慨。若官员错了，抑官员行苛政，酷于猛虎，明然谏责，致申训诫警。如此露皮漏肉、破衣露体、不可逞志妄行焉。[49]

第四，保障宗教信仰自由。宗教信仰自由包含两个方面：一方面，民众有相信宗教的自由，世俗政权应当宽容的对待信徒的宗教信仰；另一方面，民众有选择不同宗教信仰的自由。其文：

> 且崇上帝，各有各意见。国民若操自主之理，不敢禁神道，而容诸凡各随所见焉。虽攻异端，然不从严纠治其徒也。各人必按胸自问心意，真诚否。惟上帝鉴人之心，思志未发，则可知其心底矣。故此，惟上帝下临洞照，而电定心事也。[50]

对于上述四项基本自由，作者总结道："由是言之，各项自主之理，大益矣。"最后作者论述了"自主"与宗教信仰的关系。作者认为，民众崇尚"自由"必须受到宗教的约束，否则，将会"天理沦亡"，失去"自主"的本意，而真正的"自主"是建立在"善"的基础上的。其文：

> 倘人纵欲淫风日炙，天理沦亡。虽谓操自主之理，其言妄也。惟人能居仁由义，注存积善，真为自主……此是天下之正道，天下之定理矣。[51]

---

〔49〕 爱汉者等编：《东西洋考每月统纪传》，黄时鉴整理，中华书局 1997 年版，第 340 页。

〔50〕 爱汉者等编：《东西洋考每月统纪传》，黄时鉴整理，中华书局 1997 年版，第 340 页。

〔51〕 爱汉者等编：《东西洋考每月统纪传》，黄时鉴整理，中华书局 1997 年版，第 340 页。

回顾上文，作者论述了"自主之理"与"政体"、"自主之理"与法治的关系、"自主之理"的基本内容，以及"自主之理"与宗教信仰的关系等。这些内容将西方法律的核心——"自由"全面地呈现在中国读者面前，这是封闭、专制的清帝国所最缺乏的。

（三）民主政治的保障：议会制度

《东西洋考》中有关英美议会制度介绍的内容也是相当丰富的，从1838 年 4 月起连续刊载三篇有关《英吉利政公会》的文章。集中介绍了英国议会的起源、运作机制及其所依赖的政治原理。

文章首先叙述英国议会制度的起源，其文曰：

> 英民分二等，一曰五爵、一曰良民，二者相互依靠，不得已而相持相扶矣。此情形自上古而兴焉。昔时那国被蛮夷侵取，强服其土人……抢略多者为五爵之首，所伏之土民为其奴……宋朝年间生意丰盛，商贾通利，堆金积玉，安居乐业，不肯如奴婢服待，只操权持能。遇有赋税纳饷，就是议论，互相计较。由是国政公会起也。但是明朝年间众民改恶选善，屏斥邪道，以厚风俗，渐渐进学，颖悟超群。既安详察物理、洞悉明白，然则自主之理，如影随行，及国政公会摄权理民……〔52〕

文中说英国人很早就分为"五爵"和"良民"二等，（这里应当指的是"贵族"和"平民"两个等级。）二者不得已而相互扶持。至宋朝年间英国政公会兴起，明朝年间，经过改革，去除弊端，国政公会逐渐掌握了统治国家的大权。这里再次体现了英国"政体"变革历史的渐进性的特点。

接着，文章介绍了英国议会至上，王权受议会约束的特性，曰：

---

〔52〕 爱汉者等编：《东西洋考每月统纪传》，黄时鉴整理，中华书局 1997 年版，第353 页。

此国政公会之主为国王，任意选贤择能，提拔幽隐，亲召其臣。自立操全国权，任重责大，但干弊事无责其躬，惟问贤臣而已……倘若加赋征收钱粮，必与国政公会共为议处。倘列位不允亦不可纳税。设使公会弃顺效逆，王即申谕伤众散也……〔53〕

之后讲述了公会的组成及运作机制，其文：

公会为"两间房"，一曰"爵房"，一曰"乡绅房"。在爵房独有公侯等世爵，并国之主教。在"乡绅房"有谕宰相转告"爵房"。佥公然计议停当，决论微言，出意见献其计，详拟定例。遂令"乡绅房"各位酌核妥议，恐庶众不合意，又必察其大众允诺否，不允则弃之，再不题论国主。原征收钱粮，遂讨乡绅房胥，详悉妥议，可否拨发。倘百姓或原立法，抑想改正拟处之本，遂请"本乡绅"以此事陈明公会。即曰"参谋正义"众人旋膺观察核实办理。各事合意，遂允之，咨爵房再会议。公侯不推辞可以允之。不然，再有议处或？屏弃之。遇有告状，可于乡绅台前？诉衷曲，斟酌票拟，不可变焉。〔54〕

这里的"两间房"，"爵房"与"乡绅房"应当指上议院与下议院。接着讲了乡绅（议员）的特权，曰：

至于乡绅各位，不可捉、不可监禁。倘犯罪作恶，自干重戾，其同僚可以究辩治罪矣。惟公侯犯法见同公侯之审判。至于乡绅，

---

〔53〕 爱汉者等编：《东西洋考每月统纪传》，黄时鉴整理，中华书局1997年版，第353页。

〔54〕 爱汉者等编：《东西洋考每月统纪传》，黄时鉴整理，中华书局1997年版，第365页。

于中取事，国主终不可焉。[55]

之后述及公会握有重权，未经其讨论决定，"公会未废之，国主不驰法也。变通增减、因时制宜之处，惟公会所办理。然王可以或屏弃、或允从也。"[56] 接着，讲述政公会构成人员情况，"乡绅"（下议院议员）因为是民众所推举产生的，故必须"钩民之誉"，且"得民之志而兴，失民之志而废"。至于"爵房"（上议院议员），权势浩大，多为"乡绅"的对头。"乡绅"取民之誉，敢作敢为。[57] 接下来又讲述了公会的具体运作程序：

> 大会议国政，开事之前，祷上帝以天之慧智降心光照神通广大，宜然办事。祷毕，各人秩然题起国政之言语。惟一人谈了，余者默然。言毕，或有人助之，或有人辩驳之。当时是，有人旁侍，细写其词，缮毕，交印书人，即夜印之，早晨广布天下。且说辩谈之后，各出意见，惟以人多允者，循行人少允者，舍之。这也乃寻常之事。在爵房之位，舍义不？然内阁大学士、各品大臣同在也。设使议论政务，大关于国家者，则国主亲躬坐爵房，光辉炬著、昭明有融焉。佥整肃敬畏，不可妄作，而随意拆辩。[58]

之后谈到了公会的开会时间及闭会期间紧急情况的处理：

---

〔55〕 爱汉者等编：《东西洋考每月统纪传》，黄时鉴整理，中华书局 1997 年版，第365 页。

〔56〕 爱汉者等编：《东西洋考每月统纪传》，黄时鉴整理，中华书局 1997 年版，第365 页。

〔57〕 爱汉者等编：《东西洋考每月统纪传》，黄时鉴整理，中华书局 1997 年版，第365 页。

〔58〕 爱汉者等编：《东西洋考每月统纪传》，黄时鉴整理，中华书局 1997 年版，第365 页。

国会冬聚夏散，不会之时国之大臣办政务，责任尤重，治事无章、惟臣是讨，则公会究辩焉。再集会之际，国主亲自金口玉言，苦劝众人，心存忠笃、专心一意，念切国家，推民之福也。言毕乡绅伏察纶音，酌核定义具奏。即开言论国情矣。

且说两友道"既是如此，公会酌核政务，设使有衅隙国乱如何治呼？"吴相公道，"这也解说不难，国家既临危，国主摄国之权而不察纳公会之意矣。邻国下战书，就安排妥当，粮草丰足，军器完备，讨乡绅纳会饷，以辅国用。倘反形未露，逆某未彰也，劝公会妥筹防堵，保障封疆。然宇内一颠覆，暴凶恣逆，国主领军殄灭奸党而不待公会议论焉。"[59]

接下来是有关国王遣散公会的情况：

公会摄国政之时限不定，然国主不悦之，即令之解散。各位踞里。再欲密议，征税复招国会，酌量详悉妥议，通行晓谕，庶民知之。各州邑居民集会立殷实人，查问其伪劣者，选贤建能，大众所遴选者，赴公会之职也而办本州之事。[60]

最后提及公会依据英国"自主之理"处理国家政务。回应了《自主之理》一文中"国基为自主之理"的结论。

1838 年 7 月刊《北亚默利加办国政之会》一文，借侄子在北亚墨利加（美国）的见闻，向国人阐述了美国政治。文章一开头从北亚墨利加（美国）历史的角度阐述了该国政治不同于其他国家的原因：

〔59〕 爱汉者等编：《东西洋考每月统纪传》，黄时鉴整理，中华书局 1997 年版，第 365 页。

〔60〕 爱汉者等编：《东西洋考每月统纪传》，黄时鉴整理，中华书局 1997 年版，第 365 页。

乾隆年间该国之民恨英吉利国不仁之政，怨其总督攻国之义，冤民之理，自操权焉。云"一人摄统政，抚御四海，威震万方，强服百姓，民不安"，其自主之理自然废矣。擅自作行，敢作敢为，权势浩大，威震庶民焉。[61]

北亚墨利加国（美国）早期受英吉利国殖民，民众的"自主"权受到迫害，为了防止个人独裁，使民众丧失"自主"，该国人建立了一套有别于他国的政治制度：

故不立王以为国主，而遴选统领、副统领等大职，连四年承大统。必干民之誉，瞭然知宰世驭物，发政施仁也。就治天下可运之掌上。此元首统领百臣，以正大位，修各政以安黎民焉。如此政治修举。遍国之地方，亦各立其政，如大统亦然，而各地方之政体皆统为一矣。其凡居民四万人自择一位，代办地方之事，赴京议拟。此缙绅诸位会为办国政务，征收钱粮、起兵、添军、妥当防堵、保障封疆，与外国结约，开通商之路，且出通国行宝，发战书……其国之元首为三军、诸师船之大元帅，宥罪、宽贷、固执律例矣。力能虽大，不可害无辜者。事权在握，为所得为，惟责任尤重。议会可告且定其罪矣。代办国政之位必对民述政，而不可瞒也。倘民有紧要之事进呈，详细述其缘由，或祈伸冤，或求立新法，以推民之福矣。列位遂斟酌、查究、辩论，其大众允，遂准行，不然，推辞矣。真可谓该国家恶人之所恶，好人之所好，故取民之志，且民欢载道也。倘得众则得国，失众则失国。秉政之列位，先慎乎德，有德，此有人，有人，此有土，有土，此有财，有财，此有用也。所

---

〔61〕 爱汉者等编：《东西洋考每月统纪传》，黄时鉴整理，中华书局1997年版，第389页。

说之话，所办之事，十耳所听，十手所指，难逃民之鉴矣。[62]

该国不立君主，遴选统领对民负责，统领的权利虽大但受国会与法院的制衡，在这套政治体制下，北亚墨利加国（美国）出现这样一种局面：

> 由是观之，其民摄总政，且操权焉。汝父寓国二年有余，未看有勒捐情事，主势迫胁矣。庶民均其平分，未犯法，又无受罚也。治天下不可无法度，然法为主而刑为佐。元首申国法以彰典刑，而执法如山，民人自畏其法律，则凛遵之矣。各乐其业，勤务工作而无虞矣。设使有官自高自满，特势凌压，民眼昭昭，疏而不漏。倘外国人至，原任意游地，终不禁入内山樵采。[63]

无论是英国公会还是美国国政之会，其核心就是"民摄总政，且操权焉"，即国家主权掌握在民众手中，最高权力受到制约，这对数千年来奉行皇权至高无上的封建君主体制来说是有力的挑战。

（四）民主的体现：西方狱政改革与新司法制度

《东西洋考》的编纂者显然注意到了清朝野蛮残酷的刑罚，从1838年4月刊《论刑罚书》起，连续刊载《侄答叔监内不应过于酷刑》、《侄答叔书》、《侄奉叔》、《侄复叔》等五篇文章，通过在外游学的侄子与叔叔的对话，展现西方的狱政改革历史与新司法制度，通过对比，委婉地表达了中国狱政与司法的弊端，力图使国人认识到改革的必要。

在《论刑罚》书中，侄子问叔叔缘何大清国刑罚如此残酷，其文曰：

〔62〕 爱汉者等编：《东西洋考每月统纪传》，黄时鉴整理，中华书局1997年版，第389页。

〔63〕 爱汉者等编：《东西洋考每月统纪传》，黄时鉴整理，中华书局1997年版，第389页。

又查国有刑法律，其刑法轻则答杖枷责，重则徒流遣军，更有斩绞凌迟，入于大辟。嗟乎，世人何苦受其典刑。倘欲寻其罪源而塞奖可乎？兹函奉达、伏乞，故父大人详说分明。缘何设立刑法之意，乞祈。[64]

叔叔则从中国传统刑罚注重恐吓与震慑的角度回答道：

承问缘何立刑一事，凡为治家、掌国，家法立则子孙遵守，国法立则士众知有典刑。倘或作奸犯科，则必按律而惩治。若犯罪而不加刑，则其律置于无用，定生事招祸发乱也。故刑加犯人之身，必施于众目之地，使观者知有敬畏，而所犯者知其痛楚，冀将来改过而旁观者亦必力勉而行善耳。加刑意如此也。[65]

在回叔叔的《侄答叔监内不应过于酷刑》信中，侄子认为大清国的刑罚与司法体制，存在公报私仇的弊端，即"或有人预报私恨，或欲除去乡里对头，即情诬告，牵累其人，此乃寻常之弊"。而叔叔所言刑罚的好处，却"各国人尚未了然明白"（言下之意如果有这么多好处，为何外国人不用，含讽刺）。为了解答这一疑惑，侄子偶然找到了一本讲述西方狱政改革的书，该书讲述了十八世纪英国慈善家和监狱改革家霍华德的事迹及其著作。接下来详细介绍了候活（信中将霍华德译为候活）平生事迹。信中讲到，英吉利人候活年轻时周游列国，不幸被法兰西抓获，后"被收在法兰西监内，受了许多苦楚，寝食皆废"。被放出来后即"尽力救了同在监内之人"，决心"到各处劝教囚犯，并力察究监内之情形"。四十七岁那年他应为举办慈善事业而被"众人公举为巡

---

[64] 爱汉者等编：《东西洋考每月统纪传》，黄时鉴整理，中华书局1997年版，第360页。

[65] 爱汉者等编：《东西洋考每月统纪传》，黄时鉴整理，中华书局1997年版，第360页。

监官"，因为"司狱以酷待囚，不悦"而"致仕"。之后周游英国各处监狱，查看狱卒如何对待囚犯，并将情况告知国王。后来他巡游欧洲各国监狱，将"各事表彰通行世间，令凡人知监内之恶弊"〔66〕。

在《侄答叔书》中讲述了候活（霍华德）在俄罗斯监狱中的所见所闻，其文曰：

> 俄罗斯法律森严，除谋反重案拟议处死外，其余各罪犯则用鞭打而已。此等刑法重于受死，故有犯人情愿贿赂行刑之人，求早速死，免受鞭挞之苦……候活论打人之鞭，乃是一条木，长约一尺，其指粗大。其行刑之人，时常换之，因有时打犯，血滋则软，故换之也。看斩首之斧木器，并扎手之器，穿鼻之器等。心甚痛恨。又到监牢之内，探视囚犯。坐，一间，广监内有三十五个重犯罪人，气甚热，并无气息相通之房。在他监内，见有七十五个犯罪之奴仆，两脚皆用大木夹住。在四间房内，比前之监更密。又见一间，乃国家新建的大监，内有六十八个囚犯，其中二人为欠债的，又有二十七个游手散荡男女之人，共住在一间小房中。城外另有一监牢，内二十五人以铁箍缚脚。又有十二至十五岁小童共八十人在其内，其大半非因犯罪遭禁，乃因欠债而已。内一犯人对候活说因欠银二十三元，坐监四年……候活于沿途探视了两城的监牢，在一监牢见十六个凡人，内有二人以一条铁束锁于颈项。彼处之监牢污秽、臭恶不堪。待医生同他入一间小房，再不敢去看别间。惟候活自处入新监内，见六十九个犯轻罪之人。在欠债人的监内五间房，共有百余个极苦楚之人，睡在楼板之上，皆赤身露体。又见六个犯人在一间，候活平生从未见过如此污秽的房。其外亦有一间弁兵的监，只有一房，长约二丈九尺，宽二丈六尺，高九尺。内有一百三十个犯人。在弁并医馆一睡房内，他见有五十五个病人。又在别

---

〔66〕 爱汉者等编：《东西洋考每月统纪传》，黄时鉴整理，中华书局1997年版，第371页。

监内，他见五十七个男人，十七个女人，同在一处，其外尚有许多。[67]

这段文字名义上在写俄罗斯，实际上是借俄罗斯之名描述清朝的监狱内情，它真实地再现了中国刑罚的残酷与野蛮、狱政的黑暗与丑恶。

《侄奉叔》中介绍了候活（霍华德）1777 年出版的《英格兰和威尔士的监狱情况》一书的内容，该书分三卷，第一卷讲述候活（霍华德）几十年来所见监狱内残忍暴虐的情况，如"犯人无食，狱卒勒索，无望清水床铺，只因内瘴气染人。欲寻些干草而睡，亦不得也。监犯因日久闭暇，怠惰成风，日学为恶而已。故其恶习久，败于举城之风俗矣"。第二卷讲述监内之恶规矩，如"任人在内赌博，则以大链锁缚犯人手足。限满将释各囚犯，释乃狱卒要勒索钱贿赂，方肯放也。倘若不给，则仍留之在监内而不放矣"。第三卷讲述候活（霍华德）针对监狱内积弊所作对策，内容涉及监狱的选址，监狱内房间设置，狱卒的选择，监内犯人饮食供应、犯人日常管理及犯人教育等，非常具有人性化色彩。[68]

《侄复叔》介绍了候活（霍华德）推动狱政改革的结果。文中说自候活（霍华德）将监狱内各种苦楚、积弊写书传播开来六十余年间，监狱内情况虽有转变，但部分监狱内，"如前时一般，并未改善"。[69]

从整个《东西洋考》编排上看，作者认为要想除去监狱中各种弊端，方法有二：

第一，制定监狱管理法规，作者在《侄复叔》末尾译载了 1835 年英国颁布新的监狱管理法令，该法令共有十七条，从内容上看，受候活

---

[67] 爱汉者等编：《东西洋考每月统纪传》，黄时鉴整理，中华书局 1997 年版，第 396 页。

[68] 爱汉者等编：《东西洋考每月统纪传》，黄时鉴整理，中华书局 1997 年版，第 408 页。

[69] 爱汉者等编：《东西洋考每月统纪传》，黄时鉴整理，中华书局 1997 年版，第 421 页。

（霍华德）的影响较大，值得一提的是，这是近代中国最早翻译的一部外国法令。

其文如下：

一、全国之监牢，皆要同一样治理。

二、所定之章程必先交予内阁大臣阅览钤印方能照行。

三、设一位官员或一月或半月到监中查探各狱卒及各犯人之行为如何。

四、监内之犯人除了做工及听人劝教之时，其余不许聚在一处，仍各归本房。

五、不许犯人说话，免致滋生事端及犯狱之例。

六、不许放颠人在监内，宜加意衅邻之。

七、不许狱卒勒索出犯人做工之银。

八、犯人所得之工，不得自私，交监内官库之人，为犯人费用。

九、犯人日用之食物若干，必先对国内大臣说知代他，允肯给了印信，然后日日照给。

十、不许将银予犯人做柴米。

十一、不许在监内食烟。

十二、若有新犯人，则在初始六个月若无上宪之命则不许他与亲戚朋友说话或书信往来。

十三、除了睡房之外，不许犯人另有别房闲坐。惟有子之妇人，有两间可也。

十四、不许狱卒等人借物件于犯人。

十五、如监内有五十个犯人，则必设一位先生，教他改恶从善。

十六、又要请一位先生，教之读书写字，使日日记自己的行为，俟释放之后，能为有用之人，和睦乡里。

十七、若犯大罪恶之人，则放他在一间黑暗的房内居住。

以前所议之条欵，今已遵行之。惟英吉利王仍然密差人前往各监牢探视。试看还有何恶事，俾再妥为更改。[70]

第二，建立新的司法体制，保证司法公正，减少冤狱。1838 年 8 月刊《批判士》一文，该篇文章首先讲到订立刑法时应当"揆诸天理，准诸人情归于至公"，务使"法度足蔽辜，不致畸轻畸重"。如此则"权衡制刑之有定，宽严之有理，且按律科断法归尽一之疑处矣"。接着讲到臬司（法官）独自一人引律断案，难免会"以意为轻重，任情固执或偏憎偏爱，瞻顾情面，屡次累无辜者"。因此，要防止这种情况，应当：

故欲除冤屈之弊而立公道之理，只融按察使按例缘由量疑，通详察核，细加诘讯，搜根寻衅，推躬义类，究其精微。完，就将情节明说一遍，招众者细聆其言焉。然自不定罪，却招笃实之士数位，称为"批判士"，发誓云"谓真而不出假言焉"。此等人侍台前，闻了案情，避厢会议其罪犯有罪无罪否。议定了，就出来，明说其判决之案焉。据所定拟者，亦罪人，终不宽贷。设使批判士斟酌票拟不同，再回厢商量察夺。未定又未容之出也……由是观之，"审不定罪而民定拟之"。倘数位酌核妥议不可厚于此而薄于彼，虽各有其意见，然公平审判乃宜矣。[71]

（五）其他

除上述内容外，《东西洋考》中还夹杂着一些有关经济贸易的法律知识，较为全面地为公司制度与保险制度。

---

〔70〕 爱汉者等编：《东西洋考每月统纪传》，黄时鉴整理，中华书局 1997 年版，第421 页。

〔71〕 爱汉者等编：《东西洋考每月统纪传》，黄时鉴整理，第406 页，中华书局 1997年版。

1. 西方公司制度。1838 年 9 月刊载《公班衙》一文，其中的"公班衙"是英文 Company 最早的期刊汉译。《公班衙》首先介绍了跨国公司产生的原因，是因为跨国贸易可以互通有无，商人有利可图，但却在实际中遇到了一些困难，水路"天风紫涛，一望无际"，陆路"盘费繁多，沿途百危千险，或遭贼之掠，或履茫野，人马皆死"。文章记录了明弘治年间，荷兰人到澳门做生意，在海上遭遇到海盗，极不安全，因此，一些商人集合起来，"各人出捐钱，或一千，或一万，或三万"，这些集资的钱用来买炮和雇用水手击退海盗，同时用来购买物品，获利后分给各个"捐士"。"由此商会其公班衙兴也。公班衙者，为群商捐资购本钱，共同做生意也"，这里说明了公班衙的由来。然后讲到荷兰公班衙的兴衰史。记录了嘉靖年间，荷兰和英格兰之间的战争，荷兰在争夺海上霸权时失利，英国趁机占领了一些荷兰的商船和其公班衙所开拓的市场，荷兰的公班衙衰落。"其欠项甚多，虽削骨难还，故公司散局"。与此同时，英国的公班衙开始兴起。

之后重点讲到了英国东印度公司。讲到了英国是怎样用武力征服了"土人"，并在印度建立了两个办事处：马大利（马德拉斯）、梦买（孟买）。由此可见，东印度公司不再是一个简单的贸易公司，而是一个拥有武装的政权机构。文中还讲到，英国东印度公司一度控制了印度后，招来法国人的嫉恨，于是，英法在印度也展开了激烈的争夺，法国战败，战争之后，法国在印度的势力大减，英国成为在印度唯一的殖民大国。

《公班衙》不仅介绍了跨国公班衙组织的来由、组织机构与殖民者政商合一的管理方式，还涉及其捐资集股方式、本金的积累、贸易方式、经营等的大致情况。[72]

2. 西方保险制度。1838 年 8 月刊《贸易》一文，讲述了西方保险制度。文章一开头讲到在海上贸易风险很大，稍有不慎就会人货皆损。

---

[72] 爱汉者等编：《东西洋考每月统纪传》，黄时鉴整理，中华书局 1997 年版，第 419 页。

为防止风险，外国商人想出如下对策：

> 外国商恐遭害，常请保举之会，担保船只物件，设使亡，就还物之价值矣，曾相公道，"请与我解保举会之意如何？"洋商道，"贸易险中做，运货未稳当"，故此商贾请人担保之。那人虽有财，但不足以保多也。故招他人合其财为一本，设使十人提名各人出一万银，以此为其会之本也。我要发船载货，共计五万银。遂往请保举之会担五万银。他曰，"可也，汝抽一百元裨我或二元或三元或四元。设使货到不受害，我利此钱。倘货失，我还汝五万银。"相约停当，不敢食言，而出票以立凭据而已矣。[73]

这段文字简单阐述了保险制度的基本原理，其中保举之会相当于现代保险制度的保险人，多人合其财为一本构成保险基金。通过对受灾害者进行赔付，而把实际损失合理地分摊给了全体保险参加者，从而实现分散风险，分摊损失，履行经济补偿的职能。[74]

三、《东西洋考》的历史地位评价

通过前两章的分析与整理，笔者基本上全面地呈现出了《东西洋考》中的法政知识，在这一部分，笔者将就《东西洋考》所传播法政知识的特征、意义及其局限性做一简单的评价。

（一）《东西洋考》的传播特征

与《东西洋考》之前西方法政知识在中国的传播相比，《东西洋考》有如下特点：

第一，西方法政知识的传播由依附地位逐渐走向独立。在《东西洋考》之前，西方法政知识基本依附在西方地理知识之后，尚未出现单独

---

[73] 爱汉者等编：《东西洋考每月统纪传》，黄时鉴整理，中华书局1997年版，第407页。

[74] 樊启荣：《保险法论》，中国法制出版社2001年版，第16页。

介绍西方法政知识的文章。毕竟，国家、政府、政治、法律、司法等抽象概念需建立在具体的时空坐标上。至《东西洋考》方出现单独以介绍西方法政知识为目的的文章。经历数百年的东西文化交流，有关西方地理知识方面的书籍在中国已经非常丰富，法政知识逐渐摆脱具体的时空坐标，走向了独立传播道路。只有当法政知识独立出来，以一个学科门类的形式向中国传播时，它所带来的知识才能更加系统、完善，对中国所产生的影响也就更加深远。

第二，所传播政法知识由表象走向核心。在《职方外纪》中，粗略地描述了西方的审级制度、证据制度、罪刑法定等制度，这些内容，正如前文所述，对于缺乏民主观念的国人来说，根本无法窥探个中精妙。只有理解了西人的民主、自由等西方法律的核心概念，国人才能理解这些外在制度的优势。马礼逊东来以后，政法知识的传播扩大到西方的议会、选举制度，尽管不成体系，相较于前一阶段已触及西法的核心，乃是莫大的进步。至《东西洋考》，它完善、系统地介绍了西方的议会制度、司法制度，尤其是对"自主之理"的介绍，已经触及西方国家政治制度的基础。这样一个由表及里、由浅及深传播路径，能够使中国人慢慢理解，乃至接受，不至引发反弹。

第三，所传播的法政知识以英美国家为主。《东西洋考》中也有涉及法、德等国法政知识，但最核心的如"自主之理"、"议会制度"、"司法制度"等均以英美国家为主。造成这一现象的原因是，《东西洋考》的编纂者为新教传教士，新教最为流行的地方也是英美法占主导的地方，故而新教传教士将英美法的内容传递给中国读者。

第四，西法东渐的步伐在加快。西法东渐自晚明揭开序幕，两百年间，偶有个别文献涉及西方法战争知识。自马礼逊东来之后到《东西洋考》出版前，短短二十余年间，虽然所传播的法政知识非常零散，但涉及法政知识的刊物、书籍明显增多，至《东西洋考》，无论是西方法律在中国传播的深度还是广度上都上升到了一个新的台阶。西法东渐步伐加快的背后，其实预示着一个东西关系巨大变革时代即将来临。

（二）《东西洋考》所传播法政知识的意义

《东西洋考》作为鸦片战争前传播西方法政知识最多的一份刊物，其意义主要体现在三个方面：

第一，创造性地翻译出许多新法律名词，该刊物所涉法律词汇较多，现用一表格统计如下。[75]

法律名词	对应英文	今 译	出 处
首领主	President	总 统	《北亚米利加合郡》（1838 年刊）
审问案必众人属目之地	public trial	审判公开	《自主之理》（1838 年 3 月刊）
臬 司	Judge	法 官	
诘 讯	to examine	询 问	
副审良民	Juror	陪审员	
公 会	Parliament	议 会	《英吉利国政公会》（1838 年 4、5、6 月刊连载）
宪 票	warrant of arrest	逮捕令	
两 房	two houses	两 院	
乡绅房	House of Commons	下议院	
爵 房	House of Lords	上议院	
国政公会	Congress/parliament	国会/议会	
自主之理	Freedom	自 由	

---

〔75〕 需要说明的是，该表并不全面，如 1838 年戊戌 4 月号的《论刑罚书》、5 月号的《侄答叔论监内不应过于酷刑》、7 月号的《侄答叔书》、8 月号《侄奉叔》、9 月号《侄复叔》等文章内也有大量法律词汇，但由于涉及到清朝刑罚与英语的对应，笔者很难在短时间内确定，故略去。另该表所示中英法律词汇，有些并非《东西洋考》首次使用。

续表

法律名词	对应英文	今 译	出 处
统 领	President	总 统	《北亚默利加办国政之会》
副统领	Vice – President	副总统	(1838 年 7 月刊)
宥 罪	Pardon	赦 免	
议 会	Congress	国 会	
批判士	Juror	陪审员	
避厢会议	To retire to deliberate	退庭评议	《批判士》
犯 罪	Criminal	犯 罪	(1838 年 8 月刊)
有 罪	Guilty	有 罪	
无 罪	not guilty/innocent	无 罪	
公班衙	Company/Corporation	公 司	《公班衙》
公 司	Company/Corporation	公 司	(1838 年 9 月刊)
保举之会	Insurer	保险人	《贸易》(1838 年 8 月刊)

这些法律名词的英汉对译，无疑架起了一座沟通中西法律文化的桥梁，为 1842 年以后西方法律大规模引入中国提供了必要条件。

第二，《东西洋考》所传播的法政知识对国人具有启蒙作用。《东西洋考》将西方的反抗封建暴政历史、民主议会制度、自由观念、公正的司法制度、新兴的公司、保险制度等内容引入中国，对当时封建、闭塞的中国社会来说，完全是一股新鲜空气，他使传统士大夫们惊愕地发现，在这个世界上原来还有其他类型的国家组织形式……这些天方夜谭般的法政知识，无疑具有深刻的启蒙意义。

第三，为中国人了解西方法政知识提供了参考材料。鸦片战争后，部分中国人开始从天朝上国的美梦中觉醒，面对危局，有识之士开始主动了解西方世界，并试图通过编纂有关西方的书籍来引起更多国人对西方的重视。在这一过程中产生了《海国四说》、《瀛寰志略》、《海国图志》三部对后世影响深远的书籍。从这三部书中我们可以看到《东西洋考》中西方法政知识的影子。

《海国四说》为 1846 年广东顺德人梁廷枏所出版的一部专门介绍世界知识的合刊著作，其中《合省国说》、《兰仑偶说》为专门介绍美国和英国的专著。据张施娟考证，《合省国说》第二卷讲述美国独立战争、政治制度部分取材于《美理哥各合省国志略》[76]，而《东西洋考》中《华盛顿言行最略》、《北亚默利加办国政之会》等文亦由《美理哥各合省国志略》内容改编而来，其二者有拥有相同的源头。据熊月之考证，《兰仑偶说》一个重要的资料来源便是《东西洋考》[77]。《兰仑偶说》对 1215 年《大宪章》的产生背景这样描述道：

> 至若翰，性暴戾，虐遇其众。教士因民情不忍，聚众困迫之。国内旧受封爵者，亦群起围所居。不得已与民约：凡事听民自专，不问。[78]

在《东西洋考》中对同一事件亦有记载：

> 若翰乃暴虐，先被教士迫甚，后见诸侯围绕，不得已立法赐民自专，至今尚存。[79]

很明显，前者对后者存在借鉴关系，这一现象在《兰仑偶说》中对有关对西方"公班衙"制度与"保险制度"的介绍中也是存在的。

1848 年徐继畬出版《瀛寰志略》，这部"撬动中国向近代转型的坚

---

[76] 张施娟：《裨治文与早期中美文化交流》，浙江大学出版社 2010 年版，第 71 页。

[77] 熊月之：《西学东渐与晚清社会》，中国人民大学出版社 2011 年版，第 184 页。

[78] （清）梁廷枏：《海国四说》，转引自李栋：《鸦片战争前后英美法知识在中国的输入与影响》，中国政法大学出版社 2013 年版，第 184 页。

[79] 爱汉者等编：《东西洋考每月统纪传》，黄时鉴整理，中华书局 1997 年版，第 125 页。

实支点"的书，同样参考过《东西洋考》，据《东西洋考》的整理者黄时鉴总结，《瀛寰志略》至少在两处涉法内容上直接引用了《东西洋考》。第一处是《瀛寰志略》卷七英吉利国，记其"公会"（国会），"内分两所，一曰爵房，一曰乡绅房"（上议院和下议院），述及其产生、议事、受诉、乡绅有罪治理等规定，显然出自《东西洋考》1838年5月刊载的《英吉利政公会》一文，但行文的删改更多一些。第二处是《瀛寰志略》卷七佛郎西国，记述"明万历二十五年，王显理被弑。显理第四由旁支嗣位，发奋自修，广布仁惠，百姓归之"。这最后12字，当出自《东西洋考》1837年11月刊《法兰西国志略》一文。[80]

魏源1852年出版的《海国图志》，是对欧美知识记述最为广博的一部书，该书收集了大部分鸦片战争前后国人及传教士编纂的西方法政知识资料，《东西洋考》、《瀛寰志略》等都在记述范围内，在此不表。当然，受《东西洋考》中西方法政知识影响的中文书籍远不止这些，笔者能力有限，粗疏举上三例，略加说明。

（三）《东西洋考》所存在的局限

囿于作者本身和时代大环境，《东西洋考》在传播西方法政知识方面也存在一些局限，主要体现在如下几个方面：

第一，理论与现实脱节。理论与实践的脱节并非指中国对西方法政知识不接受、不实践，而是指《东西洋考》编纂者的法律思想与实际行动的不一致。郭实腊以"东西和合"思想为指导，大力宣扬东西一家，以此减少阻力，使中国人认识到自身法律的落后，从而引发变革，这是值得我们肯定的。然而令人遗憾的是，他在大肆宣扬西方法律精良、人人奉公守法的同时，却在进行着不光彩的间谍行为，并煽动英国用洋枪大炮敲开中国的大门。这种理论与现实的差异，在鸦片战争之后的传教士身上表现得更加明显。

第二，《东西洋考》所表述的西方法政知识文字还比较粗糙，尚未

---

〔80〕 爱汉者等编：《东西洋考每月统纪传》，黄时鉴整理，中华书局1997年版，第29页。

达到专业水准，所传播的知识大多也只停留政治法律观念的介绍上。

　　当前，我国正处于社会转型的关键时期，成功与否关键在于能否建立一种全新的、真正民主的法律制度，这需要我们以开放的胸怀兼收并蓄，既要保留中国传统法律制度的精华，也要洋为中用，吸取西方先进的法律文化。西法东渐作为中国近代社会的一个重要现象，它将西方法律知识传入中国，并促成中国法律朝现代化转型，处于西法东渐中间阶段的《东西洋考》，具有承前启后的意义。然而就是这样一本刊物，却长期少有人关注，对该本刊物涉法内容进行梳理，能够帮助我们了解近代西方政法知识输入中国的早期状况，也能够为我们当前的中国法律改革带来一些启发，这就是本文的写作宗旨。

三等奖获奖论文

1923 年《中华民国宪法》
制定中的省制之争

郑金鹏[*]

清末民初，地方自治的思潮在国内产生极大影响。作为传统地方组织的省，如何在国家政体改变之际保持其形式，又或者该如何转变适应新的政治生活，是摆在执政者面前的一大问题。1923 年颁布的《中华民国宪法》是近代中国颁布的第一部成文宪法，该宪法的一大特色便是国家结构设计中对中央与地方制度的安排，即明确作为地方的省在宪法中具有怎样的地位和权限。在宪法起草制定过程中，议员们对于省制度的设计方案展开激烈争议，几易其稿，才最终形成宪法中的条文。透过对制宪过程中省制问题争议的还原，可以使我们更全面地了解地方问题在民初政治秩序中的重要性，对于民初议员们议政情形有更多认识，同时对这部宪法的研究有更进一步的了解。

就此问题，学界曾有过一定成果。吴宗慈编写的《中华民国宪法史》是最早的著作，在 1923 年便出版发行。由于吴本身即为众议院议员兼宪法起草委员会委员，对起草过程亲身经历，且该书充分利用了当时国会两院印制的各类档案文件，来自于第一手史料，可信度较大。但该书的问题在于其体例更类似材料汇编，在历述宪法起草过程时，对于许多发言与草案并未进一步归类讨论，对于宪法制定中的纷争并未进行评述讨论。虽然该书对于省制问题有所涉及，且篇幅不在少数，但仍给人繁杂之感。但毕竟该书是最早专述 1923 年《中华民国宪法》的著作，资料丰富，在本文写作中得益不少。此后民国时期对于 1923 年宪法再

---

* 北京大学法学院博士研究生。

未有专著讨论，谢振民《中华民国立法史》，杨幼炯《近代中国立法史》，王世杰、钱端升《比较宪法》，陈茹玄《中国宪法史》等书虽然都论及 1923 年《中华民国宪法》，但囿于篇幅并未充分展开论述，且多为制定过程的整体描述，少有对其条文加以分析，更遑论深入分析宪法制定中的省制问题。新中国成立后，张国福《民国宪法史》，张晋藩《中国宪法史》等，对于 1923 年《中华民国宪法》都进行专章论述，但更侧重对 1923 年宪法的宏观定性分析，对于省制问题也是更多从定性上加以阐释。[1] 而研究民初地方制度的作品里，则有杨妍的《地域主义与国家认同：民国初期省籍意识的政治文化分析》，谢从高的《联省自治思潮研究》，李国忠的《民国时期中央与地方的关系》，胡春惠的《民初的地方主义与联省自治》，张继才的《中国近代的联邦主义研究》等。上述这些著作，虽然关注地方制度问题，但是历史跨度都相对较长，1923 年《中华民国宪法》中的省制问题虽然有所涉及，但不是主要内容。不过这些已有成果对于本文写作启发不小，本文将在前人学者研究的基础之上，以宪法制定过程中刊发的《宪法会议公报》为依据，试图呈现制定过程中议员们对省制问题的争辩，以及对最后形成的《中华民国宪法》的影响和意义。限于文章篇幅，本文对于省制问题争议的细节不能一一讨论，将主要就省制问题中最主要也是议员们讨论较多的关于省的性质地位以及省权问题加以展开。

一、省制问题争议的背景与概述

地方制度是国家政治结构的重要组成部分，也是一国宪政体系的基石之一。战国时期，作为儒家治国方案构想的《周礼》中就提出，"惟

---

〔1〕 如张国福称："从客观来看，应该说是有些积极意义的，首先，它表示不同意直系军阀的武力统一政策，及建立封建军阀集权制国家，其次有利于资产阶级革命派……"参见张国福：《民国宪法史》，华文出版社 1991 年版，第 199 页。张晋藩则称省制制度，"在自古以来就形成的中央集权体制的氛围中，对于中央与地方权力分配方面作了开创性的尝试，并将这种尝试用宪法形式固定下来，无疑是中国宪法史上值得肯定的成就"。参见张晋藩：《中国宪法史》，人民出版社 2011 年版，第 249、251 页。

王建国，辨方正位，体国经野，设官分职，以为民极。"[2] 传统的帝制时代，地方制度经历了多次变迁，元代设立行省制，重新确立了地方区域的划分与地方行政制度，并为明清所继承。在数百年的发展中，省成为国家组成结构中最大的区域单位，并不断完善。在此期间，省为垂直受中央政府直接管辖的行政区域。[3] 殆至清末，由于太平天国运动与外国势力入侵等，国家实力衰落，中央政府权威消解，逐渐丧失对作为地方的省的完全控制，地方主义抬头，渐成与中央分庭抗礼之势。太平天国运动中的乡勇团练，以及庚子变乱时期的东南互保运动，皆是这一趋势的具体表现。而辛亥革命爆发，中华民国建立，各省在其中发挥的作用更不容忽视。

面对地方势力的增长，不论清政府还是民国政府也都积极应对，创设新制。光绪三十四年六月（1908 年 7 月），清政府颁布《谘议局章程》，"为各省采取舆论之地，以指陈通省利病、筹计地方治安为宗旨"，[4] 在各省设立谘议局。虽然谘议局的设立仍是"钦遵谕旨"而为，但却大大激活各省精英参政议政的热情，究其实质便是代表地方利益的地方议会。宣统元年三月（1909 年 5 月），清政府更是颁布《自治研究所章程》，其目的在于各省设立自治研究所，讲习自治章程，培养地方的自治职员。[5] 同年十二月（1910 年 2 月）又颁行《京师地方自治章程》，规定京师地方的自治事宜以及权限，率先在京师试行地方自治。此外还有《城镇乡地方自治章程》、《府厅州县地方自治章程》等一系列法律颁布，可见清政府在协调地方自治潮流与维护中央集权之间的平衡之间的一系列尝试努力。[6]

---

〔2〕《周礼》卷一《天官冢宰》，"叙官"条。

〔3〕 参见周振鹤：《中国地方行政制度史》，上海人民出版社 2005 年版，第 74～80 页。

〔4〕 林峰、韩大元主编：《中国宪政史文献汇编》第一卷《地方自治：近代中国地方自治法重述》，法律出版社 2011 年版，第 17 页。

〔5〕 同上书，第 51 页。

〔6〕 同上书，第 52、63、69 页。

进入民国之后，北洋政府也颁行了多部法律文件，体现其对于地方自治的制度设想。1912 年 7 月，法制局曾拟定《省制草案》，提出"一国政治上之权力不能悉集于中央不分诸地方，分权于地方于是有地方行政。……况行省制度始于元代，历明清以逮于今，沿用此制阅千余年，是证诸本国历史已有深久之根据。又近今立国之要，非但对内，重在对外。然必先团结于内，始能竞争于外。故各国趋势当由分而之合，鉴于世界太（态）势岂容逆行"。[7] 草案以省为地方单位，详细规定了省的地位以及权限，但因种种原因，最后并未成为正式法律文件。而在这一时期正式颁布的地方自治法律文件中，1914 年 12 月的《地方自治试行条例》、1915 年 4 月的《地方自治试行条例施行规则》等，均在清朝地方自治章程的基础上起草通过而又有所损益，其着眼点在于县市乡镇，而非省。[8]

在为民国鼎定国基，制定宪法之时，议员们对于省在国家政治生活中该发挥何种作用，对于其在国家由传统帝制向现代民主共和转型的过程中该如何成功改造，以巩固共和，考虑良多，争论激烈。相较此前以一般法律规定地方制度的做法，国会两院议员们希望在宪法中予以规定。但在 1913 年的《中华民国宪法草案》（"天坛宪草"）中，对地方制度却付之阙如。对此，1916 年向宪法会议报告草案的起草委员会委员长汤漪是这么解释的：

"此外，尚有一极重要之问题而为本草案所不及者则地方政府之组织是。当本会讨论宪法大纲之时，固曾提议及此，参观本会第二十三次会议录即可明瞭其结果，谓俟条件议定再为讨论。以国民期望宪法成立之初，本会自不得不以最速之时间编成此案以副国民之希望。对于地方政府之组织遂付阙如。固非主张此种问题不当规定于宪法也。然时至今日则地方制度在宪法上应否规定之一问题，

---

〔7〕《申报》1912 年 7 月 18 日，第 1 版。
〔8〕 前引 4，第 94、98 页。

寔（实）以由宪法会议提出讨论较为便利矣。……"〔9〕

地方制度这一章节，在民国五年（1916 年）时首次以"省制问题"为名在宪法会议上被提出，并进行激烈讨论，民国六年（1917 年）宪法草案二读会时通过"地方制度"章节标题，开始进入审议阶段。但审议会尚未召开完毕，段祺瑞解散国会，孙中山在广州宣布护法运动，成立非常国会，继续审议草案。但该二读会尚未结束，又因陈炯明叛变，不得不解散。民国十一年（1922 年），直奉战争结束，法统重光，北洋政府恢复约法和国会。非常国会时期讨论的条款被视为无效而废弃，重新对于地方制度一章进行审议讨论。民国十二年（1923 年）一月，审议进入二读会阶段，但因议员争议较大，条文被搁置，并同时提议增加"国权"一章。后来议员们继续协商，恰又发生北京政变，黎元洪离职。直到该年十月，又重新召开二读会，将修正案按之前审议内容迅速通过，并进行三读程序，最后成为正式宪法条文。〔10〕

二、省性质之争议

考察省制在 1923 年《中华民国宪法》中的内容，首先需要明确省的性质。因此在宪法起草过程中，议员们对于省的性质展开激烈争论。这里所说的省的性质，是指省的定位，即省以何种身份存在于宪法之中，在国家政治生活中扮演何种角色。根据现代宪法学的观点，国家结构形式"对国家的领土如何划分，以及如何处理国家整体与部分组成间的关系"。〔11〕因此，省的性质对于确认之后如何规定相应条款，组织条文有根本上之意义。对于这一问题，制宪过程中出现四种声音，分别认为省为行政区域、省为自治团体、省为行政区域兼自治团体、省为自治

---

〔9〕《宪法会议公报》第 1 册，第 36 页。

〔10〕 参见吴宗慈：《中华民国宪法史》，法律出版社 2013 年版，第 336～337、787 页。

〔11〕 许崇德：《宪法》，中国人民大学出版社 1999 年版，第 118 页。

团体兼行政区域。

（一）省为行政区域

认为省是国家行政区域的观点，主要是从历史角度出发，以中国历史上省创制后的性质来认定其现在的性质。元朝设立行中书省，其目的即在于作为中央派驻地方的机关，施行管理职能。自元明清各朝，省均是国家的行政区域。省本身并未取得一种独立的资格，完全隶属于中央。如议员张国浚在《反对省制加入宪法意见书》中指出：

> "吾国为历代相传之统一国家，行政区域代有变迁。自元明以来，划分为若干省，系就行政规定之范围，实为行政区域。与各联邦合众国固有之州省，本为自治之区域者，迥不相同。……至由统一政府划分之行政区域以国家政府为主体，当视地方行政上之便利，以划分区域，又安能认为一成不易之区域，附会牵引谓同于各自治区域，实比拟不伦。"[12]

议员李芳在阐述类似观点时，提到了一个重要的宪法问题，即中华民国是如何建立的。这是确定省性质的关键。

> "须知吾中华民国，系承前清固有区域，非同何种联邦等国可比，似勿须鳃鳃过滤也。且中央政府以法律论，虽具法人资格，溯其组合之成分，实际上不过各地方公共机关耳。"[13]

按李芳的观点，中华民国是承袭前清的疆域而建立的，其统治权由清政府让渡出来，组建了一个新的中华民国政府。这与主张省具有自治团体性质观点的议员看法并不相同。后者强调省拥有自治团体性质，一个重要的例证，即辛亥革命爆发后，南方各省相继宣布独立，组建临时

---

[12]《宪法会议公报》第 11 册，第 49 页。
[13]《宪法会议公报》第 12 册，第 70 页。

政府，类似于美国十三州独立之后，建立合众国。因此是省份独立之后，才有的民国政府，省为组成国家的单位。[14]但李芳在这里指出，并非是各省独立组建民国，而是由清政府和平过渡权力而实现的，这里便涉及到对于民国政权来源的争论。

行政区域说的观点，立足于历史的角度论证省的性质，但其面临的问题是，现实的政治环境已经和历史相去甚远。各地军阀拥兵自重，已成势力，而在制宪后期，联省自治运动更是风起云涌，许多省份已经公布或着手起草省宪法。仍然视省为行政区域的做法，在现实面前是无力的，因此这派的声音在制宪后期已经式微，不过坚持该观点的仍然大有人在。如议员狄楼海、王廷弼在其提交的修正案中指出，"以省为单纯官治行政区域也"。[15]其意直指当时各地的联省自治运动，对于省为自治团体主张者的各省因独立地位，与袁世凯称帝等作斗争才能保存民国至今的看法，他们指出，"历次革命原动于省，不过以省为兵权所在，从事革命即不能不借力于兵，于是知以革命纯归功于省者，非笃论也。"[16]水能载舟，亦能覆舟，各省虽然当时反对袁世凯称帝，但彼此之间的内斗，又造成新的动乱，现有的局面并不正常，需要回归到传统的省制模式。至于自治权力，则下放到省之下的道和县，不过这样的主张依旧和者甚少。

（二）省为自治团体

将省视为纯粹自治团体的看法，在制宪初期并不明显，其主要支持者是众议院吕复。"迨至武昌首义，各省先后独立，其时各省民意决定机关皆在，于是盖事实，恰与美洲之英领十三自治州同时起而抗英建设北美合众国之历史相近。故民国之成立谓之先由各省发动，继由各省联合总意而成。未始不可。是吾国之各省已成为组织国家之单位。"[17]吕

---

[14]　参见章永乐：《旧邦新造：1911－1917》，北京大学出版社 2011 年版，第 57~69 页。

[15]　《宪法会议公报》第 52 册，《修正案》，第 6 页。

[16]　同上，第 7 页。

[17]　《宪法会议公报》第 3 册，第 53 页。

复的观点，是以辛亥革命时南方各省宣布独立作为民国成立的基础。如前所述，这一问题也是主张省为行政区域或自治团体的议员们分水岭。但在制宪初期，吕复并没有完全指出省应是纯粹自治团体这一性质，而是在联省自治运动兴起、国会复会后直接说明这一问题，并进一步主张为联邦制。

吕复直接指出，此时的中国就应该仿效美国实行联邦制，而如果实施联邦制，则中国的省就应有如同美国的邦一样的独立地位。[18] 这是从当时联省自治运动的现实情况下考虑出发的。对于指责将省视为自治团体，实施联邦制将导致国家分裂的看法，吕复同样予以回击。

> "实则联邦亦何尝不统一？其故有二。第一，只要于国际团体之中，而为一个人格，虽未联邦，亦统一也，不然，即非联邦，亦不统一。第二，若邦权无限，随时随事可以自由行动，则诚不统一矣。反之，如有限制，即于宪法上设定种种限制，如美国宪法之对于各州，对于此种权限，均系有明白的规定。既有限制，不问而知为统一。由此观之，省事权之宜有限制明矣。"[19]

吕复的观点，在当时得到了不少议员的响应和支持。但他们也并不完全同意就将省等同于邦，至少在名义上可以不称为邦，毕竟过于敏感。省具有独立的地位，有自治的性质，但是和联邦制下的邦还是有所区别。"在今日言省制状况，固不能如昔之视为国家行政区域，就法律上言之，实一地方最高团体并已具有人格，即云省是一邦，亦无不可。但名义上不必认定为邦，如认定为邦，则与地方团体亦自有别，并于国

---

[18] "惟中国今后不行自治则已，欲行自治则不应采中央授权之自治，而须行固有自治之制度。此制度为何？即仿照各联邦国家二重政府二重宪法之制度是也。所谓二重政府者，乃于中央政府之下复有地方政府。二重宪法者乃于国宪之外复有省宪。各政府之组织，皆根据各地方之宪法而成立，与中央政府无关。"参见《宪法会议公报》第 52 册，《审议会会议录》，第 4~5 页。

[19]《宪法会议公报》第 52 册，《审议会会议录》，第 41 页。

家统一前途，不免发生问题。故不如认为地方最高团体较为妥适。"[20]
而他们也从历史上找到依据，议员丁佛言认为，清末开始，各省地方就
已经实际上具有自治的性质。如今逐年变化，自治的地位已经渐渐牢固
成熟，将来甚至可能发展至联邦制。[21]

可以说，主张省为自治团体说的议员，更主要是从现实的政治环境
出发。如果说主张行政区域说的议员是从省应然的角度思考，那么自治
团体说的议员则是实然的考虑。在当时各省势力壮大，特别是进入联省
自治运动后，南方各省份已经纷纷起草或公布了自己的省宪法，自我赋
予了大量权力，如果中央制宪忽视了这一实现，一味强调省的行政区域
属性，则势必与地方的矛盾进一步加大，发生更大的争议，导致国家动
乱。因此，毋宁从现实的情况出发，因应各省目前主张自治，制定省宪
的趋势，由中央加以确定，进一步团结地方。

（三）省为行政区域兼自治团体

相较于前两种将省视为单纯行政区域或自治团体的观点，大多数议
员更倾向认为省具有复合性质，即省作为行政区域的同时具有自治团体
的属性，但对于行政区域与自治团体属性何种为主存在不同看法。"各
省即为国家行政之区域，即中央官治之分流，同时又为地方高级自治团
体。一面受中央政府之节制，管理省内国家行政事务，一面受省议会之
监督，管理省之地方行政事务，既两面负责。实为中央地方机关之枢
纽，亦国家与地方调和之中心。"[22]

行政区域兼自治区域的观点，综合了行政区域说与自治团体说的内
容，强调省的复合属性，成为中央与地方之间的枢纽。省政府是中央政
府的派出机构，受中央政府的管理，管理省内的行政事务，这是行政区
域说的内容。另一方面，省也要受到省议会的监督，省议会作为地方民

---

[20] 《宪法会议公报》第 52 册，《审议会会议录》，第 51～52 页。

[21] "中国之省，完全日在进步。在前清末季，对于行政区划之中，已认为自治之
区，迨革命之后，改建共和，加以历年变迁之结果，现在已完全成为自治团体。倘再进一
步即各省将进于邦制。"参见《宪法会议公报》第 52 册，《审议会会议录》，第 48 页。

[22] 《宪法会议公报》第 3 册，第 55～56 页。

意机构，是地方自治权力与自治性质的象征。省的复合属性，使其受到来自中央与地方的双重监督，同时居中协调二者的关系，使中央不必集权，地方也不必独立。其立足点在于，省的主体是国家的行政区域，自治属性仅是次要的附属地位。"省之主体实为国家行政机关，其附体则兼为地方自治机关者也。若然则生长对于国家有服从之义务，对于地方有代表之资格。"[23]对于行政区域说与自治团体说分别从历史与现实出发的思路，行政区域兼自治团体说则分别吸收，既承认历史上省作为行政区域的性质，同时也不否认现实中省已取得的自治地位。从省的历史观察，

> "自元朝即设中书行省，究其实者，仅系代中央行使一部分之政权，实为一种分治机关。至明仍袭元之习惯，而省的区划，亦未变更。于是成为一种行政区域，已立于不能动摇之地位。迨至前清末季，各省复设有谘议局，于是省之根本更形稳固，并成为一种有人格的自治团体，而兼行政之区域。"[24]

从现实政治生活出发，则"考之事实，各省巡按使，事无巨细，必与部力争。……中央不得各省同意，不能行一政，不得各省承诺，不能筹一饷。此故何也？是必各省有特殊之情形，藉以挟制中央，而中央不能不听命各省。据此观之，各省区域固为国家行政实兼有地方行政也。"[25]

对于行政区域说认为的，若赋予省自治权力，恐为人所利用，并举出袁世凯称帝时各省督军劝进的例子。行政区域兼自治团体说认为，这并非是省的问题，而实际上是各地军阀的原因，与省是否作为行政区域或自治团体毫无关系。"彼反对者又以为袁世凯之谋叛国家，即是利用

〔23〕《宪法会议公报》第 19 册，第 37 页。
〔24〕《宪法会议公报》第 14 册，第 47~48 页。
〔25〕《宪法会议公报》第 14 册，第 36 页。

省制，如规定宪法之内者，更恐为人利用。不知袁世凯利用省制恢复帝政，其所利用者，并非省制，实系利用各省将军巡按使之一二私人，蒙蔽各省公民而暗行通电，实非各省之主张也。"〔26〕

但同时，这种自治又不同于自治团体说的近似联邦的主张，其范围仍然是在一个单一制国家内。"盖省之物，乃由官治行政区域而发达，为自治行政区域，非自治行政区域而发达为官治行政区域，惟必先官治，而后自治，于是就过去言则有合于历史进化之阶级，就将来言则可防夫联邦趋势之迁流。"〔27〕可见，在持复合性质说，主张省为行政区域兼为自治团体的议员们中，并未有将宪法朝联邦制方向发展之意图。

（四）省为自治团体兼行政区域

关于省为行政区域兼自治团体的观点，同时也产生了一个相似但侧重点不同的观点，即认为省为自治团体兼行政区域。此观点与前种行政区域兼自治团体的观点一样，都认为省具有复合属性，也承认前者的理论基础与立法缘由，但对于何种属性居于主体地位有所不同，强调省的自治团体性质为主导。该观点的首倡者为众议员秦广礼，他首先在提案中指出，"省为地方最高自治团体兼为国家行政区域"。〔28〕但是在第一次提案中，秦广礼对于为何如此考虑却并未做进一步的说明。直到后来第二次提交的《修正宪法上地方制度条文理由书》中才阐述道，"必以地方自治区域为主体，兼为国家行政区域，将来地方之人格地位方能稳固。因必以地方自治区域为主体，兼为国家行政区域，然后对于其地方一切事业，始能自行发展也。故欲谋将来地方权限之扩充，必先为地方争其人格及地位方可。"〔29〕在秦广礼看来，必须首先争取省的"人格"和地位，才能谋求省自治权限的进一步发展，而这种地位就是要以自治团体为主，行政区域为辅。秦广礼主张省的自治性质，但又不同于单纯

---

〔26〕《宪法会议公报》第 14 册，第 48 页

〔27〕《宪法会议公报》第 20 册，第 27 页。

〔28〕《宪法会议公报》第 18 册，第 27 页。

〔29〕《宪法会议公报》第 51 册，《审议会会议录》，第 24 页。

的自治团体性质说，而且秦广礼也反对其将省视为联邦国家的邦，因为国情不同，中华民国仍然应该是一个统一的单一国家。联邦制国家，各地方可以自治地方宪法，而中国仍然是单一制国家，地方不能制定宪法，而要保障地方的自治性质，就必须在宪法上突出自治的色彩，用宪法来保护地方的自治属性。"我国之省为组织国家之单位，构成国家之成分，不得与普通区域并视，根底甚厚，隐有自主本省一切政令之势，宜乎以自治团体为主也。且又与联邦国之各邦，联合众国之各州不同。彼则各有自定之宪法以为保障，此则无之。宪法上既认省为加入之必要，若不以自治国体为主位，其发达诚不可望矣。"[30]

众议员汤漪也认为省应该为自治团体兼行政区域，但不同于秦广礼强调的内容，他是因为对于前述的三种省性质的观点都认为不妥，无奈之下只能认为省应为自治团体兼行政区域。在会议上，汤漪也分别指出了前三种省性质观点的不足：对于行政区域说的观点，他指出这将使得省丧失独立的人格，完全受中央之支配；对于自治团体说，他又认为国家幅员广阔，各省面积亦不在小，若放开为自治团体，各省经济水平发展不一，势必造成地区的进一步分化和割裂。因此必须要缩小省的面积，才能发挥其自治的功效。而省为行政区域兼自治团体的折中观点，仍然是以强调省的行政区域属性为主，应该更强调省的自治团体属性。因此省应该是自治团体兼行政区域，根本核心在于强调省有更多的自治权力。[31]

虽然该观点并非最早出现，但在宪法会议上被表决通过。省为地方

---

〔30〕《宪法会议公报》第 50 册，第 85 页。

〔31〕"非于此三说之外，另行采用一说以为地方制度，不能适合国情。盖所谓地方自治团体之解释，应认定省有一种人格，并有一种组织。现在以省为行政区域，并无人格之可言，乃完全出于中央支配，故所有省之行为及意思及动作，决非自身本体可见。行政区域与地方自治团体截然不同，现在若主张省为行政区域，视为万国所无。但若以省为地方自治团体，以如此之大区域而望其特色之发展，亦非废省不可。盖必将区域缩小，地方始能自治。而采用折中说，为省为行政区域兼自治团体。本席以为，必不得已采用后说，以自治团体为省之主体，然不能不受中央而兼为行政区域。"《宪法会议公报》第 51 册，《审议会会议录》，第 25～26 页。

最高自治团体兼国家行政区域的性质被通过后，成为后来讨论省制问题，起草条款的基础。六年国会被解散后，于民国十一年（1922年）重新召开审议会，对于之前已经表决的条文均仍承认。虽然在最终的宪法条文中，并无省为地方最高自治团体，兼为国家行政区域的明文条款，但省的性质隐然存在于条文之中。宪法起草委员会委员长汤漪在《中华民国宪法草案说明书》中指出，"自民国六年以地方制度修正案重付审议，于是本问题解决之前途稍具端倪。所谓'省为地方最高自治团体兼为国家行政区域'一义已确立，则省之不得不存与其欲废而不可能之地位当然不成问题。"〔32〕

三、省权之争议

在对省的性质地位讨论同时，议员们对于省的权限也展开激烈争论。在制宪过程中，主要是主张国权概括，省权列举与国权列举，省权概括两个观点为主要争锋。但是在最后的成文宪法条文中，却是以第三种国权列举，省权列举的形式表现出来。

（一）国权概括，省权列举

主张国权概括，省权列举的议员认为，作为单一制国家，与联邦制国家存在明显区别，即中央与地方的权限范围不同。单一制国家中，地方权限是由国家赋予的，所以地方权限是有限的。反之对于中央权力，所以只能用概括主义规定，他们从不同角度分别阐述观点。议员骆继汉从"事务"与"权力"的关系入手，他主张，权力的行使是针对具体的事务而来的，如果没有相应的行政事务，就不会派生出权力。因此，"凡权限必由事务而生，无其事务则无其权限。单一国家之异于联邦国家者，中央之事务无垠，故其权限取概括主义，地方之事务有垠，其权限列列举主义，此等立法先例可以一一按图索骥"〔33〕。

议员叶夏声则从立法技术方面考虑，称"所定省议会权限中关于地

---

〔32〕《宪法会议公报》第59册，《起草委员会报告书》，第2页。
〔33〕《宪法会议公报》第20册，第31~32页。

方自治一切事项皆采列举的规定，而于国家行政事项，反不列举者，此加拿大之立法例，恐同时列举必有遗漏。故宁一方取概括主义，稍留伸缩之余地也。"[34] 如果中央和地方权限都采取列举式规定，则难免有所挂漏，不如一方取概括主义，一方取列举主义。由于中国为单一制国家，所以中央权限即应采概括规定。

议员吕复则是从国情角度出发，强调与联邦国家之不同，"盖联邦国宪法中央政权为联邦所赋予，故中央政权为列举规定，则地方政权即应概括规定。因概括规定即有其留保权。至于中国并非联邦国家，而其内容又不能与外国同论。故本员主张地方权限应采列举规定"[35]。议员王试功的观点与吕复相似，他也认为联邦制与中国国情并不相符合，这是因为中国历来是先有中央，后有地方，与联邦制先有地方不同，"对于地方政权，本席主张列举，对于中央政权，主张概括，若中央列举而地方概括，则是先有地方，后由国家矣。与我国情形实觉不符"[36]。议员黄佩兰更是强调，"若吾国国情实与联邦相反，自不能以一隅军人之割据，少数政客之鼓吹，即认为全民意思，强行效颦，以为削足适履之举"[37]。制度的施行应考虑更多数民意，而不能为少数人所左右。

对于主张国权列举，省权概括者所说的，从立法技术上，关于国权的事项易于列举，但是对何者为省权限不易把握，列举反而容易有疏漏的观点。黄佩兰也予以反驳，他认为，无论是国家权限还是地方权限，都有一定范围，并不是漫无目的的规定。"夫省权国权者，有一定翻着，省权之大者不过教育实业税务警察诸端，其他事件虽多，若悉心考虑，何难一一举出。挂漏之说，未免太过虑。"[38]

主张国权概括，省权列举的观点在制宪前期一直占据主导地位，在代表各党派妥协意见的孙润宇提案以及宪法起草委员会首次提起的《增

---

[34] 《宪法会议公报》第 19 册，第 24 页。

[35] 《宪法会议公报》第 51 册，《审议会会议录》，第 55 页。

[36] 《宪法会议公报》第 52 册，《审议会会议录》，第 75~76 页。

[37] 《宪法会议公报》第 52 册，《意见书》，第 10 页。

[38] 《宪法会议公报》第 52 册，《意见书》，第 10 页。

加主权查办权地方制度及宪法效力各条》等中，都明确规定，省在不抵触国家权力的范围内，享有一系列权力。[39] 这一观点，其落脚点还是在于省权限来自于国家，并力图完全和西方联邦制国家宪法撇清关系，极力否认联邦制。但是在制宪后期，该观点逐渐被国权列举、省权概括的观点所取代。

（二）省权概括，国权列举

议员秦广礼较早主张省权概括，国权列举，在他看来列举和概括都有利弊，但是概括并不意味着无法把握、不明显。从哲学上看，概括主义是抽象的，但是抽象并不意味着无法感知，而且空间更广阔。[40] 而且秦广礼还进一步指出，从实践发展来看，省权如果列举在宪法之中，则难以应对纷繁复杂、不断变化的现实情况。"省议会之职权，总言之虽不外法制财政限制行政等各问题，一经列举于宪法，不易变更之，社会进化事态时幻，恐将来无伸缩之余地。况列举拘泥，弊多遗漏，宁可不思预防耶？"[41]

议员丁佛言则是从发展自治的角度展开论述，他认为如果依照省权列举、国权概括的观点来，则中央的权限未免有可能过大，而地方则难免受到拘束。"本席以为现在中央权限宜取列举制度，省之权限应取概括制度。因中国地方太广，事权太纷，若中央关于各种大政俱行收揽在手，而各省则一律放任不稍与闻，甚为不妥。所以本席以为中央应取列举主义，各省应取概括主义。"[42]

议员罗家衡则是从立法技术的角度出发，他认为省的地位本就不易确定，因此省权更难以明确。而除了军事外交等明显属于国家事权外，其余权利内容广泛，难以一一加以确认，因此只能取概括的规定。如果列举，难免挂一漏万。"其所以不能不取概括之规定者，以省是何等地

---

[39] 《宪法会议公报》第 22 册，第 37 页；第 47 册，第 42 页。

[40] 《宪法会议公报》第 18 册，第 27 页。

[41] 《宪法会议公报》第 50 册，第 86 页。

[42] 《宪法会议公报》第 50 册，第 86 页。

位本属难定，而省之事权又难列举。至国权之种类，则列举之甚易，事即军事外交财政等荦荦大端，属于国之事权外，余均归为地方事权。如此分划，则地方之事权即大，至于在地方便利上设想规定省之事权，亦不能不概括。因为省事权之种类本属繁杂，究以何者应归地方固有，颇不易规定。倘取列举主义，则列举中必多遗漏。故将国权列举其事易，而省权列举其事难也。"[43]

前述议员吕复在早期支持国权概括，省权列举的观点，但是在国会第二次复会，进入制宪后期时，则完全改变了自己的看法，"本席以为省之事权为省自身所固有。……省有人格……至于宪法上省事权应如何规定，本席意思以为天经地义宜取浑括保留之规定，国家事权宜取明白列举之规定。即在宪法上明白规定何项事权为属于国家之事权，其余事权即为地方保留事权。"他提出省的固有权概念，认为省具有独立的人格，因此有固有事权，省权应该采取概括的规定。

在民国六年（1917 年）的四十三次审议会上，地方权限概括与列举均不足三分之二，被否决。[44] 而在民国十一年（1922 年）第四十九次审议会上，赞成省之权限取概括主义者超过三分之二，表决通过作为宪法起草委员会起草的原则。[45]

（三）国权列举，省权列举

虽然前述关于省权与国权的权限，最后以国权列举，省权概括被付交宪法起草委员会起草，在其草案中也如此规定。但是最后的宪法文本，却是与上面两张完全不同的省权列举、国权列举的方式。在 1923 年宪法上规定：

> "第二十五条　左列事项，由省立法并执行，或令县执行之：
> 一　省教育、实业及交通；

〔43〕《宪法会议公报》第 50 册，第 86 页。
〔44〕《宪法会议公报》第 50 册，第 86 页。
〔45〕《宪法会议公报》第 50 册，第 86 页。

二　省财产之经营处分；

三　省市政；

四　省水利及工程；

五　田赋、契税及其他省税；

六　省债；

七　省银行；

八　省警察及保安事项；

九　省慈善及公益事项；

十　下级自治；

十一　其他依国家法律赋予事项。

前项所定各款，有涉及二省以上者，除法律别有规定外，得共同办理。其经费不足时，经国会议决，由国库补助之。

第二十六条　除第二十三条、第二十四条、第二十五条列举事项外，如有未列举事项发生时，其性质关系国家者，属之国家，关系各省者，属之各省，遇有争议，由最高法院裁决之。"

此两条的增加来自于协商会草案。根据吴宗慈的记载，在宪法起草委员会提交了最终的草案，并开始进行初读会时，有议员要求先进行地方制度章节的二读会，改变议事日程。但是在对于是否允许省制定省宪的问题上，支持与反对方互不相让。因此观点中立议员召集赞成与反对省宪的议员，进行三方会谈，开诚协商。在民国十二年（1923年）六月十二日深夜，对于地方制度以及国权章协商完毕，达成一致意见。结果次日，黎元洪因为段祺瑞政变去职离开北京，两院议员也纷纷离开，使得宪法会议无法继续召开。直到十月四日，才得以满足开会人数，旋即将其通过。[46]

陆鼎揆在1924年《东方杂志》上发表文章《国是会议宪法草案对

---

〔46〕　参见吴宗慈：《中华民国宪法史》，法律出版社2013年版，第794页。

于北京新宪法之影响》[47]，称 1923 年宪法中国权与省权皆列举的做法，是来源于张君劢的《国是宪法会议草案》，并以二者条文进行对比。但省权列举，国权列举的做法更可能是前述主张省权列举，国权概括与省权概括，国权列举二种观点的综合。根据议员黄赞元的报告，协商会议在决议"地方分权主义"与"省县并立主义"两项原则后，对于"国权"章节达成意见，"划分国家事权与地方事权"[48]。因此国权列举，省权列举的做法更可能是一种无奈的妥协方法。

四、省制之争对宪法制定之影响

学界对于 1923 年《中华民国宪法》多视之为一部联邦制宪法。[49] 少一部分学者则将其视为单一制宪法。[50] 而通过对于宪法制定过程中争议问题的描述，我们发现，对于省制的内容，虽然议员之间意见不同，但并未有主流的意见主张将宪法制定为联邦制宪法，议员们所争论的内容仍然是围绕在统一的单一制国家之下的。对于省制的争议从另一个角度可以使我们更全面认识 1923 年《中华民国宪法》的性质。

---

〔47〕 陆鼎揆："国是会议宪法草案对于北京新宪法之影响"，载《东方杂志》1924 年第 21 卷第 1 期。

〔48〕 吴宗慈：《中华民国宪法史》，法律出版社 2013 年版，第 795 页。

〔49〕 这样的看法被广泛接纳，并成为法学界与历史学界的一般认识。例如在中国社会科学院近代史研究所主编，由汪朝光所著的《中国近代通史》第六卷，便称"就技术层面而言，这部宪法被认为是一部'联邦宪法'，因其给予地方较多的权力"。汪朝光：《中国近代通史：民国的初建》，江苏人民出版社 2007 年版，第 460 页。在朱勇为本卷主编的《中国法制通史》第九卷，则称"'国权'章分别列举了中央和省的立法权和行政权。……在实施地方分权的联邦制国家里，则分别以列举方式确定中央与地方的权力。"朱勇编：《中国法制通史》（第 9 卷），法律出版社 1999 年版，第 448 页。

〔50〕 如张晋藩在《中国宪法史》中指出，"《贿选宪法》所确认的国家结构形式是单一制前提下的中央与地方分权制。从而反映了直系军阀为了平衡、协调与地方各派军阀的关系，巩固对中央政府政权的控制权的用心。"张晋藩：《中国宪法史》，人民出版社 2011 年版，第 246 页。此外，尚有一种观点认为，1923 年《中华民国宪法》为中央集权和主义的宪法。如蒲坚主编的《中国法制史》提到"中华民国宪法表面上规定了中央与地方分权制度，事实上直系军阀政府实行的是中央集权制，即直系军阀独裁制。"蒲坚：《中国法制史》，光明日报出版社 1987 年版，第 291～292 页。

对于省的性质，议员们在民国六年（1917 年）即表决通过省为地方最高自治团体兼国家行政区域。主张省为行政区域说以及省为行政区域兼自治团体说的议员，我们从其言行来看是主张单一制国家的。而对于主张省为自治团体的议员，也不能尽认为他们都主张实行联邦制。强调省为自治团体的议员吕复，是主张联邦制的代表人物，他提出应仿效美国建立二重政府，实现二重宪法。但是吕复的观点在主张省为自治团体的议员中也并非主流，其他议员虽支持省为自治团体，但反对实现联邦制。议员姚桐豫便称，"盖以中国而为单一国，遂有暂时之分裂，而不久又为统一，既不能谓之分，亦无所谓合。故本席对于联省自治之联字，亦以为可以不要"〔51〕。姚桐豫的话中，承认省具有的自治地位，但不认为自治团体的性质就必须向联邦制国家一样联合起来，二者并不具有必然性。前述议员丁佛言的观点中，中国将来可能发展至联邦制国家，可见按照目前的状况，仍然还是单一制的国家。至于主张省为自治团体兼行政区域说的议员，前述章节讨论时便已说明其单一制国家的立场。在省的权限划分上，主张省权概括者与列举者皆是以发展地方自治，推进民主为目标，其任务并非无限扩大地方权限，限制中央。如议员骆继汉认为，中国的省不同于一般的单一制国家的地方与联邦制国家的邦，是一种"居间特种制度"，"所谓居间特种制度，即谓居于联邦国与单一国之间也"〔52〕。单一制国家的宪法，一般对于地方权限以法律的形式加以规定，并不体现在宪法之中。但这并不意味着在宪法中规定中央与地方的权限便不是单一制国家宪法。张千帆便指出，"即便是在主权统一的集权型单一制国家，也完全可以允许一定程度的地方自治分权。事实上，没有任何理由认为单一制达不到联邦制的地方分权程度"〔53〕。因此，对于 1923 年《中华民国宪法》的性质，通过上述分析以及前述几个章节的表达，个人更认为应该是单一制度下的中央与地方高度分权制。

---

〔51〕 《宪法会议公报》第 52 册，《审议会会议录》，第 85 页。

〔52〕 《宪法会议公报》第 52 册，《意见书》，第 55 页。

〔53〕 张千帆：《国家主权与地方自治》，中国民主法制出版社 2012 年版，第 31 页。

此外，从十年间议员们对于省制度的争议以及最后的宪法条文出炉来看，民国初年的议会尚处于不完善、不成熟的阶段，议场外的因素对于制宪的影响较大，议员们议政的水平还需要进一步提高。

我们可以看出，两院的议员们在制宪时其态度都是真诚的，他们真实地希望能够尽早制定宪法，结束民国"无法"的时光。他们把宪法视为中国实现民主共和的基石和大道，因此对于宪法的条文确实是慎之又慎，反复争论。不论是对省制问题的各项议题持何种态度，议员们的交锋基本都是从理论、现实等方面来试图说服彼此。即使意见相左，议员们也并不是靠谩骂、攻讦等手段来打击对手，而是从对方的话语中寻求漏洞，加以反驳。从摘录的大量议员们的发言，我们便可以看到这一点。但同时我们也发现，虽然这些议员真诚地各抒己见，依照制宪规则制定宪法，但是仍然存在着不少问题。在制宪过程中，虽然许多议员能够发表不同意见，但是并非每种观点都能进入表决程序。如在关于省性质的争论中，先后出现了对于省性质的四种观点，但却最终只有一种观点进入到表决阶段。议员们提交了各种提案，但是宪法起草委员会召开会议时，却未必得以采纳。而即使经过表决的内容也可能因为其他情形而最终被舍弃。例如关于省权限的规定，最终表决通过的起草委员会起草的"省权概括、国权列举"的议案，因为议场上议员的争执而被场外的党派协商会方案所代替。而政党协商方案在交予宪法审议会时，又是匆匆提起并未向大会报告经全体表决通过。

民国初年，对于省制问题轰轰烈烈的讨论而形成的 1923 年《中华民国宪法》省制条款，最终由于"贿选"的阴影以及曹锟的下台而黯然失色。但对于省制问题的讨论并未就此停止。在之后南京国民政府时期，对于省制问题的关注仍然有增无减。而比较 1923 年《中华民国宪法》的省制条款与 1947 年《中华民国宪法》的条款时，我们也可以看到许多内容被继承下来，如关于省权与国权的分别列举规定等，都可以在民初这场关于省制的争论中找到影子。法律制度的发展或许就是这样，在一代代人的努力中日臻完善，而过往者对制度的摸索是我们当下重新思考的起点。

清代赘婿法律地位研究

胡英阔*

一、学界研究成果综述

目前学界对于清代赘婿法律地位问题的研究不是很多，主要有如下几位：

郭松义先生关于清代赘婿的专著有二，《伦理与生活：清代的婚姻关系》[1]和《清代民间婚书研究》[2]，在《伦理与生活：清代的婚姻关系》中郭氏利用清代档案文书对入赘的原因、赘婿的身份、赘婿的地位及赘婿家庭关系进行了研究，认为在普通人家赘婿在承嗣、继承财产等方面，妻方起到主导的作用，赘婿对妻方家庭仅有附属的地位，在生产生活中受到妻方家族、妻方父母和妻方的控制，甚至有的受到歧视和压迫。在《清代民间婚书研究》中，郭松义、定宜庄根据女子名分的标准将入赘婚分为未婚室女招赘、寡妇招夫和其他形式招赘三种，并就子女分配和财产继承方面予以特别分析。他们认为在一般情况下未婚室女赘婚的家庭中，养老女婿拥有部分继承权，但限年女婿则没有继承权。在寡妇招夫的情形下，寡妇所招之夫不仅自己没有继承权，就连子女只要名列其门下，其继承权也相当于其他兄弟之半。在其他形式招赘情形下，介绍了抱养女招赘、主人以婢女招赘两种，在婢女招赘中，赘婿常常得依附于主人，人身依附关系强。

---

* 南京大学法学院硕士研究生。
〔1〕 郭松义：《伦理与生活：清代的婚姻关系》，商务印书馆2000年版。
〔2〕 郭松义、定宜庄：《清代民间婚书研究》，人民出版社2005年版。

阿凤也专门研究明清时期徽州赘婚文书，得出徽州地区的招赘类型包括在室女招赘、寡妇招夫和庄仆招赘，并且在婚书有着各自的权利、义务以及赘婿地位。阿凤认为在室女招赘家庭中，养老女婿不能承嗣，但外孙承嗣现象则比较常见。而在寡妇招夫中，接脚夫通常无权处置原夫家业，赘夫与其亲生子是否改姓则不尽相同。而庄仆招赘的家庭中，赘婿的地位更为卑贱[3]。

张萍则通过研究徽州地区文书，认为导致男性出赘的原因在于贫穷与男女性别比例失调等因素，在妻方家庭中赘婚地位较为低下，尤以接脚夫和奴仆赘婚为最。在传统社会，结婚的要件之一是双方订立婚书，婚书中蕴藏着一定的当事人婚姻信息，因此通过婚书研究赘婚也成为学界的一条重要的分析进路[4]。

当然，其他学者也有一些关于清代赘婚的研究。李伟峰则偏重于招赘婚中赘婿的精神心理维度考察，从日常生活、登谱造册、改名换姓、继承宗祧、异子不异姓等文化习惯的角度，综合分析探究清代赘婿的家庭地位[5]。曹婷婷则通过研究晚清江浙乡村地区的具体案例，讨论赘婚婚存在的原因和形式，以及赘婚婚引起的各种经济纠纷，从中探讨这种特殊婚姻形态与国家、社会和宗族等之间的复杂关系[6]。

因此，就搜寻的资料来看，关于清代赘婚法律地位研究还是较少。在相关学者的研究中，一般是从婚姻史的角度来考察清代赘婚问题，很少涉及赘婚法律地位，或者在涉及赘婚法律地位的问题时将其纳入研究的一小部分，深入分析较少。本文将结合现代法学理论从法律角度，对清代赘婚法律地位问题进行详细的分析。

---

〔3〕 阿凤：《明清时代妇女的地位和权利》，社会科学文献出版社2009年版。

〔4〕 张萍："明清徽州文书中所见的招赘与过继"，载《安徽史学》2005年第6期。

〔5〕 李伟峰："清代赘婿家庭地位探析"，载《民俗研究》2013年第6期。

〔6〕 曹婷婷："晚清赘婚婚现象初探——以江浙地区为例"，载《石家庄学院学报》2012年第4期。

二、历史中的赘婿

（一）清代以前的赘婿

众所周知，古代中国是一个以宗法制为基础的封建社会，宗法制的核心在于人们之间的血缘关系，血缘关系便成为联系宗族成员、维护国家统治的纽带。因此，我们可以说，血缘的延续，即传宗接代，是皇家的政治生活和人们的家庭生活得以运转和展开的前提。在生者看来，血缘关系已经如此重要，对于逝者来说其地位也不遑多让。虽然孔子说"不语怪、力、乱、神"，但在古代民间的社会观念里，人们相信人死以后还要到阴间继续生活，在阴间生活的一切用度都需要活在人世的子孙后代供奉。因此，古人特别讲究上事宗庙，祭祀时的牺牲丰盛多样，礼仪庄严肃穆。通过考古发现，在野蛮的原始社会乃至夏商时甚至还存在人祭的传统，其惨烈令人动容。我们看到，祖先在去世后能够享受的血食完全依赖于子孙后代的供奉，在世的人必须保证能有子孙传世，使得血脉能够延续，让祖先世代飨祀不绝。因此，在古人看来，"不孝有三，无后为大"，没有后代是对祖先的一项重大罪愆。这里的"无后"，不是简单地没有后代，而是仅指没有男系子孙，从"嫁出去的女儿泼出去的水"这样的民谚我们就可以体会到其中的男女两性在社会观念中的轻重，出嫁的女儿最终是"覆水难收"，为他人做了嫁衣。

人世间的事情具有各种可能，血脉的延续有时候也只是人们心中的美好愿望。对于没有男系子孙的家庭来说，必须找到可以替代的方法来解决无后的问题。这时，招赘和过继便成为应对无后的一种通融的办法，所以赘婿也就是一个远比我们想象得还要古老的现象，在古代中国就已经存在，在保存至今的历朝历代的史料中都有关于赘婿的记载。为了更清楚地了解历史中赘婿的情况，让我们引用一些史料：

朝　代	人　物	记　　　　　　　载
西　周	姜　尚	太公望少为人婿，老而见弃，屠牛于朝歌，货于棘津，钓于磻溪〔7〕。
战　国	淳于髡	淳于髡，齐之赘婿也〔8〕。
秦　国		商君遗礼义，弃仁恩，并心于进取，行之二岁，秦俗日败。故秦人家富子壮则出分，家贫子壮则出赘〔9〕。
秦　朝		三十三年，发诸尝逋亡人、赘婿、贾人略取陆梁地，为桂林、象郡、南海，以适遣戍〔10〕。 秦之戍卒，……如往弃市，因以谪发之名随戍，先发吏有谪及赘婿贾人〔11〕。
汉　朝		发天下七科谪戍，仍以赘婿与贾人、亡命，及吏之有罪者并列〔12〕。
南朝·宋	王敬弘	敬弘妻，桓玄姊也。敬弘之郡，玄时为荆州，遣信要令过。敬弘至巴陵，谓人曰"灵宝见要，正当与其姊集聚耳，我不能为桓氏赘婿。"乃遣别船送妻往江陵。妻在桓氏，弥年不迎。〔13〕
唐		谓之赘婿者，言其不当出在妻家，亦犹人身上有赘疣，非所有也〔14〕。

〔7〕《韩诗外传》。

〔8〕《史记·滑稽列传》。

〔9〕（汉）贾谊：《贾谊集》，上海人民出版社 1976 年版，第 191 页。

〔10〕《史记·秦始皇本纪》。

〔11〕《汉书·晁错传》。

〔12〕陈鹏：《中国婚姻史稿》，中华书局 2005 年版，第 744 页。

〔13〕《晋书·王敬弘传》。

〔14〕陈鹏：《中国婚姻史稿》，中华书局 2005 年版，第 744 页。

续表

朝 代	人 物	记 载
五 代		（宋师南伐，后主）率民间佣奴赘婿，号义军〔15〕。
宋		鄂俗计利而尚鬼，家贫子壮则出赘，习为当然〔16〕。
元	朱买臣	（正末云）小生是这会稽郡集贤庄人氏，姓朱名买臣，幼年颇习儒业，现今于本庄刘二百家作赘〔17〕。
明	王叔承	王叔承，……贫，赘妇家，为妇翁所逐，不予一钱，乃携妇归奉母〔18〕。

以上援引的资料只不过是古代中国遗留下来的众多文献中的沧海一粟，如果加上湮没在历史风云变幻中的各种文献，有关赘婿的记载更是多如牛毛。但是从上述资料来看，我们大致可以归纳如下：其一，赘婿不是局部的风俗，而是在古代中国极为普遍的现象，在历朝历代都存在赘婿；其二，赘婿的分布范围十分广泛，出现在各种社会阶层，既有像姜尚、淳于髡的高官显宦，也有像王叔承一样的文人墨客；其三，赘婿在社会上的地位还是比较低的，在秦汉时期与犯人、商人一起被征发戍边，在唐代被人视为多余之物，在五代与佣奴为伍；其四，赘婿的地位虽然较低，但是由于地域和风俗的不同，人们出于各种原因对于成为赘婿持不同的态度，如在湖北由于人们注重利益，入赘习以为常，不以为耻，而在刘宋时期的王敬弘看来便深以为耻，不愿充当赘婿；其五，赘婿在妻家的地位也是比较低的，有可能受到翁姑的虐待，如明代王叔承就被翁姑逐出家门，不给物质上的支持；其六，赘婿理论上应当在妻家与其家人共同生活，但是在某些情况下是可以携妻回归本家的，如王叔

---

〔15〕 陈鹏：《中国婚姻史稿》，中华书局 2005 年版，第 745 页。

〔16〕 《宋史·刘清之传》。

〔17〕 《朱太守风雪渔樵记》。

〔18〕 《明史·文苑传四》。

承由于翁姑的虐待与妻子一同回家侍奉母亲。

（二）清代的赘婿

清朝是满族以游牧民族身份入主中原建立的王朝，虽然在其政权统治范围仅及于东北时期制定过"盛京条例"，但入主中原后之前颁布的包括"盛京条例"在内的法令已经不能适应统治全国的需要。在清顺治元年（1644 年）进入北京以后，摄政王多尔衮于六月即令依明律治罪，后康熙、雍正和乾隆三朝根据社会形势需要，不断增删损益，最终形成了《大清律例》，通行后世[19]。在有关赘婿的法律规定方面，《大清律例》有如下内容，从中我们可以大致梳理出清朝在国家法层面的赘婿制度。

　　规定一：招赘须凭媒妁明立婚书，开写养老或出舍年限。止有一子者，不许出赘。其招婿养老者，仍立同宗应继者一人承奉祭祀，家产均分。如未立继身死，从族长依例议立。[20]

　　规定二：凡逐（已入赘之）婿嫁女，或再招婿者杖一百；其女不坐［如招赘之女通同父母逐婿改嫁者，亦坐、杖一百。（后婚）男家知而娶（或后赘）者，同罪（未成婚者，各减五等，财礼入官）］。不知者，亦不坐。其女断付前夫，出居完聚。[21]

1. 赘婚制度成立的法定要件。

第一，媒妁。按照我国现行婚姻法的规定，婚姻成立应当满足法定要件，在清代也同样存在国家对婚姻成立条件之法律规定，规定一即是清朝时期赘婿婚姻成立的法定要件。我国古代奉行"父母之命，媒妁之言"的传统，媒人在婚姻中是不可或缺的，其主要目的在于一方面可以

---

〔19〕　参见《历代刑法志》，群众出版社 1988 年版，第 563～567 页。

〔20〕　马建石、杨玉棠：《大清律例通考校注》，中国政法大学出版社 1992 年版，第443 页。此条规定直接取自明朝初年的《大明令·户令》。

〔21〕　同上，第 445 页。

居中沟通，充当媒介的角色，为男女两家传递信息，另一方面也是起着广而告之的作用，将男女两家的婚姻进行外部性公示，在社会公众中取得肯定性支持。考诸历史，最早在国家法层面明确要求赘婿婚姻须有媒妁鉴证的是在元朝。《大元通制条格》规定"若招召女婿，……其主婚保亲媒妁人等画字依礼成亲，庶免争讼"。明代则规定"凡招婿，须凭媒妁，……〔22〕。"在清代，无论是从清律的规定还是民间习惯来看，赘婚的成立同样须有媒妁的介入是毋庸置疑的。

> 判得孀妇招夫，本为恶俗。马武氏于夫死后，招耿炳观为夫，原图养赡，不料遇人不淑，反将该氏之现款田地于三年间消耗殆尽，至今人财两空。耿炳观绝足不至，即赴该府县起诉。均遭批斥，不准来辕上控。业经集讯明确，耿炳观即家有原配，断无再为人正式后夫之理，周杜氏必非媒妁，实系牵线，马武氏于耿炳观必非嫁娶，实系苟合，苟合原属混账，何怪始乱而终弃之也！两造都属无耻男女，一并重责，以为无耻者戒。〔23〕

在上述案例中，寡妇马武氏在丈夫死后招赘耿炳观，本来是图求赡养有所依靠，但是遇人不淑，耿炳观在三年之内便将马武氏现款田地花费干净，从此不再上门，以致马武氏人财两空，境况凄惨。审判官员根据耿炳观已有原配反而入赘，断定周杜氏不是马武氏与耿炳观的媒人，实质上是牵线搭桥而已，并没有将男女双方的信息进行很好的传递沟通，没有媒人的婚姻便不是正式的嫁娶，而是男女苟合，不合礼教，判令重责。在马武氏与耿炳观的入赘婚中，马武氏人财两空的悲惨境遇也没有得到官府的同情，而是认定为无耻受到重责，这是因为男女双方没有经过媒妁的撮合，通过明媒正娶的途径结成夫妻，由此我们看出即使

---

〔22〕《大明律集解附例·户律》。

〔23〕（清）曾国藩等：《绝妙判牍·端午桥判牍》，海南出版社1993年版，第188页。

是在赘婚之中，媒妁也是决定婚姻能否成立的关键因素。

同时，值得注意的是，清代留下的判例表明在赘婚中的媒妁还不单单充当媒介的角色，构成婚姻成立的法定要件，在有的情况下由于媒妁的过错，甚至还会引来诸如官府的惩罚。

在《关翠儿》[24]这个案例中，关孙氏的丈夫很早便去世，只有一个九岁的女儿翠儿与其相依为命。由于夫死女幼，整个家庭失去了支撑，生活成了问题，为了能够找到男子承担起养家糊口的责任，关孙氏便托媒人刘之安说合，招赘二十五岁的王心宽进入关家一同生活。但是赘婿王心宽进入关家后，由于某天欲奸宿其丈母关孙氏不成而伤其丈母并杀其妻关翠儿，酿成了一场令人唏嘘不已的人间悲剧。审理此案的官员虽然认为关孙氏是自有应得，但是撮合此段婚姻的媒妁刘之安却是罪魁祸首，为此遭受枷杖之刑并出钱二十串的惩罚。我们可以看到，此处的媒妁由于将相差十六岁的男女"妄为撮合，致酿此等淫凶冤酷之案"，对此要承担连带责任，这也是令人感到十分意外的。

第二，婚书。俗语有云"口说无凭，立字为据"，婚书对于婚姻成立具有十分关键的作用，是明确男女双方权利义务关系的依据，在发生婚姻纠纷时也是十分重要的证据。对于赘婚而言也是如此，国家法律首次要求赘婚明立婚书是在元朝，"今后但为婚姻，须立婚书，明白该写元议聘财，若招召女婿，指定养老，或出舍年限，其主婚保亲媒妁人等，书字依理成亲，庶免争论"[25]。我们看到，元朝之所以颁布此项法令，是因为在民间社会赘婚引起了很多纠纷，以致诉讼不绝，给官府带来了很大的压力，这也从侧面反映出早在元代赘婚在民间就已经十分流行和常见，国家必须专门颁布法令予以规制。明清两代也是如此，根据清律规定赘婚应当明立婚书，也就是婚姻契约，上面写明养老或者出舍年限，国家法律对此规定得如此详尽具体，让我们引述资料了解婚书的种类：

〔24〕（清）樊增祥：《樊山政书》，中华书局2007年版，第41页。
〔25〕郭成伟点校：《大元通制条格》，法律出版社2000年版，第39页。

男家就婚于女家，曰入赘，曰招夫者是也。或男家无男子，赘婿望其桃，或家贫子幼，招夫望其抚养者。此等事情，临时当立契约，与依礼婚嫁用婚启者大不同也。[26]

我们从上述资料中可以归纳，女家招赘的目的主要分为两类：其一，在室女招赘。发生在没有男系后代而只有女儿的家庭。在室女招赘还可以具体细分为两种，也就是养老赘婿和限年赘婿：前者赘婿终身居于女家，像亲生儿子一样侍奉女方父母，为他们养老送终；后者则在婚书中约定赘婿在女家生活劳作的时间，待期限一满，便可以携带妻子和分得的孩子返回本家。其二，寡妇招赘。对于丈夫去世的寡妇来说，有的可能留有年幼后代没有能力抚养，有的可能有年老的翁姑需要赡养；或者没有后代但是出于包括不想放弃夫家财产、保持家庭完整性等各种考虑不想改嫁。前者就是招夫养子或者招夫养老，后者则为坐产招夫。因此，清代婚书主要可以分为两类，即在室女招赘婚书和寡妇招赘婚书，每个大类下面又会涉及到小类，如在室女招赘婚书中包括养老赘婿婚书和限年赘婿婚书，寡妇招赘婚书包括坐产招夫婚书和招夫养老或者养子婚书等。

第三，聘礼。古代中国十分注重礼仪，早在西周时期便要求婚姻成立必须遵从"六礼"，也就是结婚必经的六道程序，包括"纳采"、"问名"、"纳吉"、"纳征"、"请期"、"亲迎"。其中"纳征"也叫"纳币"，顾名思义，就是男家送聘礼到女家。因此，男女成婚需送聘礼在西周时期便已确立，在以后历朝历代的民间社会中逐渐形成了惯例。

在唐朝时，唐律对于聘礼的数额并没有明确的规定[27]。宋代沿袭

---

[26] 光绪《嘉义县内采访册》，转引自郭松义、定宜庄：《清代民间婚书研究》，人民出版社 2005 年版，第 148 页。

[27]《唐律疏议·户婚律·许嫁女报婚书》中规定："聘财无多少之限，即受一尺以上，并不得悔。酒食非者，为供设亲宾，便是众人同费，所送虽多，不同婚财之限。若以财物为酒食者，谓送钱财以当酒食，不限多少，亦同聘财。"

唐律规定，对于聘礼数额也未作出具体的规定[28]。唐宋两朝均未对聘礼数额作出规定，一定程度上说明国家并不关注聘礼数额的多少，而是注重聘礼所代表的礼法意义。国家法律虽然没有明确聘礼的具体数额，但是聘礼却是婚姻成立的法定条件，在一定程度上助长了民间结婚论财、重财的社会风气。到了元代，由于沉重的聘礼负担，许多男子已经到了无力娶妻的程度，严重影响了人口的繁衍和社会的稳定，于是政府出台法令规定了聘礼的限额，而赘婚中聘礼的限额则仅相当于嫁娶婚的三分之一到二分之一[29]。到了明清时期，对于聘礼的数额，法律已经没有限制，但是出现了新的特征，即前代还存在女方送聘礼给男方家庭的现象，明清时期则基本绝迹，主要是男方送聘礼给女家。

事实上，古代社会不同社会阶层的人经济能力差异很大，贫困者可能"无立锥之地"，遇到荒年"路有冻死骨"，富裕的则"田连阡陌"，"朱门酒肉臭"。这种经济能力的差异表现在婚姻方面则是门第的悬殊、聘礼的多少。面对悲惨的现实，年轻的情侣们既有令人动容的梁山伯与祝英台的化蝶而去，也有情路坎坷的张生与崔莺莺终结良缘。赘婚则是例外，虽然需要男方送给女家聘礼，但是数额一般很小，像在婚书部分引用的继昌入赘张家只需"聘金酒席佛银四大元"而已，大概相当于白银四两，大大低于清代江南一带动辄十数两、数十两甚至上百两的聘礼[30]。因此，对于那些家庭贫困没有聘礼以致无法娶妻的男子来说，入赘既是囿于自己家庭的财力有限而被迫做出的决定，也是在综合权衡后做出的于己最为有利的理性选择，因为在这样的入赘婚中女方家庭只需很少的聘礼，有的情况下甚至不需要男方聘礼，而只需到女家生活帮忙料理家庭经营产业，以自己的劳动作为聘礼的替代。

---

〔28〕《宋刑统·户婚律》规定："聘财无多少之限，酒食者非。以财物为酒食者，亦同聘财。"

〔29〕 李伟峰："香火接续——传统社会的招赘婚姻研究"，中国博士学位论文全文数据库，第 82 页。

〔30〕 郭松义：《伦理与生活——清代的婚姻关系》，商务印书馆 2000 年版，第 105～108 页。

2. 对赘婿的特别保护条款——禁止逐婿嫁女。赘婿在清代一如前代，社会地位较低，受到人们的贱视，但是国家出于稳定婚姻关系，维护纲常伦理的目的，对于赘婿还是给予了一定的保护。对于已经入赘妻家的赘婿，如果妻家将其驱逐并将女方改嫁或者由于各种原因其不在妻家，妻家没有履行法定离婚程序而再次招赘的，都要视情况对主导者予以惩罚。如果是女方父母主导，则对父母进行处罚；如果女方与他们串通，则一起接受处罚；如果后婚男家对此知情，也要接受处罚。从清律的规定来看，对于逐婿嫁女的行为，国家采取了绝不容忍的态度，打击的范围较广，对赘婿权益的保护还是比较严密。事实上，法律如此规定，绝不是为了维护赘婿权益本身，而是逐婿嫁女的行为严重违背了"重义轻利"的儒家伦理，败坏了社会风气，导致累讼不绝，影响了社会稳定。

三、清代赘婿的法律地位

（一）姓名权

在现代社会，姓名权作为公民的一种基本权利已经得到国家的承认和法律的保护。在古代的社会观念中，虽然还没有形成姓名权这样比较显著的权利化的意识和体系，但是在社会和家庭生活中面临着随姓取名的现实性问题。清代赘婿也不例外，甚至表现得更为突出。赘婿是赘婿进入女家，与女方及其家庭成员共同生活，成为其中的一员，实现身份上的转换，在传统婚姻中表现为女方姓氏改为夫姓，而在入赘婚中则表现为男方跟随妻姓。

事实上，在清代以前就已经普遍存在赘婿跟随妻姓的现象，如明代陈友谅祖上世代以打鱼为生，原姓谢氏，只是因为前代入赘陈家，所以将自己的姓氏由谢氏改为陈氏[31]。从留存至今的资料来看，赘婿跟随女姓一种是在自己本姓之前加妻姓，如赘婿原姓杨，妻姓陈，则改为陈

---

[31]《明史·陈友谅传》："陈友谅，沔阳渔家子也，本谢氏，祖赘于陈，因从其姓。"

杨；另外一种则是直接将自己的姓氏去掉跟随妻姓，如黄观在未恢复原姓之前名许观。为了对清代的情况有所了解，我们还是看看清代的婚书吧[32]。

> 立应文书人王友龙。身系休宁县十二都叁备土名双溪街人氏，本胜刘四九。今有汪朝奉家仆人王时顺亲媳胡氏，年已及笄，身自情愿央媒说合入赘王门下为子，听从更名改姓，婚配胡氏为夫妇，日后时顺一应服役大小门户，是身永远承当。自赘之后，倘有执妻私自逃回本宗等情，任应家主送官究治，无得异说。今恐无凭，立此应主文书，永远存照。
>
> 乾隆二十年四月 日
>
> 立应主文书　　　王友龙
> 凭媒双溪街　　　吴公亮
> 原中　　　　　　母姨
> 代笔　　　　　　胡长柱

从这封婚书所载内容我们可以看到，王友龙入赘王家之前原名刘四九，入赘之后变更姓氏名为王友龙，而且还承担作为汪家奴仆的王家应当承担的服役承差等事项。王友龙改变了自己的姓氏，承袭了翁丈家应当向主人汪家应当承担的一切差务，使得自己在身份关系上彻底融入了女方家庭。透析这种做法的动因，或许我们可从"名不正，则言不顺；言不顺，则事不成"这样流传千年而不衰、得到社会普遍认同的观念中窥探一二。中国古代社会，自汉武帝"罢黜百家，独尊儒术"开始，经过历朝历代统治者的尊崇与宣扬，儒家的伦理教义便已深入国人骨髓，成为一种文化自觉。儒家最重宗法观念，宗法的核心在于血缘关系。一个家族，好比一张大网，结点就是家族之内的成员，而使得这张大网得

---

〔32〕 王钰欣、周绍泉主编：《徽州千年契约文书·清代篇》第一册，花山文艺出版社 1993 年版，第 324 页。

以联结的，就是血缘。在家族新建之时，成员聚落而居，固定地共同生活在一个地方，不太有变动，由于彼此熟悉，容易辨识家族内外之人。但是随着代系的增加，家族成员的迁徙，甚至造成了"儿童相见不相识，笑问客从何处来"的窘迫景象。在科技不发达的古代，并没有血型的分类，也没有基因检测这样的技术手段，因此如何确定血缘关系是十分困难的。此时，承担识别血缘功能的便是姓氏[33]，姓氏成为辨别血缘亲疏的一种方便快捷和经济实惠的显著标识，"女生为姓，姓者生也，姓的起源原是血属的一种标志，在最初同姓的都有血统的关系"[34]，说的就是这个道理。因此，赘婿在身份关系上的改姓，实质上存在着试图通过变通手段从血缘上达致成为女方家庭成员的这样一种目的。

赘婿变为女家姓氏，不是违反中国古代"同姓不婚"的禁止性原则吗？事实上，如何看待这一问题，主要还是从同姓不婚在中国历史的发展脉络来理解。在中国，早在西周时期便确立了同姓不婚的原则，这为儒家所接受，成为儒家婚姻理论的一部分。后来随着儒家思想的法律化，"同姓不婚"原则基本得到历朝封建法典的贯彻，王朝政府制定了相当严厉的法律来制止同姓结合[35]，宗族内部也有禁止同姓结合的宗规族训[36]。但是我们知道，任何一种惯常性做法只有十分有用且重要以致不可或缺时才能引起重视，才有可能得到公权机关的认可，将其纳入法律调整范围，从而形成一种法律制度。从这种功能主义视角出发，同姓不婚实质上是惧怕同姓背后所代表的血缘相近导致的"其生不殖也"的后果。但是随着后世姓氏界限的消弭、改姓赐姓的大量出现，姓

---

〔33〕 先秦时期姓氏是分开的，男子称氏，女子称姓，氏是用来分别贵贱，有封地者才可以称氏，到了秦汉以后，姓与氏才逐渐合一，不再区分。参见赵瑞民：《姓名与中国文化》，中国人民大学出版社2008年版。

〔34〕 瞿同祖：《中国法律与中国社会》，商务印书馆2010年版，第104页。

〔35〕 如《唐律》和《宋刑统》中规定："诸同姓为婚者，各徒二年；缌麻以上为奸论"；《明律》中规定："凡同姓为婚者，各杖六十，离异"。

〔36〕 王跃生："从同姓不婚、同宗不婚到近亲不婚——一个制度分析视角"，载《社会科学》2012年第7期。

氏所象征的血缘相近这样一种识别作用不断弱化。到了清朝时期，同姓为婚的现象已经较为普遍。如清代官至礼部尚书的张伯行曾写道"古人娶同姓，犹讳言之，而人仍指摘之；今则公然结婚矣，亦无人告之以不当然者"[37]。从中我们可以感受到清代民间社会对于同姓为婚的容忍度已经大大提高，甚至见怪不怪，习以为常。这是因为清代由于"盛世滋丁，永不加赋"的政策导致了人口的爆炸性增长，同姓聚落而居的人口分布格局导致适婚男女可选择的范围过窄，遵守同姓不婚的婚姻原则代价过大。当制度的功能跟不上时代发展，那么这种制度要么遭到淘汰要么做出改变。因此，清代官方的态度也发生改变，对于同姓为婚者，"同姓者重在同宗，如非同宗，当援情定罪，不必拘文"[38]。因此，清代虽然国家法典依然严禁同姓为婚，但是此时同姓不婚更多意义上变成同宗不婚，"宗"成为衡量血缘亲疏的主要标志。发展到今天，在我国现行法有关婚姻的禁止性规定中，则是近亲不能结婚。因此，我们可以看到，贯穿这一历史发展脉络的始终是以血缘的亲疏作为标准来界定结婚的禁止性条件的。

当然，这种赘婿随从女方姓氏的现象主要存在于在室女招赘这种情形，这是因为在室女招赘的主要目的解决家中无子承嗣，希望通过招赘来弥补这一缺憾，使得血脉得以流传。寡妇招赘则主要注重赘婿可以养家、抚育后代的能力，对于改姓与否是不甚关注的。从留存至今的另外一些清代案例中，可以得到这样的印证，如《冯隆兴控冯海云等谋会串改案》[39]。在此案中，蔡长生之母之所以在丈夫去世之后招赘冯圣全，正如审判官所说"招夫养子"，是看重冯圣全能够刻苦治家，经营产业，而对于是否改姓则是没有关注的。

（二）家庭生活中的地位

在由传统的嫁娶婚形成的家庭中，无论是从"夫为妻纲"还是

---

〔37〕《正谊堂文集》卷九。

〔38〕《清律例汇辑便览》。

〔39〕杨一凡、徐立志：《历代判例判牍》（第10册），中国社会科学出版社2005年版，第382页。

"父为子纲"的伦理要求看，作为兼具"夫"与"父"双重角色的男子，都是一家之主，在家庭生活中无疑处于绝对的主导地位。与传统婚姻的男娶女嫁不同，赘婚作为变异的婚姻形态，就像妻随夫居一样，赘婿有了作为"妻"的色彩而需到女方家中生活。生活场所的转换，不仅仅是物理空间上的改变，更是带有夫妻家庭地位互换这样一种象征。事实上，赘婚进入女家生活，不仅仅是充当女婿的身份角色，更为重要的是承担起经营女方家庭的职责。因此，在进入女家之后，赘婿不仅要面对妻子，还要处理好与妻方父母或者翁姑的关系，以及与其他宗族成员的关系。

1. 与妻的关系。据说，人类社会在初期是母权社会，妇女在家庭生活中占据主导地位。后来由于生产技术的改进，人类由采集过渡到狩猎和农耕社会，男子凭借体力等生理优势逐渐取代女性的地位，成为家庭的领导者，从而确立了父权制社会。在中国古代，女子从小时候开始，便接受"三从四德"、"男尊女卑"的教育，从头脑中确立服从的意识。成婚之时，父母还要提醒"必敬必戒，无违夫子"，要求到了夫家要孝顺公婆，谨慎小心，服从丈夫。成婚以后，还要进入夫家生活，照顾全家生活起居，服从公婆丈夫的安排。有了子女以后，还要承担起抚育后代的责任。因此，我们可以从女子一生的身份转换上看到，女子无时无刻不是被要求承担各种义务，自身完全是处于从属的地位，异化为一种生养的工具。

整个社会浓厚的"男尊女卑"意识形态已经如此，贯彻统治观念的国家法律也不外如是，对女子的压迫更是惨烈。如在亲属容隐上，汉朝时颁布法令："自今子首匿父母，妻匿夫，孙匿大父母，皆勿坐；其父母匿子，夫匿妻，大父母匿孙，罪殊死，皆上请廷尉以闻[40]"。在这条法令中，妻与子、孙处于同等地位，而夫则与父母、大父母处于同等地位，夫尊妻卑显露无遗。

到了清代，女子的社会地位也没有改观，反而因为程朱理学"饿死

---

〔40〕《汉书·宣帝纪》。

事小，失节为大"的封建礼教影响，整个社会提倡孀妇守节，国家法律也给予支持[41]。作为入赘女家的赘婿，其在家庭中的地位比作为女子的妻方还是要低的。在寡妇招赘中，不论寡妇是否已经独立成户，还是尚依附于翁姑之家，能否入赘都要征得作为妻方的寡妇的同意。像安徽凤台县董朝选之妹董氏，丈夫去世，家有产业，村邻徐昆石垂涎富贵，多次求赘，但是由于董氏拒绝始终无法如愿[42]。从另外一个案例来看，由于寡妇的同意反而入赘成功：

> 据张薛氏供：妇人今年三十六岁……道光四年十月十二日丈夫病故……五年（五月）初八日，（地保）沈成彰说他妻故无子，正想续娶，不要妇人田亩，也不出财礼，叫妇人招他为后夫，妇人应允。初九日，沈成彰邀周珑做媒说合，沈成彰代写婚书。初十日夜招赘沈成彰进门成婚。

因此，清代赘婿在能否入赘的问题上没有发言权，作为妻子的女方反而取得了同意权，婚后在家庭中的地位也是可想而知的了。

2. 与妻方父母或者翁姑的关系。传统的中国家庭是家长制的，家长在整个家庭中具有至高无上的地位，掌管着整个家庭的财产大权和人事大权，对内小至日常生活支出，大至婚丧嫁娶，对外田赋徭役的承担等事项，都是要负着全部的责任。天然的，父权社会家庭的家长只有男性才有资格充当，女性是被排斥在外的。然而，在子女的教养权和主婚权

---

[41] 如《大清律例·婚姻》规定："其夫丧服满，果愿守志，而女之祖父母、父母，及夫家之祖父母、父母强嫁之者，杖八十。期亲加一等。大功以下又加一等。"而在清以前，各朝基本上父母和公婆都可以不顾孀妇是否愿意强行改嫁，这不是赋予了女子选择的自由，而是整个社会弥漫着要求守节反对改嫁的风气，立法者从维护纲常礼教的原则出发予以确认。

[42] 《刑科题本·婚姻奸情类》，乾隆四年二月二十五日安徽巡抚孙国玺题。转引自郭松义、定宜庄：《清代民间婚书研究》，人民出版社 2005 年版，第 162 页。

方面，母权虽然受着家长权的制约，却不是无可置喙的[43]。需要指出的是，对寡妇的特殊情形，政府出于表彰节烈的封建礼教的考虑，还赋予其同意权，如果寡妇的父母、祖父母以及夫家的父母、祖父母不顾寡妇的意愿而强行改嫁，则要受到处罚[44]。

虽然法律对于不顾寡妇意愿强行改嫁科处刑罚，但是，整体上父母是有概括的主婚权的。无论是在室女招赘还是寡妇招夫，都必须得到在室女父母或者寡妇翁姑的同意，没有他们的首肯，赘婚是万难成立的。如果说在室女招赘在社会心理上还有同情的因素存在，在寡妇招夫的情形下，将毫无血缘的自家媳妇招赘也无血缘的其他男子，在宗法上是绝难接受的，在社会心理上也是难以接受的。对于向来注重家族门面的中国人来说，不到万不得已，是不会选择这条路走下去的。招婿入赘的行为很有可能导致异姓乱宗的结果，招赘的家庭还要受到熟人社会的强大舆论压力，但是迫于生计或者养老的压力，从功利方面进行考量，作为拥有是否招赘决定权的妻方父母或者翁姑还是会选择招赘。下面这个案例很能说明这个问题[45]。

> 康熙六年间，王一存时遭亲生子王自如感病身故，遗妻李氏出入无倚。比王一存虑得身无次丁，又无人养赡，意要抚育一人续嗣，供侍代老。见得潞安府屯留县民（王）守银只身趁食本镇，尚未婚配，遂于（康熙）六年间情愿将儿妻李氏招赘守银为妻。同中讲明：守银养老，顶当王一存家门户，亦与王户兴差。比守银允

---

〔43〕 瞿同祖:《中国法律与中国社会》，商务印书馆 2010 年版，第 121 页。

〔44〕 《大清律例·婚姻》规定:"其夫丧服满，（妻妾）果愿守志而女之祖父母、父母及夫家之祖父母、父母强嫁之者，杖八十；期亲加一等，大功以下又加一等，妇人及娶者俱不坐；未成婚者追归前夫之家，听从守志，追还彩礼；已成婚者，给与完聚，财礼入官。"

〔45〕 转引自郭松义、定宜庄:《清代民间婚书研究》，人民出版社 2005 年版，第 161 页。

从，承赘王一存家同居过活无异。[46]

儿子病故，可说是白发人王一存的莫大悲哀，然而面对没有次子无人赡养的景象，还得毅然选择更为心痛的寡妇招夫，为自己的儿媳妇另选一位如意郎君王守银，承担起整个家庭的经营大任，赡养家中老人，孕育后代继嗣，担负官府派发的差役。我们看到，主动招赘的并非是作为寡妇的李氏，而是翁丈王一存，如若不是到了最坏的地步，从常理上来说谁都不会把自己的儿媳妇让与其他男人的吧。既然妻方父母或者翁姑招赘的最大原因是承担起经营家庭的责任，那么对于入赘之后没有完成任务的赘婿又是如何的呢？

> 徐毛氏有一女名招弟，招唐牛大为上门女婿，婚后四年，未生子女，且唐牛大因手足酸痛，不能劳动，徐毛氏常常数说，后唐牛大远赴昆山贩卖水果度日，徐毛氏暗中将女另许他人，受彩礼六十钱文，临嫁之日招弟托人告知唐牛大，嘱其来县控告[47]。

在这个案例中，徐毛氏有一女名招弟，从招弟之名即可看出对男性后代的渴望。由于家中无子，便以招弟招赘唐大牛，盼望通过招赘可以繁育男性后代，然而婚后四年竟无半点子嗣，这对"招弟若渴"徐毛氏来说不啻是绝大的打击。继嗣已然无望，那就只能指望赘婿担负起经营家庭的大任了，谁承想唐大牛又是身体不好，手足酸痛，赘婿简直已经成了一无是处的废物了。轻些地说是愿望的难以满足，严重地说是"赔了夫人又折兵"，造成了徐毛氏与唐大牛的冲突和对立。既然常常受到徐毛氏的数落，在家已经是难以立足，只有远赴他乡，另谋生路，于是唐大牛去了昆山做起水果买卖，或许寄托着早日能衣锦回乡的美好愿望

---

〔46〕 台湾"中央研究院"史语所藏"内阁汉文黄册"微卷 C 字号，卷 43，第 2569 册"已完钦件事由册"，康熙二十二年（1683 年）。

〔47〕 前引《绝妙判牍·陆稼书判牍》，海南出版社 1993 年版，第 8 页。

吧。物理空间上的夫妻两隔，好在有夫妻感情融洽的弥补，当徐毛氏作出另嫁他人的决定时，招弟还可以托人转带口信让唐大牛告官阻止。我们看到，在入赘婚的情形中，婚姻的价值观念受到严重的扭曲，剩下只是完全的利益计较，赘婚目的能否实现影响着赘婿与妻方父母的关系。为了保护地位低下的赘婿不至于被逐出家门，清律专门设立了"逐婿嫁女"条文对此种行为进行处罚，于是审判官员便依此做出了判决。

3. 与妻方其他家族成员的关系。按照清律的规定，在无子的家庭，赘婿入赘之后可以分得妻家的一半财产，而另一半则由立继的继子继承。因此，由于利益的冲突，赘婿与以继子为代表的妻方其他家族成员的关系紧张，甚至受到他们的敌视，在遗产处置不当时，甚至发生诉讼。

在《钟桂秋与钟连元即杜连元等互相争继案》[48]中，钟家有兄弟两人钟春傅和钟春兰，钟春傅生有钟桂秋，钟桂秋生有四个儿子，其中长子为钟丙喜，钟春兰生有钟桂林，钟桂林娶妻陈氏生下三子都过早去世，到了同治初年钟桂林也去世了，剩下其母和其妻陈氏，由于家中没有男子，立继钟丙喜，而又生活无依，于是陈氏在其姑的要求下招赘杜才有为夫，经营钟家产业，生下两个儿子连元和秋元，秋元已经入谱钟家。对于钟桂林留下的遗产，以钟丙喜父钟桂秋方与赘婿后代杜连元、杜秋元方发生矛盾，以致告官。审理此案的法官认为，钟桂林的遗产首先将已经作为其丧葬费用的部分予以扣除，而在钟桂林死后由杜才有夫妇购置的管业也不在遗产之列，作为遗产的只是剩下的屋宇三间基地和楼家岛山场两家均分，而押沙塔之地则由钟丙喜独得，佃田则由杜连元等佃种。

（三）财产权

虽然在古代中国很早以前就已经存在赘婚，但是其拥有财产继承权只是到了两宋时期才首次出现在国家法律中，并且法律条文详尽而具体，区分各种情况，在宋以前或者以后的历朝历代都难以与其比肩。到

〔48〕 前引《历代判例判牍》，中国社会科学出版社 2005 年版，第 337 页。

了元代，相较于宋代规定得详尽完备，有关赘婿的财产继承在正式法典中已不多见，但是在官府审理财产纠纷的案件时，还能看到相关记载[49]。在这个案例中，细究官府审判思路，与宋代没有大的差异，主要是根据赘婿在妻方家庭中所作出的贡献来分配家产。王兴祖由于代替丈人承担军役，所以得到丈人家土地宅院等财产，这些财产被官府视为其从丈人那里取得的夫妻共同财产，并不属于与其兄王福应当均分的父祖财产，由此官府并没有支持王福的请求。明代时国家法典正式承认了赘婿所拥有的财产继承权利，"其招婿养老者，仍立同宗应继者一人承奉祭祀，家产均分"[50]。因此，赘婿可以与妻方父母的应继者均分财产。

清承明制，关于赘婿财产继承的规定与明代相同，也承认了赘婿所享有的财产权利，让我们引用案例以为佐证：

> 钟小姑批：查例载，义男女婿为所后之亲喜悦者，听其相为依倚，不许继子及本生父母用计逼逐，仍酌分给财产等语。今据称，钟承期早故无子，其妻徐氏孀居，于同治九年将亲女庆姑赘金圣明在家，意图靠老相依，至今已二十七年，并无闲言。今年八月徐氏病故，生前亦未立有继子。查核情形，徐氏生而侍奉，病而医药，死而棺殓，皆女若婿是赖，其身后遗产，如先已立有继子，则酌量分给，今并无继子，则归庆姑夫妇执业，于人情例意原属允恰。惟该女自幼出家，住庵修行，是珠息庵乃尔栖身之所，早与俗家无

---

[49]《大元通制条格》卷四，《亲属分财》："至元十八年四月，中书省礼部呈：彰德路汤阴县军户王兴祖状告，至元三年于本处薛老女家作舍居女婿壹拾年，此时承替丈人应当军役，置到庄地宅院人口等物，有兄王福告作父祖家财均分等事。本部照得旧例，应分家财，若因官及随军或妻所得物件，不在均分之限，若将王兴祖军梯已到产业人口等物，令王兴祖依旧为主外，据父祖置到产业家财，与兄王福依例均分，都省准拟。"

[50]《大明令·户令》。

涉,毋庸干预率渎。[51]

在上述案例中(以下称"钟小姑批"),由于钟徐氏丈夫钟承期很早就去世没有儿子,全家只剩下钟徐氏和女儿庆姑,两人孤苦无依,所以钟徐氏以女儿庆姑招赘金圣明,以图养老有所依靠。三人在钟家共同生活二十七年,相处还算平静安乐。到了今年八月,钟徐氏因为患病身故,死前并未留下遗嘱。在钟徐氏患病期间,金圣明能够以赘婿的身份尽心服侍,孝顺有加,在钟徐氏死后又能将其棺椁安葬,实现了钟徐氏招赘金圣明以图养老送终的愿望。审判此案官员认为按照律例钟家财产应当由赘婿金圣明和女儿庆姑予以继承,并且强调"于人情例意原属允恰",由此我们看到赘婿继承财产的权利不仅仅有国家法律层面的"国法"支持,更有深深根植民间社会的"人情"基础存在,得到了民间社会的认同。在此案例中,还有一点特别值得注意,就是钟徐氏没有立下继子而财产全部由赘婿与女儿继承。按照清律的规定,虽然赘婿能够继承妻方父母的财产,但是还是要立有同宗继子以承宗祧,并且与赘婿均分家产。然而,此案中钟徐氏没有立下继子,审判官员也没有援引清律在没有立下继子的情况下要求由族长议立,而是迳自判决全部财产由赘婿和女儿继承,纵观案例全文,也没有相关的背景介绍,但是推究个中缘由,不外乎两种可能:其一,钟徐氏所在宗族已经没有昭穆相当的晚辈可以作为钟承期继子来继承宗祧,由此也就无人能够与金圣明均分钟家财产;其二,钟徐氏所在宗族虽然存在昭穆相当之晚辈,但是相较于金圣明的能干孝顺差距过大,由此将全部家产分给金圣明才能彰显"义男女婿为所后之亲喜悦者,听其相为依倚"的立法精神。

我们看到,审判官员在《钟小姑批》的案件中确定钟家财产由赘婿金圣明继承时其判词是"归庆姑夫妇执业",也就是说是由庆姑夫妇继承的,赘婿之所以能够继承钟家财产,是因为无论是钟徐氏在世时还是

---

[51] 杨一凡、徐立志:《历代判例判牍》,中国社会科学出版社2005年版,第十册,第505页。

去世后金圣明都能够始终如一地尽心侍奉，很能得庆姑之母的欢心，但更为重要的是他是庆姑的丈夫，本来与钟家并无关联的外人凭借与庆姑成婚从而得到了钟家的财产，从这一点上说，金圣明的财产权是依附于庆姑的。那么，我们不禁要问，清代赘婿在妻方家产面临损失时，到底有无独立的资格而诉之官府从而保全其继承的财产呢？从下面这个案件我们或许能够对于上述问题有一个比较清楚的认识。

赎房纠葛之批：赵云谷价典严桂臣房屋一所，辗转相让，已易四姓。桂臣早经物故，仅遗一女。赘婿郭鼎臣契眷远出，致典产无人过问。赵姓遂据为己有，开账出卖。适为原中后人所闻，函告郭鼎臣，返里涉讼。因证据不足，不得直。遂赴督辕上控。

据禀尔岳父严桂臣有祖遗楼房一所，得价一千五百千典于赵姓，即被告赵诵清之父云谷，暂为管业。嗣因桂臣去世，妻孀女幼，无人过问。任凭赵姓辗转相让，更迭四主。现为富商邱月槎所居者，已九年矣。严姓既不过问，赵云谷已作古多年，其子诵清误认亡父之典产当作祖遗之管业，竟欲遗典绝卖与邱月槎。旋因初典原中钱云卿之子德生所悉，尔得其函告，遄返故里。始邀同原中备价取赎，赵姓置之不理。赴县控诉，又因无红契，不直。

卷查赵诵清亦无执业凭证，梅令仅据历届典主均言与赵姓典赁，并不知此屋是严姓祖产，遂执为证言，可谓糊涂极矣。着即取消县判。准尔备足一千五百千原典价交赵诵清具领给还邱月槎，勒限半月缴屋。原非和璧，岂容归于赵氏；久假荆州，终难属于刘家。物归原主，理所当然。倘敢抗违，禀候提惩。此批。〔52〕

在上述案件中，屋主严桂臣以一千五百千的价格将自己的祖宅典给赵诵清的父亲赵云谷，一段时间后严桂臣去世，只剩孤苦无依的母女两人，以致无人过问典出的房屋，到目前已经辗转四人之手。后来为了能

---

〔52〕 陈重业：《古代判词三百篇》，上海古籍出版社2009年版，第341页。

够有所依靠，严家招赘郭鼎臣共同生活，不知出于何种原因赘婿郭鼎臣带着全家远走他乡。由于严家的无人过问和赵云谷已经去世，赵诵清便以为房屋是自家的祖产，打算将其绝卖给邱月槎。赵诵清绝卖房屋的消息被原来促成严桂臣和赵云谷典卖交易的"中人"钱云卿的儿子钱德生知道后写信告诉赘婿郭鼎臣实际情况，郭鼎臣这才回乡要求收回祖产。由于此案涉及清代的典权制度，在探讨赘婿有无独立之资格要求官府保全财产之前，我们首先应当对其有所了解。

清代的典权制度继承自明代，基本含义乃典权人向出典人支付对价，得以在一定期间内在出典人之土地、房屋等不动产上设置用益物权，从而享有对作为典权客体之土地、房屋等不动产的占有、使用和收益等项权利，还享有对典物的留置权、先买权和转典权。典权人与出典人在签订契约以后，还需到官府缴税然后由官府在契约上加盖官印，由于所用印泥为红色，所以又称为"红契"。只有拥有"红契"，才具有法律效力，受到政府的保护。在清代的司法实践中，由于民间习惯的多样性，出现了很多典与卖不分的法律纠纷，于是在乾隆年间最终确定以是否能够赎回为标准，将典与卖进行严格区分，典必须在契约中约定可以赎回的字样，而卖则是写明永不赎回[53]。因此，在清代时人们也形象地把典叫做"活卖"，而把卖则称为"绝卖"、"断卖"，像严桂臣典给赵云谷房屋就是"活卖"，在一段时间以后将典金返还就可赎回房屋，而赵诵清卖给邱月槎房屋就是"绝卖"，一旦卖成就无法赎回。在典权设立的过程中，除了典权人和出典人外，还涉及到一类人，其作用也十分重要，那就是"中人"。"中人"也叫"牙人"、"保人"，除了具有居中沟通、促成交易的作用外，有的情况下还负有确保契约履行的保证责任，因此也有"无中不成约"的说法，足以看出"中人"在典契中所发挥的重要作用。

在郭鼎臣和赵诵清的赎房纠葛一案中，自典契生效之后，典权人赵

---

〔53〕《大清律例》，户律·田宅："嗣后民间置买产业，如系典契，务于契内注明'回赎'字样，如系卖契，亦于契内注明'绝卖，永不回赎'字样。"

云谷及其继承人赵诵清自然享有将出典人严桂臣的房屋转典他人的权利，即享有转典权，这在清代并不违反法律的规定，于是就有了房屋的"更迭四主"。然而正如上文典权的定义，出典人即严桂臣是享有在一段时间以后赎回典物的权利的，可是在民间时常出现典契赎期过长而损害典权人利益的情形，所以清代嘉庆六年（1801年）《户部则例》对赎期做了规定，即以十年为限，超过十年还未赎回则视为"绝卖"，典权人只需缴税经过官府确认即可完成过户手续[54]。郭鼎臣和赵诵清的赎房纠葛一案为《端午桥判牍》所载案例，其作者为有"满洲才子"之称的端方，出生于1861年，卒于其镇压"保路运动"的1911年。因此，这个案件适用于嘉庆六年（1801年）《户部则例》中的规定。从判牍记述得知，自典契成立至今已经九年，尚未超过法定期限十年，出典人仍然可以赎回典物，然而郭鼎臣没有经过官府加盖公章"红契"，初审官员梅令也审问历届典主得知典物确实为赵氏父子典与他们，根据证据的证明力，于是郭鼎臣请求赎回典物也就无法得到法律的支持，也就是"证据不足，不得直"。端方经过审理发现，赵诵清也没有执业凭证，典物确为严氏祖产，便撤销初审判决予以改判，令郭鼎臣准备原典价一千五百千交给赵诵清赎回祖产。为了保全严氏祖产，奔波劳碌在案件全程的都是赘婿郭鼎臣，而一字未提严桂臣之女的表现，这可能是出于在古代社会流行的女子不当抛头露面的观念考虑，但是无疑的，无论是初审官员梅令还是端方在处理此案时始终没有否认郭鼎臣提出的赎回之诉的资格，端方反而最终根据案件的事实情况支持了郭鼎臣的请求，允许其将严氏祖产赎回。由此我们可以确定在清代一定情况下赘婿作为独立主体提出的保全其从妻方父母那里能够继承的财产的请求，还是能够得到官府的承认和支持的。

我们看到，无论是法律的规定还是司法实践，清代赘婿享有与继子

---

〔54〕《户部则例》卷十，《田赋·置产投税部》："活契典当年限不得超过十年，违者治罪。民人典当田宅，契载年份，统以十年为率，限满听赎。如原业主力不能赎，听典主投税过割执业。倘于典契内多载年份，一经发觉，追缴税银，照例治罪。"

相同的从妻方父母继承遗产的权利，这其中的原因何在？一项法律规定的出台背后必然有立法者的利益考量，是为了实现一定的功利目标或者弘扬一定的价值追求的。事实上，保证赘婿能够继承妻方父母的财产，是在推崇孝道的传统价值观念中注入强大的利益动力，能够使得孝道的贯彻执行有了强大的利益基础。按照《大清律例》的规定，确立继子的权利首先在妻方父母，如果妻方父母在世时没有立有继子，则由妻方父母所在宗族的族长按照血缘的由近及远确立昭穆相当的同族子弟为嗣。[55]因此，无论愿意与否，妻方父母都必须在同宗之内确立继子，继子一方面在妻方父母死后承担着祭祀的义务，另一方面也享有继承其财产的权利，这是没有选择余地的。为了防止确立的继子不孝，法律同时赋予妻方父母"爱继"[56]之权，在同宗之内选择所喜之人，但是选择的范围依然局限于同宗之内，这不能防止同宗之内并无妻方父母所喜之人的情况发生。由于法律严厉禁止异姓乱宗，于是将继子所拥有的祭祀义务和财产权利分开，虽然不能将祭祀之义务给予异姓，但是可以将财产继承权利分割，在保证继子拥有财产继承权利的同时，赋予能够勤于侍奉之人以财产继承权，这样就相当于给予妻方父母双重保障。相较于同宗子弟的赘婿，虽然在血缘上与妻方父母毫无关系，但是由于是女儿的丈夫，在古代被称为"半子"，[57]即半个儿子，可见女婿与妻家的密切关系。异居的女婿已经是"半子"，赘婿居于妻家，与妻方父母日夜相处，从感情上说是更为融洽和谐，从心理上看也是没有距离的。赋予赘婿与继子相同的财产继承权利，可以激励赘婿对于妻方父母"生而侍

---

〔55〕《大清律例·户律·婚姻》："其招赘养老者，仍立同宗应继者一人承奉祭祀，家产均分。如未立继身死，从族长依例议立。"

〔56〕"爱继"与"应继"是立继的两种形式，"爱继"指按照继承次序不应继承但是得到立继之人的欢心所以被确立为继子，而"应继"则为按照法律规定的次序得为继子同宗子孙。《大清律例》："无子立嗣，除依律外，若继子不得于所后之亲，听其告官别立。"

〔57〕《新唐书》："（德宗）诏咸安公主下嫁……是时可汗上书恭甚，言：'昔为兄弟，今婿，半子也。陛下若患西戎，子请以兵除之。'"

奉，病而医药，死而棺殓"，使得妻方父母可以尽享天伦之乐，恐怕这是清代法律支持赘婿可以与继子均分财产的最大原因吧。

上述的两个案例都是在室女招赘中有关赘婿财产权的情形，那么寡妇招赘中赘婿财产权又有什么不同呢？请看下面的案例：

> 王应生娶邓氏为妻，两人相亲相爱，不幸王应生死后而无子，就立族侄熙玉为嗣。邓氏不甘独宿，于是招丁芝瑞入赘。熙玉仍旧回老家。王应生原存家产，丁芝瑞拟盗卖。熙玉不甘，向上投诉。查王应生妻邓氏，因夫亡无嗣，乃嗣族侄熙玉为子。母子之间，初甚相安，应生遗产，以熙玉尚幼，仍由邓氏保管。其后，邓氏不甘独宿，招赘丁芝瑞为夫。熙玉由是失爱，仍归本生抚养。丁芝瑞涎应生之遗产，拟图变卖，为熙玉之本生父少云所悉，乃亦以籍没反诉。案经一年，送由亲族调处，迄未解决。夫王应生之遗产，应由王氏本宗享受。熙玉既入继，则正名定分，舍之而又谁人可以能得？邓氏而果守节，则保管有权，变卖亦有权。今已改适，则夫妇之名分已绝，与王姓更无关系。微特变卖无权，即保管亦无权矣。邓氏尚不能过分前夫之遗产，况丁芝瑞乎！现丁芝瑞坚供并未盗卖，姑予免究。但既娶其妻，复图其产，不无太忍应罚锾示儆。王应生之遗田暂由熙玉之本生父王少云保管。[58]

在这个案例中，由于丈夫王应生去世，也没有孩子，独居的邓氏不甘寂寞，便招丁芝瑞做了上门赘婿。夫妻之情自然胜过对入继之侄熙玉的喜爱，丁芝瑞渐渐赢得了邓氏的芳心，熙玉被打发回了本生之家。丁芝瑞垂涎王应生的遗产，便打算变卖换钱，熙玉及其生父王少云得知消息后便控告到官府。从李鸿章的判词来看，在清代丈夫去世之后，寡妇并无对丈夫的财产继承权，而只是一种暂时的财产保管和变卖权。如果丈夫留有后代，则待其长大后继承，若像案例中的情况，则待继子长大

---

[58] 前引《绝妙判牍·李鸿章判牍》，海南出版社1993年版，第112页。

后继承，这从"母子之间，初甚相安，应生遗产，以熙玉尚幼，仍由邓氏保管"的判词可以看出等到继子长大，邓氏便丧失了财产的保管和变卖权。如果寡妇再嫁或者招赘，则是与前夫恩断义绝，再无夫妻名分，也便丧失了财产的保管和变卖权，邓氏便是如此，至于赘婿丁芝瑞，更无继承之权，对于变卖财产则被称为"盗卖"。

因此，我们从上述三个案例可以看到，在清代由于是在室女招赘还是寡妇招赘的不同，赘婿的财产权利有很大不同。在在室女招赘中，财产为妻方父母的财产，作为女儿的妻方拥有直接的血缘关系，其财产继承权是得到国家的认可的，而作为女儿丈夫的赘婿，其财产权利因为妻子的财产权利而得到保证。在寡妇招赘中，由于寡妇本身便是宗族之外的人，其可能的财产权利是由于与前夫的婚姻才形成的。无论是前夫留下的财产还是前夫父母留下的财产，一旦夫妻关系解除，"皮之不存，毛将焉附"，寡妇的财产权利也就不复存在，而依附于寡妇的赘婿的财产权利也就无从说起。

四、结语

赘婚在我国有着悠久的历史，虽然在当代法律上已经没有赘婚的专门规定，但是事实上直至今天的民间社会依然存在着入赘的现象，对于国人的生活依然产生着或多或少的影响。赘婿作为赘婚的当事者，从有历史记载时起，基本上是受到整个社会的歧视，社会地位较低，权利保障不足，在家庭生活中处于从属的地位，扮演了传统婚姻中"妻"的角色。

与前代相比，清代赘婿在姓名权、与妻方其他家族成员关系、财产权等方面既有继承的一面，如《大清律例》中有关赘婿的规定基本原封不动移植明律规定。同时，清代也有创新的一面，如赘婿的财产继承权因在室女招赘或寡妇招赘而不同。当然，从具体案例中我们也可以发现，由于我国幅员辽阔，各地民情不同，而且社会形势也会不断变化，国家还是采取了较为务实的态度，由前代严格的禁止同姓为婚演变为禁止同宗为婚。

"歇家"在明清讼事中的地位考析

杨 扬[*]

一、导言

夫马进先生于《明清时期的讼师与诉讼制度》中曾提及"歇家"在司法领域之作用，得以引发对本文研究兴趣。[1] 基于此，便开始着手对明清歇家进行研究。明清时期有关税赋或是诉讼的材料，甚或在相关档案材料中，时常可见有关"歇家"出现。何谓"歇家"？根据《福惠全书》与《清代六部成语注解》的描述，得知歇家的基本义为："旅舍。谓停歇客商货物之处所。"[2] 这种解释围绕歇家最基本的原始概念，但与之后所述歇家所引申之内涵大相径庭。台湾《汉语大词典》对歇家有过两种定义：其一，同样使用《清代六部成语注解》的材料，得出与之相同的认识，即认为歇家是指旅舍；其二，根据《警世通言》与《遇见据目抄》所述内容，认定歇家指旧时的一种职业，专事生意经纪、职业介绍、做媒作保、代打官司等业务，亦指从事该类职业的人。[3] 岸本美绪对此解读是："明清时代，裁判或纳税的当事者所投宿的旅馆，或是旅馆老板。"并提出："对于不清楚诉讼程序和纳税知识的一般庶民

---

* 西南政法大学行政法学院硕士研究生。

〔1〕 此处，夫马进先生对"歇家"的论述仅旁及于讼师而言进行的论述，并未进一步展开论述。但这为后来者研究"歇家"奠定了很好的基础。参考［日］夫马进："明清时代的讼师与诉讼制度"，载［日］滋贺秀三等：《明清时期的民事审判与民间契约》，王亚新译，法律出版社 1998 年版，第 389～430 页。

〔2〕 李鹏年等编著：《清代六部成语词典》，天津人民出版社 1990 年版，第 186 页。

〔3〕 罗竹风编：《汉语大词典》（第 6 卷），台北东华书局 1997 年版，第 1456 页。

而言，歇家成为其与国家权力粗暴的触手之间必要的缓冲机构，歇家利用这种媒介功能而谋取私利也是理所当然的。"这样的看法相比之下，是能够恰当表现出歇家特点的。[4]

综合上述所有解释，本文以为岸本美绪的解读能够表现出明清"歇家"所具有涵义，而此亦是所有场合的歇家所具备共通之处。在明清时期的州县衙门，我们可看到歇家大量涉及纳税与诉讼的事务。因为在明清时期，大部分民众居住在远离衙门的乡村，一旦遇到诉讼时，住在乡下的民众必须前往城里县衙，但这往返需要数十天的脚程，从而使得其被迫留宿县城，选择居住于专业的"歇家"；同等情况下，如遇需要缴纳税粮时，里长（里老人）必须前往官府缴纳，不出所料便会住宿于县仓附近，也会选择在"歇家"专业旅舍投宿几日。至于漕运领域、西北地区"歇家"在贸易过程中的角色地位因与本文论述主题关联不大，在此不再赘言，可参照胡铁球等相关学人论著。[5]

二、学术史研究回眸

本文探讨明清时期"歇家"于纳税、诉讼领域中角色地位等相关问题，过去一段时间，国内外已有前辈学者对"歇家"、"歇家参与纳税"、"歇家参与诉讼"等主题有所探讨，但并不是很多。且论述大多为散论，就"歇家"问题进行专论者极少。仅笔者目力所及，仅有三两篇硕博士论文曾有专门进行解读。本文以明清州县地域下的纳税与诉讼场域为阐述焦点，结合其他领域研究，将有关"歇家"的研究，进行概况式地梳理。

---

〔4〕［日］岸本美绪："歇家"，载［日］山田博文：《历史学事典》（第9卷），东京弘文堂书房2002年版，第173页。

〔5〕关于"歇家"在漕运、西北地区"歇家"贸易中的问题，可参考胡铁球："'歇家牙行'经营模式的形成与演变"，载《历史研究》2007年第3期，第88～106页。胡铁球："'歇家牙行'经营模式在近代西北地区的沿袭与嬗变"，载《史林》2008年第1期，第88～106页。胡铁球、霍维洗："'歇家'概况"，载《宁夏大学学报》（人文社会科学版）2006年第6期，第22～26页。

（一）司法领域下的"歇家"纳税（赋役）问题

在纳税方面的歇家研究，首先注意到该领域中"歇家"问题的是日本学者西村元照，他在《清初的包揽——私征体制的确立，从解禁到承包征税制》一文中，运用《未信编》、《福惠全书》、《资政新书》、康熙《长州县志》、康熙《钱塘县志》、康熙《无锡县志》以及乾隆《苏州县志》等材料，讨论到纳税情况下的保歇模式。他认为从明代中期开始，遇到纳税情况出现，里长会来到县城缴纳税粮，而里长通常会投宿在"歇家"这个旅舍中，这个旅舍也就自然成为该里长的保证人，即使到了清初亦是如此。作者认为歇家担任其保证人不仅只是为了手续费，歇家宁可积极承担代理赋税，从中攫取更大的利益。此时的歇家，已不单单是旅舍那么简单，而是完成纳税事务的场所。此外，在"仓场"的领域内，也会时常看到"歇家"的身影。其次，文章讨论歇家是由哪些人来担任，发现原本多少积蠹、积棍等无赖出身之人，到了明代末期便开始有棍徒胥吏化的情形出现，到了清初，保歇的充任者便于胥吏间有密切的连带关系，所以被称为"朋比为奸"的朋党关系更为妥当；最后，文章讨论保歇的时间地域分布，认为保歇模式的包揽以至保歇的存在，在张居正实行税赋改革（"一条鞭法"）、地丁银成立前，在江南地方相当普及。[6]

谷口规矩雄的《明代的"歇家"考》一文，以"官箴书"和地方志为核心材料，对歇家在县域包揽赋役的情况做了初步探讨；[7]山本英史在《清代包揽的展开》文章中，应用康熙《嘉兴县志》、《松郡均役成书》等材料对歇家进行了个人解读。作者认为，"歇家"就是催办的人在县城投宿的地方，提供身份保证，防止其逃亡的监督旅馆，也可

---

〔6〕〔日〕西村元照："清初的包揽——私征体制的确立，从解禁到承包征税制"，载《东洋史研究》1976年第12期，第115～118页。

〔7〕〔日〕谷口规矩雄："明代的'歇家'考"，载日本明代史研究会编：《明代史研究会创立三十五年纪念论集》，汲古书院2003年版。

称作"歇歇",而歇家也利用该立场从事不正当事务。[8]

总结上述就纳税相关的歇家研究,其中最早注意也是最重要的研究者是西村元照先生;他对于歇家在纳税场域中的角色定义,已做了相当深入的分析。对于歇家在纳税领域中的活动,笔者主要也是基于西村元照先生的看法进行论述。

(二)司法领域下的"歇家"诉讼问题

就诉讼方面言之,主要是法律史学研究者的论述较多。田涛是黄岩档案的奠基人,其在北大演讲时,根据状纸起头处,都列有"做状人、歇家、保戳"等格式,就认为这个格式里的歇家是指"告状"或"诉状"人的住所,其言:"歇家就是他的住所,就是他住在哪,距城多少里,如果距城十至十五里,必须当日送达;我们还有传票和拘票,如果距城三十里,隔日送到。如果距城十五里之内,叫做传唤即到。如果距离比较远,叫做拘留到达,拘到这里,然后留到这里,就形成了一个现在还在用到的词汇'拘留'"[9]。这个对"歇家"的解释显然是值得商榷的。但其中所运用的黄岩档案却是可以用来证明歇家在清朝一直延续存在的最好证明。

与前述纳税领域相对,有关诉讼领域的歇家运作,最早对此有所介绍的是夫马进,在其《明清时代的讼师与诉讼制度》这篇文章中提到如果原告从农村的家中前往城里衙门告状,若在城里留宿的话,多是投宿于称作"歇家"的旅馆。文中作者也认为,所谓的"歇家"相当于日

〔8〕〔日〕山本英史:"清代包揽的展开",载《东洋学报》1977年第10期;该文章后更名为"税粮包揽的展开",收于其著作:《清代中国的地域支配》,庆应义塾大学出版会2007年版,第19~48页。转引自李伟铭:"官民之间的代办机制:明清时期的歇家",台湾暨南国际大学2008年硕士论文,第4页。

〔9〕田涛:"本土民法的素材",载法律史学术网,网址:http://flwh.znufe.edu.cn/article_show.asp? id=1133,2004年4月12日。

本江户时代的"公事宿"。[10] 从当事人投宿的动机来看，这些专为诉讼而来的投宿歇家者，一般皆为可以获取难以掌握的官府情报，为了贪图获得更多有关诉讼的种种情报之便利，才不选择普通旅馆、酒肆，而是投宿于"歇家"。纵览整个官箴书或相关档案，发现总是会出现"必投歇家"这样的语录。其中"必"投，一方面是差役衙门的强制，一方面也多半是原被两造的期望与需要。因为一旦衙门需要传唤原告、被告时，可以因此而取得联系。歇家还可应官府委托拘留被告，亦可充当被判有罪的被告的保释保证人。他们同官府保持着一种微妙的关系，具体在后述"地方社会网络中的歇家"一节中详细展开，此处不再赘言。

在《社会权利与法律文化：中华帝国晚期的讼师》中，著者麦柯丽在第三者分析讼师活动场所时，以及讼师在其中的作用中皆对歇家有所说明，认为家主人或出入其中的讼师能够为诉讼当事人接触并请托胥吏、差役等衙门工作人员提供机会。[11]

《中国讼师文化——古代律师现象解读》一书中，作者党江舟认为歇家是讼师业务活动场所之一。[12] 书中讨论的内容大致与夫马进教授所揭示讼师在歇家中从事活动的内容相同。

太田出《明清时代"歇家"考——从诉讼的脉络进行解析》一文，首先从官箴书与地方志所见之歇家来探讨歇家与讼师、胥吏、衙役的关系；其次则讨论歇家对于当事人的人身管理与保证，就如何管理诉讼关系人进行论述；最后则是探讨歇家保释的功能，歇家与管押，收监与保

---

〔10〕 提出此观点的，最早可追溯到滋贺秀三。其指出如果从诉讼的角度看，歇家相当于日本江户时代的公事宿。参见［日］滋贺秀三："淡新档案的初步知识——诉讼案件的出现与文书的类型"，载《东洋法史的探求——岛田正郎博士颂寿纪念论集》，东京汲古书院1987年版，第253～317页。但值得注意的是，歇家不是专门为诉讼当事人服务的旅馆。因此，准确地说，歇家在本质上与日本江户时代的公事宿又有所不同。

〔11〕 ［美］麦柯丽：《社会权利与法律文化：中华帝国晚期的讼师》，明辉译，北京大学出版社2012年版，第125～127页。

〔12〕 党江舟：《中国讼师文化——古代律师现象解读》，北京大学出版社2005年版，第153～156页。

释的双重关系问题。[13] 该文对于明清时期歇家在诉讼中扮演何种角色有着详细介绍。

另需一提的是张世明的《清代班房考释》一文，认为班房是明末以后迄有清一代在国家正式监狱外由地方官吏非法设立的管押轻微未决犯人及干连人证的场所。其中所谓差馆、歇家、便民房、候质所、中公所等，均名异实同。此外，作者也认为饭歇和明清时期的茶楼酒肆一样与复杂的社会关系网络相联系，各色人等熙熙攘攘，汇集一堂，以致形成国家官府司法体制之外，民间社会纠纷调停、裁断是非的特殊空间。[14] 而在夹缝中出现的这一特殊空间便是本文所要着重论述其在地方社会中角色定位的问题。在文中作者根据浙江黄岩档案的状式内容记载，认为歇家绝不可能是指原告或被告的住所。

总结上述相关内容，最早关注歇家于诉讼场域活动的是夫马进，他对歇家在诉讼活动中的角色问题进行过一定程度剖析；加之太田出基于官箴书与地方志对歇家在诉讼场域的活动进行的描写，使得本文在诉讼场域内的活动是基于这些论证的基础上进行的补论。

继胡铁球之后，对歇家问题进行过粗略研究的有许文继等人。许文继在《歇家与明清社会》一文中，分别从歇家最基本的功能——旅舍开始分析，通过对诉讼、钱粮等方面来粗浅地谈论明清歇家的活动方式。作者认为虽然明清政府不断加强对歇家的掌握管理，但歇家传统胥吏、衙役包揽钱粮诉讼、架词构讼的情形却屡禁不止，因此歇家在明清社会中占有重要地位，此种结论胡铁球在其博士论文《明清歇家研究》中已有论及。歇家作为非正式制度，在功能上具有对赋役制度、诉讼制度等正式制度的一种补充。这与明清时期"讼师"的处境极其相似。而这两

---

〔13〕 〔日〕太田出："明清时代'歇家'考 ——从诉讼的脉络进行解析"，阿风译，载宋勇等编：《日本学者中国法论著选译》（下册），中国政法大学出版社 2012 年版，第516~543 页。

〔14〕 张世明："清代班房考释"，载《清史研究》2006 年第 3 期，第 3~5 页。

者本质存在千丝万缕的联系。[15]

另一篇文章《明清小说中的"歇家"》的文章梳理需要在此提及。此处所引的材料皆为有关"歇店"的材料；认为"歇家"有时又称为"歇店"、"歇客店"。其次根据《禅真逸史》等资料分析明清小说中"歇家"的形象。最后，文章讨论"歇家"反面形象的成因，作者认为在官箴书、地方档案中歇家形象多为负面。[16]此处李伟铭学者认为"歇店"的性质就是旅馆，是专营住宿业务的；而"歇家"除具有旅馆性质外，还兼营各种衍伸业务。对于"歇家"是否就是"歇店"的看法是存疑的。[17]

本文在研究范式上，力图以法学的视角，基于明清州县的范围内，仅就"歇家"机构（机制）中纳税与诉讼两个活跃领域来明晰"歇家"活动的轨迹及其办事规则；虽然本人并未就清末民初的"歇家"走向作一梳理，但可以清楚得知的是，民国以后的"歇家"已不再是档案中要求"状式条例"所必须的事项，成为了一种民间约定俗成的规矩。这种变化对于近代律师制度的产生与发展也有着内在的催化作用。现在便开始思考"歇家"背后的故事。

歇家本义是指休息的地方。"歇家"二字联用出现在史料，胡铁球认为最早出现于明成化年间，其所依据的是商辂的《修政弭灾异疏》。[18]但最近学者李伟铭认为"歇家"最早见诸史料是在《宪宗实录》成化三年九月癸酉条，其有一条内容如下：

---

〔15〕 许文继："歇家与明清社会"，载《明史研究论丛》（第6辑），黄山书社2004年版，第486～500页。

〔16〕 许文继："明清小说中的'歇家'"，载《明清小说研究》2006年第4期，第53～58页。

〔17〕 此处，许文继与李伟铭对"歇家"异名的考证，皆源于胡铁球博士学位论文"明清歇家研究"中对"歇家"概念和异名演变的考证与论述。转引自胡铁球："明清歇家研究"，华东师范大学2010年博士学位论文，第9～14页；李伟铭："官民之间的代办机制：明清时期的歇家"，台湾暨南国际大学2008年硕士学位论文，第10页。

〔18〕 胡铁球、霍维洮："'歇家'概况"，载《宁夏大学学报》（人文社会科学版），2006年第6期，第22页。

一、南京有无籍之徒，名为跟子，遇各处其解粮草、布绢到京，……每米一百石、草一千包，索取歇家银一钱，其歇家亦百端遮说取利。事败，法司罪如常例，人无所惩，请令南京法司如有犯此徒罪以上者，枷号三月，谪戍边方。[19]

这则史料则是笔者就现有史料所能查得"歇家"一词的最早来源。就现有文献而言，"歇家"此词句在成化三年（1467 年）以前并未出现，但可合理推断的是，早在成化三年（1467 年）之前，"歇家"应该普通存在于明代的地方社会之中，而不是突然在成化年间才出现。但就"歇家"最早出现的场合来看，发现其是在漕运场合最先记载。

但"歇家"究竟是怎样的东西，它存在于纳税、诉讼场合具有哪些不同的延伸功能，位于官方同民众不同的视角，我们将给予"歇家"一个明确的角色定位。后文根据歇家这一有别于讼师与地保的特殊机构，在纳税领域中，具有代缴代收赋役、包揽税粮的功能；在诉讼领域中，衍生出受官府委托拘留被告、对被判有罪的被告充当保释人、作为传唤原告、被告及与此相关联的干连证人的功能。这些都是在歇家最基本职能——旅舍以外，在不同场合下催生出的其他功能。作为一种运行机制，在运作一段时间后，必然会产生某些诟病，于此官员在其文书中也多有所指责。这样的批评也是作为比讼师更为官方认可、较地保又更为不官方的特殊空间领域内所孕育出的结果。以上这些方面的问题，从历史学的眼光有所解答，但在法学视角中却并未有太多论述。尤其是在诉讼场域当中，歇家通过其在纳税、住宿、诉讼等功能介入衙门司法领域中的方式更值得注意。以及在清末民初之时，保歇职能由法定转为因俗而定的规矩；这些规矩为我们思考传统讼师歇家导向现代律师制度转变提供了新的方向。

---

〔19〕《明宪宗实录》卷四十六，"中央研究院"历史语言研究所 1962 年校勘印行，"成化三年九月癸酉"条，第 952 页。

三、诉讼领域下的"歇家"活动

（一）通过纳税（赋役）活动介入司法

在中国古代基层社会中，尤以赋税的征收与司法最为关键。根据明朝的法律及相关史料，明朝的基层司法体系是由里老人、里甲和粮长三部分构成。洪武二十一年（1388 年）三月明太祖颁布的《教民榜文》规定：

> 民间户婚、田土、斗殴、相争一切小事，须要经由本里老人、里甲断决。若系奸盗、诈伪、人命重事，方许赴官陈告。

并规定：

> 若不经由者，不问虚实，先将告人杖断六十，仍发回里甲老人理断。[20]

这则史料说明，在明代基层社会中，司法是由里老人与里甲掌握。但司法逐渐由粮长独断，独揽裁判司法权，干预地方司法事务、包揽官司是在宣德年后。宣德六年（1431 年），监察御史张政曾言：

> 洪武间设粮长，专办税粮。近见浙江嘉、湖，直隶苏、松等府粮长，兼预有司诸务，徭役则纵富役贫，科征则以一取十，词讼则颠倒是非，税粮则征敛无度。[21]

顾炎武对该情形在《日知录》中指出该情形导致的后果便是：

---

[20] 卞利："明代徽州的民事纠纷与民事诉讼"，载《历史研究》2001 年第 1 期，第 99 页。

[21]《明宣宗实录》卷七十八，宣德六年四月癸亥，第 1818 页。

明初以大户为粮长，掌其乡之赋税，多或至十余万石，运粮至京得朝见天子，洪武中或以人材授官。至宣德五年闰十二月，南京监察御史李安，及江西庐陵吉水二县耆民，六年四月，监察御史张政各言粮长之害，谓其倍收粮石，准折子女，包揽词讼，把持官府，累经禁饬而其患少息，然未尝以是而罢粮长也，惟老人则名存而实亡矣。[22]

两则史料结合起来进行解读，我们发现粮长在宣德年后独断司法权与税赋权利，造成的恶果则是"词讼则颠倒是非，税粮则征敛无度"。对此种境况，顾炎武的解释是粮长独断权利，造成基层司法中赋役与裁断的执掌者——里老人、里甲，失去对基层司法的实际掌握。因此，赋税与词讼总是牵连在一起，在明代被多次述及。

明代的赋役制度是和里甲制度相关联的，由粮长、里长、甲首等人轮班就役，每年通知或催促纳税人纳税，征收后送往县的仓库。经过检验后交给县衙。前文已述粮长其后已经超越里老人、里甲，成为税赋与诉讼领域的实际执行者。

在明代赋役改革之前，里长为了纳税，就不得不来到县城居住，并由歇家担任其保证人。根据王元曦《增定分类临民治政全书》卷二的"革除保歇"记载：

> 凡一里长上役，必由歇家认保。[23]

里长每次遇到去官府纳税之时，必由歇家来担任其保证人。在纳税

---

[22] （明）顾炎武：《日知录》卷八"乡亭之职"，载《顾炎武全集》（第18册），第355页。

[23] 转引自［日］西村元照："清初的包揽——私征体制的确立，从解禁到承包征税制"，载《东洋史研究》1976年第12期，第116页。

之前，里长应是居住在乡村，管理农村税赋事务的，所以每来纳税，都必须寻找居住之地。因此歇家成为他们最好的选择；此外，官方为了能够保质保量收到足够税粮，便于使里长随传随到，因此也希望里长能居住在衙门所能掌握的范围，并由歇家对其提供保证。而他们之所以会投宿于歇家，也正是歇家能提供他们住宿与官方要求提供保证的双重要求相适应的结果。

在黄六鸿的《福惠全书》中多次出现关于"歇家"的论述。其中卷之六中《革保歇图差》内容如下：

> 钱粮之不完，非尽花户之拖欠。其弊由于保歇之兜收侵蚀里户之重累。非尽正供之难应。其弊由于图差之□科悆扰保之名、恐限年逃卯，取在城所住为保，以便根拿。歇之名，因现年居乡必入城觅寓为歇，以便应卯。乃积年之胥蠹，遂以其父子兄弟充保歇。[24]

这里说明了歇家名称的由来，保是指里长在县城投宿的歇家必须给予保证，如果里长没有前去缴纳税粮的话，官府就可以知道去哪里寻找里长催收；歇则是因为里长来到县城缴纳税粮必须寻找居住的地方，因为歇家都是在县仓附近，所以里长也都投宿在歇家处。

里长来县城缴纳税粮，歇家需对里长提供身份上的保证。如果里长无法缴纳税粮，逃跑，抑或故意不缴纳税粮逃匿，找不到里长前来交税贡赋，歇家则必须代逃跑的里长缴纳税粮。明朝张肯堂在其文章中曾有这样一则案例：

> 刘治国，滑县之居停家也。有里长刘守国等主于其家，亡何以逋欠逋不支，仓卒潜遁，追捕未得，于治国是讨。治国无计，因为

---

〔24〕（清）黄六鸿撰：《福惠全书》卷之六《钱谷部》，"革保歇图差"，第18a页。

代完，此一局也。[25]

此处所谓"居停家"，前文已述是"歇家"的别称，功能与歇家同。案件中里长刘守国来刘治国所在的滑县歇家住宿纳粮。此时根据前文所讲，刘治国应给予刘守国身份上的保证，以供官府衙门随唤随到。后来刘守国逃跑，在官府追捕不到刘守国的情形下，承担身份保证责任的刘治国不得已只好代刘守国缴纳税粮。

通过资料的整理，发现明代司法的执行一般遵循"逐级处理并最终解决在基层的原则"。这个原则深化了以粮长为核心的基层司法权力运作机制。前述已然明了基层粮长司法权的实现是依附于所实行的赋役征收权，而里甲制度正是实现该权利的制度保障。但在里甲赋役制度崩溃后，间接输纳的方式宣告终结，粮长独断司法权的时代宣告终结；作为以歇家为中心产生的各色人物便可取代粮长、里甲成为赋役输纳的方式，而里粮长所掌管解决基层司法（即民事纠纷）的权利也自然继承到"歇家"体制中。[26]

自张居正"一条鞭法"改革后，民户须亲自到县城纳粮并缴纳税银，从过去可以借由里长代为上缴的间接输纳方式改为现在由乡民直接前往县仓缴纳的直接输纳方式转变。但实际上，乡民直接前往县城自封投柜的现象并不多见。乡民缴纳税粮一般还是要委托里长，或是由歇家下乡直接包揽纳粮。

常言道"刑名钱谷"，钱粮之事总与诉讼职责相关，也因"有司词讼十状五差粮"[27]而捆绑在一起。由于歇家是有些地方官指定赋役征纳的最终负责人，故其卷入司法领域尤深。此种卷入，又以歇家作为赋

---

〔25〕 张肯堂：《莒辞》卷八，台湾学生书局 1970 年版，据明崇祯年间原刊本影印，第 4 页。

〔26〕 参考胡铁球："明及清初'歇家'参与赋役领域的原因和方式"，载《史林》2007 年第 3 期，第 50～66 页。

〔27〕 （明）吕坤：《新吾吕先生实政录》，民务卷四"改复过割"，收于《官箴书集成》第 1 册，第 496 页。

役征纳人的保人身份最为突出。前文所举"刘治国"与"刘守国"之例，歇家之所以会承担刘守国的税粮缴纳责任，是因为其承担着对刘守国在纳税领域的保人身份。这就存在"保歇"制度。关于这一名词的阐释，黄六鸿在其《福惠全书》中做了这样的解释：

> 保之名，恐限年逃卯，取在城所住为保，以便根拿；歇之名，因现年居乡必入城觅寓为歇，以便应卯。[28]

就此，根据黄六鸿的《福惠全书》，余自强的《治谱》中关于"歇家"内容的论述，本文可以发现歇家俨然成为司法程序的一个必需环节。而这些内容的描述从侧面也反映出，当时的歇家在纳税赋役功能上具有存在司法职能延伸的普遍性。

综合上述讨论，明代自中叶以来，里长来到县城缴纳钱粮，必定会投宿于歇家，歇家则给予身份的保证。后期"一条鞭法"的施行，民户需亲自到县城缴纳税银。但事实上却很少有亲自缴纳的情形出现。乡民更多的是委托里长、收户或歇家等代为缴纳，这样也促使包揽税粮情形的产生。[29]但不管情境如何，就笔者目前目力所能及之范围，从明朝中期开始，到清代地丁银成立之前，我们通过一些史料明显看到歇家在纳税领域积极活动的情形时常发生。

（二）通过词讼活动介入司法

关于歇家在诉讼领域中通过词讼活动介入司法的问题，已有文章论

---

〔28〕（清）黄六鸿：《福惠全书》卷之六《钱谷部》"革保歇图差"，收于《官箴书集成》第3册，第294页。

〔29〕 关于包揽税粮情形的产生，更详细的可参考 ［日］西村元照："清初的包揽——私征体制的确立，从解禁到承包征税制"，载《东洋史研究》1976年第12期，第114～174页；与 ［日］山本英史："清代包揽的展开"，载《东洋学报》1977年第10期，该文章后更名为"税粮包揽的展开"，其收于著作《清代中国的地域支配》，庆应义塾大学出版会2007年版，第19～48页。

及。[30]明清时期包括婚姻问题、土地问题等一系列民事案件与刑事案件，作为争讼提交官府审判时，必须要向被告所居住之州县衙门提出告状。越过该州县而直接向府以上的官府提出控诉，即所谓"越告"、"越控"，这在当时是被严加禁止的。通常情形下，无论是谁提起诉讼，皆由书状形式起诉。当时对百姓所提交的诉讼文书设定了若干规格。当告状或诉状被受理后，为说明案情而提出的文书或一般性质的诉讼文书，叫做"投状"，亦称"投词"。

古代官府受理告状时接受的文书格式称为状式，这在多处资料中发现有关歇家的踪影。余自强在《治谱》中，记载着如下"自理状式"：

一、 牵告多人，不准；

一、 牵告妇女，不准；

一、 牵告乡绅，不准；

一、 告年久事，不准；

一、 状中无写状人、歇家姓名，不准。审出情虚系歇家、讼师拨置者，重责。[31]

在田涛等人编写的《黄岩诉讼档案及调查报告》（上卷）中，在所显示自同治十三年（1874年）至光绪十一年（1885年）左右的七十八个案件中，在每个案件背后均附有一则"状式条例"，其内容大致如下：

一、 将远年旧事及已经审结之案图希翻控者，不准；

---

〔30〕 胡铁球："歇家介入司法领域的原因和方式"，载《社会科学》2008年第5期，第174~183页。文章介绍了"歇家"凭借其特殊身份介入司法领域的方式有三：一是利用赋役征收功能延伸到司法领域；二是利用提供食宿服务功能延伸；三是利用其保人、职役、解户的身份直接或间接干预司法审理及监狱制度的延伸管理。文章最后得出结论：作为解决民间社会纠纷的特殊结构，"歇家"在社会功能上具有某种延伸性。
〔31〕 （明）余自强：《治谱》卷四"词讼门"，第4b页。

一、　犯有职及生监、妇女、年老、废疾或未成丁无抱告者，不准；

一、　户婚田土细事，干证不得过三名，违者不准；

……

一、　呈词过三百字者，不准；

一、　歇家住址及有功名者必须实填，如有捏写者，代书记责；

……

一、　旧案不注明经差姓名，定提代书责处；

一、　词讼不依口直言，摭拾无关本案之事，胪列纵渎者，不准。[32]

（按：黄岩诉状状式中均附有"状式条例"，计二十三条，内容完全相同。）

结合上述两种材料可以看到，如果在提交衙门的诉状中，如果没有明确写出歇家姓名的，不论是在余自强所在的明代，抑或同治与光绪时期，这都是不被允许的。导致的结果便是地方官是可以不予受理此类告状。其中需说明的是，清代黄岩档案中状式分为两种规格，其一见于清同治十三年（1874 年）至光绪九年（1883 年）之间使用。前端的文书名称起头处为"完粮、户名、都图、完银"，并有"新、旧粮完粮"的数字统计，以及做状人、歇家、保戳等；第二种则从光绪十一年（1885年）开始至光绪十五年（1889 年）左右，前端的文书名称起头先为"状式"两个大字，其后另起一行分别为做状人名字、歇家、保戳人姓名、写状人姓名、经承、原差等信息。

同样，在《福建省例》中"刑法例下"的"条款状式刊入省例"本院现用状式有这样一条：

---

〔32〕　田涛、许传玺、王宏治编：《黄岩诉讼档案及调查报告》（上卷），法律出版社 2004 年版，第 234 页。

> 无代书做状人姓名，又不注明府、县地方及歇家住处者不
> 准。[33]

此处要求，如果没有代书或做状人姓名、又未注明府、县及歇家所在地的人，其告状是不被受理的。

在《龙泉司法档案》中，根据其所收录的呈状来看，大约在宣统二年（1909 年）开始，清政府开始取消歇家，呈状不必注明歇家。[34]根据这一变化可以合理推断的是，在宣统二年（1909 年）之前，政府是要求在呈状中要求告状必须要写明歇家具体信息，否则不予受理。

总结以上所述，不论是从黄岩诉讼档案所附的状式条例、龙泉司法档案注明取消载明歇家信息的时间，或是《福建省例》所揭示对状式的要求，我们都可以发现，在清代状式中，必须注明歇家的资讯，这种格式也是官方所要求的。如果状子开头并未写明歇家情况的话，地方县衙官府是有权利不受理此状词的。

这种要求之所以这样，是一旦官府需要传唤原告、被告时，可以凭借此告状讯息与两造取得联系。并且官府也可根据状子中填明的信息要求代书检查所记载歇家姓名是否属实。《湖南省例成案》卷十《刑律诉讼·诬告》中"饬禁捏写歇家"有这则内容：

> 犯有赴辕呈告者，务执歇家印信门牌往代书处所查验。代书须
> 验明歇家姓名，登载号簿。[35]

---

〔33〕 台湾银行经济研究室编：《福建省例》（刑法例下）"条款状式刊入省例"，台湾大通书局 1987 年版，第 971 页。

〔34〕 包伟民：《龙泉司法档案选编》（第 1 辑），中华书局 2012 年版，中华书局 2012 年版，第 9、185 页。

〔35〕 （清）不著人撰：《湖南省例成案》卷九《刑律诉讼·诬告》，"饬禁捏写歇家"，第 4a～4b 页。

因此状式中歇家的咨讯如果不正确的话，官府就无法有效传唤被告或原告到县衙受审，会影响到诉讼过程的开展并导致诉讼效率下降，所以官府才会要求在状式中有关歇家的讯息必须属实。

官府除借由歇家来传唤被告、原告外，也常用此讯息来传唤相关干连人证到衙门取证。陈龙正的《几亭外书》就有此内容：

> 每月放告三期，每期谨准数纸，干证代拘有不到者，方令歇家催唤。[36]

每月都会分三个时段准许民众提出告诉，每个时段仅允许几个案件，与诉讼有关的证人没有来，则要求歇家催促他们前来衙门受审。

其中歇家还可以应官府委托而拘留被告，亦可充当被判有罪被告的保释人。余自强的《治谱》有此记载：

> 一投文挂出起数，不论上司、自理，当日问完；不是强盗、人命，中证即有二、三不到，不必等齐。问理后□解人犯，仝原差起解。应申候详者，发歇家认保。无罪者，尽发回。

对"应申候详者，发歇家认保"，体现歇家具有充当人犯保证人的功能。

《徽州千年契约文书》中就保留了几则歇家保释人犯的状子，其中有一则为"隆庆四年徽州府胡栋保结人犯文书"内容如下：

> 府东铺歇家胡栋，今当
> 据实保到休宁县四都八图犯人四名徐教化、范比、吴源、叶伯谦，保外听候，不致违误。所保是实。

---

〔36〕（明）陈龙正撰：《几亭外书》，载入《续修四库全书》，上海古籍出版社1997年版，第1133册，卷三，"家载"，"听讼一"，第5a页。

准保

隆庆四年五月　　日　　　　　委保人　胡栋　（押）保

保保人　徐教化　（押）

范比　（押）

叶伯谦　（押）

吴源　（押）

押保　皂隶　许应祥[37]

这是一份歇家胡栋保释徐教化、范比、叶伯谦与吴源的保状。通过考据发现，该歇家应该位于府东铺。[38]

根据明清时期诉讼程序规定，在犯人未定罪之前，不便收监，故需歇家协助官府衙门看押犯人，防止罪犯脱逃，如"齐民有讼于有司，两造未备，无亲故，保识者寄之厢，以防窜逸。"这就产生了所谓"保歇"制度。要管押犯人，自然需要办理手续，即政府（衙门）与歇家之间要签订的一份合同，称为"保状"。关于这一点，在上述"隆庆四年徽州府歇家胡栋保状"皆属此类。在此特举两例，以供考究：

府前铺歇家郑助，今当

据实保到歙县解到犯人壹名范训，保管在外听候，不致违误，所保是实。

准保

隆庆四年五月十八日

---

〔37〕　王钰欣、周绍泉主编：《徽州千年契约文书：宋·元·明编》，卷二"隆庆四年徽州府胡栋保结犯人文书"，花山艺文出版社1991年版，第453页。

〔38〕　关于"府东铺"，铺原本是指商店，李伟铭学者在其硕士学位论文中推断，或许此处的"府东铺"，就是指位于府东边的地方监狱"铺"，而歇家位置在地方监狱"铺"的前面，这样可以方便歇家对人犯进行保释。参考李伟铭："官民之间的代办机制：明清时期的歇家"，台湾暨南国际大学2008年硕士论文，第50页；[日]滨岛敦俊："明清时代中国的地方监狱——初步考察"，载《法制史研究》1983年版，第1~60页。

　　　　　　　　　　　委保人　　郑助（押）保
　　　　　　　　　　　的保人　　范训（押）
　　　　　　　　　　　押保皂隶　王锁〔39〕

　　府东铺歇家郑伯辅助，今当

　　据实保到歙县十七都三图犯人壹名吴伯起，保管在外听候，不致违误，所保是实。

　　　　　　准保
　　隆庆四年五月　　日

　　　　　　　　　　　委保人　　郑伯辅（押）保
　　　　　　　　　　　的保人　　吴伯起（押）
　　　　　　　　　　　押保皂隶　程明〔40〕

　　据上述两则契约文书，与"隆庆四年徽州府歇家胡栋保状"内容，本文可以推断，至少在隆庆时期，犯人在审理期间并不收监〔41〕，而是委托歇家能够"保管在外听候"，歇家此时于官府中的身份乃为"委保（人）"，委保人这种身份是建立是通过与县衙签订的"保状"来建构的。其职责是确认犯人身份、保管在外听候以及防止人犯逃逸。这种"保状"在清代是必须。

　　保释犯人也是"委保人"的职责之一。前述余自强《治谱》中所言"应申候详者，发歇家认保"便是如此。

---

　　〔39〕　中国社会科学院历史研究所收藏整理：《徽州千年契约文书：宋·元·明编》卷二，花山艺文出版社 1991 年版，第 454 页。
　　〔40〕　中国社会科学院历史研究所收藏整理：《徽州千年契约文书：宋·元·明编》卷二，花山艺文出版社 1991 年版，第 452 页。
　　〔41〕　有关歇家对人犯收监的相关问题参考日本学者太田出在其文章第三部分论述"歇家与管押——收监与保释之间"的相关问题。［日］太田出："明清时代'歇家'考——从诉讼的脉络进行解析"，阿风译：《日本学者中国话论著选译》（下册），中国政法大学出版社 2012 年版，第 534～543 页。

综合以上论述，歇家所具备的在诉讼领域延伸出的功能（职能）是官府所期望（期待）的。但在州县衙门的所在地，除歇家之外，应该是存在有其他诸如饭馆、酒肆可以提供住宿的场所。那为何双方会来到县城呈状会选择"歇家"居住呢？在康熙《束鹿县志》中部分记载着这样的情形：

> 又有愍生豪棍及上衙门胥吏，假开店房，包揽词讼，号曰"歇家"。乡民一入其门，则歆之以菜四碟、酒二樽，号曰"迎风"。于是写状、投文、押牌、发差事，皆代为周旋。告状之人，竟不与闻也，及被告状诉亦然。[42]

此处，我们可以看到从乡下来到县城打官司，他们会选择歇家留宿，便是因歇家可以提供予他们有关诉讼程序过程中所需的各项服务，如："写状"、"投文"、"押牌"、"发差"等事务，歇家都代诉讼当事人去完成，以致"告状之人，竟不与闻也，及被告状诉亦然"结果的出现。

基于此，使得歇家与讼师又天然地连接在一起。在《西江政要》卷三十六（嘉庆二年）记载了按察使汪"严禁地方弊端条示"，其有一条内容如下：

> 一 劣生恶监作歇包讼，最为民害也。查各属有种劣监盘踞城内，交结讼师，出入衙门，颠倒是非，变乱黑白，包告包准，且有图准不图审。不特被告罹殃，并陷原告于反坐之条。甚至专开歇店，乡民赴控者，必须先投歇家讲定，放可递状，经承、原差悉听指挥。其议定、作词、出票、签发以及挂牌铺堂之银钱，与书差等四六分肥。投歇者具控必准，即鼠牙雀角之争，能使惊天动地；不投歇者，有理莫伸；虽伤心刺骨之害，反致委屈含冤。若两造歇家

---

[42] （清）刘崑修、（清）陈儐纂：《束鹿县志》卷八《风俗》，第34b页。

饱壑，即或为之劝和，从中又取和息礼、致谢礼。此等包讼殃民，甚于递贼，一经拿获，定照讼棍治罪。[43]

此处我们便可清晰，民众从乡下来县衙告状，一定要到歇家投宿洽谈。唯有如此，才能有机会能去衙门提出诉讼；若没有去歇家投宿，诉讼便很有可能不被官府衙门受理；其中"与书差等四六分肥"可以晓见此时的歇家已开始与县衙书吏和差役开始有所勾结。因为以 4:6 这样的利益分取方式，使得在歇家投宿之人凡提出告状，官府必定会批准受理；正是这样的复杂勾结关系，歇家通常会做些自我宣传，借此吸引来到县城打官司的诉讼当事人来到他所经营的歇家居住。《治谱》中就有这样的记载：

一 刁悍之地，多有保歇诈骗。私向人犯称云：我能打点衙门，我能关通相公掌稿，令之封银若干，俟事定后收用者。凡事曲直必有胜负，负家原银虽还，胜家则被此辈哄去矣。此等到处多有之，蜀滇黔谓之顺风旗，中州吴楚谓之撞太岁，都中近日谓之撞木钟。故凡保歇有此者。务明示严禁。[44]

歇家除了提供诉讼程序中所需要的各项服务外，因其与官府县衙执法人员"胥吏"、"差役"的特殊关系，也就会与他们互通声息，可以向完全不熟悉诉讼程序与官府内部情况的投宿者提供各种资讯意见或诉讼情报。但也正因保歇有这样的行为，官府更加需要严加禁止。试想衙门的胥吏等来当保歇的话，对于官府来说极其不便，官员必须派书吏前去秘密访查，或者是有时聆听审问犯人，如果有违反的情形则加重处罚。其中宣传"我能够疏通衙门，我能勾结串通官吏"这样的说辞对投

---

〔43〕（清）不著人编：《西江政要》卷三十六（嘉庆二年），"严禁地方弊端条示"，"中央研究院"傅斯年图书馆古籍线装书，清江西按察司衙门刊本，第 1b～2a 页。

〔44〕（清）余自强：《治谱》，《词讼门》，"衙役不许作保"，第 8a 页。

宿来县衙的诉讼当事人极具诱惑力，也使其不得不在此留宿。

以上所言，皆是以歇家存在的必要性、歇家具有的保歇（包括保释）功能基础上阐释。我们隐约可以看到史料里对歇家形象的描述并不大好。除一些中立性质的描述外，大多是负面的描述与评价。因此有必要来探讨一下在明清的地方社会当中，作为在官方（即政府）与民间（即民众）中间夹缝中生存的"歇家"，它究竟占据着何种地位？当时的政府对于歇家的看法如何？而民众对它的看法是否与政府一致？这些问题的解答，都能够揭示出歇家扮演怎样的角色以及歇家存在于地方社会的意义。

四、州县诉讼领域下"歇家"的角色定位

诚如上述两部分所言，歇家与州县衙门间，无论是在纳税领域，抑或诉讼空间，都有着密切联系。里长自乡下而来，到县衙缴纳税粮，或诉讼当事人来到官府进行告状，由于脚程的限制，不能实现当天的往返，这就要求他们必须投宿于县城中。与此同时产生的问题是，在县仓、县城或县衙中并不存在可以提供官方旅舍以供给这些人住宿。因此个人寻找能够容纳其住宿的处所便十分必要，而歇家便是投宿的最佳选择。

前文已讲到，无论是因为诉讼需求来到县城的乡民，或是来缴纳税粮的里长，他们投宿于歇家，除了自己的个人需求外，另一方面也是因为政府的要求。纳税方面，政府为防止里长逃跑而导致无法有效收到税粮，要求里长来到县城缴纳时，需要歇家作为其身份上的保证人。前述"刘治国与刘守国"的例子便可晓得。

同样，在诉讼领域，明代余自强在《治谱》中也已经说明官方要求在状式中须注明歇家资讯。对明清政府而言，通过在状式中注明的歇家，可以方便衙门传唤诉讼双方以及关联干证。此种做法也便于衙门委托歇家拘留被告，或充任背叛有罪人犯的保释人。

通过对《徽州千年契约文书》、《黄岩诉讼档案》、《龙泉司法档案》等诉讼文书的描述，我们发现其状式中皆有一栏"歇家"要求填写。换

言之，在清代官方所提供的状式中，已经明确要求从乡下来县衙告诉的民众必须写明歇家名称。这种做法的目的与明朝时期为便于官府从事司法活动，提高司法效率的目的是相符的。

因此不论从何种角度视之，歇家的存在对于政府而言，似乎是有其必要性及正面意义的。不过，若我们将"歇家"视作一种运作机制的话，这个机制在运作一段时间后势必会产生问题。这些问题、弊病便是当时许多官员在官箴书中所批评的指向。于成龙在其《于清端公政书》卷七《兴利除弊条约》中便有如下内容：

> 省府县歇家最为作奸犯法之薮，故定例歇家与衙蠹同罪，法至严也。其在省府城者，外府州县解钱粮，则包揽投纳使费，更有洗批那（挪）移之弊。解人犯则包揽打点行贿，更有主唆扛帮之弊。至州县歇家，包当粮里，代纳钱粮，及至侵渔欠缺，逃脱无踪。有司恐碍考成，勒令花户重赔，小民含冤莫诉。而再主唆原、被，刁松兴词，及至两造明知悔悟，而词入公门，欲罢不能，彼且徐收渔人之利。此等歇家，甚于陷阱愚民物质误堕，身家立破，罪不容诛。该地方官严行查访，据实严拿究拟。如徇私阿纵，定以失察参处，绝不姑息。[45]

这则史料的价值在于，道出歇家在整个纳税与诉讼过程中吸纳钱财，当事人家破人亡的事实。发现歇家成为一种衙蠹相传的职业。从此处我们也可看到地方官对于歇家的态度是"严行查访，据实严拿究拟"，或"如徇私阿纵，定以失察参处，绝不姑息"。这是地方官员对于地方社会中的歇家活动所采取的一种负面的评价。故《清史稿》言："乡民

---

〔45〕（清）于成龙撰：《于清端公政书》卷七《兴利除弊条约》，载《景印文渊阁四库全书》第 1318 册，台湾商务印书馆 1983 年版，第 24a ~ 24b 页。

钱粮、讼狱，必投在成所主之户，听其侵蚀唆使，为歇家之害。"〔46〕

但是地方官府只是对歇家从事"解人犯则包揽打点行贿，更有主唆扛帮之弊"等，这样的超出官府所赋予其职能以外的非法活动予以禁止，并不是禁止所有的歇家活动。虽然官员的记载对于歇家的描述皆是从事非法活动，但是从本文也可推断出，正当经营的歇家也不会被歇家所记载其中。

对于民众而言是否亦如此？歇家对于普通民众而言，是可以提供他们专业的法律咨询，帮助他们通过歇家找到讼师或代书，而讼师也是以这里作为他们活动的场所，此处不再赘述。甚至有些讼师或代书就是开设歇家的老板。

在前述歇家参与诉讼场域中已经论述到，歇家能够充当被判有罪被告的保释人，能够代替诉讼当事人双方与衙门里的胥吏、衙役从事交涉活动，因此才出现"告状之人，竟不与闻也，及被告状诉亦然"的局面。根据前述在纳税领域"休宁黄氏"与歇家刘德茂的礼品往来，也可推论在民众看来，乡民与歇家的关系是可以并存共生的。因此，一般民众对于歇家的态度或许是可以证明的，否则就不会出现在过年前黄氏送礼品给歇家的情形。

在明清时期的地方社会中，于州县区域范围内，我们可看到参与纳税、诉讼的歇家活动。本文以为，当时虽有官员对某些歇家从事的不法活动予以批评或指责，也有民众认为歇家会招致家破人亡，但不论对政府抑或是民众而言，歇家是有其存在的意义。而且可根据以上所引资料勾绘出，歇家是普遍存在于明清地方社会中。其能够幸存于官府县衙与乡下民众的夹缝中，扮演官方与民众之间的代办机构（代办机制），也因如此，歇家才能活跃于州县衙门与乡下百姓之间。

---

〔46〕（民国）赵尔巽编：《清史稿》卷二四四《成性传》，中华书局1977年版，第9613页。

存留养亲：传统司法的情理
表达及其当代价值
——从《刑案汇览》一则案例说起

马洪伟[*]

一、序说：由一则案件说起

清朝作为帝制中国最后一个王朝，在儒法合流的政治体制中，孝道伦理依然受到统治阶级的追捧。虽然《大清律例》规定，无论基于故意还是过失，凡殴伤父母之行为都要以"十恶"之重罪予以处罚，但在具体的司法实践中，仍会出现与惩治犯罪宗旨相违背的裁决，"误伤父母准予留养案"就是其中的典型代表，这也是古代中国司法审判实践中"原法定罪、兼顾人情"的具体体现。本文通过对《刑案汇览》收录的"浙抚奏帝山县民龚加红呈请将伊子龚奴才留养"一案进行深入分析，试图来全面地认识古代中国"天理"、"国法"、"人情"三位一体司法理念的深刻内涵。

《刑案汇览》收录的"浙抚奏帝山县民龚加红呈请将伊子龚奴才留养一案"详细内容如下：

"查龚奴才在原籍义乌县营生，有童养未婚妻陈氏随伊父龚加红寄居常山。陈氏与童和尚通奸，龚加红知情纵容，嗣龚奴才将陈氏接回义乌成亲，询出奸情，无奈隐忍，禁止陈氏不许再回常山。后龚奴才外出生理，陈氏乘间复回常山探望。龚奴才查知，赶至常

---

　　* 系国家"2011 计划"司法文明协同创新中心法学博士研究生；中国政法大学法律史学博士研究生。

山时已昏夜，龚加红业经睡寝，龚奴才向陈氏斥骂，陈氏顶撞，龚奴才将陈氏殴并顺取剪刀向戳，陈氏闪避，适龚加红听闻起身走至陈氏背后赶劝，龚奴才收手不及，误将龚加红左肋戳伤，旋经平复，审明伤由误戳，并非有心干犯，将龚奴才依子殴父律拟斩立决具题，奉旨九卿议奏，改斩监候，秋审情实两次未勾，刑部照例奏明改入缓决。"[1]

事实上，龚奴才"自嘉庆二十二年起至二十五年止缓决四次"[2]，而未得到"援免"，史料记载的原因是"故向来期功服制之案，俱俟秋审情实，二次改缓后，始行查办留养，至子伤父母情轻改缓，人犯并无准予留养之文。"[3]。在此情况下，浙江巡抚应龚加红呈请，以"若所犯情节实可矜悯，准于疏内声明，恭候钦定。"[4]为由上报刑部，呈请留养。刑部在批复行文中称："诚以子于父母，伦纪攸关，遇有殴伤，其情罪较期功服制为尤重，故定例纂严，不容宽纵。惟念死罪人犯例得存留养亲者，原以其亲之茕独无依，特加矜恤，乃朝廷锡类推仁之典，并非为正犯故从宽宥也"[5]，"是有关伦纪之案，如果迹近干犯，情同忤逆，为本犯父母所摈弃者，自不得幸邀宽贷。若伤由过误，实出意料之外，而伊父母怜其素无触忤，不忍久禁囹圄，又复侍养情切，则其子情既可原，其父母心愈难已，若必拘泥例文，不准留养，在犯罪者不得遂乌鸟之私，尚属孽由自作，而犯亲侍养无人，桑榆暮景，举目无亲，实堪矜悯"[6]。在请旨留养的上奏中又写到："现据龚加红以夫妇俱年逾七十，并无次子，风烛草霜，茕茕无依，呈请留养，原其父母迫不及待

---

[1] 祝庆棋等编：《刑案汇览三编》（一），北京古籍出版社 2004 年版，第 42~43 页。

[2] 祝庆棋等编：《刑案汇览三编》（一），北京古籍出版社 2004 年版，第 43 页。

[3] 祝庆棋等编：《刑案汇览三编》（一），北京古籍出版社 2004 年版，第 43 页。

[4] 祝庆棋等编：《刑案汇览三编》（一），北京古籍出版社 2004 年版，第 43 页。

[5] 祝庆棋等编：《刑案汇览三编》（一），北京古籍出版社 2004 年版，第 43 页。

[6] 祝庆棋等编：《刑案汇览三编》（一），北京古籍出版社 2004 年版，第 43 页。

之情，推广皇上孝治天下之意，可否就现行定例量为变通，准予留养之处，出自圣主，格外天恩。"[7]道光元年（1821年）十月初一日奉上论："此案龚奴才误伤伊父龚加红，由情实改缓四次，例不准援免。惟念该犯父母俱年逾七十，家无次丁，以该犯素非忤逆，伤由过误，呈请留养，其情可悯。龚奴才着施恩准其留养。此系法外施仁，嗣后不得援以为例。该部知道。钦此。"[8]

从《刑案汇览》关于该案的记载可知，浙江巡抚在就"龚奴才误伤父母"一案声请留养时，先后提到了"期功服制"、"伦纪攸关"、"推广孝治"等词，这些不断强调的语词背后反映的正是传统中国法律对"家国一体"伦理政治的维护。

历史上，自隋朝《开皇律》正式确立"十恶"制度起，关于不守孝道的"恶逆"、"不孝"等科目就名列其中，后世称其"为常赦所不原"之罪名。时至清朝，法典还明确规定了"为常赦所不原"之犯罪的范围，《大清律例·名例律·常赦所不原》规定："凡犯十恶，杀人，盗系官财物，及强盗、窃盗，放火，发冢，受枉法、不枉法赃，诈伪，犯奸，略人，略卖、和诱人口；若奸党及谗言左使杀人，故出入人罪；若知情故纵听行，藏匿，引送，说事过钱之类一应实犯（皆有心故犯），虽会赦并不原宥。其过误犯罪（谓过失杀人、失火及误毁、遗失官物之类），及因人连累致罪（谓因别人犯罪，连累得以罪者，如人犯罪失觉察、关防、铃束及干连、听使之类），若官吏有犯公罪（谓官吏人等因公事得罪，及失出入人罪，若文书迟错之罪，皆无心误犯），并从赦宥（谓会赦皆得免罪）其赦书临时（钦）定（实犯等）罪名特（赐有）免（谓赦书不言常赦所不原，临时定立罪名宽宥者，特从赦原），及（虽不全免）减降从轻者（谓降死从流，流从徒，徒从杖之类），不在

---

　　[7]　祝庆祺等编：《刑案汇览三编》（一），北京古籍出版社2004年版，第44页。
　　[8]　祝庆祺等编：《刑案汇览三编》（一），北京古籍出版社2004年版，第44页。

此限（谓皆不在常赦所不原之限）。"〔9〕在司法实践中，凡犯上述罪行的，犯罪人多被处以极刑。清朝在继承先前法律制度的基础上，对此也做出了严格的规定。《大清律例·刑律·斗殴下》规定："子孙殴祖父母、父母，及妻、妾殴夫之祖父母、父母者，皆斩。杀者，皆凌迟处死（其为从，有服属不同者，自依各条服制科断）。过失杀者，杖一百，流三千里。伤者，杖一百，徒三年。"〔10〕另有："子、孙误伤祖父母、父母致死，律应凌迟处死者，仍照本律定拟，援引白鹏鹤案内钦奉谕旨，及陇阿侯案内钦奉谕旨，恭候钦定。其误伤祖父母、父母，律应斩决者，仍照本律定拟，援引帆魁案内钦奉谕旨，恭候钦定。至误杀、误伤夫之祖父母、父母者，亦照此例办理。"〔11〕

由此可见，按清朝的法律规定，凡殴伤祖父母、父母者，无论犯罪行为主观上是出于故意还是过失，都要被处以严厉的处罚。那么，缘何在"浙抚奏帝山县民龚加红呈请将伊子龚奴才留养"一案中，龚奴才在四次缓决后，经呈请后仍批准准予留养呢？对此，本文认为瞿同祖先生在其著作《中国法律与中国社会》一书中关于存留养亲制度的论述可以合理给予解释，他指出："犯死罪或徒流而存留养亲之意原在体贴老疾无侍之犯亲，本是以孝为出发点的，并非姑息犯人本身"〔12〕。

事实上，在古代中国的司法实践中，如何在事实与法律、人情与国法之间做出合理的选择往往是刑部（最高司法部门）对案件作出最后裁决时的两难抉择。为此，刑部也多具奏请旨以待皇帝作出最后的裁决。皇帝（拥有最终裁判权）也多选择屈法律以全孝道的做法，来诠释封建正统法律思想至高无上的统治地位，进而才有儒家孝道伦理突破法律底

---

〔9〕 张荣铮、刘勇强、金懋初点校：《大清律例》，天津古籍出版社 1993 年版，第 103～104 页。

〔10〕 张荣铮、刘勇强、金懋初点校：《大清律例》，天津古籍出版社 1993 年版，第 496 页。

〔11〕 张荣铮、刘勇强、金懋初点校：《大清律例》，天津古籍出版社 1993 年版，第 499 页。

〔12〕 瞿同祖：《中国法律与中国社会》，中华书局 1981 年版，第 64 页。

线，成为裁判案件的最高原则的情形出现。正如张晋藩先生所言："由哲学范畴的人本主义发展到政治范畴的民本主义，儒家起到了积极的推动作用。"[13] 本文认为这样的司法裁决是基于古代中国"天理"、"国法"、"人情"三位一体的司法观念做出的，蕴含在具体司法实践中的逻辑关系便是：以法为据，合乎道理，顾及人情，最终达到三者的有机统一。

二、溯源：存留养亲制度的概念及其历史发展

存留养亲制度始见于北魏孝文帝太和十二年（488 年），废止于晚清法制变革之时，历时一千四百余年，期间，该制度既有继承进步也有发展受限。该制度延续之久，既有小农经济提供的基础，又有宗法等级制度提供的保障，溯其根源则是儒家孝道伦理提供的价值观念。古代中国曾将"孝"看作是道德的源头，认为所有的人伦和教化都是由"孝"生发的。《孝经·开宗明义章第一》云："先王有至德要道，以顺天下，民用和睦，上下无怨。"[14] 又云"夫孝，德之本也，教之所由生也。"[15] 此外，它还从国家治理的角度肯定了"孝"的重要性，《孝经·三才章第七》有云："夫孝，天之经也，地之义也。民之行也。天地之经，而民是则之。则天之明，因地之利，以顺天下，是以其教不肃而成，其政不严而治。先王见教之可以化民也，是故先之以博爱，而民莫遗其亲；陈之于德义，而民兴行；先之以敬让，而民不争；导之以礼乐。而民和睦。示之以好恶，而民知禁。"[16] 这段话意思是，"孝"是天地之经义，君主只有充分领会"孝道"的真谛，顺应天理，因地制宜地善用孝道伦理引导、教化民众，国家才能够实现有序治理。《孝经·孝治章第八》又从"治国"与"治家"的角度出发，对"孝道"在国家治理方面的

---

〔13〕 张晋藩：《张晋藩文选》，中华书局 2007 年版，第 741 页。

〔14〕 《孝经·开宗明义章第一》。

〔15〕 《孝经·开宗明义章第一》。

〔16〕 《孝经·三才章第七》。

作用做了进一步阐述："治国者，不敢侮于鳏寡，而况于士民乎？故得百姓之欢心，以事其先君。治家者，不敢失于臣妾，而况于妻子乎？故得人之欢心，以事其亲。夫然，故生则亲安之，祭则鬼享之，是以天下和平，灾害不生，祸乱不作。故明王之以孝治天下也如此"〔17〕。

历史上，自汉武帝采纳董仲舒的建议，提出"罢黜百家，独尊儒术"，将儒家思想确立为封建正统法律思想以后，法律的儒家化进程就随着朝代的更替而不断地推进着，随着"引经注律"、"经义决狱"、"引礼入法"等实践活动的不断深入，儒家正统法律思想逐渐在立法和司法实践中发挥着重要的作用，直至清末法制变革才退出历史的舞台。客观地讲，"存留养亲"制度就是古代孝道观念在法典规范上的一个具体体现。

（一）存留养亲制度的概念

存留养亲，又称留养，是指被判死刑、流刑及徒刑的犯人，其祖父母、父母年老或身有残疾而又无人赡养时，经上请受皇帝格外开恩，国家暂缓或免除对其执行原判刑罚，准允其留居家中侍养祖父母、父母，待祖父母、父母终老后再由国家决定如何执行原判刑罚的一种法律制度。按上述定义，存留养亲制度的成立需具备以下条件：一是实质要件：孝道至上，即犯罪人的祖父母、父母年老或身有残疾需要赡养；二是适用对象：即存留养亲制度的适用对象，是指被判死刑、流刑及徒刑（元代以后）的犯人；三是实施程序：程序上，要最终由最高司法机关奏请皇帝批准，才可做出暂缓或免除对其执行原判刑罚的决定；四是附加条件：犯罪人适用存留养亲之规定的，待祖父母、父母终老后再由国家决定如何对其执行原判刑罚。

（二）存留养亲制度的历史发展

存留养亲制度自北魏初创到清末废止，历经隋、唐、五代十国、宋、元、明、清各朝，其发展大致经历了初创、完备、继承、受限、成熟和消亡等六个阶段。

---

〔17〕《孝经·孝治章第八》。

1. 存留养亲制度的产生。目前，从史料中可以发现的最早有关存留养亲的记载是在东晋年间。东晋成帝咸和二年（公元 327 年），句容令孔恢犯罪被判弃市。皇帝特诏曰："恢自陷刑网，罪当大辟，但以其父年老而有一子，以为恻然，可特原之。"[18] 这是最早的关于体恤尊老而特诏免死的案例，"但只出于人主一时之见，尚未成为规定"[19]，并不是真正意义上的存留养亲。历史上，存留养亲作为正式的法律制度始见北魏孝文帝时期。《北魏律·法例律》载："诸犯死罪，若祖父母、父母年七十以上，无成人子孙，旁无期亲者，具状上请；流者鞭笞，留养其亲，终则从流，不在原赦之例。"[20] 这是存留养亲制度首次以法令的形式被确定下来，也是孝道精神以道德准则的形式开始法律化过渡的早期实践。

2. 存留养亲制度的定型。存留养亲制度自北魏孝文帝时入律始，就受到了历代统治阶级的高度重视，历北齐、北周至唐朝发展完备逐渐定型。《唐律疏议》，作为帝制王朝法律制度的集大成之作，更是将"德礼为政教之本，刑罚为政教之用"作为最高原则来指导其立法、司法实践。唐朝的法律制度融合了儒法思想，更加重视道德教化的作用。后世先贤也曾就《唐律疏议》给出过"论者谓唐律一准乎礼，以为出入得古今之平"[21] 的高度评价。唐朝时期，政治社会稳定，经济发展繁荣，法律思想活跃，立法活动频繁，法律规范也呈现出完备与严密的特点，这一时期的法律思想、法律制度不仅对后世王朝，以致对东南亚等国的法制发展都有着深远的影响。存留养亲制度也是在唐朝时期得到发展完善，最终定型下来的。

《唐律疏议·名例》之"犯死罪应侍家无期亲成丁"条规定："诸犯

---

〔18〕 （宋）李昉等撰：《太平御览》（第 6 卷），河北教育出版社 1994 年版，第 87 页。

〔19〕 瞿同祖：《中国法律与中国社会》，中华书局 1981 年版，第 62 页。

〔20〕 转引自（北齐）魏收撰：《魏书》，中华书局 1974 年版，第 2885 页。

〔21〕 语出《四库全书总目·唐律疏议提要》，转引自（唐）长孙无忌等撰：《唐律疏议》，刘俊文点校，中华书局 1983 年版，第 677 页。

死罪非十恶，而祖父母、父母老疾应侍，家无期亲成丁者，上请"[22]，"犯流罪者，权留养亲，谓非会赦犹流者"[23]，"不在赦例，仍准同季流人未上道，限内会赦者，从赦原。课调依旧"[24]，"若家有进丁及亲终期年者，则从流。计程会赦者，依常例。即至配所应侍，合居作者，亦听亲终期年，然后居作"[25]。

单从法律规定上看，唐律对于存留养亲制度的规定已较北魏律有了明显的细化，具体表现在对存留养亲制度的适用主体、适用条件及适用程序等都做了明确的规定。该时期的存留养亲制度更加鲜明地体现了礼与法的结合的特色。

3. 存留养亲制度的继承。存留养亲制度历唐定型以后，又被宋、金、元三朝继承编入法典之中加以完善。但是这一时期，该制度并没有什么实质性的发展，主要变化表现在宋朝基本上沿袭了唐律关于这一制度的规定，金代出现了"存留养亲"与"官与养济"并存的局面，而元朝则放宽了存留养亲制度的适用范围等。

宋朝关于存留养亲制度的记载见于《宋刑统·名例律》："诸犯死罪非十恶，而祖父母、父母老疾应侍，家无周亲成丁者上请。犯流罪者，权留养亲，谓非会赦犹流者，不在赦例，仍准同季流人未上道，限内会赦者，从赦原，课调依旧。若家有进丁及亲终周年者，则从流计程。会赦者，依常例。即至配所应侍，合居作者，亦听亲终周年，然后居作。"[26]

和唐律相对比发现，宋刑统的规定基本上是对唐律的照搬，只是对

---

〔22〕（唐）长孙无忌等撰：《唐律疏议》，刘俊文点校，中华书局 1983 年版，第 69 页。

〔23〕（唐）长孙无忌等撰：《唐律疏议》，刘俊文点校，中华书局 1983 年版，第 70 页。

〔24〕（唐）长孙无忌等撰：《唐律疏议》，刘俊文点校，中华书局 1983 年版，第 70 页。

〔25〕（唐）长孙无忌等撰：《唐律疏议》，刘俊文点校，中华书局 1983 年版，第 71 页。

〔26〕薛梅卿点校：《宋刑统》，法律出版社 1999 年版，第 52 页。

个别用词进行了仔细的甄别。据史料记载，宋以后，至金代，官方一度出现了"存留养亲"与"官与养济"并存的局面，见于《金史卷五·本纪第五·海陵》记载："沂州男子吴真犯法当死，有司以其母老疾无侍为请，命官与养济，著为令"[27]。因此，有金一代，虽在法律制度上继承了前朝有关存留养亲的规定，但是为了平衡严惩重罪和侍养尊亲的矛盾，统治者尝试了以"官与养济"制度来对"存留养亲"予以变通，进而实现了存留养亲制度在这一时期的继承与发展。

元代关于存留养亲的适用范围相较于唐、宋、金各朝代都要宽泛许多。《元史·刑法志》规定："诸窃盗应徒，若有祖父母、父母年老，无兼丁侍养者，刺断免徒；再犯而亲尚存者，候亲终日，发遣居役"[28]，"诸兄弟同盗，罪皆至死，父母老而乏养者，内以一人情罪可逭者，免死养亲"[29]。"诸犯死罪，有亲年七十以上，无兼丁侍养者，许陈请奏裁"[30]。可见，元代不仅放宽了"十恶"重罪适用存留养亲的规定，甚至还将徒刑犯的案件也纳入了存留养亲制度的适用范围，这较之从前明显放宽了适用的范围。

4. 存留养亲制度的停滞。《大明律·名例·存留养亲》条关于存留养亲制度的规定："凡犯死罪，非常赦所不原者，而祖父母、父母老疾应侍，家无以次成丁者，开具所犯罪名奏闻，取自上裁。若犯徒、流者，止杖一百，余罪收赎，存留养亲。"[31] 单从律文上看，《大明律》继承并设置专条来规定存留养亲制度，这也是中央集权统治下，统治阶级首次将存留养亲作为单独的条文加以规定。但在具体司法实践中适用

---

[27] （元）脱脱等撰：《金史》卷五《海陵本纪》，中华书局 1975 年版，第 97 页。

[28] （明）宋濂撰：《元史·刑法志（三）》卷一〇四，中华书局 1976 年版，第 2660 页。

[29] （明）宋濂撰：《元史·刑法志（三）》卷一〇四，中华书局 1976 年版，第 2660 页。

[30] （明）宋濂撰：《元史·刑法（四）》卷一〇五，中华书局 1976 年版，第 2690 页。

[31] （清）薛允升撰：《唐明律合编》，怀效锋、李鸣点校，法律出版社 1999 年版，第 38 页。

该制度的罪犯却很少得见，正如《明律集解附例·卷一》犯罪"存留养亲"条《纂注》记载的那样，"此律不行久矣，两宫徽号推恩，始诏有司行之"。[32] 事实上，细查原因不难发现，在朱元璋统治时期，明朝奉行"治乱世用重典"的法治思想，专制主义中央集权制度逐步向极端化发展，在司法领域，纵有相关"推行仁政、爱民如子"的法律规定，但在具体的实践中诸多制度的发展还是受到了统治思想的制约，一度沦落到形同虚设的境地，但其以单独的法律条文形式存在于法典之中的立法实践还是值得肯定的。

5. 存留养亲制度的完善。清朝成立之初，统治者深刻汲取明朝灭亡的教训，无论在立法、司法还是社会管理等方面都进行了大幅度地改革。存留养亲制度在这一历史时期也得到了空前的发展，相关制度规定基本完善。立法上，《大清律例》全面继承了《大明律》关于"存留养亲"的规定，并在原有的基础上进一步细化，见《大清律例·犯罪存留养亲》："凡犯死罪非常赦所不原者，而祖父母（高、曾同）、父母老（七十以上）、疾（笃废）应侍（或老或疾），家无以次成丁（十六以上）者，（即与独子无异，有司推问明白）开具所犯罪名（并应侍缘由），奏闻，取自上裁。若犯徒流（而祖父母、父母老疾无人侍养）者，止杖一百，余罪收赎，存留养亲（军犯准此）。"[33] 而且，清朝统治者在存留养亲制度的适用上也作了过于严格的限制："卑幼误伤尊长至死，罪干斩决，审非逞凶干犯，仍准叙明可原情节夹签请旨。又犯罪存留养亲门内，殴死期功尊长者，皆按律定拟，概不准声请留养，若按其所犯情节，实可矜悯者，该督抚于疏内声明恭候钦定各等语。"[34] 在律文旁边的小注中对存留养亲律条的适用还做了细化，小注内容有："高曾祖同祖父母，亦是存留侍养的对象；应侍养之老疾犯亲，年龄须七十

---

[32] 《明律集解附例》卷一，宣统元年重刻本，第45页。转引自吴建璠："清代的犯罪存留养亲"，载《法学研究》2001年第5期。

[33] 张荣铮、刘勇强、金懋初点校：《大清律例》，天津古籍出版社1993年版，第106页。

[34] 祝庆祺等编：《刑案汇览三编》（三），北京古籍出版社2004年版，第1510页。

岁以上包括七十岁，'疾'须实废笃难愈之恶疾重患，如此或老或疾皆得被侍养，并非老疾兼具方可；家无以次成丁，意为犯人到家时其父母别无十六岁以上儿子，对于适用犯罪留养来说，犯人可被视同为家中独子，这种情形，地方官必须询问调查明白；视军罪人犯同于徒流人犯，杖刑百数，余罪收赎，然后放归留养。"[35] 由上可见，存留养亲制度在具体的司法实践中被设置诸多限制，但凡声请留养之罪犯属忘亲不孝之行为者，概不准其留养。

此外，存留养亲制度在清雍正年间曾有过一次重大的突破，出现了"留养承祀"的规定。留养承祀和存留养亲的本质区别在于：存留养亲制度是以"侍养年迈的祖父母、父母"为立法宗旨而设立的，但是留养承祀则是基于"延续子嗣维系家族繁衍"而创设的，该制度在清雍正四年（1726 年）雍正皇帝对"吕高戳死胞兄吕美"一案的谕旨中首次出现。《刑案汇览》关于"殴死妻准承祀此外一概不准"一案中记述了"雍正四年五月，刑部议覆吕高戳死胞兄吕美"一案[36] 的谕旨详情："奉旨：一家兄弟二人，弟殴兄至死，而父母尚存，则有家无次丁，存留养亲之情。倘父母已故，而弟杀其兄，已无请留养之人，一死一抵，必致绝其祖宗祀，此处甚宜留意，若因争夺财产或另有情由，又当别论。吕高殴死其兄，其家中有无承祀之人，交与该部察明具奏。嗣后应如何定例之处，着九卿确议具奏。钦此。"[37] 该制度随后经"九卿议覆题准"固定下来，"除有父母之人，弟杀胞兄，家无次丁，照律存留养亲外，其无父母，或因争夺财产，或另有情由致死，并家有承祀之人者，仍照律例定拟。如非争夺财产、并无别情，或系一时争角互殴，将胞兄致死，而父母已故，别无兄弟，又家无承祀之人，应准声请承祀，随案减等枷责。"[38] 到了雍正十一年（1732 年），该制度又进一步推广

---

[35] 田涛、郑秦点校：《大清律例》，法律出版社 1999 年版，第 99~100 页。

[36] 祝庆棋等编：《刑案汇览三编》（一），北京古籍出版社 2004 年版，第 59 页。

[37] 祝庆棋等编：《刑案汇览三编》（一），北京古籍出版社 2004 年版，第 59 页。

[38] 祝庆棋等编：《刑案汇览三编》（一），北京古籍出版社 2004 年版，第 59 页。

至"夫杀妻准予承祀"的范围。后经乾隆朝几次议定，最终与乾隆十二年（1747年）四月趋于定型，即"刑部议准西安巡抚陈宏谋条奏弟杀胞兄，按律定拟，概不准声请留养承祀，只于疏内叙明，恭候钦定。"[39]

事实上，自康熙朝以后，随着政权的稳定，清朝的立法工作也得到了空前的发展，逐渐形成了集例文与成案为一体的法律规范体系。以上内容也说明，满清政权在存留养亲制度的规定上进一步精细化，在司法实践中，该制度也更加便于操作。

6. 存留养亲制度的废止。清朝末年，为收回"治外法权"，保持政权稳定和社会的长治久安，清廷在迫不得已的情况下，采取变法新政，意图自强。在修订刑法的过程中，犯罪存留养亲制度的存废成为立法争论的一个焦点。支持保留该制度的"礼教派"代表人物劳乃宣认为："大清律中的干犯名义、存留养亲、亲属相奸、亲属相盗、亲属相殴、故杀子孙、杀有服卑幼、妻殴夫、夫殴妻、发冢、犯奸、子孙违反教令等十一条，都是维护宗法家族制度不可缺少的礼教条文。删除这些条文，大违礼教，不能维纪伦而防渎乱。因此必须本旧律之意，用新律之体。"[40]

对此，修理大臣沈家本也针锋相对地指出："上谕论承祀、留养两条：'凶恶之徒，稔知律有明条，自恃身系单丁，有犯不死，竟至逞凶肆恶，是承嗣、留养，非以施仁，实乃长奸，转似诱人犯法等语。'是我超祖训亦当申言弊，此所当敬谨寻绎者也。此法不编入《草案》，似尚无悖于礼教。"[41]

最终，修订后的《大清新刑律》于1910年12月定稿公布，作为中国历史上第一部仿效外国资产阶级刑法制定的新法典，在该法典中并未保留存留养亲制度。至此，在帝制中国延续了一千四百余年的存留养亲

---

〔39〕 祝庆棋等编：《刑案汇览三编》（一），北京古籍出版社2004年版，第59~60页。

〔40〕 李贵连：《近代中国法制与法学》，北京大学出版社2002年版，第389页。

〔41〕 （清）沈家本撰：《历代刑法考》，中华书局1985年版，第2283页。

制度在二十世纪初的这次法律近代化变革进程中退出了历史的舞台。

三、透视：传统中国之情理法文化

（一）古代中国法律传统中的情理文化

在中国法律史上，存留养亲制度只是传统情理法文化发展的一个代表，诸如"干犯名义"、"供养有阙"、"服制论罪"及"亲亲相隐"等无一不是古代中国法律传统的具体表现形式。如曾宪义先生所说："中国立国已有数千年，作为古代中国文化的重要组成部分，古代中国法律制度亦伴随着古代中国政治、经济、文化的演进而不断发展，形成了自己的独特的风格，铸就了辉煌的历史。特别是在秦汉以后，中国的法律制度不仅在法典编纂、立法技术等方面有了长足的进步，而且经过长达数百年的法律儒家化即儒家伦理道德观念与国家法律制度不断相互渗透和融合的历程之后，形成了中国古代法制融'天理、国法、人情'于一体的基本特征。"[42]因此，可以说古代中国的法律观念是一个复合多元的命题。历史上，人们关于法的认识无外乎两个方面：一方面法律是"天理"与"天道"的代言；另一方面，法律是"人情"的体现。这两个层面的内涵也是其被称之为"情理法"的原因所在。

1. "法即天理"。古时，法源自于"天理"和"天道"的观念最早开始于夏商时期。《尚书·皋陶谟》记载："天叙有典，勑我五典五惇哉！天秩有礼，自我五礼有庸哉！同寅协恭和衷哉！天命有德，五服五章哉！天讨有罪，五刑五用哉！"[43]《诗经》有云："天生烝民，有物有则；民之秉彝，好是懿德。"[44]这里要表达的是法源自"天命"、"天道"的意思。古时认为一切的政治秩序、事物法则和社会制度都源自上天的规定，而且这些规定都是不可抗拒的，否则就要受到"天命"的惩

---

〔42〕 范忠信等：《情理法与中国人》（修订版），北京大学出版社2011年版，曾宪义序。

〔43〕 顾颉刚、刘起釪：《尚书校释译论》，中华书局2005年版，第400页。

〔44〕 《诗经·大雅·烝民》。

罚。这种观念得到不断的强化，也越来越抽象，后经汉代董仲舒、宋代朱熹等人的继承和发展而逐渐完善。

董仲舒认为"天生万物"，是万物之祖，他说："臣闻天者群物之祖也，故遍覆包函而无所殊，建日月风雨以和之，经阴阳寒暑以成之。故圣人法天而立道，亦溥爱而亡私，布德施仁以厚之，设谊立礼以导之。春者天之所以生也，仁者君之所以爱也；夏者天之所以长也，德者君之所以养也；霜者天之所以杀也，刑者君之所以罚也。繇此言之，天人之征，古今之道也。孔子作《春秋》，上揆于天道，下质诸人情，参之于古，考之于今"[45]，又"道之大，原出于天。天不变，道亦不变"[46]。实际上，他这里的"道"即是他论述的"三纲五常"的道德信条，他认为，"三纲"和"五常"是"天意"安排的万事不变的信条，于是他指出："王者承天意以从事，与天同者，大治；与天异者，大乱"[47]。经董仲舒发展完善的儒家思想是在吸收了墨家，借鉴了道家，继承了阴阳家思想的基础上，以维护专制统治为出发点，以儒家"天人感应"思想为落脚点的，其核心是"天人感应"、"天人合一"的价值观念，该思想认为凡违背封建"三纲"和"五常"的言行都是天理所不容的。这一思想已完全不同于先秦时期的儒家思想了，它包含了封建正统法律思想的组成部分，后经魏晋隋唐的不断完善，而取得了日益巩固的地位。

到了宋代，经朱熹等理学家的阐释，"法即天理"的观念更加深入人心。朱熹也曾明确指出法是天下之理，他说"法者，天下之理"[48]"礼者，天理之节文，人事之仪则"[49]。在宋代，"三纲"和"五常"被连用，是朱熹的首创，因此才有了后世的"三纲五常"连用之说。朱熹强调："三纲五常，礼之大体，三代相继，皆因之而不能变。"[50] 朱

---

[45] 《汉书·董仲舒传》之《天人三策·第三策》。

[46] 《汉书·董仲舒传》。

[47] 《春秋繁露》。

[48] 《朱子大全》之《学校贡举私议》。

[49] 《朱子大全》之《答曾择之》。

[50] 《论语章句集注》。

熹说："盖三纲五常天理民彝之大节，而治道之本根也。故圣人之治，为之教以明之，为之刑以弼之，虽其所施或先或后或缓或急，而其丁宁深切之意未尝不在乎此也。"[51] 事实上，是朱熹把"三纲五常"同"天理"合二为一的，他认为："所谓天理，复是何物，仁义理智信岂不是天理？君臣父子兄弟夫妇朋友岂不是天理？"[52] "天理只是仁义理智之总名。仁义理智便是天理之件数。"[53] 朱熹的此番论述，将封建正统法律思想提升到了国家治理思想的最高层面。至此，"法即天理"的理论体系基本完备，违反"三纲五常"的罪名也渐次出现在中国古代法典之中，从而实现了天理与国法的相连相通。即便是时至今日，人们仍然用"无法无天"、"天理难容"、"伤天害理"、"冒天下之大不韪"等词语来谴责"罪大恶极"之罪行。

2. "法不外乎人情"。法是人情的体现，源于"法不外乎人情"等说法。在古代中国，"法应体现民情"的观念由来已久。即便是极力主张法治的商鞅，也认同"法不察民情而立之，则不成"[54] 的观点。春秋时期的法家代表人物管子曾言："人主之所以令则行，禁则止者，必令于民之所好而禁于民之所恶也。民之情莫不欲生而恶死，莫不欲利而恶害。故上令于生利人则令行，禁于杀害人则禁止。"[55]，战国时期的法家另一位代表人物慎到也认为："法，非从天下，非从地生。发于人间，合乎人心而已。"[56] 东汉末年的政治家、史学家荀悦甚至认为"苛责之法"是"伤化之法"、"害民之法"，他指出："设必违之教，不量民力之未能，是招民于恶也，故谓之伤化；设必犯之法，不度民情之不堪，是陷民于罪也，故谓之害民。"[57] 所以，"法顺人情"作为古代中

---

〔51〕《朱子全书·戊申延和奏札一》。

〔52〕《朱子文集》卷五十九。

〔53〕《朱子语类》卷十三。

〔54〕《商君书·壹言》。

〔55〕《管子·形势解》。

〔56〕《文子·上义》。

〔57〕《申鉴·时事》。

国的立法宗旨是不足为奇的。

上文已述，儒家素来重视人伦亲情，理清家庭关系维护家族秩序历来都是封建王朝统治的核心，而孝道伦理又是人伦之基，故保护社会伦理、家族亲情的律文在历朝历代的律例制度中都占据了相当的比重。事实上，礼法结合、以礼入法、儒法合流都是中国情理法文化的具体表现形式。正如张晋藩先生所言："由于民情、人情具有社会性，是法之所以立的基础，因此脱离民情，法的生命也将终结。从法制发展的历史看，法合人情则兴，法逆人情则竭。情入于法，使法与伦理结合，易于为人所接受；法顺人情，冲淡了法的僵硬与冷酷的外貌，更易于推行。法与情两全，使亲情义务与法律义务统一，是良吏所追求的目标。他们宁可舍法取情，以调整法与情的某种冲突，避免以法伤情，从而增强宗法社会成员的亲和力，发挥寓教于刑的法律功能。"〔58〕

由上可见，古代中国，法与情、法与理之间确实有着千丝万缕的联系，时值当代，国人仍惯用"合情合理"、"合情合理合法"等说辞对立法和司法活动给予评价。

（二）存留养亲制度的情理表达

自汉武帝提出"罢黜百家、独尊儒术"后，儒家伦理就成为历代统治者治国理政的主导思想，帝制王朝的法律制度也逐步走上了儒家化的进程。儒家思想素重"人道"，认为"天道"与"人道"是有机统一的，"人道"源于"天道"，"人道"是"天道"的具体表现。在"人道"思想中，"孝"为第一要义，所谓"亲亲、尊尊、长长、男女之有别，人道之大者也"〔59〕。"亲亲"位列首位。古代思想家还积极论证了君权和父权的统一性问题，他们极力渲染父权的尊严，并将君权看作是全国父权的化身，以此来加强君权。〔60〕在儒家看来，只有做到"父子

〔58〕 张晋藩：《中国法律的传统与近代转型》，法律出版社 2009 年版，第 115 页。
〔59〕 《礼记·丧服小记》。
〔60〕 参见张晋藩："综论独树一帜的中华法文化"，载《张晋藩文选》，中华书局 2006 年版，第 727 页。

有亲，君臣有义，夫妇有别，长幼有序，朋友有信"[61]，才能实现国家的长治久安，故维护纲常礼教下的家族关系都是历来统治阶级制定法律的应有之义。因此，孝道在帝制王朝统治阶级巩固国家政权，维护社会稳定方面发挥着举足轻重的作用。存留养亲制度就是基于"老有所养、侍养尽孝"的宗旨设立的，这样的立法宗旨既符合"天理"，又迎合"人意"，故各朝代统治者都以"宽刑之仁，成孝亲之义"，将其作为一项重要的法律制度推行天下，在司法实践活动中实现了"天理"、"国法"和"人情"的高度统一，存留养亲制度也成为了我国传统法律文化中"情理法"三位一体特征的一个典型代表。作为以刑罚严酷著称的专制王朝，存留养亲制度在冷酷严峻的刑罚制度体系中也体现了传统司法温情的一面，彰显了传统司法的人道主义关怀，得到了专制统治阶层和基层黎民百姓的普遍认同。

客观地讲，任何制度都有利弊，存留养亲制度也不例外。司法实践中，通过实施存留养亲制度，统治者推行了"仁政"，黎民百姓履行了"孝行"，罪犯得到了"宽宥"，人道主义关怀和人文精神得到了"弘扬"，但诸多优点的背后仍不可掩饰其纵容犯罪、有损公平的诟病。上文已述，清末变法修律时，修律大臣沈家本就曾以"纵容犯罪"为由否定过该制度。但是该制度在特定历史时期维护国家治理的重要作用是不容忽视的，正如有学者所言："用现代的观念去衡量是苛刻的，存留养亲制度有其产生时代的合理性，它带有'理性和智慧'的光芒，是统治者大智慧的体现"[62]。

四、借鉴：传统司法情理文化的当代价值

（一）传统司法情理文化的当代价值

乾隆中后期以后，清朝由盛转衰，社会民生凋敝，人民生活水平每

---

[61] 《孟子·滕文公上》。

[62] 任大熙著，何赞国译："中国法制史上'存留养亲'规定的变迁及其意义"，转引自张中秋：《理性与智慧：中国法律传统在探讨》，中国政法大学出版社2008年版，第179页。

况愈下,盛世之景已不复存在。这一时期,统治阶级内部滋生腐败,官僚无德,王朝统治走上了下坡路。时至近代,随着鸦片战争的爆发,国门开禁,东西文化之间的交流与碰撞日益频繁,积贫积弱的清王朝在弥留之际为"收回治外法权"而不懈努力,并试图通过变法新政来继续巩固清王朝的专制统治。在变法修律的进程中,主张"中体西用"的士绅和主持新律修订的官员围绕着《大清新刑律》等新式法典的修订产生了激烈的争执。以修律大臣沈家本为代表的"法理派"主张大力引进西方近代法律理论与制度,彻底改革中国旧有的法律制度。而以曾任湖广总督、后任军机大臣的张之洞为代表的"礼教派",却主张要以传统中国历世相沿之"礼教民情"为立法宗旨。尽管在"存留养亲"制度是否入律上,"礼教派"和"法理派"进行了一番争论,但该制度还是在这场变法改革中退出了历史的舞台,情理法三位一体的法律观念也随着晚清变法新政而走向解体。

新中国成立以后,我国的法制建设稳步推进,社会主义法律体系已基本形成。但是,我们在看到成绩的同时,也不可忽视立法和司法实践过程中存在的诸多问题。一方面,在立法上,受西方法律制度的影响,对传统文化的有益成分没有进行合理地继承和借鉴,对传统法文化中情理法文化不分精华和糟粕统统抛弃,公共道德、风俗习惯以及公序良俗等有益成分也没能得到合理的继承;另一方面,在司法上,一味追求"司法独立",没有统筹西方法律制度同中国社会的现实融合问题,外来规则与固有习惯存在着诸多冲突。司法实践中,从业人员法律素养低,过度追求形式主义,滥用情理与法律之关系,结果却妨碍了司法的公正,降低了司法的公信力。

按照马克思主义唯物辩证法的观点,对待任何事物都应该一分为二地进行考察。尽管传统中国的情理法文化同当下社会的文明发展之间存有诸多分歧,有诸多不适应社会发展的因素,但内含其中的部分价值观念并没有随着时代的发展而失去其原有的影响力,它依靠着文化的固有惯性影响着当今社会人们的法律意识、价值判断和行为选择。事实上,传统中国的情理法文化就如同卢梭在其《社会契约论》一书中论述的第四种法律类型一般潜移默化地影响着我们当下的国家治理和法治实践活动。因为，"这种法律既不是铭刻在大理石上，也不是铭刻在铜表上，而是铭刻在公民们的内心里；它形成了国家的真正宪法；它每天都在获得新的力量；当其他的法律衰老或消亡的时候，它可以复活那些法律或代替那些法律，它可以保持一个民族的创制精神，而且可以不知不觉地以习惯的力量代替权威的力量。我说的就是风尚、习俗，而尤其是舆论；这个方面是我们的政论家所不认识的，但是其他一切方面的成功全都有系于此。"〔63〕

当下，在党的十八届四中全会提出全面依法治国，推动政府治理能力和治理水平现代化的时代大背景下，我们更不能盲目地热衷于社会主义法律体系建设，更应该在立法和司法的过程中顺应国情、契合事理、重视习惯、关注民意，在强调法律的严肃性和稳定性的过程中，更加关注社会生活的多元变化。因为法治实践不仅需要完善的法律规范，还需要有相对稳定和最低限度的法律文化认同。

前最高人民法院院长肖扬也曾说："对于一个正向法治目标迈进的国度来说，法律是司法机构和法官必须考虑的首要因素，但是中国传统上又是一个'礼俗'社会，法律不可能成为解决所有纠纷的'灵丹妙药'，法律以外的因素如道德、情理也是司法过程所不可忽略的。法官在司法过程中必须统筹考虑，权衡利弊得失，在原则性与灵活性之间寻求有机的平衡。"〔64〕有学者也曾用"衡平"一词对中国传统司法的特征进行过形象地概括，他认为："中国传统司法中的'衡平'，是指司法官在天理、国法、人情以及社会风习等的支配和综合作用下，对案件作出合乎现实理性需要的适当性处理，是司法官在以儒家伦理为主流的多元思想、意识指导下，受到诉讼的特定语境和技术制约之下，对于裁判方

---

〔63〕 ［法］卢梭著：《社会契约论》，何兆武译，商务印书馆1980年版，第82页。
〔64〕 肖扬："中国司法：挑战与改革"，载《人民司法》2005年第1期，第16页。

案的合情、合理、合法性反复权衡与最终确定的选择过程。"[65] 他进一步指出:"一个成熟而合格的司法官不仅详究法律的文义,并且兼读例秉,以了解法律的实际运用;更要旁通经史,以探询法律的理论基础;此外他又须研读各种地方情事之书,了解民情风俗,认识当时当地的社会和将要接触的事物。"[66] 因此,我们必须有选择地吸收和借鉴古代中国传统法律文化的有益成分,充分发挥情理法文化的历史作用和现代价值,避免阻碍社会发展进步的消极因素,更好地融入到当今社会的司法改革和司法实践当中,唯有此才能实现司法法律效果与社会效果的有机统一。

事实上,在具体的司法过程中,理想状态下的法律效果是难以实现的。法律效果所强调的形式正义和社会大众所追求的实质正义之间仍然存在着制度和观念的矛盾,这些矛盾既有盲目移植外来法律制度的原因,也有传统法律观念处理不当的问题。现实工作中,法律制度本身的滞后性以及内容规范的不周延性等缺点,加上司法案件复杂和多样的现实问题,法官们在面临新型案件时,往往捉襟见肘束手无策,这时他们就不得不在形式正义和实质正义之间做出权衡。如若过度地追求法律效果,必然会在司法调解、自由裁量等方面丧失一些司法资源,同时还要以牺牲实质正义,付出司法社会效果为代价。

(二)传统司法情理表达的现代借鉴

值得欣慰的是,在当前的立法和司法实践中,立法机关和各级司法机关已经开始了积极地探索。一方面,在立法方面,2012 年《刑事诉讼法》(修正案)第 188 条第 1 款增设了"亲属拒证权"制度,具体规定:"经人民法院通知,证人没有正当理由不出庭作证的,人民法院可以强制其到庭,但是被告人的配偶、父母、子女除外。"这一制度的出

---

〔65〕 顾元:《衡平司法与中国传统法律伙序——兼与英国衡平法相比较》,中国政法大学出版社 2006 年版,第 13 页。

〔66〕 顾元:《衡平司法与中国传统法律伙序——兼与英国衡平法相比较》,中国政法大学出版社 2006 年版,第 13 页。

台填补了我国"亲属拒证权"制度的空白。2015 年《老年人权益保障法》第 18 条第 2 款增设"常回家看看"的条款，具体规定："与老年人分开居住的家庭成员，应当经常看望或者问候老年人。"这是对"孝道伦理"的进一步呼应，此法一出，尽孝之道便成了法定的义务。另一方面，在司法实践中，各级法院也开始相关探索，并尝试借鉴古代司法实践中情理表达的成功经验。"法官后语"就是一项勇敢的探索与实践。云南昆明市官渡区法院在对一桩遗弃老人的刑事自诉案制作的裁定书后面"附注"写道："人人都要经历生老病死，谁不喜欢年轻，谁愿意承受岁月无情的变迁？赡养父母，天经地义。即将成为老人的你，同样需要子女的赡养，相信老人所需要的不仅是几十元钱、几十斤大米，更需要的是儿女的一声呼唤、一句慰语、一个关怀。望善待古稀老人的殷殷期盼，扶老以颐享天年。"[67]

这段"法官后语"显然是结合法律规定和伦理常情做出的，法官也想通过这样一种形式试图从人伦亲情、生命延续和情感需要的角度，来对司法判决做出合情合理的阐释，以此来促进法律效果与社会效果的统一。

五、结语

"存留养亲"制度是我国古代颇具人道主义关怀精神的刑罚制度之一，它的出现可以有效地避免"法本无情"的弊端，对于当代司法实践活动中规避法律机械主义问题有着重要的借鉴意义。鉴于此，我们更加需要从当前的司法现状出发，在情理与法律的综合裁量与相互平衡中参酌、借鉴中国传统司法判例中情理表达的成功经验，在坚持依法治国、罪刑法定的基础上，充分发挥情理文化的司法功能，这样可以更有效地树立司法权威，提高司法的公信力，实现法律效果同社会效果的有机统一。

---

〔67〕 茶莹、方雪："官渡裁判文书更具亲和力"，载《人民法院报》2003 年 1 月 31 日，第 2 版。

《法经》伪史始末考

袁 也[*]

《法经》真伪问题与近代以来中国法律史的书写有着紧密联系。长期以来，学界对此问题争论不休，相关论文繁多，真相扑朔迷离。若李悝撰《法经》之说法本身是后人为塑造法统的需要、整齐历史而编造出的故事，则《法经》的历史地位、意义将无从谈起。因此，对时代的勘定、对叙事来源的真伪考察十分重要，它直接关系到史学研究的正确与否。史料批判必须先于对历史的解释。本文从文献学角度出发，对史料做出新的实证研究，发掘新证据，以揭示其长达至上千年的层累的伪史过程，并对董说《七国考》所引的伪桓子《新论》做出考据，对《法经》之说产生的原因，《新论》作伪的背景、原因做出诠释，解开几个前人未注意到的疑点，力图揭露其伪史之实。

一、前代欠史之谜

20 世纪 30 年代起，以仁井田陞为代表的一些学者开始质疑李悝撰《法经》一事的真实性。仁井田陞在《唐令拾遗》中，从史源学角度出发详细地考察了"李悝撰《法经》"的历史流布，指出此说"依据资料是《晋书·刑法志》、《唐律疏议》、《唐六典》注以及《通典》的记述。但是《史记》、前后《汉书》对此并无只言词语"[1]。这种观点在日本

---

* 华东政法大学法律学院硕士研究生。

〔1〕〔日〕仁井田升：《唐令拾遗》，栗劲译，长春出版社 1989 年版，第 801 页。

学界占统治地位达 30 余年。[2]

按文献学观点，时代越往后的史料，越远古的叙事性记载越不可信。《晋书》撰于唐代的贞观二十年至贞观二十二年（公元 646～648年），与所谓李悝《法经》的成书年代相隔了一千年之久，真实性让人不能不怀疑。

此后国内外许多持"真实说"的学者提出了相反意见。例如张警认为，"古书中不见记载，可以作为怀疑的理由，但终究不能作为证据看待……汉代史家对于秦律，似乎是'讳莫如深'的，班固的《汉书·刑法志》就明显的有这种倾向。他们不谈秦律，因而也不谈作为秦律祖本的《法经》，这是很自然的"[3]；日本学者崛毅也认为，班固为东汉经学大儒，崇尚周法，偏重周代事件记述，不提《法经》，也是情理之中的事情。[4]

但上述说法都存在显而易见的问题。首先，汉代史家们若真因立场讳笔，先从先秦史料考察。魏史《竹书纪年》中没有提到《法经》，而且《竹书纪年》成书于魏襄王时，远晚于李悝所在的魏文侯时代。《战国策·魏策》中提到了魏人西门豹、公叔座等诸人事迹，记载甚多，却没提到李悝《法经》，这是因疏忽大意，还是因此事是后人的无中生有？

《战国策》提到公孙鞅在魏，为公叔座门客，"公叔座死，公孙鞅闻之，已葬，西之秦，孝公受而用之。秦果日以强，魏日以削"[5]"孝公以为相，封之于商，号为商君。商君治秦，法令至行，公平无私……期年之后，道不拾遗，民不妄取，兵革大强，诸侯畏惧。然刻深寡恩，特以强服之耳。"[6]《战国策》对同为法家人物的商鞅的事迹大费笔墨。《左传·昭公三年》中记载"三月（公元前536年），郑人铸

[2] 李力："从几条未引起人们注意的史料辨析《法经》"，载《中国法学》1990 年第 2 期。

[3] 张警："《七国考》《法经》引文真伪析疑"，载《法学研究》1983 年第 6 期。

[4] 夏阳："《法经》论考"，载《法治与经济》2008 年第 5 期。

[5] （汉）刘向：《战国策》，中华书局 2006 年版，第 311 页。

[6] 同上，第 23 页。

刑书。叔向使诒子产书，曰：……今吾子相郑国，作封洫，立谤政，制参辟，铸刑书，将以靖民，不亦难乎?"[7]孔疏："二十九年《传》云：晋赵鞅、荀寅赋晋国一鼓铁以注铁鼎，着范宣子所为刑书焉。彼是铸之于鼎，知此亦是鼎也。"郑国子产铸刑书、晋国铸刑鼎也引起了关注。

在春秋战国时期成文法的制定与公开是一件大事，史家记载甚多，相比之下先秦史籍却对《法经》集体失语，绝非偶然因素所致。唯一解释是在同时代魏人记忆中，李悝无撰《法经》之面向。

退一步说，即使班固作为经学大儒有讳笔心态，《汉书·刑法志》也有记载："陵夷至于战国，韩任申子，秦用商鞅，连相坐之法，造参夷之诛；增加肉刑、大辟，有凿颠、抽胁、镬亨之刑。"[8]班固不可避免地提到了申不害、商鞅对法律做出的贡献。而《汉书·艺文志》中法家类记载的前三位为李悝、商鞅、申不害（《汉书·艺文志》法家类记载的"李子三十二篇"，沈家本认为，"《法经》当在其中"[9]，笔者不同意，依据将在下文详论）。究竟出于何种缘故，班固不提及法家人物第一位的李悝却偏重于后来者申不害、商鞅变法的记述？《史记·商君列传》中写道，"以卫鞅为左庶长，卒定变法之令。……其后民莫敢议令。"[10]是司马迁没有看到关于《法经》记载，还是看到了但存疑未录？

反面考察，史籍都强调李悝在《法经》六篇之外的事迹。[11]此事甚为奇诡。《韩非子》记载李克事迹："李克治中山，苦径令上计而入多……或曰……无术之言也。"[12]作者抨击李克言行，认为其言论是一

---

〔7〕 陈戍国：《春秋左传校注》，岳麓书社 2006 年版，第 864 页。

〔8〕 （汉）班固：《汉书》卷二十三《刑法志》，中华书局 1962 年版，第 1096 页。

〔9〕 （清）沈家本：《历代刑法考》，中华书局 1985 年版，第 843 页。

〔10〕 （汉）司马迁：《史记》卷六十八《商君列传》，中华书局 1959 年版，第 2231 页。

〔11〕 李悝、李克为一人还是两人，为历来史家所广泛争议。齐思和的《李悝、李克非同一人辨》认为李悝、李克为互不相干的两人；而崔适的《史料探源》、冯友兰的《中国哲学史新编》等都认为悝、克古字相通，因而李悝与李克即为同一人。笔者从崔说。

〔12〕 （战国）韩非：《韩非子》，中华书局 2007 年版，第 222 页。

番"无术之言"，却对其撰《法经》只字未提。此处尤其能说明问题，否则作者不太可能面对李悝造《法经》如此重要的事情而故意坐视不理。

《史记·平准书》云："魏用李克，尽地力，为强君。自是之后，天下争于战国"[13]；《史记·魏世家》又云"文侯受子夏经艺，……秦尝伐魏，或曰：魏君贤人是礼，国人称仁，上下和合，未可图也。……魏文侯谓李克曰：先生尝教寡人曰：'家贫则思良妻，国乱则思良相'[14]；又如在《汉书·艺文志》的法家类记载中，班注曰："（李子）名悝，相魏文侯，富国强兵。"[15] 所谓的强兵，则如前引《韩非子》之"断讼以射"，又如刘向《说苑·政理》中所言的"食有劳而禄有功"。[16] 所谓富国，即《史记·货殖列传》之"当魏文侯时，李克务尽地力"[17]，《汉书·食货志》所谓"尽地力之教"[18]。

相互引证以上史料，可说明战国时李悝确有其人，相魏文侯，尽地力之教，实行"食有劳而禄有功"的改革，振兴魏国。但重点在富国强兵，撰《法经》之说不可恃。

《史记·魏世家》中"魏君贤人是礼，国人称仁，上下和合，未可图也"的魏文侯时代又与明人董说着《七国考》时所引的所谓桓谭《新论》中《法经》内容所反映的严刑峻法的魏文侯时代形成了截然不同的对比。而《战国策·秦策》中在叙述商鞅变法时，道"然刻深寡恩，特以强服之耳"，其用语口吻暗含着史家价值褒贬的判断；而司马迁对魏文侯的评价又是如此之高，若其像《法经》那样轻罪重罚，则对此历史人物的一番评价只能是司马迁作诳言。

晋代张裴注律表，南齐史家臧荣绪《晋书》等六朝典籍中都未提到

---

[13] 《史记》卷三十，第 1442 页。

[14] 《史记》卷四十四，第 1840 页。

[15] 《汉书》卷三十，第 1735 页。

[16] 卢元骏：《说苑》卷七《政理》，天津古籍出版社 1977 年版，第 219 页。

[17] 《史记》卷一二九，3258 页。

[18] 《汉书》卷二十四，1124 页。

李悝撰《法经》。[19] 就现有文献来看，最早提到李悝《法经》的是《晋书·刑法志》。《晋书·刑法志》所引用曹魏陈群、刘助的《魏律序略》提到："旧律因秦《法经》，就增三篇，而《具律》不移，因在第六。"[20]《魏律序》提到的是"秦《法经》"，它并不等于就是"李悝《法经》"。部分学者在引用此段史料时，直接将秦《法经》等同于李悝《法经》，得出《魏律序》已提到李悝《法经》的错误结论。[21]

有学者认为，李悝撰《法经》之说最早可能出现于南朝，也不排除唐初可能。[22] 笔者将在下文予以讨论。今人所见的魏晋南北朝史料，皆无李悝撰《法经》之说，并不能补证唐初的"新史料"。假使《法经》之说从战国时流传，那么到有唐一代，本应已有千年历史。但为什么在先秦史料中寻不见它的痕迹，在汉代史料也寻不见它的痕迹，在魏晋南北朝史料中也寻不见它的痕迹，却在千年后的唐代，出现在《晋书·刑法志》中呢？

二、《晋书·刑法志》之谬

有唐一代，官方修史制度更为完备，政治运作与历史书写之间的联系愈加微妙。[23]《晋书》重修为初唐官方组织的大规模修史活动。贞观三年（公元 629 年），设官修史馆，房玄龄为监修国史。[24] 这样使得国家对史学的控制进一步加强。贞观二十年（公元 646 年），太宗颁布《修晋书诏》，说"宜令修国史所更撰《晋书》，铨次旧闻，裁成义类，俾夫湮落之诰，咸使发明"。修史历时共两年时间，由房玄龄监修，至

---

〔19〕 曹旅宁：《秦律新探》，中国社会科学出版社 2002 年版，第 58 页。

〔20〕 （唐）房玄龄等撰：《晋书》卷三十《刑法志》，汉语大词典出版社 2004 年版，第709 页。

〔21〕 何勤华："《法经》新考"，载《法学》1998 年第 2 期。

〔22〕 廖宗麟："李悝撰《法经》质疑补证"，载《河池学院学报》2006 年第 1 期。

〔23〕 徐茂明："唐代史学与政治的关系"，载《苏州大学学报（哲学社会科学版）》1990 年第 4 期。

〔24〕 （后晋）刘昫撰：《旧唐书》卷六十六《房玄龄传》，吉林人民出版社 1995 年版，第 1553 页。

贞观二十二年（公元 648 年）结束。[25]

它是我们能够看到的最早提到李悝撰《法经》的史籍，重要性不言而喻，相对于之前的史料，说法令人耳目一新，却也疑窦丛生。笔者将史料摘录，进行解构与辨伪。关于《法经》，《晋书·刑法志》是这样说的。

> "是时承用秦汉旧律，其文起魏文侯师李悝。悝撰次诸国法，著《法经》，以为王者之政，莫急于盗贼，故其律始于《盗贼》。盗、贼需劾捕，故著《网》（董说作囚），《捕》两篇。其轻狡，越城，博戏，借假不廉，淫侈，逾制以为《杂律》一篇，又以《具律》具其加减。是故所著六篇而已，而皆罪名之制也。商君受之以相秦。"[26]

首先，"其文起魏文侯师李悝"存在缺陷。顾颉刚曾考证羌戎文化，认为秦人在东周时担当了抵御戎族侵略中原的任务，逐渐发迹。秦始封是孝王封非子为附庸之秦，地理位置在今天甘肃省天水县的秦亭一带[27]。蒙文通认为秦人是戎族。[28]岑仲勉指出，"戎族的支派很多，秦族是落后的一个"[29]。秦发源于西方，历来也以"华夏"自居，认为祖先住在华夏核心区域，但这只是一厢情愿之语。东方诸侯不愿意让秦参加诸侯会盟，耻于与之共伍。

很多史家根据《晋书》此语，相信秦律因袭魏律，但此说法与近年来出土法律文献的研究结果不契合。长久以来因律法佚失，秦律研究受

---

〔25〕 岳纯之："唐代重修《晋书》始末考"，载《史学史研究》2002 年第 2 期。

〔26〕 《晋书》卷三十，第 717 页。

〔27〕 顾颉刚：《古史辨自序》，商务印书馆 2012 年版，第 715～720 页。

〔28〕 蒙文通："法家流变考"，载氏著：《古学甄微》，巴蜀书社 1987 年版，第 301 页。转引自《秦律新探》，第 19 页。

〔29〕 岑仲勉：《西周社会制度问题》，上海人民出版社 1957 年版，第 119 页。转引自前引《秦律新探》，第 44 页。

到了很大的局限。20 世纪以来，一系列简牍的出土为秦汉法律史研究提供了契机，这些新材料使新的研究结果层出不穷。1979 至 1980 年，在青川县 50 号墓葬出土了秦武王二年颁布的"为田律"，结合 1983 至 1984 年发掘的张家山 M247 号汉墓竹简田律有关法律条文的发展承继来考察，发现秦律非通说所主张的那样，是商鞅从魏国移去的，而是历史发展过程中自发形成的。[30]

盖其原因，秦作为西方部族，地形险要，与中原往来不便，又被诸国孤立，文化受中原影响甚少，习俗根深蒂固，律法形成经历了相当长的积淀过程，非变法一时造就；文化与东方诸国存在相当差异，法律风格也与中原大有不同。

曹旅宁指出，从出土秦律来看，许多都来自古老习惯法，为本土自生，非通说宣扬的那样来自三晋魏地。《云梦秦简》的《为吏之道》末尾抄录两条魏国法律——即《户律》与《奔命律》，但它们并不适用于秦。[31] 所存的秦始皇三十年以前的法律三十四种，除以上两条，其他都是秦制定。从名称和内容上来看，都是针对具体的问题，未成六篇体系。蒙文通指出，"凡商君之法多袭秦旧，而非商君之自我作古"[32]。

有学者考证，商鞅变法的很多措施，如废井田未彻底改变土地所有制形态；变法后基层的行政组织带有明显的村社合一的特点，为部族制的残留；爵制在商鞅变法前本来存在，在变法后日趋完善。[33] 在任何时代，任何地区，凡是一个制度的形成都绝非一朝一夕之功，法律制度也同样如此，"其文起魏文侯师李悝"一语能剩下几分真实？

关于第二句话，"悝撰此诸国法，著《法经》，以为王者之政，莫急于盗贼，故其律始于《盗贼》"，有极大讹误。盗贼常连用，盗多指窃盗，有时也指反叛者；贼本意"败"表示破坏行为，后引申出威胁反

---

〔30〕 《秦律新探》，第 53 页。

〔31〕 曹旅宁："睡虎地秦简所载魏律考"，载《广东教育学院学报》2001 年 8 月。

〔32〕 蒙文通："法家流变考"，载氏著：《古学甄微》，巴蜀书社 1987 年版，第 301 页。转引自《秦律新探》，第 42 页。

〔33〕 同上，第 50 页。

叛者含义。〔34〕对照《商君书》与《韩非子》这两部法家经典不难发现，前者重点在于垦令农战，推动经济发展，非治理盗贼之患。是故"惟圣人之治国作壹，搏之于农战而已"〔35〕。后者重点在用法律作为加强权力的工具，成就霸业，非惩治盗贼。这些说法都符合战国的背景。当时战争不断，诸侯争霸，他们首先想到的是如何去富国强兵，而不是如何该去治理盗贼的问题。

从李悝从政经历看，《汉书》、《说苑》等史籍之中看到的李悝也主要在讨论富国强兵。沈家本言，"李六篇以《盗》、《贼》居前，系民事，《杂法》亦多民事，《囚》、《捕》二法与《盗》、《贼》相引，《具法》总各律之加减，皆与国政无关。"〔36〕秦大一统之后，严刑峻法导致农民起义，统治者才把治理盗贼作为首要任务。这句话说的是秦代之后的事情。

当时很多政治人物，如邹忌、申不害等人对法律都有研究，但都没留下法典。他们虽制法律，也都是针对具体问题，非"诸法合体、民刑不分"的六篇体系。〔37〕若真有《法经》那样严密的法典，何以今天看到的秦律又是如此散乱？比商鞅更早的李悝师于子夏，先秦时代，儒士并未与文吏合流。李悝作为法家代表人物，并未是单纯法家，他也是儒家人物。从先秦史料中可看到他说话常是儒家口吻，又兼习刑名之教，因此会有《汉书·艺文志》儒家类的"李克七篇"及法家类"李子三十二篇"。儒士彻底地进入官僚体系，执掌立法权是相当后面的事情，"李子三十二篇"若为李悝所作，则也是一本私人学术理论性著作，而非官方法典。

再者，《晋书·刑法志》之说与《唐律疏议》、《隋书·经籍志》不合，关于萧何《九章律》，《晋书·刑法志》、《唐律疏议》与《汉书·

---

〔34〕 李放："中国古代法中的盗贼犯罪与侠义行为"，载《理论界》2008 年第 4 期。
〔35〕 高亨：《商君书注译》，中华书局 1974 年版，第 84 页。
〔36〕 廖宗麟："李悝撰《法经》质疑补证"，载《河池学院学报》2006 年第 1 期。
〔37〕 同上。

刑法志》也矛盾。《唐律疏议》在提到李悝《法经》时有如下语：

> "史记，魏文侯名都，师李悝，集诸国刑典，造法经六篇：一，盗法，今贼盗律是也；二，贼法，今诈伪律是也；三，囚法，今断狱律是也；四，捕法，今捕亡律是也；五，杂法，今杂律是也，六，具法，今名例律是也。……商鞅传授，改法为律。汉代萧何，更加悝所造户、兴、厩三篇，谓九章之律。"〔38〕

综合史料推证，有几个难理解的地方。

第一，《晋书·刑法志》中，李悝《法经》六篇为《盗律》、《贼律》、《网律》、《捕律》、《杂律》、《具律》，"商君受之以相秦"。但《唐律疏议》称"商鞅传授，改法为律"。关于商鞅改法为律的问题，跟《法经》本身一样扑朔迷离，之前史料中均不见记载，独《唐律疏议》一枝独秀，孤证难立。《史记·秦本纪》记载："秦圣立国，始定刑名。"《史记·李斯列传》云："二世然高之言，乃更为法律。"〔39〕从秦武王二年"为田律"来看，改法为律不会晚于公元前309年。殷啸虎认为，从中可知史家对于《法经》并没掌握一手资料，只是据传闻进行加工，难让人信服。〔40〕杨鸿烈表示，"《晋书·刑法志》、《唐律疏议》、《唐六典》有关于李悝《法经》六篇便是赝品，毫不可信"〔41〕。

第二，《汉书·刑法志》记载"四夷未附，兵革未息，三章之法不足以御奸，于是相国萧何攈摭秦法，取其宜于时者，作律九章"。而《唐律疏议》称萧何在李悝《法经》六篇的基础上，加上了李悝的户、兴、厩三篇成《九章律》。《晋书·刑法志》对于《九章律》又是这样说的："汉承秦制，萧何定律，除参夷连坐之罪，增部主见知之条，益

---

〔38〕 （唐）长孙无忌等撰：《唐律疏议》，中华书局1983年版，第26页。
〔39〕 《史记》卷八十七，1664页。
〔40〕 殷啸虎："《法经》考辨"，载《法学》1993年第2期。
〔41〕 杨鸿烈：《中国法律发达史》，中国政法大学出版社2009年版，第9页。

事律《兴》《厩》《户》三篇，合为九篇"。根据史料看，这里明显失实。究竟事律三篇是李悝自己作的还是萧何作的？《汉书·刑法志》中，三篇为萧何作，今有学者认为九章为虚数。后汉《政论》说："高祖令萧何作九章之律，有夷三族之令。"高后元年（公元前 187 年）废了除三族之罪。关于部主见知之条，这是武帝时酷吏张汤、赵禹主持制定的。[42] 可见《晋书·刑法志》不甚可信。

无论《晋书》还是《唐律疏议》，关于《九章律》的记载皆与《汉书》不同，因班固所言萧何之"捃摭秦法，取其宜于时者"，既不指李悝，也不指萧何。《隋书·经籍志》里是这样讲的："汉时，萧何定律令，……条流派别，制度渐广。"[43] 此处又将律令归功于萧何。另外，《隋书·刑法志》提到子产刑书，晋铸刑鼎，未提到法经[44]。但此部分成书后于晋书（公元 656 年）。《隋书》的成书年代与《晋书》的成书年代接近，作者多有重合，为何说法相悖？唐人对汉律所记尚且有如此大的问题，更何况越过《汉书·刑法志》直接记载先秦时刑律？

在一手史料缺乏的情况下，"李悝撰法经"如何成为信史，值得怀疑。

对《晋书·刑法志》的问题，陈梦竹提出三点论证，试图解释《法经》存在理由：其一，李悝是否写过《法经》对《晋书》作者没有政治影响，因而唐人无需作假。其二，太宗在《修晋书诏》中表示，"大矣哉，盖史籍之为用也"，说明其重视史书编定，因此在没有确切证据情况下，史家应谨言慎行。其三，与汉时相比，唐代史家受到皇帝大力支持，可认为《晋书》存有《汉书》所无之记载，确有所本。[45] 但

---

[42] 殷啸虎："《法经》考辨"，载《法学》1993 年第 2 期。

[43] （唐）魏征等撰：《隋书》卷三十三《经籍志》，汉语大词典出版社 2004 年版，第 859 页。

[44] 《隋书》卷二十五，第 611～620 页。

[45] 陈梦竹："《法经》论考"，载《法制与社会》2009 年 8 月上。

清水凯夫认为,《晋书》有意识改修前代史,投统治者所好。[46] 贞观初年,太宗对房玄龄说,"文体浮华,无益劝诫,何假书之史策? 其有上书论事,词理切直,可裨于政理者,朕从与不从,皆须备载"。这段话反映了太宗的史学观,可视作太宗对史料编纂的取舍原则。"可裨于政理"被置于优先考虑的位置。在史学被政治化的氛围中,南齐臧荣绪的《晋书》是否还令人满意就成了问题。[47] "大矣哉,盖史籍之为用也"不意味尊崇真实,更在于正史教化功用。太宗是政治人物,重视史书编定的话是官样文章,且重视史书编定与正史失实间没有关系。因《晋书》是以臧荣绪《晋书》为蓝本,结合其他各家《晋书》、笔记小说而综合成的。史料中以杂家小说最不可恃。[48]《旧唐书·房玄龄传》批评道"史馆多是文咏之士,好采诡谬碎事,以广异闻;又所评论,竟为绮艳,不求笃实,由是颇为学者所讥"[49];清人张熷在《读史举正》举出了《晋书》谬误达四百五十多条;钱大昕批评《晋书》"涉笔便误"。因此,《晋书·刑法志》记载失实可能性极大。即使史家下笔再严谨,也不排除谬误可能。

今人所见之魏晋南北朝史料,皆无李悝撰法经之说,不能辅证唐人可能引之"新材料";"新材料"亦散漫无际,既不知其传说源流,也不晓其存在与否,凭皇帝支持以及材料获取环境行义理推断,有孤证难立之嫌。

《晋书·刑法志》引用《魏律序略》:"旧律所难知者,由于六篇篇少故也。篇少则文荒,文荒则事寡,事寡则罪漏。是以后人稍增,更与本体相离。今制新律,宜都总事类,多其篇条。"[50]《魏律》在隋代亡佚,从这里记载看来看,它首次提到了秦《法经》六篇说法。结合

---

〔46〕 〔日〕清水凯夫:"论唐修《晋书》的性质",载《北京大学学报(哲学社会科学版)》1995 年第 5 期。

〔47〕 岳纯之:"唐代重修《晋书》始末考",载《史学史研究》2002 年第 2 期。

〔48〕 何炳松:《历史研究法·历史教授法》,上海古籍出版社 2012 年版,第 70 页。

〔49〕《旧唐书》卷六十六,第 1554 页。

〔50〕《晋书》卷三十,第 717 页。

《汉书·刑法志》，可知《魏律序》在大体上未曲解《汉书·刑法志》之意，只是将萧何捃摭秦法简化为后人稍增三篇。唯《晋书·刑法志》引用《魏律序》时，将后人稍增三篇误解为后人另作三篇，可见文献转引亦可导致文意失实。笔者认为曹魏时已有"秦法经"六篇说法，之后叙事往上古推，变成了战国李悝造《法经》。

为什么会有六篇？《史记·秦始皇本纪》中云："始皇推终始五德之传，以为周得火德，秦代周德，从所不胜。方今水德之始，改年始，朝贺皆自十月朔。衣服旄旌节旗皆上黑。数以六为纪，符、法冠皆六寸，而舆六尺，六尺为步，乘六马。"[51]秦代为水德，数又以六为纪，东汉后五德说大行其道，时人可能受到数字崇拜的影响，发展出"秦《法经》六篇"的说法。

为什么会是《法经》这个名字？李力认为，在汉武帝"罢黜百家，独尊儒术"之后，经学得到了大发展，同时律学作为官学与经学并称，在这样的背景下，经学大儒称"律"为"律经"。汉末文颖注《汉书》有"律令，律经是也"[52]。可见把法律称为"经"是从此时开始的，秦律被称为秦法经也顺理成章。

笔者认为，李悝撰《法经》之说最早出现在东晋时期。伪史的产生有其政治环境和学术环境方面的原因。关于子夏其人，《史记·孔子世家》载："弟子盖三千焉，身通六艺者七十有二人。"[53]《史记·仲尼弟子列传》又道："孔子既没，子夏居西河教授，为魏文侯师。"[54]子夏作为七十二贤之一，于六经有深厚学养，其弟子彪炳史册者甚多，汉儒普遍奉子夏为经学鼻祖。[55]永嘉五年（公元311年）爆发"永嘉之乱"，中原人口为躲避战乱南迁。"衣冠南渡"无形中为晋室的偏安一

---

〔51〕《史记》卷六，第237页。

〔52〕李力："从几条未引起人们注意的史料辨析《法经》"，载《中国法学》1990年第2期。

〔53〕《史记》卷四十七，第1938页。

〔54〕《史记》卷六十七，第2203页。

〔55〕裴传永："论子夏在中国经学史上的地位"，载《中国哲学史》2005年第1期。

隅做了准备。移民怀念故土，常有家国之痛。后晋室东渡，东晋初政府掀起了儒学复兴。陈寅恪认为，西晋为"司马氏之帝业，乃由当时之儒家大族拥戴而成，故西晋篡魏亦可谓之东汉儒家大族之复兴"[56]。他们礼敬儒者，广纳士人，延续儒学正统地位，强化正统观念[57]。东晋时儒学自有其社会效用，为玄学不能替。[58]

后南北对峙，长江中下游一带倡导儒学的正统地位，建康作为南朝首都，堪称经学最活跃的地区。[59] 考东晋学风，作伪流毒尤甚，伪书层出不穷，在这样特殊的政治背景和学术空气下，"晋律←汉律←秦律←魏《法经》"一说也就诞生了。东汉时今文经学家何休为《公羊传》作疏时力斥秦为蛮夷，本接近事实的。[60] 洛阳为西晋都城，魏国又在洛阳一带，换句话说，东晋时人为标榜正统，强化文化认同，故追溯先贤，编造系谱，乃至层累造史。既然晋承汉制，汉又承秦制，商鞅学说应来自中原三晋之一的魏国，故直接附会到同时代的魏国国相、经学鼻祖子夏的弟子李悝身上，从地域、从经学传承来看都合乎想象，造出李悝撰《法经》之说的伪史。

关于《汉书·艺文志》记载的"李子三十二篇"，《隋书·经籍志》未记载。可见唐初时，此书亡佚。因曹魏时只有"秦法经"说法，因此此书亡佚最早不会早于西晋初，最迟不会迟于晋室东迁，应为永嘉之乱时。

三、《七国考》所引《新论》之伪

继《晋书·刑法志》、《唐律疏议》之后，辗转千余年，及至有明

---

〔56〕 陈寅恪："崔浩与寇谦之"，载氏著：《金明馆丛稿初编》，上海古籍出版社1980年版，第129页。

〔57〕 刘伟航、杨琴："试论东晋初期复兴儒学的尝试"，载《四川师范学院学报（哲学社会科学版）》1999年第4期。

〔58〕 田余庆：《东晋门阀政治》，北京大学出版社2005年版，第340页。

〔59〕 夏增民："南朝经学家分布与文化变迁"，载《中国历史地理论丛》2006年第4期；刘顺："南北朝至隋的经学交流与融合"，载《社会科学家》2011年第9期。

〔60〕 参见前揭《秦律新探》，第59页。

一代，董说在《七国考》卷十二《魏刑法》中引用桓谭《新论》论及《法经》内容与流布，为现存史料中最详细之叙述。按引文，"魏文侯师李悝著《法经》，以为王者之政，莫急于盗贼……卫鞅受之，入相于秦。是以秦、魏二国，深文峻法相近……武侯以下，守为国法矣。"[61]假使该记载确源于《新论》，那么李悝撰《法经》之说至迟于公元一世纪形成，距离李悝生活年代约四百余年，在一定程度上增强了该事件的真实性。

问题在于两个地方：其一，董说所引《新论》是否作伪？其二，《新论》论及《法经》的内容是否作伪？怀疑论者均从二处入手，对该史料进行质疑。杨宽指出，《新论》在南宋佚失，董说《七国考》所引为其人伪造，所载《法经》条文、所引杂律都与《晋书·刑法志》不合，还误将"丞相"这个词作为魏国的官名。秦武王"初置丞相"后才见丞相之名，可见所引条文是董说伪造。[62]"南宋亡佚说"的主要依据是南宋目录学家晁公武的私家藏书目录《郡斋读书志》、陈振孙《直斋书录解题》、《宋史·艺文志》中都不见《新论》。[63]可见《新论》不存于世。李力指出，明代盛行造伪之风，宋人疑古辨伪之风几乎歇绝。很多文人墨客们既藏书，又造伪书，明代学人撰伪很多，万历年间，学人造伪已经蔚然成风。董说虽出身于藏书世家，但在造伪影响下，为猎奇需要可能造伪。[64]

此后持"真实说"的学者提出相反意见。1965 年，日本学者守屋美都雄发表了《李悝〈法经〉的一个问题》，他认为桓谭《新论》这本书在明末时存在，董说可能正好看到了这本书，并且加以引用。张警也

---

〔61〕 （明）董说：《七国考》卷十二《魏刑法》，中华书局 1956 年版，第 365～367页。

〔62〕 杨宽：《战国史》，上海人民出版社 2008 年版，第 28 页。

〔63〕 张警："《七国考》《法经》引文真伪析疑"，载《法学研究》1983 年第 6 期；何勤华："《法经》新考"，载《法学》1998 年第 2 期。

〔64〕 李力："从几条未引起人们注意的史料辨析《法经》"，载《中国法学》1990 年第 2 期。

据详实史料得出了相同的结论，做出了强有力的反驳。"真实说"学者所持证据归纳起来有三：其一，元末时陶宗仪纂《说郛》，"取经史传记，下迨百史杂说之书，二千余家"，辑佚了《新论》一卷，收录在《说郛》五十九中。[65] 其二，清代学者全祖望（1705～1755 年）在《鲒埼外编》卷四十《扬子生卒考》称"常熟钱尚书（即绛云楼主人钱谦益）谓：《新论》明季尚有完书，惜无从得一见之"；其三，清代藏书家孙从添著、陈准校刻的《上善堂宋元版精钞旧钞书目》中载有"桓子《新论》十七卷，赵清常校宋本"[66]。赵清常为明末常熟虞山派的大藏书家，据说其"生平损衣削食，假书缮写"，一生藏书多至五千余种，两万余册，编纂有私家目录《脉望馆书目》，钱谦益在《刑部郎中赵君墓表》中说他"欲网罗古今载籍，甲乙铨次，以待后之学者"，首开后世藏书家著录宋元残本之先例。[67] 在赵清常死后（1624 年），藏书尽归于钱谦益。该派学者又指出，赵、钱都为藏书家，又是同乡，交情很深，《上善堂书目》记载不会没有根据。董说也是藏书家，他可能看到过赵清常所校的那本《新论》。[68]

"真实说"考据不可谓不严密，几近理清了宋、元、明、清四代的《新论》流布情况。但是事实上仍有缺陷。

第一，就孙从添《上善堂书目》所谓的"赵清常校宋本"而言，赵清常《脉望馆书目》中并没有著录此书，而且此书亦不见于张氏藏书目。此与"赵清常校宋本"严重不符合。况且如果真有宋本，应当有十七卷之多。何故宋元时官修、私人藏书目录均不见其著录，而元末陶宗仪仅仅见到一卷？且陶氏《说郛》辑佚甚多，元本桓谭《新论》应当为辑本，与世传校本大为不同。故而所谓《上善堂书目》之赵氏校宋本仅为孤证，反例有三，甚为可疑。

---

〔65〕 郭茵："桓谭及其《新论》考辨"，载《淮阴师专学报》1996 年第 3 期。

〔66〕 张警："《七国考》《法经》引文真伪析疑"，载《法学研究》1983 年第 6 期。

〔67〕 徐雁："虞山派藏书事迹"，载《苏州杂志》2002 年第 2 期。

〔68〕 张警："《七国考》《法经》引文真伪析疑"，载《法学研究》1983 年第 6 期。

第二，就董说而言，其引《新论》共计十五条，而其中见于前人引用仅有三条。除非发现新史料，否则怎么可能有如此的巨大出入？然有学者考察董说风骨，认为其具有气节，所以不会作伪其余十二条，即使作伪，又何必伪托《新论》，从而反推出董说见过《新论》。[69]

但笔者认为，董说不作伪不代表所引《新论》真。若有好事者伪造一本《新论》，董说信以为真，加以使用，则其所引必不见于前书。至于此人为什么要偏偏伪托桓谭《新论》而不是伪托其他书，笔者将在下文诠释。

第三，全祖望、严可均生卒年相近，皆为康乾时人。孙从添著录《新论》十七卷，而全氏称"常熟钱尚书谓《新论》明季尚有完书"，言下之意此时已经亡佚，两种说法明显相悖。孙从添死于 1767 年，后来严可均在 1807 年撰《全上古三代秦汉三国六朝文》之中，辑佚出了《新论》一卷。如真有十七卷，此书从东汉流传至清代千余年不绝，为何在 1767 至 1807 年的四十年之间骤然亡佚，随后只被严可均辑佚出一卷？孙从添所谓《新论》为明末赵琦美校宋本，充分说明宋、元、明三代应有较为明晰之文献传承脉络，然而严可均在辑佚《新论》轶文时，所用的材料为《太平御览》、《文选》、《初学记》、《北堂书钞》、《意林》、《群书治要》、《续汉书·百官志》、《艺文类聚》及《论衡》等书。[70] 这些书都是南宋前的作品，为何宋元文献不见分毫？最为重要的是，对《七国考》中有关李悝《法经》部分的引文，这些文献中都不见记载。笔者断定其为托古伪作，否则严可均绝对不会看到如此重要的史料而有意不录。

董说所引的《新论》为明末人伪作。不仅如此，其作伪的时间、地点也可考。赵琦美死于 1624 年，因此伪书产生不会早于 1624 年。而钱谦益称"明季尚有完书"，而明代亡于崇祯甲申年（1644 年），则作伪不会晚于 1644 年。为 1624 年至 1644 年间。作伪地点，为赵、钱所在的

〔69〕 同上。

〔70〕 郭茵："桓谭及其《新论》考辨"，载《淮阴师专学报》1996 年第 3 期。

常熟。明亡时董说二十五岁，见此书，误以为真，故而引用。后上善堂主人孙从添也录有此伪书。此伪书在 1767 至 1807 年间亡佚，到嘉庆年间，严可均辑佚《新论》时已无可考。

同时，即使桓谭《新论》作伪，也不代表其所言《法经》失真。笔者在此对其当进行详细解构。《七国考》中引伪桓谭《新论》如下：

"魏文侯师李悝著《法经》，以为王者之政，莫急于盗贼，故律始于《盗》、《贼》。盗贼须劾捕，故著《囚》、《捕》二篇。其轻狡、越城、博戏、假借不廉、淫侈、逾制为《杂律》一篇。又以《具律》具其加减。所著六篇而已。卫鞅受之，入相于秦。是以秦、魏二国，深文峻法相近。《正律》略曰：'杀人者诛，籍其家，及其妻氏，杀二人及其母氏。大盗戍为守卒，重则诛。窥宫者膑，拾遗者刖。曰：为盗心焉'。其《杂律》略曰：'夫有一妻二妾其刑，夫有二妻则诛，妻有外夫则宫。曰：淫禁。盗符者诛，籍其家。盗玺者诛，议国法令者诛，籍其家及其妻氏。曰：狡禁。越城一人则诛，自十人以上夷其乡及族。曰：城禁。博戏罚金三市，太子博戏则笞，不止则特笞，不止则更立。曰：嬉禁。群相居一日以上则问，三日四日则诛，曰：徒禁。丞相受金，左右伏诛。犀首一下受金则诛。金自镒以下罚，不诛也。曰：金禁。大夫之家有侯物，自一以上者族'。其《减律》略曰，'罪人年十五以下，罪高三减，罪卑一减。年六十以上，小罪情减，大罪理减。武侯以下，守为魏法矣'。"[71]

这段文字为现存关于所谓《法经》内容记载最完备者。但事实上，它是明人的自我想象。

首先，反映的时代错置。杨宽指出，"丞相"在秦武王时才出现。犀首是公孙衍的称号，有人解释官名是错误的。《七国考》卷一"魏职

---

[71]《七国考》卷十二《魏刑法》，第 365～367 页。

官"中误以丞相和犀首作为魏国官名。殷啸虎指出,在刑事责任年龄方面,先秦史籍和云梦秦简等出土文献皆由身高判定,而《法经》以年龄来判定。云梦秦简中关于断足的刑法只适用于"群盗"等严重犯罪,与"拾遗者刖"的普遍使用刖刑的情况不合。[72] 很多内容与出土秦律不吻合,且不可实施,如"群相居一日以上则问,三日四日则诛"。究其根源,是因在汉代以后,秦代被高度脸谱化,人们普遍认为秦代是严刑峻法的时代,为了强化此形象,故夸大其词。关于秦律本身是否严苛,近年来学界争议颇多。

其次,诸法合体、民刑不分的六篇成文法体系,与我们云梦秦简散乱不成体系的内容也违背,对比各法律文本来看,倒是跟汉代之后的法律体系相接近。笔者认为,如此的法律体系形成其实是后面的事情,为一旁证。

最后,从文献流布史来看,其引文有吊诡之处。对比文本,在"卫鞅受之,入相于秦"的前半部分记载几乎与《晋书·刑法志》完全相同。后半部分,则为《晋书》所无。按照文献学,叙述相同必然有所本,所以两者引文要么同源,要么相互传抄。假使《七国考》之《法经》引文真的为《新论》所录,那么《晋书·刑法志》的记载要么与《新论》同源,要么为其一抄、二抄,乃至于数代的传抄。但是按照《旧唐书·经籍志》,唐初时尚存《新论》十七卷[73],而《晋书·刑法志》的作者为何不注明《新论》之名,以明其文献源流,却行抄文删减之实?而对于较晚近之《魏律序》,反而加以强调?即使是作者忽略,同时代人也应该有类似引文。但是同样词句仅见于杜佑《通典》、宋黄震《黄氏日钞·读杂史》、金履祥《通鉴前编》、王钦若《册府元龟·刑法部》、王应麟《汉艺文志考证》、《玉海》、魏了翁《古今考》、谢维新《事类备要·刑法门》、元胡三省《通鉴释文辨误》、马端临《文献通考》。

---

〔72〕 殷啸虎:"《法经》考辨",载《法学》1993 年第 2 期。

〔73〕 《旧唐书》卷四十七,第 1255 页。

上述十种文献成书皆在《晋书·刑法志》之后,其字句或抄于《晋书》,或与《晋书》同源,但均不提及桓谭《新论》有关《法经》的内容一字半句。有意思的是,《晋书·刑法志》所无、《七国考》引《新论》所有的后半部分关于《法经》的内容皆不见于这十种文献。

所以从《晋书》直及元代,无论桓谭《新论》存世还是不存,无人在抄这段内容时注明比《晋书·刑法志》更久远的文献,也无人提及后半部内容。可谓南宋以降,一千年来了无旁证。

《新论》十七卷早不存世,唯独在明代董说突然间"发现"一本完整的十七卷《新论》,之后又亡佚,为严可均所辑。笔者以为,《七国考》所引《新论》的《法经》的后半部分内容为明人自我伪造时,《新论》本身也是伪书,如此才能解释文献与实际的完全脱离。此伪书诞生于明末。

关于桓谭,《后汉书》记载其:"当王莽居摄篡弑之际,天下之士,莫不竞褒称德美,作符命以求容媚,谭独自守,默然无言",又"帝大怒曰:'桓谭非圣无法,将下斩之!'谭叩头流血,良久乃得解。出为六安郡丞,意忽忽不乐,道病卒,时年七十余","所著《新论》,言'当时行事'二十九篇"[74]。桓谭为古文经学家,政治上坚持反对谶纬,遭受打击,终身不受重用,被迫害致死;学术上,王充评价其"论世间事,辨昭然否",可见其为时人重视。

明清易代,时危世乱,在这样背景下,士人更关注现实政治。时代危机与学术论争相辅相成[75],黑暗令儒士有天下之忧。他们伪托桓谭《新论》宣传政治主张,引以与自己的郁郁不得志的际遇同样感慨,藉以阐发孤愤,同时又宣传了经学。名为托古,实则为怨今。

在明末学者看来,传统经学是与宋明理学甚至相互对立。诸多学者

---

[74] (宋)范晔:《后汉书》卷二十八《桓谭冯衍列传》,中华书局 1965 年版,第 955~968 页。

[75] 鱼宏亮:《知识与救世·明清之际经世之学研究》,北京大学出版社 2008 年版,第 63~67 页。

试图用"古学"取代"今学",倡导古学称为当时学者不约而同的学术取向,导致清初学术最终向古文经学回归。每当社会处在变革时期,文化处于转折关头,思想界往往会出现"原始反终"的现象,回归传统文化,寻求精神寄托,以此获得支撑。在可借鉴的资源中,较宋明理学更古老,尚保留先儒遗说,并且在治学方法上与研究领域上与理学迥异其趣的学术状态,只有汉代经学。钱谦益主张治经"必以汉人为宗主"。[76]正值程朱、陆王之争进入白热化的时代,学者大力提倡回归原典[77]。在这种学术思潮下,桓谭作为古文经学家的代表,被伪托其书也顺理成章。

清人黄奭在《汉学堂丛书》中辑出了《李悝法经》。尽管孙星衍作序,但百年来学界已有定论,"这是一本毫无史料价值的伪书"[78]。笔者不再赘言。

四、余论:层累造史

以上部分较详细地讨论了《法经》真伪问题,考察了明末《新论》真伪。观二者作伪之流,皆为时代变迁之故,层累造成古史。先秦时,李悝为魏文侯相,尽地力之教,富国强兵,得以留名史册。商鞅变法后,秦国实力渐强,其所颁布之秦法虽如今日云梦秦简所见零散不成体系,也随一统而遍布华夏。两汉之际逐渐形成较系统之刑律。曹魏之时,发展出"秦法经"六篇之说。东晋之时,为塑造世代法统,托名先人,汉承秦制,晋承汉制,将其六篇法律之说上推到了魏相李悝。唐代时该说被载入《晋书》,定性为信史,不断流传开来,时人皆信以为真。

然而,《法经》既无,则需作伪。明人据《晋书·刑法志》加以申发,称《法经》"武侯以下,皆为国法",假托桓谭《新论》得以流传。

---

[76] 黄爱平:"论明末清初学术向传统经学的回归",载《中国文化》2004年第21期。

[77] 林庆彰:"中国经学史上的回归原典运动",载《中国文化》2009年第2期。

[78] 阮啸:"《法经》再辨伪",载《法制与社会》2007年第7期。

清代时，辑佚家黄奭根据《唐律》"辑佚"出所谓的《法经》。

由此，从伪史至伪书，"李悝撰《法经》"之说完全成型。"《法经》史"原为涓涓细流，无所可表，然而历代史家未着意史料批判，真伪互存，不断延长、塑造上古历史，以至于越往后世，上古史越明晰，越往后世，知道的历史越往前。可谓后出的附会，层累地造史。

唐代流刑执行研究

尹 梦[*]

　　唐代流刑的基本制度是"三流"，乃袭隋而制，又比隋代流刑轻缓："皇朝武德中，命裴寂、殷开山等定律令，其篇目一准隋开皇之律，刑名之制又亦略同，唯三流皆加一千里，居作三年、二年半、二年皆为一年，以此为异。"[1]唐太宗即位时，怜犯者受刑之苦，又有裴弘献"驳律令不便于时者四十余事"，遂"与八座定议奏闻，于是又除断趾法，改为加役流三千里，居作二年"[2]，即增加了"加役流"，较之"三流"更为严酷。除三流、加役流外，唐代还规定了反逆缘坐流、子孙犯过失流、不孝流、会赦犹流。在成文的流放制度之外，唐代还长期行用着一种无流放里数和时间限制的长流制度，且此种流刑制度为常赦所不原。有唐一代，其流刑制度不断变迁，越到后期流刑执行越不依律法之规定，任意性越加突出，武则天时甚至大屠流人，唐代流刑可谓是一大酷刑。以下笔者就对唐代流刑的纸面规定与实践中的运作情况做一个初略的探讨。

<hr>

　　* 西南政法大学行政法学院本科生。

　　[1]（唐）李林甫等撰，陈仲夫点校：《唐六典》卷六《尚书刑部》，中华书局1992年版，第183页。

　　[2]（后晋）刘昫等撰：《旧唐书》卷五十《志第三十·刑法》，中华书局1975年版，第2135页。

一、唐代流刑的执行方式

(一) 流刑的断决与发遣

1. 流刑的断决。唐代案件从受理，至断决，再至执行，于唐律中都有详细的规定。《狱官令》："诸犯罪，皆于事发处州县推断……徒以上，送州推断。若官人犯罪，具案录奏，下大理寺检段，审刑院详正其罪，议定奏闻，听敕处分。"[3]《唐六典》："凡有犯罪者……亦送大理。犯罪者，徒已上县断定，送州覆审讫；徒罪及流应决杖、笞若应赎者。即决配、征赎其大理及京兆、河南断徒及官人罪，并后有雪减，并申省司审详无失，乃覆下之；如有不当者，亦随事驳正。若大理及诸州断流已上若除、免、官当者，皆连写案状申省案覆，理尽申奏；若按覆事有不尽，在外者遣使就覆，在京者追就刑部覆以定之。"[4]据此流刑的断决，若犯者为普通百姓则由州或县来进行第一审，若犯者为京师官吏则由大理寺为第一审；流应决杖征赎的案件由州来终审，流罪应发遣的则申报尚书省刑部、大理寺复审；若大理寺及各州判决流犯者除其官爵，或免其居作，或以其官品抵当流刑处罚，那么都要将案状申报尚书省来进行复审。

2. 流刑的发遣。流人在断决后并非放任其自流至配所，而是须得遵循严格的规定。《狱官令》："诸远送囚者，皆令道次州县量罪轻重、强弱，遣人援送，明相付领。其临时有旨，遣官部送者，从别敕。诸流移人在路，皆递给程粮。每请粮，无故不得停留。诸流移人至配所，[付]领讫，仍勘本所发遣日月及到日，准计行程。若领送使人在路稽留，不

〔3〕 天一阁博物馆、中国社会科学院历史研究所天圣令整理课题组校证：《天一阁藏明抄本天圣令校正》（附唐令复原研究）下册，"清本：《狱官令》卷第二十七"，中华书局 2006 年版，第 405 页。

〔4〕 前引 1，第 189 页。

依程限，领处官司随事推断。或罪人在〔路〕逃、亡，皆具。"〔5〕在断决之后，诸流人若需发配者，需遣人援送，其妻妾需同流，其他亲属也可跟随。流人在案件审理结束之后也并非立即就上路，而是"季别一遣，〔若符在季末至者，听与后季人同遣〕"〔6〕，即流犯每季度发配一次，符合律令规定条件的可以同下一季度的流配人一起发配。而且若流犯在发配途中产子的，按《狱官令》的规定还需发给口粮，给以一定的假日，遇有家里死人的，同样会享受相似的待遇。

（二）流放里数和流放时间

唐代对流刑流放里数的基本规定，见于《唐律》中："流刑三：二千里。〔赎铜八十斤。〕二千五百里。〔赎铜九十斤。〕三千里。〔赎铜一百斤。〕"〔7〕即以长安为基点，流两千里至三千里，五百里为一等。"加役流"虽是由死刑变种而来，其流放里数也并未超过三千里。但是如果流人所配里数无要重城镇的，则需移往较远的城镇："诸流人应配者，各依所配里数，无要重城镇之处，仍逐要配之，唯得就远不得就近。"〔8〕

关于流放时间，据《唐律疏议》解释，配流服劳役满一年与三年，或未满期却逢到赦令，那么就在发配的所在地，服从当地的户口定例，同当地百姓一样课税和服徭役。所以一般老百姓流放时间为一年或者三年，期满后，即可同普通老百姓那样生活。又《狱官令》："诸流移人，至配所，六载以后听仕，即本犯不应流而特配流者，三载以后听仕。"〔9〕即流犯于配所满六年后准许重新做官，特予发配判流刑的，满

---

〔5〕 天一阁博物馆、中国社会科学院历史研究所天圣令整理课题组校证：《天一阁藏明抄本天圣令校正》（附唐令复原研究）下册，"清本《狱官令》卷第二十七"，中华书局 2006 年版，第 416 页。

〔6〕 同上书，第 420 页。

〔7〕 （唐）长孙无忌等撰：《唐律疏议》卷第一《名例》"流刑三条"，中华书局 1983 年版，第 5 页。

〔8〕 前引 5。

〔9〕 前引 6。

三年以后准许重新做官。所以应选授官职的流放时间为六年或者三年。

（三）居作与留住

根据《唐律疏议》的规定，一般情况下犯流者，配流如法，皆需居作。"三流"皆居作一年；特加役流者流三千里，居作两年。笔者根据相关律令法典对流人的居作制度做了如下分析：

1. 免居作的情形。犯流者并非都要居作，对于一些触犯流刑的特殊阶层，不适用居作制度，或者出于社会伦理的考量，律法会对一些情形作出免居作的规定。据《唐律疏议》之规定，犯流者免居作大概有以下几种情形：

（1）有官爵者犯五流，除名，流配，免居作。《唐律疏议》解释曰："犯五流之人，有官爵者，除名，流配，免居作。'即本罪不应流配而特流配者，虽无官品，亦免居作'，谓有人本犯徒以下，及有荫之人本法不合流配，而责情特流配者，虽是无官之人，亦免居作。"[10]这无疑是唐代为官阶层特权的一种体现。

（2）流人家无兼丁，加杖免居作。《唐律》："诸犯徒应役而家无兼丁者，徒一年，加杖一百二十，不居作；一等加二十。[流至配所应役者亦如之。]"[11]流犯应在配所居作服劳役，而家里没有"兼丁"，应该在加杖后留下来待养尊亲的，则比照犯徒而家无兼丁的加杖规定来处理，即加杖免居作。

（3）诸年七十以上、十五以下及废疾者，犯流罪至配所，免居作。《唐律》规定："诸年七十以上、十五以下及废疾，犯流罪以下，收赎。[犯加役流、反逆缘坐流、会赦犹流者，不用此律；至配所，免居作。]"[12]又《周礼·秋官·司厉》："年七十以上及未龀者，并不为

---

〔10〕（唐）长孙无忌等撰：《唐律疏议》卷第二《名例》"应仪请减（赎章）条"，中华书局1983年版，第36页。

〔11〕（唐）长孙无忌等撰：《唐律疏议》卷第三《名例》"犯徒应役家无兼丁条"，中华书局1983年版，第73页。

〔12〕（唐）长孙无忌等撰：《唐律疏议》卷第四《名例》"老小及疾有犯条"，中华书局1983年版，第80页。

奴。"唐代受此影响，怜悯衰老幼小及病废的人，矜其不堪苦役，所以流配免居作。

（4）"诸官户、部曲……若犯流、徒者，加杖，免居作"〔13〕。官户、部曲不同平常百姓，官户乃属唐代的官贱民阶级，属公家财产，部曲乃属唐代的私贱民阶级，在法律上比作畜生和财产，犯三流也只加杖两百大板，行杖完毕，就发还给原官署或者原主人，不居作。

2. 居作的方式。"诸犯罪〔徒〕应配居作者，在京分送东、西八作司在外州者，供当处官役。当处无官作者，留当州修理城隍、仓库及公廨杂使。犯流应住居作者，各〔亦〕准此。若妇人待配者，为针工"。〔14〕据此，犯流而留住者其居作方式同犯徒刑者，即修理城隍、仓库及公廨杂使，妇女则留在该州缝作及配春。"诸流配罪人居作者，不得着巾带。每旬给假一日，腊、寒食，各给假两日，不得出所居之院"〔15〕，又"诸流徒罪居作者，皆著钳，若无钳者著盘枷"〔16〕。据此，流至配所居作者皆著钳，若无钳者著盘枷，居作时不得着巾带，每月可以休息一天，逢节假日可以休息两天，且人身自由受到限制，不得离开所居作之院。

3. 留住。犯人被判流刑，并非都要流至边州，符合律令关于留住的特殊规定的，即可留住。留住者有如下几类：

（1）工乐杂户及太常音声人。唐律规定："诸工、乐、杂户及太常音声人，犯流者，二千里决杖一百，一等加三十，留住，俱役三年；犯

〔13〕（唐）长孙无忌等撰：《唐律疏议》卷第六《名例》"官户部曲官私奴婢有犯条"，中华书局1983年版，第131页。

〔14〕天一阁博物馆、中国社会科学院历史研究所天圣令整理课题组校证：《天一阁藏明抄本天圣令校正》（附唐令复原研究）下册，"清本：《狱官令》卷第二十七"，中华书局2006年版，第416页

〔15〕同上。

〔16〕（唐）李林甫等撰，陈仲夫点校：《唐六典》卷六《尚书刑部》，中华书局1992年版，第190页。

加役流者,役四年。"[17]《唐律疏议》上解释说:诸工、乐、杂户及太常音声人不同于平常百姓,职掌于太常、少府等诸司,故犯流者不同常人例配,而是决杖,留住。

(2)妇人。"其妇人犯流者,亦留住"[18]。《唐律疏议》解释曰:"妇人之法,例不独流,故犯流不配,留住,决杖、居作。"[19]此种规定大概是受当时妻乃夫之附属品之观念的影响。《礼记》:"女在室,以父为天;出嫁,以夫为天。"唐代仍然恪守这种观点。唐开元五年时有卢履冰上奏曰:"臣闻夫妇之道,人伦之始。尊卑法于天地,动静合于阴阳,阴阳和而天地生成,夫妇正而人伦式序。"[20]所以夫妻之间是一种附属关系,妻犯流罪不能单独地流配。但也有例外,若妇女造畜蛊毒应流者,则仍然照流不误。

(3)存留养亲。存留养亲制度,是指犯流者之祖父母、父母,通曾、高祖以来,年八十以上及笃疾,根据律令之规定应服侍的,而户内又无期亲年二十一以上、五十九以下者,存留养亲。"其权留者,省司判听,不须上请。不在赦例,课调依旧。若家有进丁及亲终期年者,则从流。计程会赦者,依常例。即至配所应侍,合居作者,亦听亲终期年,然后居作。"[21]据此权留养亲若未至配所则留住,若已至配所则先赡养老人,而后再居作。

(四)流人会赦时的不同处理

1. 会赦不免者。流配人在至配所的路上遇帝王大赦天下时,若已过行程期限,则不赦免;若流配人逃亡,虽在行程期限内,亦不在赦免的

---

〔17〕 (唐)长孙无忌等撰:《唐律疏议》卷第三《名例》"工乐杂户及妇人犯流决杖条",中华书局1983年版,第74页。

〔18〕 同上书,第75条。

〔19〕 同上书,第74页。

〔20〕 (后晋)刘昫等撰:《旧唐书》卷二十七《志第七·礼仪七》,中华书局1975年版,第1027页。

〔21〕 (唐)长孙无忌等撰:《唐律疏议》卷第三《名例》"犯死罪应侍家无期亲成丁条",中华书局1983年版,第71页。

范围。犯流者若权留养亲，会赦时亦不在免例。会赦而不免的情形唐律还规定了"会赦犹流者"，诸会赦犹流者，有如："造畜蛊毒者，虽会赦，并同居家口及教令人亦流三千里"[22]；"杀小功尊属、从父兄姊及谋反、大逆者，身虽会赦，犹流二千里"[23]。

2. 遇恩赦而免者。流配人在道会赦，若未过行程期限，且非逃亡者，则可赦原；若在行程期限内已至配所，遇赦，亦免；若流配人逃亡命丧，则所随家属亦可赦免；若流配人与季流人同遭，未上道而会赦者，亦赦免。[24]

二、唐代流刑的执行情况

唐代刑法创制了较完善的审判制度，有案件的管辖与受理制度：一审、终审、死刑复审；审判回避制度："诸鞫狱官与被鞫人有五服内亲，及大功以上婚姻之家，并授业师，经为本部都督、刺史、县令，及有仇嫌者，皆需听换推。经为府佐、国官于府主亦同"[25]；五听的断案规则："诸察狱之官，先备五听……"[26]；以及拷讯、直牒追摄制度；等但法律的实然状态与应然状态总是有差别的，再者唐王朝也非依法治国之例，就流刑而言，实际的执行情况自然会与律令规定不同，大都依判官或帝王之主观臆断，造成许多冤假错案。

（一）流刑并未全都依法定方式断决

唐代流刑在实际的执行中并未都经州或大理寺、尚书刑部进行复审，且大多数在京官吏的流放只凭皇帝敕令，就流之。据《旧唐书》记载：贞元十九年（公元 803 年）十一月壬申，崔蔑入御史台时间较短，

---

〔22〕 （唐）长孙无忌等撰：《唐律疏议》卷第一《名例》"流刑三条"，中华书局 1983 年版，第 5 页。

〔23〕 同上。

〔24〕 （唐）长孙无忌等撰：《唐律疏议》卷第三《名例》"流配人在道会赦条"，中华书局 1983 年版，第 68 页。

〔25〕 前引 5，第 418 页。

〔26〕 同上书，第 417 页。

不熟悉规章制度，违式入右神策军，皇上大怒，笞四十，配流崖州；武则天时，有荆州人氏俞文俊说了"今陛下以女主居阳位，反易刚柔，故地气隔塞，山变为灾"之类的话，武则天大怒，流之于岭南；有寂家僮流静州，也是因为太宗大怒；显庆四年（公元 659 年），中书令许敬宗陷害长孙无忌与监察御史李巢勾结谋反，高宗竟不亲问无忌谋反所由，惟听敬宗诬构之说，遂去其官爵，流黔州，其子秘书监、驸马都尉冲等并除名，流于岭外；开元二十四年（公元 736 年）秋，时有监察御史周子谅私下对御史大夫李适之曰："牛仙客不才，滥登相位，大夫国之懿亲，岂得坐观其事？"李适之立即将子谅的话上奏，皇上大怒，廷诘之，子谅辞穷，于朝堂决配流瀼州。[27]以上例子也只是冰山一角，整个唐王朝越到后期，皇帝越加昏庸，执刑越酷，刑罚的目的也远远超出于惩戒犯罪之例，而是渐渐染上了政治斗争的色彩。

（二）实际的流放里数和流放时间有别于唐律规定

1. 流放里数。贞观十一年（公元 637 年）时制三等流刑"流两千里、两千五百里、三千里"，而据《旧唐书》记载，贞观十四年（公元 640 年），又制流罪三等，不限以里数，量配边恶之州。也才时隔两年而已，律令关于流放里数的成文规定就被弃用。又《唐会要》记载："四年四月。刑部奏。准其年三月三日起。请准制。以流贬量移……及诸色免死配流者。如去上都五千里外。量移校近处。如去上都五千里以下者。则约一千里内。与量移近处。如经一度两度移。六年未满者。更与量移。亦以一千里为限。"[28]这里所记载的是对唐流人的量移制度，流人被流配之地与都城的距离由远处量移至近处，而且有时候量移不止一次，而是"一度两度移"，这种制度实质上是为了减轻对流人的处罚。如果某流人被流放去上都四千五百里，经两次量移，则只流两千五百里，假如未满六年，又量移一次，流一千五百里。所以唐代流放里数

---

〔27〕 参自（后晋）刘昫等撰：《旧唐书》，中华书局 1975 年版。

〔28〕 （宋）王溥撰：《唐会要》（上下册）卷四十一《左降官及流人》，中文出版社 1978 年版，第 783 页。

可能在三千里之外，也有可能在两千里之内。可见唐代这样一个所谓的"律令时代"似乎太名不副实了，执法很不按规则出牌，唐代律令在制定之后，其中一部分似乎已被束之高阁。

2. 流放时间。流人在流放时间上同律令之规定差别也很大。实践中要么是流放终身，要么就是流放七年或十年。唐宣宗时，曾大赦天下："徒流比在天德者，以十年为限，既遇鸿恩，例减三载。但使循环添换，边不阙人，次第放归，人无怨苦。其秦、原、威、武诸州、诸关，先准格徒流人，亦量与立限，止于七年，如要住者，亦听。"〔29〕流在天德、秦、原、威、武诸州、诸关的运气好，可以少流放几年，而流于岭南等其他边恶之州的就没那么幸运。这在一定程度上反映出唐代刑罚执行的反复无常。

（三）流刑实际上配有决杖等附加刑

唐律规定流刑并无附加刑，要么是加杖不配流，要么是配流不加杖。但实际上，犯流者在流配之前往往都会先被决杖一顿或者鞭笞一顿。如幽州长史赵含章坐盗用库物，左监门员外将军杨元方受含章馈饷，并于朝堂决杖，流瀼州；南海太守彭果坐赃，决杖，长流溱溪郡；富平县人梁悦为父报仇，杀人，决杖一百，配流循州；兴平县人上官兴因醉杀人，决杖八十，配流灵州；崔元藻决脊杖十五，配流天德；李克勋欲收阿颜，决杖二十，配流硖州；刘群决臀杖五十，配流岳州；秘书监姜皎决杖于庭上，流配之；光禄少卿卢崇道得罪及其三子并坐死，亲友皆决杖流贬；裴景仙得罪决杖一百，流岭南恶处；韦月将告武三思，反为三思所诬，被决杖，配流岭表；富平县人李秀才得罪决杖配流；卢崇道得罪死，门生亲友皆决杖流贬；监察御史崔莲违式入右神策军被笞四十，配流崖州；驸马都尉于季友居嫡母丧，与进士刘师服欢宴夜饮，刘师服被笞四十，配流连州。〔30〕对赵含章，彭果等为官者决杖、鞭笞

〔29〕（后晋）刘昫等撰：《旧唐书》卷十八下《本纪第十八下·宣宗》，中华书局1975年版，第626页。

〔30〕前引27，（后晋）刘昫等撰。

后再流，要么是因为政治上的原因，被某奸臣在皇帝面前诬奏了几句，要么就是纯粹惹怒了皇帝。再怎么好的皇帝，始终都避免不了人性的一些缺点，不可能达到柏拉图所谓的"哲学王"的境界。所以在那样一个中央集权的时代，我们不能期待皇帝不会犯错，而且也只有皇帝敢在律令之外大行其道，自然，律令的实际运作情况与纸面规定免不了有悬殊。

（四）长流的处罚具有任意性

唐朝在实践中在五流之外又创制了长流刑，此"长流"不受律令里数及时间的限制，终身不得反，遇恩赦不得免。据《旧唐书》记载，唐高宗时的宰相李义府被长流之后，遇皇帝大赦天下，可悲的是长流人不许还，义府遂忧愤发疾而卒，年仅五十多岁。有唐一代，长流者大概也有几十例。如崔湜、卢藏用被长流岭表，承宗被诬长流瀼州，巴陵太守卢幼临长流合浦郡，太子妃兄驸马都尉薛锈长流瀼州，御史中丞宋浑坐赃及奸长流高要郡，第五琦长流夷州，襄州刺史裴茙长流费州，颍国公来瑱长流播州，兵部侍郎黎干被除名长流，将石雄长流白州，诈称国舅人前廊坊节度使萧洪宜长流驩州，端州司马杨收长流驩州，杨收党羽杨公庆、严季实、杨全益、史明、廉遂、何师玄、李孟勋、马全祐、李羽、王彦复等长流儋、崖、播等州，兴唐府少尹孙秘长流爱州，萧洪诈称太后弟长流驩州，张说长流钦州，李义府长流巂州，李义府子太子右司议郎津长流振州，李义府次子长流延州，瀚海大都督回纥承宗长流瀼州，浑大德长流吉州，贺兰都督契苾承明长流藤州，卢山都督思结归国长流琼州，太府少卿张瑄长流岭南临封郡，等等。[31]长流于律令中无规定，其执行方式也就无定制，在实际执行中任意性较强。

（五）流刑在执行中其他变动的情形

律令中规定加役流、反逆缘坐流等为常赦所不原，但在实际中如逢国家大事，流人就可能有幸被赦免，如睿宗时"皇太后临朝，大赦天下，改元为唐隆。见系囚徒常赦所不免者咸赦除之，长流任放归田里，

---

〔31〕 前引27，（后晋）刘昫等撰。

负犯痕瘕咸从洗涤"[32]。

唐律中流刑并无于道上赐死的规定，而实践中被赐死者甚多。如太子妃兄驸马都尉薛锈长流瀼州，至蓝田驿赐死；襄州刺史裴茂长流费州，赐死于蓝田驿；颍国公来瑱削在身官爵，长流播州，寻赐死于路；诏兵部侍郎黎干被除名长流，既行，俱赐死；端州司马杨收长流驩州，与严譔并赐死于路；幽州长史赵含章坐盗用库物，左监门员外将军杨元方受含章馈饷，并于朝堂决杖，流瀼州，皆赐死于路；韦坚为李林甫所构，配流临封郡，赐死；萧洪诈称太后弟长流驩州，赐死于路；太子妃兄驸马都尉薛锈配流，赐死于城东驿；顿子敏长流雷州，锢身发遣，行至商山赐死，等等。[33] 唐代流在刑执行中的变异还有很多，笔者在此不再赘述。

三、唐代流刑在执行中变异的原因及影响

（一）唐代流刑在执行中变异的原因

法的生命在于运行，而法的运行又受一个国家的体制，以及权力运作的方式等多方面因素的影响，唐代也不例外。笔者认为唐代流刑在执行中变异的原因主要有以下几点：

第一，唐代司法权力配置的问题。唐代司法权不独立，流刑在执行中会嵌入一定的政治因素，故然会逐渐变异。唐代的司法制度是比较完善的，在其司法机构及司法审判程序上都有所体现：唐代设有中央司法机构，由大理寺、刑部和御史台三个机关组成，地方司法机构则与行政机构合为一体，由州县的行政长官兼任承担地方的司法工作；司法程序大概为起诉、一审、复审、执行四个阶段。从地方司法权的配置来看，司法就已从属于行政，不仅如此，中央的司法权已没有独立于行政权：大理寺判决流刑以上重大案件，要先上报刑部审核，再送由中书、门下

---

[32] （后晋）刘昫等撰：《旧唐书》卷七《本纪第七·睿宗》，中华书局 1975 年版，第 150 页。

[33] 前引 30，（后晋）刘昫等撰。

批复。可见唐代刑事案件的最高裁决机关是其最高行政机关，而非大理寺、刑部。司法权不独立，就会造成权力被滥用，整个唐王朝其司法腐败及徇私枉法的现象是很严重的，自然司法结果也就缺乏客观性和公正性，当事人的社会地位与财富的差异以及当事人的社会关系都会成为判决结果的衡量因素。所以流刑的实际执行情况可想而知。

第二，唐代君主的个人因素。中央集权的君主专制制度下，流刑的执行会受皇帝所左右。古代皇权至高无上，皇帝敕令也是法，相较于各种律令法典而言，在执行中，通常会被优先适用，统治者对乱世用重刑、太平之世用轻刑的这样一种思想自然也就会渗入到流刑的执行中。随着统治形势的变迁，在执行过程中流刑会变得偶尔宽缓，但整体上具有残酷性、不平等性、不稳定性等特点。

第三，"刑罚世轻世重"。《吕刑》规定："刑罚世轻世重，惟齐非齐，有伦有要。"在不同的历史时期，不同的阶级斗争形势、不同的社会矛盾决定了刑罚适用的轻、重、缓、急，以求维持安定的社会秩序。唐代君王为巩固其集权统治，在律令法典的制定和运作的过程中同样坚持了"刑罚世轻世重"的刑法原则。唐前期，新政权刚得到巩固，所以刑罚较隋代宽和；而武则天时，女主居位，当时儒家思想盛行，反之者多，基于政治上的考虑，刑罚较重，流刑的执行也就较残酷。所以统治者往往会结合当时的阶级斗争形势，推行相应的刑事政策，建立以"刑罚世轻世重"为基本原则的刑罚制度。纵观整个唐王朝，其社会形势并不稳定，而是随着统治者的变换时起伏，犯罪情况也就各不相同，为了维护其李氏家族的统治地位，自然会制定不同的刑事政策，流刑的执行也就会不断变异。

（二）唐代流刑在执行中变异的影响

1. 对唐王朝的影响。唐代流刑在一定程度上可以达到实边和戍边的目的，将流人流至边州，对那些边远之地的经济文化的发展无疑会起到一定的推动作用。但是唐代流人大多当还而不能还，当免而不免，这不免会使唐王朝的赋税收入降低。唐代流刑执行有点反复无常，这样对民众自由的限制性其实较强，民众在生活中没有所谓的预测可能性，遇有昏君执政，则人心惶惶。再者，唐朝乃帝制之朝，"其人存，则其政举，其人亡，则其政息"，唐朝皇帝至李隆基之后，普遍昏庸无能，刑罚执行也就越无法度，流刑在实际执行过程中也就不断变异，民怨就会随着时间的流逝而慢慢积累至沸腾，管仲曾说过"民怨其上不遂亡者，未之有也"[34]。所以，流刑执行的变异对唐王朝政权的稳定也会有一定的负面影响。

2. 对后世政局的影响。首先就西北而言，大量出身底层之人被流配至天德五城等西北之地以戍边，结果这一唐王朝复兴的基地实质上变成了收容罪犯的监狱，经济文化的发展直线下降。之后当契丹西进、党项东迁之时，这些地区很快被占据，成为其活动中心。唐之后的宋代对外政策软弱，屡屡向北方夷狄求和，与唐代流刑不无一定的关系。

唐代流刑除了对后世的消极影响之外，存在着一定的积极影响。唐初以来大量士大夫阶层中人的南流，如李白、李义府等都是些饱读诗书之人，必定会对那些蛮荒之地的文化经济有很大影响，也就有了所谓的："江陵在唐世，号衣冠薮泽。人言琵琶多于饭甑，措大多于鲫鱼。"[35]所以高氏能立荆南于江陵一地，其虽地狭兵弱，却能立于南北交通要冲之地达数十年之久，这和中晚唐时期流人大量滞留该地不无关系。《新五代史·南汉刘隐世家》："隐父子起封州，遭世多故，数有功于岭南，遂有南海。"[36]唐哀帝李柷时，正式任命刘隐为岭南东道观察处置等史，当时流于岭南的唐代名臣、仕宦及其子孙后代由于各种原因客居于此，而刘隐又是位好贤之士，与这些流人或避乱之人多有来往。所以这位曾经的封州刺史能够雄踞于岭南，建立南汉国，在一定程度上得归功于这些岭南流人。[37]

---

〔34〕（汉）刘向撰，程翔译注：《说苑译注》卷三《建本》，北京大学出版社2009年版，第81页。

〔35〕（唐）孙光宪：《北梦琐言》逸文卷三，三秦出版社2003年版，第16页。

〔36〕（北宋）欧阳修：《新五代史·南汉刘隐世家》，中华书局1974年版，第810页。

〔37〕本段论述主要参考张春海："试论唐代流刑与国家政策、社会分层之关系"，载《复旦学报（社会科学版）》2008年第2期，第122页。

论明代直系血亲间的财产权关系

陈蔼婧*

  针对古代中国同居家庭中成员的财产权，不同的学者对其性质看法不一。中田薰、戴炎辉等学者认为家庭成员共享所有权（家族共产制），父亲因为教令权而对财产享有了绝对的支配权。[1]而滋贺秀三认为是家组成员共同使用，兄弟间持分均等，父亲的处理权和儿子的期待权相互限制的状况。[2]无论如何，用现代法律制度下的家庭财产"共同共有"的概念都不足以概括这一复杂的情况——"同居共财"是农业社会"齐家"的道德向往，更是当时法律所严格要求的生活状态。

  以往针对明代家庭成员财产权的研究多着眼于财产共有关系的结束，也即分家、继承，[3]本文根据判牍、契约文书等史料，试图描述

---

 * 北京航空航天大学法学院博士研究生。

 〔1〕 中田薰的观点综合总结自《中国家族法原理》（〔日〕滋贺秀三著，张建国、李力译，法律出版社 2002 年版），《中国的妇女与财产：960－1949》（〔美〕白凯著，上海书店出版社 2007 年版）和《明清时期妇女的地位与权利——以明清契约文书、诉讼档案为中心》（阿风著，社会科学文献出版社 2009 年版）。戴炎辉解释教令权对财产支配权之助成："依我国旧律规定，子孙告言父母、祖父母为十恶之不孝，故父祖对家产之处分，不受子孙之告言。"戴炎辉、戴东雄：《中国亲属法》（修订版第 6 版），台北三民书局 1996 年版，第 12 页，注5。

 〔2〕 归纳自前引1，滋贺秀三书，第 88 页以下。

 〔3〕 这些研究或以收继为主题考察相关文史材料（参见〔美〕安·沃特纳：《烟火接续：明清的收继与亲族关系》，浙江人民出版社 1999 年版），或从徽州的宗谱和黄册解读异姓承继（栾成显："明清徽州宗族的异姓承继"，载《历史研究》2005 年第 3 期，第 85 页以下），或者直接从判例判牍出发解读明代的财产继承题（童光政：《明代民事判牍研究》，海口出版社 2008 年版）。

明代家庭直系血亲〔4〕内部未分产时家产的日常流动情况。虽然没有分家析产，但是日常生活总会有处分财产的需要，家庭财产可能因为成员的劳作而增值，也可能因为对外负债而贬值。这期间的使用与处分，也能够，或者更能够反映出财产权的归属。

一、"同居共财"的理念与禁止"别籍异财""卑幼私擅用财"的罚则

同居共财是讨论中国古代家庭财产分配问题的前提，其极端表现即是"累世同居"。清人赵翼所著《陔余丛考》卷三十九《累世同居》载，关于累世同居的记录始于汉，蔡邕与叔父从弟同居而三世不分财，而流传最广的故事自是唐张公艺九世同居，最后获得高宗题字"百忍义门"。《宋史》和《宋会要辑稿》中关于累世同居家族的记载，分别有六十户和三十户（有重叠）。〔5〕

传统法典中对于民事权利的应然规定并不多，往往需要从罚则中"后果推之前因"，从而知道其所提倡的行为模式。《唐律疏议·户婚·子孙别籍异财》规定了违背同居共财的罚则："诸父母、祖父母在，而子孙别籍、异财者，徒三年。"〔6〕宋刑统中完全沿袭此条规定。《大明律·户律·户役·别籍异财》规定："凡祖父母、父母在，而子孙别立户籍，分异财产者，杖一百。须父母、祖父母亲告乃坐。"〔7〕二者相比，明律的惩罚力度有所减轻，而无论在唐律还是明律，别籍异财都属于"十恶"重罪。

共财从字面理解是对财产的共同所有，但正如前文所示，这种所有权是不平等的。《礼记》中就明确表达了对于卑幼财产权的礼法约束："父母存，不许友以死，不有私财"，"子妇无私货，无私蓄，无私器，

---

〔4〕 本文所说的直系血亲包含通过生前立嗣的拟制情况，因为由于立嗣者并未去世，所以其财产仍由其直系血亲组成的家庭内部，即父代与子代、孙代之间。

〔5〕 柳立言：《宋代的家庭和法律》，上海古籍出版社2008年版，第369页以下。

〔6〕 刘俊文点校：《唐律疏议》，法律出版社1999年版，第257页。

〔7〕 怀效锋点校：《大明律》，法律出版社1999年版，第51页。

不敢私假，不敢私与"，"父母在，不敢有其身，不敢私其财"。经学家孔颖达在《礼记正义》里解释之所以子孙"不有私财"，是因为"家事统于尊，财关尊者，故无私财"。后世学者对这个原则多有阐发，南宋学者戴溪甚至认为"粒粟缕丝以上，皆亲之物，岂敢私有"。[8]

而处分权是衡量所有权归属的核心，这个权利在理论上是归属家庭里的尊长的。唐律和明律皆对卑幼私擅用财有明确的罚则。《唐律疏议·户婚·同居卑幼私辄用财》规定："诸同居卑幼，私辄用财者，十匹笞十，十匹加一等，罪止杖一百。"[9]

随着宋代士大夫自觉整顿地方伦理秩序，开始着手"乡约"、"家训"的编纂，禁止卑幼私擅用财也在家法族规中出现。如从南宋至明同居十三代达三百三十二年之久的浦江义门郑氏，就在其义门规范中强调子孙私下置产和存钱者，情况严重的将以不孝告官，而勉力为全族辛劳的则会记在劝惩簿上，以告子孙：

> 子孙倘有私置田业，私积货泉，事迹显然彰著，众得言之家长。家长率众告于祠堂，击鼓声罪而榜于壁。更邀其所与亲朋，告语之。所私即便拘纳公堂。有不服者，告官以不孝论。其有立心无私，积劳于家者，优礼遇之，更于劝惩簿上明记其绩，以示于后。[10]

《大明律·户律·户役·卑幼擅用财》规定："凡同居卑幼不由尊长，私擅用本家财物者，二十贯笞二十，每二十贯加一等。罪止杖一百。"[11]

---

〔8〕 转引自《大学衍义补·明礼乐·家乡之礼上之上》。明人丘浚在此抄录这一观点，至少在一定程度上表达了他对此的认同。

〔9〕 前引7，刘俊文书，第263页。

〔10〕《浦江郑氏义门规范》，转引自费成康：《中国的家法族规》，上海社会科学出版社1998年版，第255页。

〔11〕 前引8，怀效锋书，第51页。

经过这一系列长时段的思想熏陶和制度建设，在明代，家庭同居共财而处分权由尊长专擅的财产权结构深入人心，指导着人们在日常生活中的交易行为。

二、"父债子偿"：交易习惯与司法处断

"父债子偿"可以说是前述家庭同居共财而处分权由尊长专擅的财产权结构对外效力的直接体现。人们相信他们所借与甲的钱财是以甲所在家庭的所有财产为还债担保的，尤其在甲作为一家之长，具有家庭财产处分绝对话语权的情况下。

歙县吴士淮卖地契 [12]

立卖契人吴士淮，今因上年父手将狮保、灰九二房出卖与友恭堂，未通众知，得受财礼银三两；其狮保、灰九先年填 [慎] 叔公已卖在本堂永久使唤；今众公议，此系重复得银，不准。淮又欠本堂地租银五钱，自愿求众将承祖……以上二业共作银三两五钱，卖与本堂以抵前数。其田、地听凭管业、收租、割税，并无异说。恐口无凭，立此契为照。

明天启七年二月十八日立契人 吴士淮

中人 吴 至

……

上引卖地契就是一个父债子还的案例，展示了双方债务抵销的过程。吴士淮的父亲将之前已由家中长辈卖于友恭堂、所有权已经不在自己家中的房子重新再卖于友恭堂，属于"重复得银"，也即现行法中的不当得利，应当返还房子的对价"财礼银三两"。这是吴士淮父亲所负的债务。吴士淮本人又欠友恭堂地租银五钱。父债子偿，两人被视为一

---

[12] 安徽省博物馆编：《明清徽州社会经济资料丛编》（第 1 集），中国社会科学出版社 1988 年版，第 250 页以下。

个债务主体，则一共欠友恭堂银三两五钱。于是吴士淮将自己的田、地作价三两五钱卖于友恭堂，债务两厢抵销。

无独有偶，"崇祯十年朱九郎卖田白契"也反映了父亲欠债儿子卖田于对方抵销债务的过程。"休宁县一都立卖人朱九郎，因父上年欠到张宅债银，自情愿将田一备……尽行立契出卖到本都张宅……名下为业。"[13]

以上二例都是明代徽州日常田产交易中发生的自觉行为，而当两造为儿子是否当清还父亲欠债闹上公堂的时候，司法官员也多判令儿子还父债。

吞骗殴害[14]

父债子偿，笔确字真。陈牛合还李珊，何说之辞。而珊妄于契尾私添见证爱梅一行，真事假做矣。罚去本银十两纸版，量追五两，仍惩其杖。

居房抵债[15]

父债子偿，纸白字黑，夫复何辞。不银即房，不房即银，必有一处。银则子钱免究，房则卖石免追，限半月之内，搬让速处，原差押追，不准献势。

以上两个案例，是来自作为司法实务参考的《律例临民宝镜》。它们并没有详细的案情说明，审语开头分别是"父债子偿，笔确字真"，"父债子偿，纸白字黑，夫复何辞"，说明这一认知并不需要执法者作过

---

〔13〕 中国社会科学院历史研究所徽州文契整理组编：《明清徽州社会经济资料丛编》（第2辑），中国社会科学出版社1990年版，第128页。

〔14〕 "新镌官板律例临民宝镜·卷八·钱债类审语·吞骗殴害"，载杨一凡主编：《历代判例判牍》（第4卷），中国社会科学出版社2005年版，第247页。

〔15〕 "新镌官板律例临民宝镜·卷八·钱债类审语·居房抵债"，载前引14，杨一凡书第4卷，第247页。

多的阐释，也不需要此书的编辑者向读者作更多的论述，而最后的判决结果自然也是完全符合这一常识。而这样的财产纠纷只在《律例临民宝镜》这样更具"官箴"性质的判例集中出现，而没有在目前已出版的明代其他判例判牍中出现，是否也能说明实际生活中这样的案子本就不多，父债子偿就像俗语所说，是"天经地义"？

世情小说《初刻拍案惊奇》中记载了"赵六老舐犊丧残生张知县诛枭成铁案"的故事：赵六老夫妇溺爱儿子，为儿子赵聪尽情花费，赵聪却悭吝无比不肯为赵六老夫妇花钱，不行孝道，最后死于狱中的"果报"的故事。其中有一个情节，赵六老为老伴买棺材没银钱，暂时赊账，债主讨要时直接让债主去找儿子要账。

> 过了两七，李作头来讨棺银。六老道："去替我家小官人讨。"李作头依言去对赵聪道："官人家赊了小人棺木，幸赐价银则个。"赵聪光着眼，唉了一声道："你莫不见鬼了！你眼又不瞎，前日是那个来你家赊棺材，便与那个讨，却如何来与我说？"李作头道："是你家老官来赊的。方才是他叫我来与官人讨。"赵聪道："休听他放屁！好没廉耻！他自有钱买棺材，如何图赖得人？你去时便去，莫要讨老爷怒发！"[16]

债主李作头"依言"，可见父债子偿为其所认可的交易保障，而他对赵聪也说债务是"官人家"的。虽然李作头并没成功从债务人儿子赵聪处讨到对价，但赵聪这种行为正是作者所要谴责的，"肆行不孝，到底不悛，明彰报应"，所以也从反面印证父债子偿符合当时社会一般人的认知。

而当赵六老身死，其为赵聪结亲所欠下的债，债主一一禀明官府，最后还是儿子还了。赵家在赵聪结亲时已颇为拮据，所以实际用来还这些借款的都是媳妇殷氏的嫁资，而嫁资传统上是属于儿子那个小家庭的

---

〔16〕 （明）凌濛初：《初刻拍案惊奇·赵六老舐犊丧残生张知县诛枭成铁案》。

"私财"。[17]

比较值得玩味的是作者凌濛初在篇尾对全文的总结:"他两个刻剥了这一生,自己的父母也不能勾近他一文钱钞,思量积攒来传授子孙为永远之计。谁知家私付之乌有,并自己也无葬身之所。要见天理昭彰,报应不爽。"[18]在作者看来,赵聪夫妇刻薄父母的原因是为了将钱财积攒下来流传给子孙,也就是家庭财产的存续和增值,而这并不能正当化他们俩不好好赡养父母的行为,毕竟家产本身不能成为目的,让家庭成员得到赡养才是其最终价值的体现。

三、卑幼私擅用财的财产法效力

总结赵六老和赵聪夫妇的行为,爱和财产的流动向下一个世代倾斜基本是人类的天性。但这一天性在中国古代似乎并不能得到法律的支持——卑幼私擅用财为法律明令禁止,如前所引律条所示:"凡同居卑幼不由尊长,私擅用本家财物者,二十贯笞二十,每二十贯加一等。罪止杖一百。"[19]

分析这一律条。二十贯为起刑点,此处"二十贯"的购买力以明初立法时的银钱比和物价水平看,足以购买八石米,[20]约合现在的近五百千克——显然不是一个小数目,所以"本家财物"不会指类似买菜买

---

[17] 《唐律疏议·户婚·同居卑幼私辄用财》条下疏议:"而财物不均分者,准户令:'应分田宅及财物者,兄弟均分。妻家所得之财,不在分限。兄弟亡者,子承父分。'违此令者,是为'不均平'。"而明令中并没有相关的说明。

[18] 前引16。

[19] 前引8,怀效锋书,第51页。

[20] "尚书胡濙等对曰:'太祖皇帝尝行于陕西,每钞二贯五百文折米一石,黄金一两折二十石……'"《古今图书集成·食货典·国用部总论三》引《学庵类稿·明食货志·仓库》,转引自谢国桢:《明代社会经济史料选编》(下),福建人民出版社2004年版,第141页。

米这样的日常花销，即属于家事管理层次的事务。[21] 以《郑氏义门规范》为参考，其中提到家中的产业文券，由家长当众封藏，无论长幼，如有人提议要卖出产业的，将被视为不孝。可见如果要构成私擅用财的话，所处分的财物应该是田房这样的不动产或者相当价值的动产。

但是律条只规定了对私自用财的刑事处罚，却并没有规定这样私自用财行为的民事效力。那么，由于私自用财形成的财产交易是否生效呢？明代的法律对此并无规定，而《宋刑统》引唐代《杂令》规定子孙私自质举、典卖田宅等，没有经过官府的认定（此为尊长同意下进行），则"物即还主，钱没不追"：

> 诸家长在（'在'谓三百里内，非隔阂者），而子孙弟侄等，不得辄以奴婢、六畜、田宅及余财物私自质举及卖田宅（无质而举者，亦准此）。其有质举、卖者，皆得本司文牒，然后听之。若不相本问，违而辄与及买者，物即还主，钱没不追。[22]

也就是从效力上禁止了这样的交易，并且最终这种交易所导致的外债，债权人无法向家长追还，而子孙所得钱也上交官府。但是，在《宋刑统》此条所附参详中又规定："如是卑幼骨肉蒙昧尊长，专擅典卖、质举、倚当，或伪署尊长姓名，其卑幼及牙保引致人等，并当重断，钱业各还两主。"[23] 也就是说，在交易相对人善意的情况下，此交易自始不生效，双方财产恢复原状。

---

[21] 滋贺秀三认为"私用本家财物""指的是或将衣服典当，或把现金拿出去乱花等情况，而不仅是指典卖土地这样重大的事情，法当然要求日常性的消费或支出也通过尊长即家长的裁夺来决定"，由此看来或为不确。前引1，滋贺秀三书，第239页。

[22] 《唐令拾遗·杂令·子孙弟侄不得私自质举》与《重详定刑统·婚律·典卖指当论竞物业》条文字相同。分别见 [日] 仁井田升：《唐令拾遗》，栗劲等编译，长春出版社1989年版，第788页，以及薛梅卿点校：《宋刑统》，法律出版社1999年版，第230页。

[23] 前引22，薛梅卿书，第230页。

那么明代实际案例中又是如何处理这样的交易的？从明代的判例判牍和世情小说中可以辑得以下案例：

案例编号	出 处	财产处理情况	裁判结果
1	《初刻拍案惊奇·赵六老舐犊丧残生 张知县诛枭成铁案》	严子耽于赌博，父屡劝不止。赌债由父承诺偿还。	
2	《警世通言·赵春儿重旺曹家庄》	大户子曹可成浪荡，其父不与钱用。可成背地将田产各处抵借银子。	
3	《菅辞·卷之十一·周日和》[24]	周时凤无子，育其族弟之子日和为嗣。日和浪荡，将嗣父之产花费在赌资、嫖资上，甚至偷嗣父积蓄，挟妻他徙。	向尝讼县，断时凤代偿日和所费。现令时凤给日和银粮若干，为其买房一座，析著各居。此后时凤他产，日和纤毫不得与。
4	《新镌官板律例临民宝镜·卷九·彝伦类审语·真不孝》[25]	陈奇浪荡子，致嫡母亲养老送终之具，罄付姨子林永年收贮生息以糊其口。陈奇反以惨骗诬蔑永年。	当堂公贮，俟陈氏子中有公廉者陈庆赆收存赡母。

---

〔24〕 参见前引 14，杨一凡书第 4 卷，第 451 页。

〔25〕 参见前引 14，杨一凡书第 4 卷，第 261 页。

案例编号	出　　处	财产处理情况	裁判结果
5	《盟水斋存牍·一刻谳略四卷·盗按产业赵文侣等》[26]	赵文侣为赵奇儒所诱，瞒父将田四亩按揭苏忠伯三十金，其金半为文侣荡费，半为奇儒所有。	赵父出银二十六两，奇儒出银十六两，共子母银四十二两赎契。
6	《盟水斋存牍·一刻谳略四卷·设计占屋周李明》[27]	周李明乘周效程病，以三两一钱诱效程子而化写契。	原屋听效程父子管业，原价追还李明。
7	《盟水斋存牍·一刻署府谳略一卷·刁讼卢启阳》[28]	卢启阳外出，其子于真将田分卖诸人。	启阳自当查实赎回。
8	《盟水斋存牍·一刻署府谳略一卷·费产荡子赵宁彦》[29]	何氏只田十二亩，二子宗彦宁彦。宁彦荡费，瞒母兄卖田近六亩（非买家设局）。今宗彦愿认赎其田赡母。	议照粤例听半价回赎，更减原价十之二以罚之。田由宗彦管业，宁彦不得复问。

---

　〔26〕　参见颜俊彦：《盟水斋存牍》，中国政法大学法律古籍整理研究所整理标点，中国政法大学出版社 2002 年版，第 180 页。

　〔27〕　参见前引 33，颜俊彦书，第 186 页。

　〔28〕　参见前引 33，颜俊彦书，第 381 页。

　〔29〕　参见前引 33，颜俊彦书，第 394 页。

续表

案例编号	出　　处	财产处理情况	裁判结果
9	《盟水斋存牍·署香山县谳略一卷·党诱废业刘绍德》[30]	司徒氏早孀，子士鸥幼，何、刘等诱之，写契按银为青楼之费，一五十两，一二十两。五十者已还。	断士鸥速办二十金偿之，留田赡母。
10	《盟水斋存牍·二刻谳略二卷·争田何仕和等》[31]	何仕和之孙扩衷，蔽其祖写产作浪荡之费。萧、叶设局作中，扩衷写田二十五亩，得七十两。	田听何仕和管业，所借银向中人讨还。
11	《盟水斋存牍·二刻谳略二卷署府·荡产梁觉贤等》[32]	梁觉贤浪荡，族人廷策诱其背母张氏写田，到官各契主出契称明买应断。	量各契实、贴所得，给张氏作丧葬及养老之费，田归买主管业，不准觉贤生事。未到官各契主，或听张氏回赎，或听觉贤自洗业糊口。

　　来看案例 5 到 11。真正田产易主（部分）的只有案例 11 一个。案例 5、9 本是按揭（借贷），后来断令正常还贷，所以田并没有易主，而案例 7、8 和 11 中的部分都断田听卖者之父/母兄回赎。明代的田产买卖中找贴、回赎等都是常见现象，所以回赎不等于子弟私下进行的交易

----

　[30]　参见前引 33，颜俊彦书，第 429 页。
　[31]　参见前引 33，颜俊彦书，第 530 页。
　[32]　参见前引 33，颜俊彦书，第 717 页。

不成功。并且回赎的价格并非原价，案例 5 中多给了买主 40% 的利息，而案例 8 按"粤契例半虚其价"〔33〕的惯习而断令减半赎回，并折价十分之二以罚买主"买人之田而不通其母兄"〔34〕，并非是《宋刑统》规定的简单恢复交易前的原状。

案例 5、7、6、11 中或是明说买主非设局之人，或没有评述买主行为的性质，而案例 6、10 明说买主诱卖或者中人设局，所以断令田价一追还买主，一个找中人讨要。似乎实践就符合《宋刑统》中所规定，买主若是善意则至少其利益不会受损。

需要进一步讨论的是，是否非设局或诱买，买主就一定是善意的呢？写田不通过家长本非正当程序，而一个子弟浪荡与否——他卖田或出举是否经过家长同意，在熟人社会应该不难判断，再加上如案例 10 中判断买主"亦利其祖老孙荡，田可半价"，〔35〕可能拥有以不正常的低价获得田产的意图，这些在现代法律中都会成为判断买主非善意而物权不转移的要件〔36〕。

再看案例 5 到 11，除了一为父亲生病子被诱骗，一为父亲外出儿子卖田，其余案例子弟出卖田产的理由都可以归结为"浪荡"，无论出举或卖出的田宅回赎与否，他们的家长最后大多被迫在对之前交易不知情的情况下，处分家产为其偿债。那么如果不区别家产中被消耗的是田产还是其代位物银钱，是否可以说，子弟对家产的处分实际上属于现代民法意义上的无因行为，做出即生效？

滋贺秀三所持观点与此不同。据其所引的满铁调查资料，当儿子欠

---

〔33〕 前引 33，颜俊彦书，第 390 页。
〔34〕 前引 33，颜俊彦书，第 394 页。
〔35〕 前引 33，颜俊彦书，第 530 页。
〔36〕《中国人民共和国物权法》第 106 条："无处分权人将不动产或者动产转让给受让人的，所有权人有权追回；除法律另有规定外，符合下列情形的，受让人取得该不动产或者动产的所有权：①受让人受让该不动产或者动产时是善意的；②以合理的价格转让；③转让的不动产或者动产依照法律规定应当登记的已经登记，不需要登记的已经交付给受让人。"

债是生活必需，这样的债同居之父就要还，如果是不正当的债务如赌债就不需要还。[37] 但这种债务的无效，是因为是儿子欠下的而无效，还是因为其本身的不正当，如同现行法语境下，"违反法律和社会公共利益"的民事行为无效[38]？需要注意的是，浪荡家产欠下的债务显然非生活所必需，但并不一定违反法律和公共利益——非官员嫖妓在明代即为合法。

以非必要又违法的赌博为例。首先，在同一章节滋贺秀三所引的《中国农村惯行调查》所获得信息表明，如果是父亲欠下的赌债，儿子是应该要还的。其次，滋贺所引社会调查是民国时期进行的，民国元年（1911年）虽然颁布多道法令禁赌，但是执行不力，多个地区明设赌场，法令沦为具文。所以儿子欠的赌债无效的原因十分暧昧，很难说清到底是哪个因子在起决定性作用。

而无论是唐律还是明律，赌博都是明文规定的违法行为，明律规定赌博所赢得的财物还要入官，[39] 但实际公聚赌的现象并不少见。[40] 在《郑氏义门规范》中，耽于赌博的子孙是会被当众罚以跪拜，不自行悔改就会被当众责打，再不悔改将告官将其直接放逐出家门："子孙赌博无赖及一应违于礼法之事，家长度其不可容，会众罚拜以愧之。但长一年者，受三十拜；又不悛，则会众痛箠之；又不悛，则陈于官而放绝

---

〔37〕 参见前引1，滋贺秀三书，第136页以下。

〔38〕《中华人民共和国民法通则》第58条："下列民事行为无效：……（五）违反法律或者社会公共利益的……"

〔39〕《大明律·刑律·杂犯·赌博》条："凡赌博财物者，皆杖八十，摊场钱物入官。其开张赌坊之人，同罪。止据见发为坐，职官加一等。若赌饮食者，勿论。"前引〔8〕，怀效锋书，第202页。

〔40〕《陶庵梦忆》卷五《扬州清明》载："博徒持小杌坐空地，左右铺祖衫半臂，纱裙汗帨、铜炉锡注、瓷瓯漆盏及肩貔鲜鱼、秋梨福桔之属，呼朋引类，以钱掷地，谓之跌成，或六或八或十，谓之六成八成十成焉，百十其处，人环观之。"（明）张岱：《陶庵梦忆西湖梦寻》，中华书局2007年版，第66页。

之。仍告于祠堂，于宗图上削其名，三年能改者复之。"[41]此族规中也没有涉及到赌债是否由家产偿还。

案例 1 所讲述的情况是严父承诺归还儿子所欠赌债，但是此承诺是在众人在赌坊拉扯此儿子要债，严父恐伤及儿子身体时作出的，直至故事终了，作者也未提及严父是否真正履行了承诺。案例 3 则是断令嗣父代偿嗣子嫖赌所费，但裁判官员使用的判词是"姑责时凤代偿所费，谕之为父子如初"。[42]"姑"字表达了一定让步和妥协的意思，目的就是为了让嗣父子能和好如初。所以这样的判罚能否视为对儿子欠赌债应由父亲偿还的肯定，而这个肯定能否推而广之，还有待更多的实例进行佐证。

赌博破家，并不一定是一次豪赌所致，而多半是这种不正常花销家产的行为长期延续的后果。无论是否应由家产偿还卑幼赌债，禁止这一行为才是治本。《郑氏义门规范》关于子孙赌博的处罚随子孙不听教令而逐层递进，显然也是考虑到赌博作为陋习难以根除。最严厉的层次是"放绝"，也就是断绝了和犯规子孙之间的财产联系，以免家产进一步耗散。而这也是案例 3、4 中裁判官员采取的做法。案例 3 嗣父拨付一定的财产给义子，和嗣子夫妇"析著各居"，其余的财产嗣子便不能再继承了。案例 4 中断令将剩余财产交予族人，负责嫡母的供养。再比如未在表中，《莆阳谳牍》另载的"本府一起弑夺事"，[43]是任知州的祖父在世就将财产四股均分，而其中二子分得的五百石田租被父子花费殆尽，"向知州公乞再与而无其名"，可见将财产分割确实是制止财产被浪费的有力方法。

在案例 2 中有一段生动的文字描述了家产"败于借债"的"不便宜处"，即债权人诸如银两折色、利滚利等实际上扩大债务额的做法。最

---

〔41〕 "浦江郑氏义门规范"，转引自费成康：《中国的家法族规》，上海社会科学出版社 1998 年版，第 255 页。

〔42〕 前引 14，杨一凡书第 4 卷，第 451 页。

〔43〕 参见前引 14，杨一凡书第 5 卷，第 176 页。

后结论是家长即使不与子孙花费，最后也只能饮恨吞下子孙拿田房抵押借贷消费导致家产荡尽的恶果：

> 那败于借债，有几般不便宜处：第一，折色短少，不能足数，遇狠心的，还要搭些货物。第二，利钱最重。第三，利上起利，过了一年十个月，只倒换一张文书，并不催取，谁知本重利多，便有铜斗家计，不彀他盘算。第四，居中的人还要扣些谢礼。他把中人就自看做一半债主，狐假虎威，需索不休。第五，写借票时，只拣上好美产，要他写做抵头。既写之后，这产业就不许你卖与他人。及至准算与他，又要减你的价钱。若算过，便有几两赢余，要他找绝，他又东扭西捏，朝三暮四，没有得爽利与你。有此五件不便宜处，所以往往破家。为尊长的只管拿住两头不放，却不知中间都替别人家发财去了。十分家当，实在没用得五分。这也是只顾生前，不顾死后。左右把与他败的，到不如自眼里看他结末了，也得明白。〔44〕

这是对时人通过引诱子弟浪荡而获利行为的白描——既然能通过此获利，是否也就说明，同居共财情况下的"子债父偿"，也是一种被大多数认可的交易习惯呢？正如清代笑话集《笑林广记》中打趣，"挣得论千论万，少不得都是他们的"，〔45〕所以子债父偿不过是提前消费而已。

---

〔44〕 （明）冯梦龙：《警世通言·赵春儿重旺曹家庄》。

〔45〕 《笑林广记》卷十《贪婪部·变爷》："一贫人生前负债极多，死见冥王。王命鬼判查其履历，乃惯赖人债者，来世罚去变成犬马，以偿前欠。贫者曰：'犬马之报，所偿有限，除非变了他们的亲爷，方可还偿。'王问何故。答曰：'做了他家的爷，尽力去挣，挣得论千论万，少不得都是他们的。'"载（清）游戏主人等：《笑林广记二种》，齐鲁书社 1996 年版，第 196 页。

四、契约文书相互署名：受限制的处分权

重新回到子孙私擅用财的律条上。在唐律和明律中，卑幼私擅用财和分家不均放是在一个条文里。"诸同居卑幼，私辄用财者，十匹笞十，十匹加一等，罪止杖一百。即同居应分，不均平者，计所侵，坐赃论减三等。"[46] "凡同居卑幼不由尊长，私擅用本家财物者，二十贯笞二十，每二十贯加一等。罪止杖一百。若同居尊长应分家财不均平者，罪亦如之。"[47] 卑幼私擅用财是卑幼对代代传承的家族财产的侵蚀，而分家不均则是对卑幼应得分的损害，正如《大明律集解附例》此条纂注比较卑幼私擅用财和盗的区别里提到的一样："此私用与盗何异，止以私擅科断，且不曰盗而曰擅者，盖家乃应得之物。"[48]

所以，尽管父债子偿，尊长在对外交易中具有天然合法的代表性，但出于对卑幼应得分期待权的尊重，或是交易对方对于交易安全的担心，明代有的以家父为卖方的田产买卖契约文书中出现了"同男商议"的文字，甚至落款有"同男"的字样，表明父子共同作为物权转让主体，尤其是在处分的是祖产也即流传有序的直系血亲家庭财产时。

祁门县郑文育卖菜园地契[49]

二十一都四图立契人郑文育同男时达，今因欠少使用，自情愿将承祖分受……凭中立契出卖与本图鲍□名下为业。……

崇祯九年九月十五日立卖契人　郑文育

同男　郑时达

依口代书族人　郑世德

---

〔46〕　前引7，刘俊文书，第263页。

〔47〕　前引8，怀效锋书，第51页。但需要注意的是，诸子均分并非是唐以后所有时代惯行的规则：《元典章·户部·家财》规定："应分家财，妻之子各四分，妾之子各三分，奸良人及幸婢子各一分。"

〔48〕　《大明律集解附例·卷之四·户律·卑幼私擅用财》。

〔49〕　前引18，安徽省博物馆编书，第258页。

中人 鲍 元

明天启五年的"歙县鲍文辉卖地契"[50]（"二十一都四图立卖契人鲍文辉，今因欠少使用，自情愿将承父分受己分下……立卖契文书人：鲍文辉/同男：鲍懋霖/鲍懋震……"）、崇祯九年"徐仕宇卖地赤契"[51]（"九都九图立卖契文书人徐仕宇，今因缺少使用，自愿将河字……立卖［契］人：徐仕宇/同男：徐贞元/徐初元……"），以及崇祯四年的"歙县郑阿鲍等典地契"后批[52]（"……汪万金将原典郑茂善土［名］库屋右边一半，今因管业不便，自情愿转典……批此为照。汪万金/同男：应鳌……"），均是这种情况。而下列卖屋赤契与上述文书略有不同：

歙县程长当卖屋赤契[53]

立卖契人系二都程长当，今为缺少使用，同男商议，自情愿将自己……逐一进行立契出卖与四都三图徐盛名下为业……

嘉靖叁拾玖年二月初三日立卖契人　程长当　契

代笔同男　程昊

程旻

程岊

中见人　汪荣

……

这份文书中间提到了"同男商议"，说明这一物权处分是程长当和儿子们共同作出。而落款署名时"同男"之前多了"代书"二字，说明这份文书是儿子程昊代替程长当书写的。在徽州田产买卖文书中，代

[50] 前引18，安徽省博物馆编书，第250页。
[51] 前引18，安徽省博物馆编书，第257页。
[52] 前引18，安徽省博物馆编书，第396页以下。
[53] 前引18，安徽省博物馆编书，第473页以下。

书的落款颇为多见，这说明作出物权处分决定的家长文化水平有限，"代书男"、"奉书男"尤其在妇女（寡妇）作为卖方时更为常见。当然"代书男""奉书男"和"同男"在整个交易中的地位并不相同，前者只是契约的书写人，相当于处分主体的工具，而后者是物权处分主体。但不可否认的是，有了儿子代书这一过程，至少家长的处分行为为儿子所知晓，这在一定程度上也满足了期待权中知情的要素。

关于家庭成员财产权，学界在中田熏等所持家庭成员共享所有权而父亲因为教令权而对财产享有了绝对的支配权的观点，以及滋贺秀三所持家组成员共同使用而父亲的处理权和儿子的期待权相互限制的观点之外，还有另一种调和的论调。柳立言通过考察宋代家产分配中的"财源"，得出结论是：父亲对于源于自己（继承自祖先和自己运营所得）的财产享有绝对的处分权，对诸子"私财"必须要得到儿子的同意才有处分权。[54]

但"赵六老舐犊丧残生张知县诛枭成铁案"中用儿媳嫁妆所增值抵父辈欠下债务的情节与之不符。而明代徽州文书所载的实际交易中，与柳立言理论想抵牾的情况也有不少存在。"万历四十二年吴记互卖地赤契"[55]（"十一都吴记互，今将买受房东廖增、成源等地一号……尽数卖与十四都房东胡春名下业……立契人：吴记互 押/主盟父：吴五乞押……"）讲的是儿子将自己购入的房产卖出，主盟父署名的存在使得儿子更像是经得父亲的同意后才对自己的私财有处分权。还有文书记载，在分家发生之后，儿子出卖承受父亲所得祖产，父亲仍在契约中以"主盟"的身份出现，如正德拾年"歙县汪廷寿卖田赤契"[56]（"十二都九保住人汪廷寿，今为买卖少本，今将父同叔承祖均业……今自情愿将前号父拨还田一半，转卖与户内弟汪锦名下为业……立契人：汪廷寿

---

〔54〕 柳立言："宋代同居制度下的所谓'共财'"，载前引5，柳立言书，第325页以下。

〔55〕 前引19，中国社会科学院历史研究所徽州文契整理组编书，第257页。

〔56〕 前引18，安徽省博物馆编书，第50页以下。

契/主盟父：汪福海……"），"成化十一年休宁胡瑾卖塘赤契"[57]（"十一都胡瑾，承父批受无粮荒塘一所……今于［因］门户缺少支用，自情愿将前项四至内塘一半，尽行立契出卖于兄胡瑛弟侄六房名下……立契人：胡瑾 押/主盟父：胡家祥押"）等。

阿风将之理解为父亲在这样的田产交易中"以主盟的身份出现，即是'卑幼不得私擅用财'的延伸，也是对田产交易不发生纠纷的一种保证，同时也是对其子财产来源合理性的一种承认"，[58]或为更当。当然此时家父的身份并非与之前所引儿子署名"同男"作为共同处分人的身份完全一致，却也比"代书男"、"奉书男"仅是知情的程度更深，有予以承认的意味在，这与其家长的支配地位也应相关。

父与子在对方做主的田产交易契约上署名，确实在一定程度上可以印证滋贺秀三所持父亲的处理权和儿子的期待权相互限制的观点。

五、结论

综上所述，不难得出明代直系血亲间在分家析产前家庭财产权的日常状态：父亲几乎拥有对家产的全部处理权，包括儿子在外非因家产增值所得，父债子必偿。契约文书的相互署名可以证明父亲的处分权和儿子的期待权在一定程度上相互限制。卑幼可决定小额财产的去留，但不能在尊长不知情时买卖田房。当上述交易确实存在，尊长不能以不知情为由图赖因此形成的家庭债务，但可采取和卑幼分产而杜绝家产继续耗散。

限于资料收集的有限，这个结论还有待进一步验证。更为重要的是，除了这种日常状态，分家析产后的财产很可能流出直系血亲家庭内，甚至流出血缘宗族之外，家庭成员的财产权在这些决断时刻也更容易定性，这都有待进一步研究。

---

〔57〕 前引 19，中国社会科学院历史研究所徽州文契整理组编书，第 406 页以下。

〔58〕 阿风："徽州文书中'主盟'的性质"，载《明史研究》1999 年第 6 辑，第 77 页。

"心甘情愿"与"强制调处"之间

——清代民事案件中的"甘结"文书研究

翟家骏[*]

一、引言

清代随着地方经济的进一步发展,民间纠纷也逐渐增多,民事司法审判程序与法律适用和前代相比有了相当的完善和显著的特色。清代对民事案件实行州县自理原则,州县自理案件的范围包括民间细故和律例规定的只处以笞杖刑的轻微刑事案件。明清时期,儒家"息讼"、"无讼"观念也深入渗透到司法审判过程中,州县官员在受理案件后,根据案情可批令亲族、士绅去调解,或者直接当堂调解,调解结果形成的文书就是"甘结",表明诉讼当事人双方遵从调解结果息事宁人,然后该案终结。根据现存的清代民事案件档案,州县官的民事判决,通常是在当事人的"甘结"之上作出批示,而不另作判决书。因此,"甘结"类诉讼文书作为民事案件终结的标志,是官府强制性与当事人自愿性的结合,是研究清代民事诉讼制度尤其是民事调解制度的主要对象,具有较高的法学研究价值,而清代司法档案中遗存的大量甘结为深入研究提供了丰富的源头素材。

二、研究状况概述

(一)关于清代民事诉讼制度和司法文书的研究不少,但是只针对甘结文书进行专门研究的论著寥寥无几。清代民事案件调解率很高,地方司法档案例如巴县档案、南部档案、宝坻档案、龙泉档案等中都保存

---

* 中国政法大学法学院博士研究生。

有大量的甘结类诉讼文书。而之前的学术研究没有较好地利用清代地方司法档案中的甘结文书来分析论证，往往仅列举了一些甘结没有深入挖掘其背后的隐藏价值。因此本文将以甘结类诉讼文书为切入点来分析清代的司法文书制度和民事调解制度。

（二）关于清代司法审判程序、诉讼制度、民事调解、证据问题、法律文化等方面的论著汗牛充栋，这方面论著也会或多或少提到甘结，但往往一带而过或只是从实体法的角度在一个具体案件中对甘结进行文义解释，从甘结文书格式和甘结在清代司法中的地位和作用这方面的论述比较分散。本文将着重探讨甘结与其他诉讼文书的关系，还有甘结背后所蕴含的法律文化因素和司法理念。

（三）之前的学术研究对于甘结的定义和分类较为混乱，不同的论著有很大差异，本文将把清代出现过的各种甘结文书进行汇总分析，尽可能地囊括司法审判中的各种甘结，将普遍性与特殊性结合，分析不同档案文献中的甘结文书，然后总结其格式内容特点，勾勒出一幅清代司法程序中甘结文书应用的大致图画。

三、甘结的概念和含义

（一）甘结的定义

甘结中的"结"字从连接、聚合等义，后引申为判决、治罪，后来也将那种表明保证责任或承认了结的司法文书成为"结"，"结"在古代中国有两种主要形式，即甘结和保结。甘结中的"甘"字表示自愿之意，出具甘结就是指对自己的行为愿意承担法律责任的表示。[1]《汉语大辞典》将"甘结"解释为旧时交给官府的一种画押字据，多为保证某事并声明如有虚假则甘愿受罚。《中国审判实务大辞典》中解释说甘结是古代审判制度法律用语：一是指诉讼活动中由受审人出具自承所供属实或甘愿接受处分的文书；二是指案件审理后令事主写定的领物文

---

〔1〕 赵晓耕：《观念与制度：中国传统文化下的法律变迁》，湘潭大学出版社2012年版，第207页。

书；三是指完成奉命承办某种事务的一种保证文书。[2]此外，还有一些论著和工具书对于甘结一词下了定义，但笔者认为已有定义不足以概括甘结的基本含义，不能全面体现甘结的特征。

（二）甘结一词的历史渊源和发展

"甘结"一词据考证最迟出现于宋朝，且在宋代官、私文书中已经常见。《续资治通鉴》："宋宁宗时，禁伪字，诏监司帅守荐举考官，并与奏牍前具甘结，申说并非伪学人。"宋慈的《洗冤集录·颁降新例》："仍取苦主，并听一干人等连名甘结。"[3]元代的法律文书、杂剧戏曲类文献中也广泛存在甘结，例如《元典章·刑部》中出现了"执结"和"甘结"若干处，均具有保证书的性质。元代高明《琵琶记》里写道："左右与他取了甘结，一面着他唤饥民来支粮……"[4]明代也存在甘结，例如《王阳明全集》中有："取具乡都里老及官吏，不致扶同重甘结状，申报本院……"，"果被贼虏若干，取具重甘结状。造册缴报，以凭议处"[5]。明代保甲制度中就有保证书性质的甘结："即于往来之期消添名姓，每立期限投递，不违甘结……"[6]

但在清代之前，甘结文书多属于保证书的性质，与行政管理密切相关而与司法审判关系不大。到了清代，不仅甘结文书的数量增多出现频率较高，而且其种类多元化，并广泛适用于社会生活和司法活动尤其是民事案件的诉讼过程之中。在明清时期的"日用杂书"里，收有各种"呈状体式"以供民众套用，其中就有甘结状的体式。在清代古典文学小说中也多次出现"甘结"一词，例如《七侠五义》中有："他若应了人情，说不得员外破些家私，将他买嘱，要张印信甘结，将他荣荣耀耀

---

〔2〕 最高人民法院：《中国审判实务大辞典》，法律出版社1994年版，第1524页。

〔3〕 江平：《中国司法大辞典》，吉林人民出版社1991年版，第1164页。

〔4〕 田原："《元典章·刑部》词语释证"，华东师范大学2012年硕士学位论文。

〔5〕 （明）王守仁：《王阳明全集》，世界书局1936年版。

〔6〕 高寿仙："明代北京城市管理体制初探"，载《明清论丛》（第5辑），紫禁城出版社2004年版，第277页。

送到衙署"。[7]《官场现形记》中有："具了甘结，从此冤沉海底，铁案如山……"[8]据笔者统计，《清实录》中甘结一词的出现频率就高达二百七十八次，其中以乾隆、嘉庆和道光三朝数量最多，《大清五朝会典》中甘结出现的次数也超过了六百次。总之，甘结文书最迟出现于南宋，发展完善于元明，在清代达到了内容完善形式严格种类多样的巅峰时期。

四、甘结的性质和种类

在清代，甘结的含义比较复杂，在不同的文献档案中可能又有不同的种类和含义，需要具体情形具体分析。例如在龙泉档案中，作为堂审文书的结状，是指两造向县官出具的表示服从县官裁决或者通过其他途径达成调解而终止诉讼的保证性文书。具体形式分为：遵依状、甘结状、遵结状、切结状、息结状和限状等，其中胜诉者出具遵依状，败诉者出具甘结状，如果是平诉，两造出具遵结状；相关人员出具切结状，未经过堂谕而自行调解终止诉讼则出具息结状。[9]而在冕宁档案和南部档案中就没有这样细致的划分，无论是原被告还是第三人出具的都叫做甘结状。

笔者的观点是清代的甘结含义有广义和狭义之分，狭义上的甘结就仅仅是指司法审判中由案件双方两造各自出具的既具有保证书性质又具有调解书性质的息讼甘结；广义上的甘结则指当事人立下的确认相关事实且甘愿服从，如有违反接受严惩的保证性质的字据；最广义上的甘结还囊括跟甘结性质差不多，但是有其他各种各样名称的诉讼文书，例如切结、具结、遵结等，这些结状类诉讼文书有时都被冠之以甘结的名称，并没有作细致的区分。

本文主要讨论的是狭义的清代民事案件中的甘结，但广义的甘结也

---

〔7〕（清）石玉昆：《七侠五义》第七十三回，岳麓书社 2004 年版。
〔8〕（清）李宝嘉：《官场现形记》第十五回，大众文艺出版社 1999 年版。
〔9〕包伟民主编：《龙泉司法档案选编》（第 1 辑），中华书局 2012 年版，第 2 页。

有所涉及。在州县"甘结"的案件中，不仅败诉方必须具结保证不再滋事，胜诉一方也应当具结，双方都承认官府审理的结果。州县官的民事判决经常是在当事人的"甘结"上作出的批示。[10] 在司法活动中，甘结文书有两力，即内容上的证明力和形式上的约束力。证明力就是当事人认可了一定的案件事实，无论是真实叙述还是虚假陈述都是当事人认可一些情况的反映；约束力就是对于当事人来说要自愿遵守甘结的内容，如有违反则自负其责或听凭官府发落。证明力与约束力共同构成了甘结文书的核心法律效力。

按照甘结的性质和具体内容为标准可以把清代的甘结文书大致分为以下几类，当然这里的分类也不是绝对的，有时候甘结文书会兼具两种甚至更多性质：

（一）作为定案依据和结案方式的甘结

即上面提到的狭义的甘结，这是本文论述的主要对象。清代民事判决的执行既没有专门的执行机构，也没有规定专门的执行程序，亦无需通禀或通详上一级衙门，州县官当堂即可执行。如果当事人当堂承诺接受州县官的裁决，具甘结，该案因当事人的主动执行而当堂结案。[11]

这种甘结一般被称为息讼"甘结"，是民事调解或和解案件的最后成果和执行的依据，具有终结案件的法律效力，受到官府认可和保护。审判过程中，当事人呈递"甘结"加州县批"准结"则导致案件终结。若当事人对案件再次提起诉讼则会被官府拒绝受理甚至会受到相应的处罚，从而切断了缠讼的后路。《清实录》中就有记载："……并取具两造允服甘结，申报该管道府存案，以杜翻案讦讼。"[12] 现举宝坻县档案中一个"息讼甘结"的例子：

〔10〕 张晋藩："中国古代民事诉讼制度通论"，载《法制与社会发展》1996年第3期，第54~61页。
〔11〕 李青：《清代档案与民事诉讼制度研究》，中国政法大学出版社2012年版，第260页。
〔12〕 《清实录·乾隆朝》卷二五六，中华书局2008年版。

具甘结王德禄、谢殿魁今与甘结事。依奉结得：石万通控身等
嗔讨砖钱，将伊殴伤一案，蒙恩讯明，石万通委因身王德禄着身谢
殿魁包揽庙工，将身妄控。所具甘结是实。

（批）准结

咸丰元年二月十五日　王德禄

谢殿魁[13]

（二）具有证明书性质的甘结

此类甘结属于广义的甘结，主要是当事人为证明一定的事实而立下
的保证陈述事实无虚假的准司法文书，类似于证人证言，但官府可以采
纳也可不予采纳。《大清律例》规定："词内干证，令与两造同具甘结，
审系虚诬，将不言实情之佐证，按律治罪……"[14]乾隆四十年（1775
年）户律附例："如可继之人系独子，而情属同父周亲两情相愿者，取
具阖族甘结，亦准其承继两房宗祧。"[15]再如清代仵作检验后，取得尸
亲邻证认同检验结果的甘结，即"领埋甘结"，还有罪犯出具的证明被
害人伤情并确立保辜期限的"保辜甘结"等各种各样的保证书。[16]

（三）具有保证书性质的甘结

也属于广义的甘结，既包括事先写下的保证书保证自己没有违法的
情形，如有违反甘愿受罚，也包括事后由官府命令为防止下次再犯而立
下的保证书。很多时候甘结文书也兼具有证明书和保证书的双重性质。
例如《清实录》中嘉庆和道光两朝就有"并无种植鸦片甘结"、"永不
滋事甘结"、"永不为匪抢劫甘结"等记载，在此不再赘述。在清代婺
源《保龙全书》中，试举一例甘结既是证明书又是保证书：

---

[13]《顺天府宝坻县刑房档案》第 189 卷第 172 号，转引自李青：《清代档案与民事诉讼制度研究》，中国政法大学出版社 2012 年版，第 261 页。

[14] 田涛、郑秦点校：《大清律例·卷三十·刑律·诉讼·诬告》，法律出版社 1999年版，第 485 页。

[15]《皇朝政典类编》卷三七九《刑十一户律户役·立嫡子违法·条例》。

[16] 茆巍："论清代命案初验之运作"，载于《证据科学》2011 年第 6 期。

具甘结十八都乡约胡中，甲长金柏，窑户俞仲旭，为遵奉甘结事。地方历来取石烧灰，系本都"慕"字号，土名"筼竹汰"，民山民业，各自供课完纳，与立禁碑之处相隔十里之遥，与船槽县脉过峡之处相隔二十里之遥。身等并未至禁内官山侵取一石。如有侵害等情，查处甘罪无辞。具结是实。

县主金批：查出按律重处

康熙二十九年六月初九日具甘结[17]

此份甘结内容大致是该地方开采石料烧石灰是在私人拥有的民山内，而没有牵涉到禁止采石的政府所有的官山，这些证人共同出具了这份甘结以证明以上事实，同时最后保证如有侵害官山，则愿接受惩罚。

（四）具有悔过书性质的甘结

也属于广义甘结的一种，一般称为"悔过甘结"或"改悔甘结"，表示当事人对之前罪行幡然醒悟，洗心革面痛改前非的意思。例如清代雍正年间，江西省为打击"邪教"，就"特设首免之条，以开自新之路"。凡是在官府限期内自首的，呈交经卷，取具悔过甘结，改邪归正，尽作良民，悉照自首免罪，概不根究。[18]再如《清实录》中记载："即有入教之事，该知州仅取改过甘结，从轻完案，实属姑息养奸，因交该督查办。"[19]可见，悔过甘结类似于现在的轻微治安案件中的悔过书，是一种非常轻微的行政处罚措施。

---

〔17〕《续刊保龙全书·灰犯具禀》，转引自佘伟："婺源《保龙全书》的整理与研究"，江西师范大学 2010 年硕士学位论文。

〔18〕《清史资料》（第 3 辑），第 198、211 页，转引自赫治清："清代'邪教'与清朝政府对策"，载中国社会科学院历史研究所清史研究室：《清史论丛》（2003～2004 年号），中国广播电视出版社 2004 年版。

〔19〕《清实录·乾隆朝》卷八二二，中华书局 2008 年版。

五、甘结文书的外在特点和内在价值

既然清代的甘结文书在官民互动中有广泛应用，那么司法档案中从清代保存至今的甘结文书在形式上都有哪些特点？在清代民事案件中为何一纸甘结在诉讼中就能起终结案件的作用？为何仅凭一张纸就能约束当事人？是因为官府的强制力还是当事人的自愿才使甘结能够生效，还是两者兼有之？这些问题都是值得去探讨和解答的。

（一）甘结文书的外在形式特点

清代司法实践中通过甘结结案的方式大致有两类：有时是通过堂审，州县官员把两造训诫一番，然后令两造出具认可判决结果的甘结；有时是通过调解，由当事人出具表示悔过或和解的甘结，然后州县官员做出批示即可结案。案件结束时需要原被告双方各自出具一份甘结，此外有时不仅原被告双方，案件相关第三人也要出具甘结，例如清代《冕宁司法档案》中邓其绪控告陆镐私吞陆典钱财一案，经过审讯知县作出裁决，之后原被告和第三人各具甘结：

> 具甘结邓其绪今于太老爷台前为甘结事。实结得伊具控陆镐私吞陆典钱文一案，蒙恩审讯。陆典并未与伊合伙并未私帮钱文，伊心悦服，日后不再诬捏滋事。中间不虚，甘结是实。
>
> 乾隆四十八年五月二十四日
> 具甘结邓其绪

知县批词：结存。

> 具甘结陆镐今于太老爷台前为甘结事。实结得邓其绪具控伊私吞陆典钱文一案，蒙恩审讯。陆典并未与蚁合伙亦未帮伊钱文。中间不虚，甘结是实。
>
> 乾隆四十八年五月二十四日
> 具甘结陆镐

知县批词：结存。

> 具甘结陆典今于太老爷台前为甘结事。实结得邓其绪具控陆镐

私吞钱文一案，蒙恩审讯。伊并未与陆镐合伙，亦并未私帮钱文。中间不虚，甘结是实。

乾隆四十八年五月二十四日
具甘结陆典

知县批词：结存。[20]

从冕宁档案来看同一案件除了当事人不同，甘结角度有所变化外，其内容和格式套语大致相同。再来看南部档案中的一则光绪年间的"具结状"例子：

（原告）具结状

民妇杨邓氏，今于爷台前为结状事情：氏具告杨天富等一案。沐恩集讯，查氏夫外出，向夫兄杨天富滋衅。凭娘家胞弟邓元恺叙议，以氏出钱九千文，邓元恺书约领归，事后与杨狗儿角口滋衅，不应捏词将伊控案，恳免深究沐断，杨天富与杨狗儿再给氏钱四串度活，永断葛藤，俟后再向杨姓滋非，自甘坐罪，今氏遵断具结是实。

光绪三十二年七月十五日
具结状妇杨邓氏（画押）

批：准结后再寻衅定予重处

（被告）具结状

民杨天富，今于爷台前为结状事情：杨邓氏告民一案。沐恩集讯，查杨邓氏向民寻衅，凭伊娘家胞弟邓元恺等议给钱九串，书约领归。事后杨邓氏与杨狗儿角口滋衅，将民一并控案，讯明断民同杨狗儿从出钱四串文，永断葛藤。今民遵断具结是实。

---

[20] 上述三份甘结分别见《冕宁县清代档案》，轴号 12，卷号 149－19、149－20、149－21，转引自李艳君：《从冕宁县档案看清代民事诉讼制度》，云南大学出版社 2009 年版，第 178 页。

光绪三十二年七月十五日

具结状民杨天富（画押）

批：准结[21]

甚至是在清代少数民族地区的民事诉讼活动过程中也有甘结文书，试举广西龙胜各族自治县和平乡龙脊村保存的甘结一例：

> 具遵依甘结人侯玉龙，廖昌荣，侯永保……等，今当大老爷台前实结得缘民玉龙等，以一件串党藐法灭例抗伕等情，呈控侯永保等。而永保等以违例不遵，毁碑翻控呈诉侯玉龙等到案，已蒙传票，原被两造人等堂讯明晰。业经……前任判断出示在案，如遇传大伕每一百名之外，龙脊应派伕二十名，所断甚公。令蒙堂讯仍照……前任判断至极公允，二比心悦诚服，饬令具结完案回家，各安本分，毋得再行翻控。如若仍蹈前辙翻控，民等到官自甘领罪。所具遵依甘结是实。
>
> 光绪八年壬午六月十三日二比具结[22]

因此，甘结文书虽然在不同档案等文献资料里语言表达略微有所差异，但总体上还是有程式可循，而且时间越往后，甘结文书的内容就相对越丰富，结构就相对越完善。从以上几个例子我们可以总结出清代甘结文书的形式特点大概有以下五点：①甘结结构上可以分五个部分：首先是甘结人姓名；然后是简要的案情概述即因何案而具；其次是判决或调解结果的内容；再次是甘结人的保证和画押；最后是审判官员的批词。②甘结中第二部分案情概述之前一般会说"蒙恩审讯"或"沐恩

---

[21]《南部县档案》，全宗号101，目录号17，案件号581，转引自沈玮玮："从甘结到具结悔过：传统民事司法信任的转变"，载《安徽大学学报（哲学社会科学版)》2010年第3期，第128~135页。

[22] 广西壮族自治区编写组：《广西少数民族地区碑文契约资料集》，民族出版社2009年版，第182页。

集讯"等语,然后才是查明的案件事实。③息讼的甘结中,双方都声明
自己是"依奉结得"或"于大老爷台前实结得"即遵命和息。④最后
都是"具结是实"或"遵依甘结是实"等语,还有甘结人用"心悦诚
服"来表示自己甘愿接受结果,或者有甘结人对这些处理结果"并无异
说"、"情愿息讼"等语。⑤审判官员的批词也是必不可少的,虽寥寥
数语甚至两三个字但也体现了官府对于甘结状的内容和形式的实质认
可,审判官员一般会做"准结"或"准息"等批示,有时会有"如有
再犯定予重惩"等警告性用语。

(二) 甘结文书的内在价值

在甘结的形式上,诉讼两造心甘情愿具结在甘结文书起着决定性作
用,官员的批词仅仅是对既成事实的确认。那么透过现象看本质,甘结
这一纸普通文书到底反映了中国传统法律文化中哪些隐含因素和内在价
值呢?

1. 甘结是诉讼各方之间司法信任的体现。元代徐元瑞的《吏学指
南》记载:"甘结,所愿曰甘,合从曰结,谓心肯也。"[23] 看上去甘结
就是双方当事人心甘情愿接受调解或审判的结果,这种保证自己信守诺
言与中国传统道德上的"言而有信"的信用观念息息相关,这体现了当
事人双方之间的相互信任。但纸面化的判决背后所包含的真正意义是修
复社会秩序的功能,甘结的出现正是在秩序自我恢复的意义上才具有强
大的功能。[24] 因此甘结还传达着另外一种深层次的信任关系,即官府
对涉案当事人的信任,一旦当事人作出甘结,官府就有理由信任双方当
事人能够当场或者事后自觉履行,可见信任关系对于纠纷解决成本的降
低具有重要作用,包括审判拖延的成本和执行判决的成本。[25]

2. 甘结以官府的强制力为后盾。在中国古代司法传统中,国家本位

---

〔23〕(元)徐元瑞:《吏学指南》,杨讷点校,浙江古籍出版社1988年版。

〔24〕赵晓耕:《观念与制度:中国传统文化下的法律变迁》,湘潭大学出版社2012年
版,第225页。

〔25〕张维迎、邓峰:"信息、激励与连带责任——对中国古代连坐、保甲制度的法和
经济学解释",载《中国社会科学》2003年第3期,第99~112页。

的诉讼结构决定了司法官员在诉讼中居于主导性的支配地位，诉讼的整个运行过程都取决于国家的具有压制优势的权力意志。体现在民事案件中就是司法官员往往用压制性的态度来调解处理民事案件，迫使当事人不得不屈从于州县官的意志，以至于损害当事人的利益。当事人在其出具的甘结中必须声明自己接受官府的调解处理方案，并保证以后不再挑起诉讼。[26]

一般而言，我们从甘结中看到的都是和平息讼，即在官府确认之下调解结案时，当事人往往碍于公权力大多自觉执行。若有少数不遵从则官府会动用一些轻微的刑罚措施例如"掌嘴"或"枷责"，迫使双方当事人接受甘结，这是强制执行的前兆，当事人即使心里不愿意也只能屈从。[27]因为古代"刑民不分"的司法传统，我们在很多民事纠纷的甘结中也能看到刑罚的实施，例如冕宁档案中的一例甘结里面就出现了"掌责"：

> 具甘结武生刘玉魁今于大老爷台前为甘结事。实结得刘全氏具首生等率凶殴母并生互控一案，蒙恩审讯。刘玉珍与生等系属同胞弟兄，不应以家务微嫌互殴控案，虽以听从亲朋劝息，但不应以逆伦事件控告，沐恩将刘玉珍掌责，断令以后仍敦和好，不得再滋事端。生遵断具结备案是实。

> 光绪四年十二月初二日
> 具甘结武生刘玉魁

（知县批词）：准结[28]

3. 甘结同时体现了当事人息事宁人的"厌讼"观与官府追求和谐

---

〔26〕 孙万胜：《司法制度的理性之径》，人民法院出版社2004年版，第88页。

〔27〕 赵晓耕：《观念与制度：中国传统文化下的法律变迁》，湘潭大学出版社2012年版，第213~214页。

〔28〕 引自《冕宁县清代档案》，轴号32，卷号397-13，转引自李艳君：《从冕宁县档案看清代民事诉讼制度》，云南大学出版社2009年版，第171页。

的"息讼"观。中国传统法律文化中民众的"厌讼"或"惧讼"心理也为诉讼活动蒙上了一层阴影，古代社会中民众的普遍观念是尽量避免诉讼、害怕诉讼、以诉讼为耻，所谓"饿死不做贼，屈死不告状"就是这种心理的普遍写照。[29] 即使万不得已打官司，作为当事人一般都会想从漫长的诉讼中脱身，息事宁人尽快结案，原告如此，被告也是如此。但也有学者认为清代民间存在与"厌讼"或"惧讼"相反的"好讼"或"健讼"之风，笔者认为"厌讼"也好"健讼"也罢，都仅仅是一定时间下一定区域内民间诉讼活动的一个侧面写照，恐怕都无法全面概况社会整体的诉讼心理。[30] 但毋庸置疑，好讼的当事人是不会轻易立下甘结文书的，甘结文书更多体现了当事人为了息事宁人，妥协退让接受官府提供的调解结果的息讼观念。

同时，官府在诉讼中不知疲倦地使用调处，甚至靠责打等强制性方式教育当事人，从而促使当事人自愿或者被迫作出甘结，其目的一方面是为了寓教于讼，教化百姓；另一方面则是为了彻底化解纷争，维持社会的和谐安定。州县长官调解时双方当事人并不一定完全自愿，他们即使想不通也得服从官府的意志。如果有些当事人想不通，硬是不愿意和解，州县官就通常采取"不准"状也就是不受理的办法，批明不准的原因，将诉状再掷还给当事人，这些做法迫使当事人不得不考虑诉讼成本与官府的意图，尽可能采取配合的态度，与对方和息。[31]

〔29〕 李显冬：《溯本求源集——国土资源法律规范系统之民法思维》，中国法制出版社 2012 年版，第 278 页。

〔30〕 关于更多明清时期民间"厌讼"心理的争议和讨论可以参见尤陈俊："'厌讼'幻象之下的'健讼'实相？——重思明清中国的诉讼与社会"，载《中外法学》2012 年第 4 期，第 815～834 页。

〔31〕 吕伯涛、孟向荣：《中国古代的告状与判案》，商务印书馆 2013 年版，第 191 页。

六、甘结文书的地位和作用

（一）甘结文书是官府调解的直接后果，也是案件结案的标志

清代的"州县自理案件"亦即民事案件必须有当事人的"遵依结状"或"具甘结"方可结案，这当然意味着，由涉讼双方到衙门来出具甘结状便成了清代民事诉讼中的最后一个步骤而且是必经程序。《牧令须知》称："自理卷宗及一切详解词卷审结后，即将断语写于供本之后，应取结者，当堂取结，批发经书粘卷钤印，并将堂断抄入堂事印簿。"[32] 因此，甘结的形式意义要大于其实质意义。

清代的州县调解息讼具有较大的强迫性，清代的司法审判乃是一种教谕式调停，而非现代西方意义的司法裁判，在清代，审判的终结必须以当事人书面接受和承认判决结果为前提，即"遵依甘结"，但如果当事人反悔，就试图运用各种手段和方式无限上诉，直到达到一个满意的结果为止。[33] 因此中国传统的诉讼就陷入了官府力图调解息讼定纷止争而当事人不满结果上告缠讼的怪圈之中，甘结状就成为平息诉讼的形式上的文书，如果当事人反悔不服审理结果而上诉，除非当事人拿出新证据或者原判决有严重错误，否则官府就会不受理案件，这就很类似于现代民事诉讼的"一事不再理"原则。

如果任何一方不遵堂断，不具甘结，则有被收押的可能。据清末奉天调查局所做的诉讼习惯调查，奉天府下属的昌图和复州在回答"遇有不遵堂断具结者，有无收押勒派之事"时，均认为如案有不遵断具结者，亦有暂行收押之时，毫无疑问，收押成了促使双方具结遵断的有力威慑措施，其所包含的强迫意味不言而喻。[34] 正因为州县官必须要取

---

〔32〕（清）刚毅辑：《牧令须知》"检卷法"（卷六），载《近代中国史料丛刊》第一辑第 648 册，台湾文海出版社影印本，第 182 页。

〔33〕泮伟江：《当代中国法治的分析与建构》，中国法制出版社 2012 年版，第 223页。

〔34〕张勤：《中国近代民事司法变革研究——以奉天省为例》，商务印书馆 2012 年版，第 125 页。

得当事人的遵依甘结，案件才能终结，所以那些拒绝接受判决结果的倔强的当事人会让他们感到非常棘手。据《历任判牍汇记》"判孟笃庆等堂词"记载，孟笃庆与孟锦喜一案，知县断孟锦喜服礼赔稻，笃庆不遵，官府遂将两造一并收押。被告被收押是因负有给付义务而未给付，原告被收押则是因不肯具结。[35]

再举一个较为罕见的案例，据淡新档案 22418 号记载，光绪六年（1880 年）八月，刘桂春控刘阿传侵占田地，刘阿传的叔叔刘琴五具诉状，称该业是抵债之业，并非霸占。十二月初五日，庭讯，断令刘桂春补偿刘琴五四百元，同时收回田地，刘琴五则对补偿数额不满而拒绝出具遵依甘结，竟然被管押达八个月之久，管押通常是将当事人关押在班房，限制人身自由，由差役看管。[36]该案当事人刘琴五面对官府强制执行的威胁据理力争，官府面对不屈不挠的当事人除了关押之外也束手无策，只能不断劝导另一方当事人作出让步。

（二）甘结文书是案件执行的依据

纠纷和息之后，一部分当事人为节省诉讼费用可能会采取不了了之的办法，这样在官府的档案中就会表现为案卷没有终结，也就没有甘结状保存。但在一般情形下，双方当事人具甘结之后就可当堂主动执行审理结果，当场执行不便的也可私下在一定期限内主动执行。涉及田宅、钱债等具有交付内容的民事案件，除了具甘结之外，只须受领的一方当事人出具缴状、领状，经州县官批示"准缴"、"准领"等字样后存卷，执行便告结束。[37]

如果一方当事人具甘结之后反悔拒不遵从甘结的内容，则另一方当事人可以此为由向官府提出强制执行或者另行控告。例如淡新档案"刘福受诉叶阿义毁坏祖坟案"中，台北府受理审结，并令两造出具甘结和

〔35〕 付春杨：《权利之救济：清代民事诉讼程序探微》，武汉大学出版社 2012 年版，第 232 页。

〔36〕 同前注，第 167 页。

〔37〕 李青：《清代档案与民事诉讼制度研究》，中国政法大学出版社 2012 年版，第 261 页。

息，但后来原告就以被告"不遵甘结"为由，请求台北府饬差拘究，类似于现代的强制执行。原告的请求遭到台北府拒绝后，便向新竹县重新控告起诉。[38]

如果该案件是群体性案件例如村庄之间争夺土地、水源的案件或者是在当地有较大社会影响的案件例如宗教案件，经过官府调解和息，各方具甘结并执行的同时，也要在案件发生地或者官府所在地的醒目位置立"甘结碑"，起到警示众人的作用。例如清代山西陵川县四义庄村的《古井碑记》记载："……用垂久远，永杜争端，言讫两造允服，各具甘结息讼，遂命立伐石以贞珉。"[39] 再如清政府在解决云南华宁县地区的伊斯兰教教派纷争案件后，在该县盘溪北门清真寺立了甘结碑，上面刻有知州的堂判结果和双方当事人所具的甘结状。[40]

（三）甘结文书排除了当事人继续上诉的机会，客观上减少和防止"健讼、缠讼"现象的发生

前文也已提到，中国传统是重视信用的社会，案件当事人已经当堂立下甘结，无论是自愿还是强制当事人都保证服从审理结果而且保证不再反悔。既然有言在先，那么如果当事人之后反悔对甘结内容不服提起讼争，就可能被官府视为言而无信的"讼徒"，当事人的社会评价也会受到严重影响。

在情理法相融合的传统司法背景下，可以说官府的调解在一定程度上摆脱了成文法条的束缚，侧重情与理，具有极大灵活性，调解结果平和公允尽可能让当事人接受。在裁判技术上，官员采用"遵依甘结"这种看似缺乏权威的做法的目的是为了达成"官法与民情"的合意；也就是说，把"民情"作为司法裁判的合法性或正当性基础。传统中国的人情社会是"有机"社会不是"机械"社会，不能将纠纷从社会关系网

〔38〕 同前注，第265页。
〔39〕 "山西、河北日常生活用水碑刻辑录"，载山西大学中国社会史研究中心编著：《山西水利社会史》，北京大学出版社2012年版，第210页。
〔40〕 余振贵、雷晓静：《中国回族金石录》，宁夏人民出版社2001年版，第663页。

络中"切割"出来，单独予以解决，而必须把案件置于社会情境当中予以协调和平衡。[41] 这样就使当事人最大可能地接受审理结果。

如果当事人在具结后再起诉，官府一般就不再受理，例如龙泉司法档案中有一案件，当事人毛恒马之前已经甘结悔过："民亦知恩，悔过自新，嗣后不敢再生事端，如有仍蹈前辙，愿甘坐究，所其甘结是实。"县官予以和解撤销。然而，四个月后毛恒马又以"民人物两空，冤无伸雪，心何以甘"再次提起诉讼。对此，县官不予批准："状悉，案查该民悔过甘结从宽免究在案。兹据来状所称滥用职权勒索花押具结完案。迄今事越数月案已确定，所称难准。"[42] 反复无常的当事人经常会被官府视为滋讼的刁民，一概不予理会。

但是这种作用还是值得怀疑和讨论的，"遵依结状"虽然标志着诉讼程序暂且告一段落。但是，当事人虽然一时提交了遵依结状，但又制造口实，将争议重新提出，以期改变裁定的情形也会屡屡出现。

七、甘结文书的意义和深远影响

可以说甘结文书贯穿清代历史的始终，就是在清末司法改革，废除旧的诉讼制度，成立大理院，设立地方审判厅后，从各种档案文献中也能看到大量光绪宣统年间的甘结。甘结与批词、保状、"官批民调"后的息呈和判词等文书共同构成了清代多元的结案系统，这套结案系统经过改造，在民国初期精简为结状、和解状和保状等格式文本，在审判厅和知县兼理司法中继续沿用。[43]

到了民国时期，甘结的息讼性质逐渐消失了，从正式文书转变为非正式文书，法院也不认可甘结的强制性效力了。民国大理院在民国三年

---

〔41〕 徐忠明：《情感、循吏与明清时期司法实践》，上海三联书店 2009 年版，第 271 页。

〔42〕 张健："晚清民国刑事和解的第三领域——基于龙泉司法档案刑事案件官批民调制度的考察"，载《中国刑事法杂志》2013 年第 4 期，第 107～111 页。

〔43〕 俞江："明清州县细故案件审理的法律史重构"，载《历史研究》2014 年第 2 期，第 40～53 页。

（1914年）上字第248号判决例中认为"当事人在审判衙门所具不愿缠讼之甘结，按照先行法例，无论其是否出自本人情愿，法律上当然认为无何等之效力。"在民国四年上字第272号判决例中认为"从前县判，并不以当事人输服具结为有效力之要件。"〔44〕因此，在民国时期，甘结属于非公文程式条例规定的档案文献种类，是当事人交给官署，表明自己愿意承担某种义务或对某事负责，否则甘愿接受处罚的保证书或悔过书。〔45〕

现代中国司法活动中的"具结悔过"制度或多或少仍然存在着甘结文书的影子，三大诉讼法中均有具结悔过的存在。刑法上的具结悔过是指一种非刑罚处罚方法，对于犯罪情节轻微不需要判处刑罚的，可以免予刑事处分，但根据案件的具体情况，可以责令行为人具结悔过，即保证改过自新，对自己的行为悔过表示愿意承担相关法律责任。〔46〕在民法上，具结悔过也是承担民事责任的一种方式。在行政法上，责令具结悔过是一种轻微的强制措施，主要针对妨害行政诉讼行为情节和后果较为轻微的情形。虽然传统的甘结与现代的具结悔过在性质、适用情形、作用等方面都有根本不同，但甘结与具结悔过都包含着教育感化和倡导德治的司法因素，体现了司法机关与人民群众之间的信任关系，甚至可以说具结悔过就是甘结在当代法律体系中的转变。〔47〕

八、结语

一纸甘结文书在清代的司法审判尤其是调解结案的民事案件以及轻微刑事案件中占着举足轻重的地位，它不仅标志着案件终结，而且是案件执行的依据。归根结底，这是由当事人的"心甘情愿"和官府的

〔44〕 郭卫：《大理院判决例全书》，中国政法大学出版社2013年版，第831页。
〔45〕 黄存勋等：《档案文献学》，四川大学出版社1988年版，第329页。
〔46〕 浦法仁：《社会科学辞典系列——法学辞典》，上海辞书出版社2009年版，第312页。
〔47〕 赵晓耕：《观念与制度：中国传统文化下的法律变迁》，湘潭大学出版社2012年版，第218~229页。

"强制调处"之间的产物,至于说当事人的自愿占几分,官府的强制占几分,哪个起主要作用,哪个起次要作用,由于具体案件千差万别,这恐怕是难以一概而论的,应视案情而定。

甘结文书体现出来最重要的一点是当事人之间、当事人与官府之间的司法信任关系,今天经过法院调解或庭外调解形成的调解书也存在着甘结文书息讼止争的影子,两者都是双方当事人自愿遵从调解结果的书面保证,无非是现代的调解书基本上完全体现当事人的自由意志。同时中国现代法律中的具结悔过制度也蕴含了甘结文书的保证和悔过性质,可以说这种官民互动、强制力下的自愿和解的传统法律文化因素仍未断绝,无论古今,国家与社会之间的合作和妥协都贯穿于整个诉讼过程。当然,如何借鉴中国传统法律文化,为今所用,还得更加深入对档案文献进行挖掘研究,以及对现实社会的认知判断,进一步寻求古今之间的契合点。[48]

总之,清代地方司法档案中形形色色的案件和数量庞大的甘结文书为我们勾勒出一幅清代民与民之间、民与官之间相互角力,利益博弈的复杂画面,也构建出两个传统社会的法律体系即官方与民间的法律体系,形成一个以调解和息为中心的清代民事案件的多元纠纷解决途径。

---

〔48〕 参见吴佩林:《清代县域民事纠纷与法律秩序考察》,中华书局 2013 年版,第406 页。

华北人民政府铁路占地问题立法述评

时 晨[*]

一、引言

铁路问题，如果从相对宽泛的时代跨度上来看，可以说是纵贯中国近代史的一个相当具有代表性的大问题。西方列强在侵入中国的进程中，总是非常急于抢占铁路的路权，甚至因此而在彼此之间产生了矛盾；在中国人民奋起反对入侵的运动中，保路运动也非常具有代表性。至抗日战争时期，日本为控制占领区，在相关区域内修建了诸多铁路，通常所称的豫湘桂战役实为"大陆打通作战[1]"，其对于铁路交通的重视可见一斑；此后的百团大战是直接针对铁路进行破袭的交通破袭战；至抗日战争胜利后，由国民政府在国统区进行的以及由我党在解放区进行的铁路的修筑、修缮和维护工作也取得了巨大的成就，在上述的全部过程中伴随的是因修筑铁路而带来的借款合同、巨额债务。

若就某一个具体的历史时期而言，铁路仍然具有巨大的代表性意义，因围绕铁路可涉及诸多问题，这些问题囊括了经济、内政、农工、地理、行政区划和行政管理、战备、法律等方面，具有提纲挈领的意义。述及铁路与法律的关系，一方面铁路运输作为一个行业必然需要制定本行业内的规则，另一方面，因铁路与相关的领域所产生的广泛交叉，对于此类交叠的事项也应由法律进行调整，本文所关注的铁路占地补偿问题即是一个复杂、敏感而干系重大的问题，然而对于此领域的研

---

[*] 中国人民大学法学院博士研究生。

[1] 参见〔日〕桑田悦、前源透："打通大陆交通线作战（'一号作战'）"，载《简明日本帝国战争史》第十章《大东亚战争》，军事科学出版社1989年版。

究目前仍相对比较缺乏。

华北人民政府成立于 1948 年 9 月 26 日，而对于铁路占地补偿问题的处理的专门规范性文件《关于铁路占地问题处理办法及枕木价格、运费的规定》（下简称《铁路占地问题处理办法》）制定于 1948 年 10 月 8 日[2]，中间只有十余日。一个新生的政府以如此的"优先级"来处理铁路占地的问题，足能说明其对于新生政权的巨大意义。在此以前，国民政府六法全书中的《土地法》于民国十九年六月三十日（1930 年 6 月 30 日）由国民政府公布，并于民国三十五年四月二十九日（1946 年 4 月 29 日）由国民政府进行了修正公布，在处理相关问题上已经有了相对可以直接参照的法律规范[3]，华北人民政府的《铁路占地问题处理办法》在诸多方面与此形成了鲜明的对照。从这些对照当中，我们可以大体得知华北人民政府对于铁路等国计民生的大问题的立法处理的倾向，究竟是何种原因促使了上述转变的发生，也正是本文着力探讨的问题。

二、从一般到特别——与六法全书的比较

对于铁路占地补偿问题，《六法全书》中《土地法》之规定为[4]：

> 第二百三十六条　1，征收土地应给予之补偿地价、补偿费及迁移费，由该管直辖市或县（市）地政机关规定之。2，前项补偿地价补偿费及迁移费，均由需用土地人负担，并缴交该管直辖市或县（市）地政机关转发之。

> 第二百四十二条　被征收土地之农作改良物，如被征收时与其

---

〔2〕　参见中国法学会董必武法学思想研究会编：《华北人民政府法令选编》，2007 年版，第 425 页。
〔3〕　参见《土地法》，载《基本六法》，三民书局 2012 年版，第 H·176 页。
〔4〕　参见《土地法》，载《基本六法》，三民书局 2012 年版，第 H·210、211 页。

孳息成熟时期相距在一年以内者，其应受补偿之价值，应按成熟时之孳息估定之，其被征收时与其孳息成熟时期相距超过一年者，应依其种植、培育费用，并参酌现值估定之。

而《铁路占地问题处理办法》的规定为[5]：

关于铁路占地问题，应分别不同地区及新旧路基规定之：

一，老解放区土改已彻底完成，地少不能再调剂者，新路基占用民地，应按地质作价收买，其价值最高不得超过三年产量之总值。旧有路基重新修筑者，不再出钱收买，但如已变成耕地有碍土地所有人生活者，由本村调剂补偿。

二，土改未彻底完成地区，新旧路基之占地，均不作价收买，在土改中调剂解决。

三，不论新老区，因修筑新旧路基，损坏了已锄过的田苗，可按常年应产量酌予赔偿，如系小苗及已下种施肥之地，可在不超过常年应产量三分之一的标准内酌与赔偿，因挖土、堆土致地不能耕种者，按前一、二两项规定之占用路基办法解决之。

值得注意的是，《土地法》对于征收补偿方面有非常详细的规定，《土地法》将土地征收作为第五编在其中专门论述，并将国家兴建交通事业划入了规制的范围。在比较具体的规定之前，应明确，二者相较可以看出《土地法》未对于征收补偿确定具体的金额标准，仅就计算方式做出了原则性的规定，而《铁路占地问题处理办法》为具体金额的计算划定了上限，并为青苗等改良物价值的计算确定了相对具体的标准。故该法从表达方式上更加接近于《土地法》所称的"该管直辖市或县（市）地政机关规定"，在此方面二者存有性质上一定的区别。但从实

---

[5] 参见中国法学会董必武法学思想研究会编：《华北人民政府法令选编》，2007年版，第425页。

践角度看，国民政府之法一出，其治下的各行政区划在制定本区域内标准时必然以此为指导，而此原则性规定与《铁路占地问题处理办法》亦有诸多可比之处，下详细论之，以更好地阐明《铁路占地问题处理办法》之特点。

第一，补偿的性质具有本质性区别。从补偿的构成上看，占地的补偿一般应包括对于用地的补偿以及对于地上物的补偿两方面[6]，即所谓"占地补偿款"以及"青苗损失费"。在地上物方面，二者均有规定，但对于占地的补偿则区别甚大。依据《土地法》，占地应给予补偿地价，"补偿地价"的规定实质上相当于政府从现有地主人手中以某种价格将地"购回"，而实行此举的重要前提是具有相关地价能够得以确定的标准，正是因为已经有了"核定全国地价[7]"的行为，"地价"概念才有存在的基础，而以土地作价的行为之内在逻辑在于土地私有，问题实质是土地原有主的所有权和国家对于土地的使用权之间的博弈。

就《铁路占地问题处理办法》而言，以行文看，对于土地的补偿是以其产值作为计算标准的，而既然采用所谓"三年产量之总值"的表述方式，逻辑上以"产量总值"代替"地价"就可能带来一些以偏概全的问题，例如某地为居住用地、矿脉经过之地或者交通之要冲，则其土地农作物产量将相对不高，但其低价本身却可能高于农地。从实践角度来讲，虽然存有上述问题，但其影响应比较有限。因在铁路运输方面，华北人民政府的主要任务并非新修筑铁路而是对原有的、已被破坏的铁路进行的修复，而旧有的铁路沿线得到了相对较为完善的保护[8]，在此种情况下将各类可能占用的土地以耕地为线一视同仁进行补偿亦未为不可。"产量总值"所关注的，实为使用土地已经带来的及可能带来的收益，而"地价"则是地本身的价值，二者既然内涵不同，在立法方面

---

〔6〕 参见王仕菊等："基于耕地价值的征地补偿标准"，载《中国土地科学》2008 年第 11 期，第 44～47 页。

〔7〕 参见孙中山：《三民主义》，九州出版社 2012 年版。

〔8〕 如日寇于铁路周际设置"护路村"，国民政府设置界石、界碑以及铁路隔离区等，参见杨永刚编著：《中国近代铁路史》，上海书店出版社 1997 年版，第 118～123 页。

所用的措辞就应当有所区别。在《铁路占地问题处理办法》当中，规定"按地质作价收买"，这种表述的精神与《土地法》之"补偿地价"本质无异，均是对其进行购买，那么以土地产出物作价来购买土地，显然这并不符合买卖的一般规则。此故，《铁路占地问题处理办法》所称的收买其实并非为收买，而是征收并给予一定的补偿，这种补偿额可能较高，甚至达到三年的产出物价值之总量，但从性质上来看，这是一类权力完全征服权利之后进行的补偿，其比照购买的方式显然更具有国家强制力的色彩。

据此我们似可认为，《土地法》之补偿的内容为：其一，土地价款；其二，各类补偿费用（包括但不限于青苗损失）；其三，搬迁费用。而《铁路占地问题处理办法》所规定的补偿的内容为：一是补偿；二是青苗等的损失费用。

第二，补偿标准方面之规定有较大区别。从补偿的标准上看，前述已论及，《铁路占地问题处理办法》始终是围绕着产量进行的，考其对于青苗的补偿方面，若田苗已经锄过，则按常年应产量酌予赔偿，而如果是小苗或者下种施肥的土地，则在不超过常年应产量三分之一的标准内进行赔偿，这实际上是划一的操作方法，在实践中未免有生搬硬套之嫌。可以想见，一方面，当年产量和常年应产量必然有所区别；另一方面，在华北地区正常耕种的过程中，翻耕需要四次到六次作业[9]，如果耕地条件较差，此作业次数可能还要增加，繁多的作业耗费了大量人力物力，在当时的历史条件下，也占用了农民大量时间。意即，"田苗已经锄过"是一个相对不确定的时间点，如若只是第一次浅锄，而其间作物的补偿价就瞬间照之前飙升为三倍的话，显然在公平方具有可以提升的空间。

"常年应产量"的认定亦非常模糊，按照立法内部逻辑的自洽性，在华北人民政府所颁布的法律中，对于此点的规定为："'常年应产量'

---

[9] 参见徐秀丽："近代华北平原的农业耕种制度"，载《近代史研究》1995 年第 3 期，第 112～116 页。

之订定，应根据土地自然条件（土质、水利、风向、阳光等，）并参照当地近年一般农户经营概况（施肥、用工等）在当地一般年头下的收获为标准[10]。"从规定上看，自然条件和一般经营状况等均系估计的参数，还是以经验主义为主要的立法模式，其是否有可能对于常年应产量做出不当的估计，是堪可怀疑的。最关键的问题是，上述规定（《关于农业税土地亩数及常年应产量订定标准的规定》）制定于民国三十七年（1948 年）十月二十三日，《铁路占地问题处理办法》尚且要比其早上二十余日，对于"常年应产量"按何种方式进行操作恐怕就更无一定之规了，极有可能是依据经验而定。

必须承认的是，即便其上的作物已经成熟并收割完毕，计算其准确价值继而进行相关赔偿都是相对困难的，毋宁在此种青苗的状况之下了，但是《土地法》和《铁路占地问题处理办法》仍有着"实际收益—损失"和"应产量收益—损失"的区别，能否以应产量代替实际产量此问题显而易见，姑且不论；能否因某些土地自然条件相对较差，常年应产量很低而进行很少的补偿呢，事实上，在这样的土地上农民往往需要付出甚至已经付出了更多的、更辛勤的劳动，抑或是在相同自然条件土地上有农民的勤劳耕作等多种情况下，在补偿时的公平确实堪忧[11]，甚有不具体问题具体分析之嫌。当然，在此问题上《土地法》之规定亦有其计算困难之处，但相较而言，《铁路占地问题处理办法》规定显得草率、忽视实际是基本可以认定的。

另需补充的是，显然在《铁路占地问题处理办法》中，未涉及到搬迁费用的问题。

第三，就土地权属上看，《土地法》和《铁路占地问题处理办法》

---

〔10〕 参见《关于农业税土地亩数及常年应产量订定标准的规定》第 2 条起，载中国法学会董必武法学思想研究会编：《华北人民政府法令选编》，2007 年版，第 260、261 页。

〔11〕 应指出的是，实际上在前注规定之第二条第二款丙项中规定："如系同样的土质，因多加工、多施肥、勤劳耕作而增产的不应提高。"即常年应产量的计算，实际已将农民个人劳动的因素（尤指非连续性质的）排除在外了。

均并未明确指出土地权属流转问题，但通过体系解释的方法可以得知，《土地法》中之土地使用人可为私人，其权属应是按照如下顺序流转的：①私人申请使用土地；②国家批准后由国家进行征收；③在此过程中，由国家向土地原主人发放征地补偿；④由申请人承担此费用，土地交由申请人使用。在《铁路占地问题处理办法》当中，因不涉及到私人使用者的问题，故对此问题完全未有相关阐述。另可见，在《土地法》当中为私人使用者设定了相对较为周密的程序，具体为：

> 第二百二十四条　征收土地，应由需用土地人拟具详细征收计画书，并附具征收土地图说以及土地使用计画图，依前两条规定（前为政府核准等规定，笔者注）分别声请核办。

上述诸规定共同指向于一个非常基本但是重要性仍显得极为突出的问题，即补偿费用是由何主体所承担，抑或是，补偿费用资金的来源。考虑到华北人民政府的建制及对外关系，其资金来源的渠道与国民政府存在区别，此点将在下文专门论述，而资金来源一定程度上关系着资金是否充盈。同样地，从法律内部的逻辑看来，《中国土地法大纲》为1947年9月通过，于10月10日公布，因《中国土地法大纲》为解放区等各地经验汇总基础之上的文本，其所体现的相关规定与华北人民政府的相关规范性文件不应有所龃龉，反之亦然。故《中国土地法大纲》第六条所称之："除本法第九条乙项所规定者外，乡村中一切地主的土地及公地，由乡村农会接收，连同乡村中其他一切土地，按乡村全部人口，不分男女老幼，统一平均分配，在土地数量上抽多补少，质量上抽肥补瘦，使全乡村人民均获得同等的土地，并归各人所有[12]。"从所有权上规定了土地实际为私有，在此前的《中共中央关于清算减租及土地问题的指示》当中，亦有："在农民已经公平合理得到土地之后，应巩

---

〔12〕　参见《中国土地法大纲》第六条，载《中国土地法大纲》，新华书店晋绥分店印1947年版。

固其所有权，发扬其生产热忱，使其勤勉节俭，兴家立业，发财致富，走向美满有方向，以便提高解放区生产[13]"的规定，概言之，从地主的土地所有权变为农民的土地所有权一直是我党致力的方向和希图取得的良好效果，就铁路占地问题而言，所涉及的为农民之土地，则更可以通过调剂等方式解决，因这些似乎可以划归为"人民内部"的问题，而且因此时政府着意将民众支援前线的积极性调动起来，对于补偿款项的讨论，是否承担方面的讨论，其意义比照如何承担就更显得重要了。

三、改变立法模式的几点原因

在前文所简要分析的两种法律的种种区别基础之上，华北人民政府为何选择这样一种立法模式，从理论上讲，这涉及立法诸环节的各种问题，尤其是政策与法律之间关系的问题，考虑到《铁路占地问题处理办法》更多地表现出行政性，其更多的关注应是，欲要达到当前的目的，克服当前的困难，需要采取何种措施，而上述种种共同构成了征地补偿立法的宏大背景，也就是，为什么要这样立法这一简单而复杂的问题。在此，笔者仅就几个相对突出的、具有典型性的原因进行分析，这不代表仅有这些原因，恰恰相反，与这些原因相关的各类因素都应纳入考量的范围，惟在此暂不进行深入探讨。

第一，从财政角度看，修筑铁路需要消耗大量经费，而自清以来，于中国修筑之铁路，需要向国外银行进行借款者占大多数，国民政府执政期间，修筑铁路主要是以买办资本和外国资本"合办"或"合资"的方式进行，帝国主义亦在诸多方面影响甚至控制着中国的路权。不惟如此，在国民政府统治期间，为修建铁路还曾举内债。而与之不同的是，华北人民政府成立时间较晚，存在时间也相对短暂，就其存续的期间，还因自然灾害频发、战争连年而导致生产生活的严重困难。从政策角度，政府存续的目的即为："……继续以人力物力财力支援前线，……有计划地有步骤地进行各种建设工作，恢复和发展生产；在现有基础上，

---

〔13〕 参见《中共中央关于清算减租及土地问题的指示》第十二条。

把工农业生产提高一寸[14]。"从实际情况看，1947年12月，晋冀鲁豫、晋察冀、山东、晋绥以及陕甘宁五个解放区的脱产人员达160万，比抗战胜利前夕高出77.8%，而对于此类人员的供给标准却从1942年、1943年的小米7石，增至1946年的14石，1947年更高达28石，当时每个农民的年收入仅为小米2.5石[15]。另一方面，1947年晋冀鲁豫军区支援刘邓大军银元100万，以及各类军需物资折合小米3527万斤，华北人民政府1948年援助各区的支出折合小米有12.96亿斤，占其财政总支出的27.1%[16]。更毋宁于讨论华北人民政府成立肇始，各个解放区存在有"山头主义"的迹象[17]，再加之未见有外债或者内债的发行[18]，可以说，华北人民政府是在以其并不丰裕的财政收入在支持铁路的修缮和修筑的工作，而这样就更需要农民和工人等的义务性劳动、无偿性的奉献加以支持。可以说，从经费上考虑，华北人民政府在征地问题上选择这样一种态度是堪可理解的。

第二，虽然在土地法方面，中国共产党和苏联采取的政策存在本质性区别，但对于土地利用等行政方面概与苏联有较大的相似度，抑或云，深受苏联的影响。依据苏联1922年之《苏俄土地法典》以及1928年《土地和利用土地一般原则》之规定，土地私人所有权在俄罗斯联邦被永远废除了，此系认定国家所有权的重要规定[19]。在此基础上，苏

---

〔14〕 参见"华北人民政府施政方针"，载中国法学会董必武法学思想研究会编：《华北人民政府法令选编》，2007年版，第3、4页。

〔15〕 参见李炜光：《中国财政史述论稿》，中国财政经济出版社2000年版，第249页。

〔16〕 参见《华北解放区财政经济史资料选编》第2辑，华北解放区财政经济史资料选编辑组，中国财政经济出版社1996年版。

〔17〕 如董必武认为：各战略区或分区都不能联系，只好自力更生，各自为政；财经方面也是各搞各的，用一切的方法求得自给自足……但是现在在这个基础之上很容易产生宗派主义、本位主义和山头主义的思想和作风。董必武：《董必武选集》，人民出版社1985年版，第315页。

〔18〕 参见刘隆亨、吴军："华北人民政府的金融法令"，载中国法学会董必武法学思想研究会：《依法行政的先河》，中国社会科学出版社2011年版，第328、329页。

〔19〕 参见 СУ РСФСР. 1922. № 68. Ст. 581. 及 СЗ СССР. 1928. № 69. Ст. 642.

俄对于铁路用地的立法模式为：

> 拨给运输部门的土地，系指本规定第四节至第八节所列举的土
> 地而言，完全归交通人民委员会……（下含六机构，从略，笔者
> 注）……及上列的所属机构所管辖。

> 属于铁路运输部门的土地，系指铁路线路，包括侧线，以及直
> 接衔接线路的：备用线、砂石场、路堑、车站与线路设备、仓库、
> 堆货地段、工厂、机厂、车库、存放机车与车辆房、办公室、住宅
> 与文化教育场所、苗圃、防雪设置、防雪与御沙地带、以及具有特
> 别用途，而为铁路服务直接衔接线路的其他设备与地段所占用的土
> 地[20]。

与此相似的是，于《华北区公路铁路留用土地办法》当中，华北人
民政府亦规定有：各行署在未发土地证以前，应按表规定将公路铁路占
地留出，路权属于公有，由交通部掌管之[21]。路权公有是苏俄和华北
的共同特点，在此特点下由政府机关掌管成为必然的选择。而路权公有
在国内的意义显然因长期的斗争而更为重大，从此角度讲，可以说其堪
称当前中国铁路乃至整个中国运输业的立法模式和运营模式的滥觞，对
于目前"一家独大"或者"铁老大"等的现状，笔者无法，也无意做
任何评论，其利弊之辩未有止休，现也有出现变化的迹象。路权既为公
有，又附加以公权力机关运营，这是政治体制所导致的必然选择还是在
现有的体制改革的趋势下可以选择更好的方式或者进行调整，值得相关

---

[20] 参见【苏联】《拨给运输部门土地规则》第一章第一节、第二章第四节，一九
三三年二月七日苏联人民委员会议与中央执行委员会第五八——五〇号命令批准，并在一
九三三年苏联法令汇编第十二号第六十六节乙项内公布。转引自铁道部商务局译：《苏联
铁路条例》上册，人民铁道出版社1953年版。

[21] 参见《华北区公路铁路留用土地办法》第一条，见《华北人民政府法令选编》，
中国法学会董必武法学思想研究会编，2007年版，第427页。

决策者深思。

在征地补偿方面,《华北区公路铁路留用土地办法》所规定之原有铁路路基地产,未经破毁有案可查时,仍照原旧地界留除,不得平分,亦不照前条办法留地[22]。此规定与先前《铁路占地问题处理办法》相合,尤其在于若为旧有路基未经破坏而得保留者,按照后法之规定,原地界应得留除,不能将其平分,而依前款,此地得由村等单位调剂补偿。此两款似并非后者为前者的补充,而是共同构成了对于土地进行处置的不同方面,可以说从立法体系性的角度考虑,也似可说明前款规定之原则性意义。

第三,从实际情况看,前已论及,华北人民政府在铁路运输方面所面对的主要任务并非新修筑铁路,而是将原有的、被破坏的铁路尽快修复、抢通,并使原先缺少支线的铁路真正连成网络。

以正太铁路为例,正太铁路自 1904 年开始修建,至 1907 年 10 月全部完工通车,其经费来源前已有述,自邮传部成立以后,也均归属于邮传部所管辖[23]。因其所修筑的最初目的为运煤,故其为窄轨铁路。抗日战争期间,日本为加速掠夺中国的资源、将其"中国大陆路网"建设完备而进行了铁路的整修工作,具体表现为于 1938 年将正太铁路井陉支线改为标准轨,南张村至太原间的铁路改轨于 1939 年 6 月 2 日完工,南张村至石家庄间的铁路改轨工程同年竣工。这样,日寇就将整条正太铁路干线和一部分支线改为了标准轨距的铁路[24]。百团大战最初被称为"正太战役",而自其 8 月 20 日晚打响开始,即为针对铁路而进行的破袭战,其结果为"破坏交通的成绩计:破坏铁路九四八里(其中以正

---

[22] 参前注,第 5 条第 3 款第 3 项,第 428 页。

[23] 参见宓汝成:《中国近代铁路史资料》(第 2 辑),中华书局 1963 年版,第 730~733 页

[24] 参见罗文俊、石峻晨:《帝国主义列强侵华铁路史实》,西南交通大学出版社 1998 年版;另参见日本《兴亚》(第 5 号),1959 年 11 月 1 日。

太路被我毁灭最为厉害，直到现在已三月有余，仍未修复）"[25]。1947年11月10日，晋察冀边区铁路管理局在石家庄成立，着即恢复已被解放的正太铁路的运输。尤其是为解放太原之故，工程进度很快，至1948年12月10日已经恢复了阳泉至榆次间的铁路通车。至1949年4月全线修复通车。

正太铁路是华北人民政府治下进行修复的铁路中极具有代表性的一条，仍基本集中于对其进行的修复，此种情况与征地补偿问题的关联，当有两个方面：一方面，为支援前线故，进行修复工作必须追求速度，尽快完成，这就要求对工程中出现的问题，尤其是涉及民众利益的问题尽速解决，以一种概括性的高度、普适性的标准和贴近农村、贴近实际的方式立法尤为必要；另一方面，对原铁路进行的修缮本身就决定了铁路的存续性，大规模的战斗以后，在铁路或原铁路的路基上进行耕种显得匪夷所思，若此种占地相对较少，则不补偿而以调剂的方式解决土地问题则有效地规避了争议的出现，而相对低额度的补偿可以在不造成民众抵触的前提下节约宝贵的资金，质言之，一平一战，一普通一特别的对比反映出特定历史条件下共产党人在法律上的某些功利主义，也反映出难能可贵的实事求是的特点。

上述讨论建立在对这样一个问题的回答上：土地掌握在谁的手里，或者说，谁掌握土地的包括占有使用收益在内具体的权能，又有谁掌握着土地的处分权能。前已述及，在官方所发布的文件当中，土地是归人民所有的，这是土地改革的成果，也正是共产党能够取得包括华北人民政府在内的一系列政治成绩军事成绩等的关键所在。问题在于，农民是否具有完整的对于自己土地的支配权呢？这样的问题从官方的文本上看，应该是不存在争议的，但是正如今日因强制的征用而产生了的诸多社会问题一样，如果土改业已完成的区域内，有农民不希望将自己的田

[25] 参见《第十八集团军总司令部野战政治部公布百团大战总结战绩》〔新华社晋东南11日电〕，1940年12月10日，根据1940年12月22日《新中华报》刊印，载人民网，http://cpc.people.com.cn/GB/64184/64186/66643/4490225.html。

地让出，又该如何处理呢？文本上并未给出相应的回答，而这样的农民数量仍然有不少[26]。土改一向被认为是一种结果，一种目的，甚至一种意义，虽然直到现在意义本身都并非完全具有意义[27]，但是是否可以从目的或者方法的角度去考量土改呢[28]？笔者认为，可以认为共产党的土地改革具有相应的大限度的诚意。

从这个角度向前一步，对于华北人民政府的法令政令应作何观？笔者认为，共产党的政权面对国民政府的法律的态度从实践上看是存在着转变的，具体到华北人民政府而言，其废除六法全书废除国民党法统的行为并不能够当然地为其自身的法令带来合法性，这也显然不是其政权合法性和行政依法性的来源[29]。当我们谈依法行政的时候绝对不能只关注政府建立起的一套制度（这套制度能否被称之为法还堪可怀疑），而更应该看到制度的实质性的意义，这也能够解释为何在整个革命根据地的司法实践中，六法体系都扮演了极为重要的角色。实质上，华北人民政府是在政治的立场上废除了六法全书，在法律上只是颁布了临时性的、为解决最具体最急迫的问题而设置的法令而已，而绝不是因对自己的法令已经健全的自信。此故，对于传统的具有宣示性的抛弃，恐怕是站在法律背后的更为深刻的立场和原因。

四、余论

华北人民政府存续的时间并不长，其设立既是解放战争的阶段性胜利成果的落实，也是对未来新中国政权建筑模式的一次展望。相对较强的过渡性使这一时期在立法方面成就斐然，但仍以行政性质的、政令性

---

〔26〕 参见［美］易劳逸：《蒋介石与蒋经国》，中国青年出版社 1983 年版。

〔27〕 参见贾可春：《罗素意义理论研究》，商务印书馆 2005 年版，第 175 页。

〔28〕 参见张树焕："解放战争时期中国共产党土改政策反复调整原因探析——兼评'政治谋略说'、'革命形势说'两种观点"，载《华侨大学学报（哲学社会科学版）》2011年第 2 期。

〔29〕 参见郭济、沈荣华："国外政府改革与依法行政的动向——来自德国、法国和国际行政学会年会的经验"，载《中国行政管理》2006 年第 1 期。

质的和规章性质的居多，效力层次方面也区分得不够明显。可以说，在讨论任何当时的立法问题时，均不能忽略了其是战时这样一个基本的背景，从这个角度看，一方面诸多问题可以得到合理化的解释，另一方面，也不应因某些问题的处理或者某些法条的制定上与今日有着较大区别或者从今日的角度看当难以认识难以理解，即认为其应对当今的某些问题而负责，将具体的法律放置于具体的历史情境下进行讨论，进而总结出立法应遵循的某种原则，是从历史中尤其是华北人民政府的法律的历史中汲取经验的一种相对有效的途径。

具言之，征地补偿问题方面之立法在目前仍然采《土地法》之模式，由各省政府制定具体的标准，例如，《河北省土地管理条例》第三十九条规定："征用耕地的土地补偿费，为该耕地被征用前三年平均年产值的六倍至十倍。"其后又分别规定了征用耕地以外的其他农用地和建设用地的土地补偿费、征用未利用地的土地补偿费、征用耕地的安置补助费、征用耕地以外的其他农用地和建设用地的安置补助费以及支付土地补偿费和安置补助费后，尚不能使需要安置的农民保持原有生活水平的，经省人民政府批准，可以再增加安置补助费。并以上限的方式规定："土地补偿费和安置补助费的总和不得超过下列限额：①征用耕地的，不得超过该耕地被征用前三年平均年产值的三十倍；②征用耕地以外的其他农用地和建设用地的，不得超过该土地所在乡（镇）耕地前三年平均年产值的二十五倍。"对于征用土地的青苗补偿费按当季作物的产值计算。地上附着物补偿费标准由设区的市人民政府制定，报省人民政府批准后执行。尤为值得一提的是，在土地被征用后，应当核减所征用土地的农业税、农业特产税和农产品定购任务。征用时，未收获当年作物的，当年核减；已收获的，下年核减[30]。

可以说，目前的方式在认定土地公有的前提下，将补偿的标准做到了精细化，一方面，补偿是按照土地补偿、安置补偿和青苗损失划分，使得补偿能够尽可能包括失地人损失的全部方面，此与《土地法》有相

---

〔30〕　参见《河北省土地管理条例》第39～42条。

似之处；另一方面，以实事求是的态度规定了土地补偿和青苗损失等浮动性损失的具体标准，不再采其地产总值这种难以计算、易于上下其手的标准，而是将耕地产值平均计算，将耕地和非耕地区别，并且规定有补偿的计算方法和上限，这就有效地解决了一些具体操作中可能产生的问题。当然，《河北省土地管理条例》的规定，亦有可遭非议之处，然其所体现的实事求是的基础上尽量对失地农民加以保护的精神，则是与华北人民政府一脉相承的。在当时的历史条件下，在资源困乏、全力支前、百废待兴的情况下，对于农民的权益尚且以立法的形式加以保护，当下这类法律能够实际被执行的又有多少，实际执行中被遵守的又有多少，被遵守了的农民实际拿到的补偿款又有多少，种种乱象，值得深思和检讨。铁路于中国方兴未艾，相较传统的铁路，动车铁路、高铁铁路以及电气化铁路等等种类的新型铁路为了行车安全和车外人的安全，需要更大的隔离带，自然需要占用更多土地，面对更多的此类问题。

从此角度向前一步，在讨论华北人民政府，尤其是华北人民政府法治的情况下，是否其开创性意义亦很重要，甚至超过了其过渡性意义呢？任何事物不会从无到有，一个政府、一个执政党刚刚取得了政权就迅速制定了一套法规无异于空中楼阁之谈，某些法律只有在相当的法域内方有实践的意义，进而也才有可能出现。试想，在一个没有铁路或者铁路很少的地方，在一个无力兴建铁路的地域讨论铁路占地补偿是很荒谬的，而只有当掌握了相当的地方，组织起了相当的政治机构，统治了相当的人民，才可能考虑这些涉及基础设施建设的问题，此类问题在华北人民政府的立法中不胜枚举，一方面，其法律与《六法全书》等具有较大区别的确是实，但彻底摆脱《六法全书》的影响，完全地另起炉灶是违背现实也是违背历史规律的，是否存有"法统"，以何种方式延续了"法统"，恐怕与这些立法也不无关联；另一方面，大量实务性的、操作性极强、技术性极强的法律的制定，是长期经验的总结，此种由一般经验落实到文本法律的过程，其重大意义，岂是仅仅一个过渡性就能概括的呢？

黄宗羲式法政秩序原论

——基于《明夷待访录》文本的分析

王小康[*]

缘起：从《明夷待访录》反思中国法政传统

黄宗羲法政思想在学界是一个老话题，吸引了海内外学人的持续关注。正如学界所公认，《明夷待访录》一书凝结了黄氏反思传统法政秩序的毕生成果，是解读其思想的核心文本。本文将基于《明夷待访录》文本，对黄氏法政秩序原理展开全方位论述，并对前此之研究成果进行总结。

作为中国古代晚期的杰出思想家，黄宗羲"分析现有的邪恶并大胆提出一个汲取了传统理想的新秩序"，使传统政治思想发展到了巅峰。[1]无疑地，黄氏之论说指出了人类社会的某些普遍价值；但其思想是否体现了现代取向，这正是学界聚讼不休的分歧所在。重新解读《明夷待访录》，既是对破解这一旧案的尝试，更是反思中国法政传统的一个契机。对于中国法政秩序正在进行的现代转型而言，这种对传统的观照也许不无意义，所谓"鉴古知今"是也。

在当前学界，对黄氏秩序原理是否具备现代意义，共识性意见尚付阙如。其中，肯定者怀抱发掘资源、接续道统的宏愿，志节之高固然值得同情，但终难逃"敝帚自珍"、"牵强附会"之讥诮；而否定者则往往高举西化之大旗，对黄宗羲思想不屑一顾，因而臧否之间难合国史痕

---

[*] 中南财经政法大学法学院硕士研究生。

[1] [美]狄百瑞："从17世纪看中国君主专制与儒家理想"，载[美]费正清：《费正清文集·中国的思想与制度》，世界知识出版社2008年版，第158~159页。

迹，亦未能揭示出黄氏秩序原理的应有价值。

笔者认为，在探讨黄氏思想价值之前，必须接受一个方法论前提，即：应在中国法政思想史当中来把握黄氏秩序原理，而不可以西方术语妄加比附，这是我们理解黄氏思想的前提。在现有研究中，对黄氏思想之评价大致有四种：民本说、民主说、新民本说，以及自由说。对此四种学说，后文将有统一评价，而此处所欲申明的乃是一种研究态度。通观此四者，除民本说外，其它三种都带有比附西方之习气。这种有意无意的"歪曲"或"误读"，在逻辑上往往讲不通，难以解读黄氏思想的真正内涵，遑论彰显尊重。

总之，首先应该回归中国传统之思想场域，其次才是参考现代政治文明之标准，理清头绪则二者正并行而不悖也。因此，恰当解读黄氏秩序原理，必有赖于以下工作的展开，即疏通文本理路、思想溯源与社会寻根及现代评价。所谓疏通文本理路，是指回归核心文本《明夷待访录》，寻找篇章结构之中的内在理路，在文本中提炼出黄氏原理之宗旨。所谓思想溯源，是指在文本梳理基础上，探究思想宗旨的终极内涵及其历史渊源，挖掘其中的价值寄寓。而所谓社会寻根，乃是指探讨黄氏秩序原理产生背后的社会机理，探求其所以寄托理想的现实基础。至于现代评价，指的是用人类现代政治文明的标准对黄氏秩序原理进行评判，指明得失，并通过其典型意义帮助今人理解中国的法政传统。

一、文本理路：从探"原"到建制

《明夷待访录》一书是黄宗羲法政思想的核心文本，是解读其秩序原理的大门。[2]明夷者，《周易》之36卦，卦象离下坤上，象征太阳

---

[2] 此外，关于政治批判思想，黄氏另有《留书》，内容及编排与《明夷待访录》相类似，或疑为《明夷待访录》初稿，此不论及。《留书·题辞》讲了《留书》自身与《明夷待访录》之关系："癸巳秋，为书一卷，留之箧中。后十年，续有《明夷待访录》之作，则其大者多采入焉，而其余弃之。"参见（明）黄宗羲撰：《明夷待访录译注》，段志强译注，中华书局2011年版，第202页。本文以下所引用《明夷待访录》文字，均参考段氏注本，但只留篇名不记页码。

落入地下，光明受到了挫折和压制，表示政治昏暗之中贤人无法作为；待访，指涉周武王灭商之后访问商朝遗贵箕子的故事，箕子陈述了九种治国法则，即"洪范九畴"。身处明夷，待访而录——黄宗羲身当明季之亡国末叶，仓皇狼狈、志不得伸，只能够记录下兴衰治乱之经验，以待后世圣贤继之而平乱出治——这是书名的大致含义。

我们知道，《明夷待访录》之所以享有盛名，大半是因其对君主专制的激烈批判之语，而关于此书境界高低之分歧也恰恰集中在此。因之，要理解此书的用意，我们必须回顾有明一代乃至整个古代的政治情况。在传统中国的政治架构当中，处于独尊地位的君主代表国家政治权力的统绪，谓之"政统"；而士大夫用以主持社会理性、制约君主权力的儒家道德传承，谓之"道统"。[3] 以"道统"制衡"政统"，俾权力服从理性，这是中国古代处理政治合法性问题的基本思路。然而，尽管运用理性制约权力一直是儒家理想，但事实上权力宰制理性才是中国皇权专制社会的常态，而这种现象在明朝可谓是登峰造极。[4] 这正是我们理解黄宗羲法政秩序思想的前提背景。

作为经历过明朝劣政和易代鼎革的遗老，与同时代很多大儒一样（如顾炎武、王夫之等），黄宗羲把目光投向了对政治体制的反思。[5] 这项工作当然有检讨明亡教训的考虑在其中，但其终极意义在于：通过体制反思完成对轴心时代孔孟理想的回归，从而实现"为当代立善治，为万世开太平"的宏愿——这是以黄宗羲为代表之士大夫阶层的历史使命。

---

　　〔3〕　参见干春松：《儒学概论》，中国人民大学出版社 2009 年版，第 252～253 页。
　　〔4〕　《明夷待访录·置相》说"有明之无善治，自高皇帝罢丞相始"。诚然，朱元璋废除宰相创立了明朝猜忌士大夫的宪制原则，因此有明一代政风的暴戾骄横与宋代士大夫政治的开朗清明大不相同——其表现有，罢孔子之通祀、删节《孟子》并罢孟子之配祀、创立"士夫不为君用"罪名、对士大夫滥用廷杖之刑等——所有这些，全都表明了"明朝政制的劣质化"。参见姚中秋：《国史纲目》，海南出版社 2013 年版，第 399～402 页。
　　〔5〕　1644 年（崇祯十七年），明亡闯败，满清入主，史称"甲申之变"；1663 年（康熙二年），南明基本覆亡，黄宗羲完成《明夷待访录》——由此观之，黄氏之作待访录，殆有所寄寓也！

（一）政理之探"原"

关于黄宗羲思想对轴心时代的回归，笔者将在下一节当中专门论述。而在此处，首要任务是把《明夷待访录》文本的逻辑理路疏通清楚，尤其是要将黄氏秩序原理的宗旨发掘出来。《明夷待访录》文本包括《题辞》和正文，其中正文13篇21章：《原君》，《原臣》，《原法》，《置相》，《学校》，《取士》上下2章，《建都》，《方镇》，《田制》上中下3章，《兵制》上中下3章，《财计》上中下3章，《胥吏》，《奄宦》上下2章。

对于正文21章，学术界一般比较重视前5章，即《原君》、《原臣》、《原法》、《置相》、《学校》，因为黄氏批判话语多集中在此。[6]但对于此文本各篇章之间的逻辑理路，前人似乎较少提及。推求前人之意，大概认为此书不过是黄氏各方面政治见解的一个合集，篇章之间并不存在什么必然的逻辑关系。然而笔者通过文本细读发现，正文21章内部是存在大致清晰之逻辑关系的：《原君》、《原臣》、《原法》3篇通过理论探"原"，推求了君主权力、君臣关系及法律制度的正当性来源和标准，并抽象出了其法政秩序之最高宗旨——"天下为公"；《置相》以下18章则贯彻"三《原》"之精神，对政治经济体制改革作出了全面规划。[7]下面具体论证。

首先谈谈《原君》《原臣》《原法》三章的立意。这三章题目格式相同，均为"原 X"之文，此何意也？《说文解字注》曰：原（古篆作𣶒，即厂下三泉），水本也（段玉裁注曰：各本作水泉本也，今删正。《月令》百源注曰，众水始所出为百源，单曰原，絫曰原泉。《孟子》

----

[6] 比如钱穆。参见钱穆：《中国近三百年学术史》，台湾联经出版事业公司1998年版，第38~41页。

[7] 对于《明夷待访录》各篇章之间的逻辑理路，前人似无清晰之论述，唯萧公权先生略及此意："《待访录》之最高原理出于《孟子》之贵民与《礼运》之天下为公。其政治哲学之大要在阐明立君所以为民（《原君》）与君臣乃人民公仆（《原臣》）……《原法》论古今立制精神之异……梨洲变法之建议见于《置相》以下十八章中"。参见萧公权：《中国政治思想史》，商务印书馆2011年版，第582~587页。

原泉混混是也），从灥出厂下（段玉裁注曰：厂者，山石之厓岩。会意。愚袁切。十四部），篆文从泉（段玉裁注曰：此亦先二後上之例。以小篆作原，知灥乃古文、籀文也。后人以原代"高平曰陆"之陆，而别制源字为本原之原，积非成是久矣）。〔8〕以字义训诂来看，"原"字本为泉水源头之义，象征泉源从山岩（"厂"）之下汨汨而出。反观黄氏之"三《原》"，则此处之"原"似乎作动词用，讲作原本穷末、推究根源之义。〔9〕申言之，黄宗羲欲以"三《原》"推究君主权力、君臣关系及法律制度的正当性来源和标准，并借此提炼和升华其法政秩序原理。果如其然否？请验看"三《原》"之文字。

在《原君》篇中，黄宗羲申明立君为民之义，认为君主权力的合法性在于实践"天下为主君为客"之义，而此"天下为公"之理正是使君民相安的治道所在。黄氏认为，君主之职责在于为天下"兴公利除公害"，使天下人"各得自私各得自利"，这是上古圣王树立的道德准则，是为"先贤垂范"；〔10〕后世君主"使天下之人不敢自私、不敢自利，以我之大私为天下之大公"，故成为"天下之大害"，是为"后世失范"。这一章宗本《孟子》之民贵君轻观念，论证了抗暴革命的正当性，并给

---

〔8〕 参见（汉）许慎：《说文解字注·泉部·灥》，（清）段玉裁注，中州古籍出版社 2006 年版，第 569 页。

〔9〕 参见王力等编著：《古汉语常用字字典》，商务印书馆 2008 年版，第 478 页。另，这种以"原"作推究根源之义而以"原 X"为题的文章，还有唐朝韩愈的《原道》、《原毁》，宋代欧阳修的《原弊》，以及近人冯友兰"贞元六书"中的《新原道》、《新原人》。

〔10〕 在黄宗羲的描述中，上古时候"大道之行天下为公"，至后世则沦落为"天下为私"、君主专制——此中根由莫非全在人心不古世风日下？事实上，韩非子就曾指出，上古之所以实行"天下为公"的禅让制，是因为生产力低下而无多余利益、君主之位多尘劳而少利禄，而"家天下"制度的产生正是由于此情形的改变——所谓"以是言之，夫古之让天子者，是去监门之养，而离臣虏之劳也，故传天下而不足多也"（参见《韩非子·五蠹》）——这比较接近原始民主制的历史真相。那么，为何黄宗羲会采用道德理想主义的态度呢？笔者以为，或许黄氏原意并不在探求历史真相，他亟亟以求的只是一个理想典范，在此之下能够充分地展开关于"天下为公"理想的论述以及对现实政治的批判。理解至此，可谓善读古人书矣！

统治者和统治制度提出了深刻的警告：以天下为私，则统治必不长久；"明乎为君之职分"以践行公天下之理，才能使君民相安、天下不乱。[11]

《原臣》篇承接《原君》篇"天下为公"之意，认为大臣与君主的职能同为关切"万民之忧乐"，君臣之间是平等共事关系而不是奴役驱使关系，因之规划了君臣平等共治的权力格局。黄氏认为，大臣是"分身之君"，大臣君主都是实现"天下为公"理想的工具而不是目的，"以谓臣为君而设"乃是后世君臣的歪曲和误解。君臣之区别并非绝对的君尊臣卑，真正良好的君臣关系，应该是传道统之臣教导承政统之君，理性驯服权力；在"天下为公"之理面前，君臣是"名异而实同"，大臣是君主的师友而不是奴仆。在反思传统君臣制度之后，黄宗羲将对君臣伦理的批判上升到了理论高度："臣不与子并称"，维系父子的乃是天生的血缘亲情，但"君臣之名从天下而有之"，故不可以事父之道事君——大臣对君主没有绝对忠诚的义务，"天下为公"才是君臣之间关系的最高准则和原理。[12] 这动摇了传统的"移孝作忠"、"君为臣纲"观念，使政治评价标准独立于家庭伦理之外，具有进步意义。

在《原君》、《原臣》两篇中，黄宗羲论述了君主权力的合法来源和君臣关系的正当格局，这廓清了"天下为公"的基本原理。然而这种政治理想有待于制度变革来实现，故有《原法》篇横空出世——以"天下为公"为正当性标准，因时损益，探究法制变革的方向。在黄宗羲看来，这个方向就是：恢复公天下、治天下的"三代之法"，废除私天下、乱天下的"后世之法"。何以故？首先，黄氏认为，"三代之法"与"后世之法"的价值取向存在霄壤之别："三代以上之法也，固末尝为一己而立也"，"三代之法，藏天下于天下者也"，因此"三代之法"是充满了"天下为公"大义的良法；而"后世之法，藏天下于筐箧者也"，"其法何曾有一毫为天下之心哉，而亦可谓之法乎"，故"后世之

---

〔11〕 本段引文均见于《明夷待访录·原君》。

〔12〕 本段引文均见于《明夷待访录·原臣》。

法"是无义之恶法。其次，黄氏认为，二者在治理效果上也是大相迥异："三代之法"使天下人各得其私，故天下太平、争斗不起，这是治平之本；而"后世之法"惟识"敛福于上"，不知"遗利于下"，这正是天下大乱、斗争纷纭的根源，即"法愈密而天下之乱即生于法之中，所谓非法之法也"。虽然"三代之法"与"后世之法"高下立判，但现实情形是："三代之法"已亡，而"后世之法"肆虐。故在此背景下，所谓严守祖宗家法只不过是周旋于错误当中，实不可取。而恶法弊政业已病入膏肓，"小小更革"断不可行，"一一通变"才是正道。[13]

对于政治而言，"治人"、"治法"本是一体两面，不可或缺。而在《原法》篇语境下，黄宗羲反对那种偏执于"有治人无治法"的观点，主张"有治法而后有治人"，即认为只有在公天下之良善法制下，才能出现贤良之人，天下大治才有望实现。"治人"、"治法"之辩渊源于《荀子》，"有治人无治法"的观点最早就出自此书。[14] 那么，黄氏意见与荀子是否绝对矛盾呢？细致想来，并非如此。俞荣根先生指出：对于荀子而言，他身处战国，离三代时间尚近，三代"公天下之治法"尚存，故而主要强调运用贤良"治人"来复兴此治法；而对黄氏来说，距离三代已远隔千年，三代之法破坏殆尽，后世"非法之法桎梏天下人之手足"，即使有贤良"治人"，也因恶法牵绊掣肘而不得施展手段，故首要之务在于恢复"三代治法"，是为"有治法而后有治人"。[15]

综上所述，《原法》篇涵摄了《原君》、《原臣》两篇的精义，把创制立法、革故鼎新的宗旨归结到"天下为公"之上——这是黄氏法政秩序的最高原理。而概括"三《原》"之文，此所谓"天下为公"者，无非包括以下含义：其一，君主、大臣及法制的存在正当性都来源于对天

---

〔13〕 本段引文均见于前引《明夷待访录·原法》。

〔14〕 语出《荀子·君道》。原话是："有乱君，无乱国；有治人，无治法。羿之法非亡也，而羿不世中；禹之法犹存，而夏不世王。故法不能独立，类不能自行；得其人则存，失其人则亡。法者治之端也，君子者法之原也。"

〔15〕 参见俞荣根："黄宗羲的'治法'思想再研究"，载《重庆社会科学》2006年第4期。

下公义公利的尊重，冒公义之名行私利之实不仅是不正当的而且是祸根乱源，当权者对此都应谨记；其二，君臣职分皆乃天下之公器，大臣对君主的忠诚从属于对天下的忠诚，在君主面前大臣应有独立而坚强的法律地位；其三，法制变革应该回归对天下公义公利的尊重，使天下人各得其私，共享良善治理的成果，这就要求国家法制切实保护私人合法利益。至此，"天下为公"大义已明，"三《原》"推究政理本源的目标业已达成。

（二）"更革"于建制

"三《原》"以下10篇18章都是讲具体改革政策的，而举凡措置莫不以"天下为公"作宗旨，以"三代治法"为模范——在此18章所述之"更革"建制活动中，"三《原》"政理之痕迹可谓历历分明，这正是《明夷待访录》文本理路之体现。要指出的是，黄氏之标榜"三代治法"，当然反映了上古政治的若干优点，但其价值更多在于"托古改制"的符号意义——上古政治不必尽好，黄氏所言不必尽合三代，其要在阐明"天下为公"之理，能解此意可谓善读古人之书。下面就其具体建制与"三《原》"政理之关系略为说明。

在《置相》篇中，黄氏认为，君主和大臣同属于国家礼制序列，大臣不是君主的附属物，而是具有独立法律地位的"分身之君"，而宰相则是君主最重要的协助者和制约者——在"大道既隐天下为家"背景下，天子传子不传贤，"天下为公"之大义通过宰相传贤来保证，这是政治合法性得以延续的基础。在现实制度层面，黄宗羲批判了明代的内阁辅臣制度，认为这是宰相制度败坏的结果，他主张应当仿照唐朝旧制、重建以政事堂为中心的宰相制度，以宰相制衡皇帝，规范中央权力格局。[16]《置相》篇此意，一方面体现了《原君》篇所谓君主"明乎为君之职分"的要求，一方面体现了《原臣》篇所谓大臣"出而仕也为天下"、"臣之与君名异而实同"的论说。

在《学校》篇中，黄氏认为，学校的功能在于培养士人和评议政

---

[16] 参见《明夷待访录·置相》。

事，"使朝廷之上，间阎之细，渐摩濡染，莫不有诗书宽大之气，天子之所是未必是，天子之所非未必非，天子亦遂不敢自为非是，而公其非是于学校"，郡县"学官讲学，郡县官就弟子列，北面再拜，师弟子各以疑义相质难"——这实际上是要求赋予学校（官学，包括地方学宫和中央太学）以参政议政的权力，包括决策引导和舆论监督。除了重视官学的参政职能外，黄宗羲还要求利用官学培养多元化人才，并大力推行儒家礼俗教化。[17]《学校》篇此意，反映了《原君》篇"天下为主君为客"之大义，践行了《原臣》篇士大夫作帝王师的追求，体现了《原法》篇圣王"为之学校以兴教"的论说。而《取士》篇基于士大夫治国方略，意在配合多元人才之培养事业，所反映的也无非是《原法》篇兴学设教之义，正宜与《学校》篇参看。[18]

《建都》篇主旨在于从都城设置上巩固国家安全，确保中央的政治经济控制力。细言之，黄氏认为，建都北京为丧乱之本，而金陵（南京）财货人才冠于天下，才是建都的首善之地。《方镇》篇围绕边疆体制问题，要求扩大边疆之地方分权，实现央地权力制衡，同时外御戎狄防止以夷变夏。[19]这两篇集中讨论央地关系，体现了《原法》篇所谓"复封建、方镇之旧"的策略，在国家稳固、央地平衡之中贯彻公天下之义。

在《田制》篇中，黄宗羲关注土地和赋税问题。他认为，应该恢复赋税"以下下为则"（以最坏的土地为标准来征税）的古法，改革现行赋税制度；在土地制度上，则应该融合三代井田制下国家授田之办法和明朝卫所屯田制度，建立官田民田并行的土地制度——即在承认土地私有制基础上，部分恢复国有屯田制度，在自由市场基础上兼顾公平保障。[20]《田制》篇此意，体现了《原法》篇所谓"授田以耕之，授地

---

[17]　参见《明夷待访录·学校》。

[18]　参见《明夷待访录·取士》。

[19]　参见《明夷待访录·建都》、《明夷待访录·方镇》。

[20]　参见《明夷待访录·田制》。

以桑麻之"的圣王高义——圣王养民，大公天下，这正是统治合法性之基础。

在《兵制》篇中，黄宗羲主张兵民合一并恢复征兵制，以激起整个国家民族的民风士气；要求建立以文制武的、士大夫主导的军事制度，以此保证军队力量的忠孝节义。[21]《兵制》篇此意，反映了《原法》篇"为之卒乘之赋以防其乱"的要求——须知这征税养兵之事，正是国家民族安身立命之保障，是伸张"天下为公"大义之前提。

《财计》篇围绕金融财政问题，要求革新金融货币体系，端正社会礼俗，并重视工商以富民。与《田制》篇类似，本篇较多涉及经济技术问题，但黄宗羲仍显示了其专业素养：他认为，以金银为货币存在很多危害，应该废除金银作为货币的职能，建立钱币和纸钞相辅而行的货币体系。在对待工商业问题上，一方面，他主张"工商皆本"，认为只要是符合儒家规范的工商业行为都应该受到尊重和保护；另一方面，他坚决要求端正吉凶礼俗（如民间红白之事）、革除神巫蛊惑（包括佛道和巫术）、查禁奢侈享乐（包括倡优、酒肆和机坊）——这是对孔孟"庶之富之教之"社会治理思想的继承，体现了保守的进步性。[22]《财计》篇此意，反映了《原法》篇所谓圣王"为之婚姻之礼以防淫"的端正礼俗观念，其目标在于富民教民，仍是公天下应有之义。

《胥吏》篇围绕吏员（相当于今日所谓事务官公务员）管理问题，要求革除旧式胥吏治国的危害，建立用民为吏、用士为吏的制度。旧式胥吏，无论是"奔走服役"者还是"簿书期会"者，均有擅权弄势、以权谋私的弊害，因此必易之以"复差役"、"用士人"二法：复差役，就是用民为吏、轮番为治，防止恶吏欺民；用士人，就是让儒家士子参与中央部院和地方机关的事务管理，防止出现吏员假公济私、窃夺权柄的情形。[23]原乎《胥吏》篇之意，在于补充《田制》篇关于赋役制度

---

〔21〕 参见《明夷待访录·兵制》。

〔22〕 参见《明夷待访录·财计》。

〔23〕 参见《明夷待访录·胥吏》。

之规定，又与《取士》、《学校》二篇士大夫治国之义相配合，虽未必直接对应于"三《原》"之语，但宗本于"天下为公"则无疑——"三《原》"之重点在于批判居高位之君主，故对大臣吏员少有责备，但事实上并非没有要求，此处则可以《原臣》篇"出而仕也为天下"之义为参照。

在《奄宦》篇中，黄宗羲指出，明代宦官之祸实源于皇权专制体制，而欲解决宦官问题则必须从抑制君主私欲入手，具体而言，应该贬低宦官地位、压缩宦官规模。[24] 原乎《奄宦》篇之意，直接目的在于克服有明一代严重的宦官擅权问题，而深层目的则在于压缩皇权扩张和妄动的空间，促使皇权走向理性和规范——这反映了《原君》篇"明乎为君之职分"之义，体现了以制度约束和控制最可能作恶之皇权的努力。

总而言之，"三《原》"以下10篇18章通过种种具体改革建制，贯彻落实了"三《原》"所述之最高原理"天下为公"——这印证了笔者对于《明夷待访录》文本理路的论断，即从探"原"到建制。总之，对于文本理路的把握使得黄氏秩序原理之宗旨得以明晰，这是我们理解黄氏思想深层意义的基础。

二、思想溯源和社会寻根

通过疏通《明夷待访录》文本，笔者指出，黄氏法政秩序原理之宗旨在于"天下为公"。在上文中，"天下为公"一词包括三方面内涵：一是公权力应服从于天下公义公利、以"天子之公"成"天下之私"，二是大臣独立于君主并制约君主、君臣一体大公，三是法制变革应当照顾普天下人之合法权益。这道理虽意义明了，但犹嫌缺少历史和现实向度之考证：这种思想究竟渊源何自？而其社会基础又何在呢？这是我们深入理解黄氏思想所必须回答的问题，下面一一探讨。

---

〔24〕 参见《明夷待访录·奄宦》。

（一）思想溯源：回归轴心时代的"民本"和"正名"

作为一代大儒，黄宗羲托命中华、绍述往圣，其发言立论多直追三代、承继孔孟，无疑地我们应当在儒家民本思想史当中来观照其思想。当然，思想本身的活力在于交流互动，故而也应该留心黄氏对各家各派思想的吸收借鉴。要之，须将黄氏思想回溯既往，直至先秦时代之思想场域，才见得黄氏思想在继承与突破上的分量。

德国哲学家雅斯贝尔斯认为：公元前 800 年至公元前 200 年，尤其是公元前 600 年至前 300 年间，这是世界历史的"轴心期"，是人类文明精神走向突破的时期，其标志是包括中国和西方在内的各个文明在此期间都出现了"终极关怀的觉醒"，这种觉醒深刻塑造了各大文明的基本品格。[25] 雅氏此说引起了世界范围内文化史学界的共鸣。一些中国学者也认为，雅氏所谓"轴心时代"，对应于中国的春秋战国，一方面是礼崩乐坏、权威沦丧，另一方面是诸子蜂起、百家争鸣，这是中国文化之核心灵魂诞生的年代。[26] 事实上，中国古代关于社会历史的原创性论说几乎全部诞生于此时，这给后世思想家（包括黄宗羲）留下了宝贵的思想资源和论说依据。

在三代凋零和封建瓦解背景下，东周诸子纷纷提出了对法政秩序的见解，内容包括两个方面：一是何种秩序属于价值正当，二是统治秩序如何得以维持，前者属目的因、价值因，后者属形式因、制度因。传统说法认为，在中国古代政治思想中前者主要由儒家支持，而后者主要由法家提供。从对后世影响来看，这结论基本是不错的，但于史实上则略有偏颇——儒家自有其制度的主张，而法家也有对于价值之关注。

儒家对于价值因之阐发可谓十分充分：孔子"德政"之说，孟子"贵民"之论，《礼运》"天下为公"之谈，这都是对秩序良善标准的论

---

〔25〕 参见 ［德］卡尔·西奥多·雅斯贝尔斯著，魏楚雄、俞新天译：《历史的起源与目标》，华夏出版社 1989 年版。

〔26〕 参见张岱年、方克立主编：《中国文化概论》，北京大学出版社 2004 年版，第 64～65 页。

述。至于儒家对制度因的论述，至少也包括孔子的"正名主义"和荀子的"礼治主义"——后者还直接构成了法家思想之来源。作为一个学派的法家来讲，起初并不是完全的君国主义，在管子及子产的思想中还具备基本的人道关怀。只是发展到韩非那里，法家才完全剥离了人道关怀和价值良善，走上了以"法术势"为手段的君国主义之路。那么，抛开极端思想不言，我们看到，其实在先秦思想场域中价值因与制度因基本是共存的：一方面，统治秩序应当保持自身良善，做到"为政以德"、"无为而治"（孔子），践行"贵民轻君"的仁政之方（孟子），尤其是要致力于"天下为公"之实现；另一方面，统治秩序需要制度维系，"礼乐政刑"发而为用，循名责实以正天下之名，如此则各得其所。由此观之，诸子立论虽各有侧重，但在价值因与制度因上能够得到基本共识，而在孔子思想中这种统一体现得尤其明显——后世中国法政秩序能够统一于孔门教下，与孔子思想的这种双向关怀实有莫大之干系。

儒家自孔子殁后，孟子和荀子两位大师先后继起，孟子重价值取法而发展出儒家功能学派，而荀子重制度落实则发展出儒家制度学派。二者在作用上互为补充，而逻辑上则仍统一于孔子崇德隆礼思想之下。然而，二者命运迥异：功能学派经宋明理学高谈心性而登峰造极，但制度学派则自汉代以后便一蹶不振。据吕思勉先生言，自王莽改制失败后，中国政治家便不敢轻言社会改造，"社会渐被视为不可以人力控制之物，只能听其迁流所至"；人们普遍奉"治天下不如安天下，安天下不如天下安"为圭臬，而若先秦诸子专意治理之志遂衰。[27]笔者以为，以此解释儒家制度学派之衰落是讲得通的。

在制度学派衰败的背景下，法政制度当中专制集权的法家因素还大量存在，这与儒家原始信仰是违背的。宋明心性之学虽极大地树立了人的道德主体性，但对于外在制度却疏于建设，士大夫"格君心之非"的

---

〔27〕 参见吕思勉：《中国通史》，上海古籍出版社2009年版，第351页。

努力难逃失败的命运。[28] 因此之故，要想清除法政秩序当中的专制集权毒素，必须重振儒家制度学派的精神，运用"天下为公"理想对法政制度展开全面批判，并谋求建立新的良善秩序——这正是黄宗羲背后的思想史背景，是《明夷待访录》"三《原》"之探源工作的致力所在。

综上所述，我们可以认定：黄宗羲将"天下为公"作为法政秩序之宗旨，是对轴心时代政治思想的回归，是对孔子、孟子、荀子思想的继承、融合与运用，而《待访录》则是儒家制度学派继功能学派而复兴崛起的产物。[29]《明夷待访录》之"三《原》"，一方面将统治正当性定位于"民本"价值以上，明确了法政秩序的目的因、价值因，另一方面又高度重视制度的作用，以探"原"方式发挥"正名"精神，明确君之为君、臣之为臣、法之为法的理据，恰当地强调了法政秩序的形式因、制度因。基于此思想史逻辑的梳理，我们不得不佩服黄宗羲继往开来的作为，不得不认可《明夷待访录》之思想价值和历史地位。

（二）社会寻根：士大夫政治之重建

通过思想溯源，我们将黄氏思想宗旨上溯到先秦的"天下为公"大义，并明确了黄氏背后制度学派重生的逻辑。但还有一个问题亟待解决，即黄氏法政原理在现实秩序当中将何所寄托，其社会基础何在？具体说来，在其理想秩序中，此"天下为公"大义由谁主持，此"为治大法"由谁操作？

细读《明夷待访录》文本，我们发现，黄氏将法政秩序之主体设定为士大夫，而其所欲建设者正是一种由士大夫主导的、体现"天下为公"大义的法政秩序，笔者谓之"士大夫政治"。对此推断，有如下理由可资印证：首先，作为一代大儒，黄宗羲著述《明夷待访录》本身就是士大夫阶层为天下创制立法的表现。其次，《原君》《原臣》《原法》

---

〔28〕 参见李存山："程朱的'格君心之非'思想"，载于《中国社会科学院研究生院学报》2006 年第 1 期。

〔29〕 关于黄宗羲法政思想对于孟子和荀子两系思想之结合，学者时亮也曾指出。参见时亮："黄宗羲'治法'思想论析"，载范忠信：《中西法律传统》（第 10 卷），中国政法大学出版社 2014 年版，第 231 ~ 248 页。

三篇振作儒家制度学派之精神，称谈公天下之理，这集中表述了士大夫"外王之学"的终极原理。最后，在《置相》以下 10 篇 18 章的具体措置中，处处强调士大夫之作用，《置相》篇以宰相为士大夫代言人来制衡皇权，《学校》篇以士子议政而"公天下之是非于学校"，《取士》篇以培养多元化人才而配合文人治国方略，《兵制》篇力图使军事制度悉予士大夫领导，《胥吏》篇以任用士人革除胥吏之害，《奄宦》篇以打压宦官而全力恢复士大夫之权力，其它如《建都》、《方镇》、《田制》、《财计》等各篇之政策虽偏重于技术层面，但无不浸润着士大夫忧国忧民的情怀。基于以上分析，笔者认定，士大夫集团乃是黄氏理想秩序的社会基础，黄氏法政秩序本质上就是士大夫政治。

那么，此种以士大夫为主体的政治方略究竟有无理据呢？答案是肯定的。在上文思想溯源时，笔者提到，黄宗羲秩序原理是儒家制度学派崛起的表征，但其思想当中很大程度上吸收了功能学派之养分，尤其是孟子思想——这一点从《明夷待访录》大量引用《孟子》言论可以证实。在此前提下，笔者联想到《孟子》名言："无恒产而有恒心者，惟士为能；若民，则无恒产因无恒心"。[30] 这句话强调，普通人的理性思考建立于利益基础上，惟士大夫能够拥有超越一己之私的道德理性。在儒家信仰中，"天下为公"之政治必由具备道德理性之主体来操作，而这主体正是儒家士大夫。黄氏既以"天下为公"为法政秩序之宗旨，则将秩序运作之主体设定为士大夫，正乃应有之义。

以上是"士大夫政治"方略的思想依据，然而这仅是问题的理念面向，要发掘其现实基础，我们还必须关注黄宗羲身处的时代环境。众所周知，明代政治走向了空前的专制集权，而士大夫生存氛围之酷烈也是前所未有。在此背景下，以王阳明为转折点，儒家士大夫的政治路线从"得君行道"转向了"觉民行道"，即放弃了格正君主的上行道路，而把眼光转注于下面的社会与平民，希望通过唤醒每个人的"良知"，达到"治天下"的目的。在标明"良知"之说后，阳明心学逻辑地承认

了个体良知作为决定"是非"的终极权威;而这原理一经点出便不可收拾,在经过泰州学派的阐发之后,终于有了李卓吾所谓"不以孔子之是非为是非"的狂言。此时的阳明后学,正如黄宗羲在《明儒学案》中所评论的那样,"非复名教所能羁绊"。[31] 这种信仰危机正是晚明思想界面临的一大难题。

在此背景下,黄宗羲欲应付危机,必须反思阳明心学的是非功过。对于黄氏而言,他未必反对"良知"之说,却断不容泰州学派动摇名教的做法——因为这将导致整个文化秩序和政治秩序的崩溃。既然"觉民行道"的社会动员引发了儒教危机,那么回归"得君行道"路线便成了应然的选择。需要注意的是,与宋儒"格君心之非"的道德劝谏不同,黄氏的"得君行道"要求从制度上解决皇帝擅权、朝廷专政的弊害,其制度形式主要就表现为《置相》、《学校》二法——正如余英时先生所言,"黄宗羲欲公天下之是非于学校,反对皇权自专,""这是要回到宋代儒家'天子与士大夫共定国是'和'君臣同治天下'的理想",而《原君》《原臣》两篇正是发挥此意;不以"天子之是非为是非",这体现了黄氏在政治领域中对阳明"良知"之说的继承运用。[32]

由此可见,正是鉴于"觉民行道"对于士大夫共同信仰的瓦解,黄宗羲才要求回归名教秩序下的士大夫政治;而又基于对皇帝擅权、朝廷专政的痛省,他才主张重建君臣共治的法政秩序。以此观之,黄氏秩序原理寄意于士大夫政治,举凡措置皆依赖士大夫而为,这既有思想史之渊源,更兼有其时代印迹。总之,士大夫政治是黄氏法政秩序运作的社会基础,这一点是我们理解黄氏秩序原理时所必须关注的。

三、黄宗羲式法政秩序的现代评价

在文本疏通、思想溯源与社会寻根等工作完成之后,有两个问题逻

---

〔31〕 参见余英时:"明代理学与政治文化发微",载余英时:《宋明理学与政治文化》,吉林出版集团 2008 年版,第 175~190 页。余英时:"现代儒学的困境",载余英时:《现代儒学的回顾与展望》,生活·读书·新知三联书店 2004 年版,第 53~58 页。

〔32〕 参见前注"明代理学与政治文化发微",第 208~209 页。

辑自然地显现出来：以现代眼光来看，对黄氏秩序原理应当作何评价？而在中国现代法政秩序之建构中，黄氏思想又能以何地位面目出现？这些问题殊难作答，然黄宗羲托命中华、绍述往圣，其思想足为我中国法政传统之代表，今人若能于黄氏真义得一二灼见，实为不负先儒绝学之托，故笔者愿揣固陋、强为说之。

（一）为什么不是西方现代的"民主"思想

上文提到，对黄氏思想之评价大致有四种学说：民本说、民主说、新民本说，以及自由说。其中，前三者同隶属于所谓"民主与民本之争"，故归于一处评判，而对自由说则单独分析。笔者认为，黄宗羲秩序原理绝不等同于西方近代的法政思想，既不是"民主"，也不是"自由"。对此结论，下面具体论证。

民主说认为，黄氏思想中蕴含着民主法治的萌芽，表明了西方价值的普世性。持这种观点的，梁启超、钱穆等为前辈，而今的代表是学者吴光等。[33] 民本说认为，黄氏思想不过是儒家思想的一次大整合，虽然提出了对旧制度的严厉批判，但并没有给出具有新时代意义的解决方案，或者说它不具有西方政治思想的核心内容——人权自由、代议制政府，因此不能称之为"启蒙思想"。持民本说观点的，前辈学人中有萧公权、萨孟武等，而今的代表是学者刘泽华、张师伟等。[34] 新民本说认为，黄氏思想中蕴含着对旧制度的否定和对新秩序的描绘，是中国政治思想发展理路之中的里程碑，具有启蒙意义，这一派观点的代表是学

---

〔33〕 根据梁启超：《梁启超论清学史二种·中国近三百年学术史》，朱维铮点校，复旦大学出版社 1985 年版，第 145～147 页。钱穆：《中国近三百年学术史》，台湾联经出版事业公司 1998 年版，第 38～41 页。吴光：《天下为主：黄宗羲传》，浙江人民出版社 2008 年版。

〔34〕 根据萧公权：《中国政治思想史》，商务印书馆 2011 年版，第 579～592 页。萨孟武：《中国政治思想史》，东方出版社 2008 年版，第 432～438 页。张师伟：《民本的极限——黄宗羲政治思想新论》，中国人民大学出版社 2004 年版。

者冯天瑜、俞荣根、金耀基等。[35]

以上介绍了所谓"民本与民主之争"的基本格局。那么，在正确评价黄宗羲思想之前，我们必须首先明了何为"民本"、何为"民主"。从规范分析的角度来看，西方民主思想大致有以下几个要素：一是以人民为国家政权之主人，所谓主权民有是也；二是承认人都有人格尊严、生存权利，所谓利益民享是也；三是以民意为国事的依归，保障人民的有序政治参与，所谓国由民治是也。[36] 这是关于"民主"的通行理解。

对照于以上标准，一些理性的学者认为，传统民本思想与"民主"有很多相似之处，但绝不等同。首先，传统"以民为本"的思想强调以人民为国家政权之主体，这是同于"主权在民"观念的；[37] 然而跟"民主"相比，"民本"缺少"统治来源于人民授权"的思想，加上"君国大一统"观念又强调君主对国家治权的牢牢掌控，这往往导致人民作为政治符号的虚化。[38] 其次，承认人都有人格尊严生存权利，这种人本主义的关怀是中西文化所共通的，但西方对人权自由在哲学和宗

---

[35] 参考时亮："从'民本'到'自由'——以洛克为参照的黄宗羲法政思想研究"，中南财经政法大学 2008 年博士学位毕业论文；黄勇军："清末以降黄宗羲研究批判"，载《湖南师范大学社会科学学报》2011 年第 2 期；冯天瑜：《解构专制——明末清初"新民本"思想研究》，湖北人民出版社 2003 年版，第 327~358 页。

[36] 参见金耀基：《中国民本思想史》，法律出版社 2008 年版，第 197 页。

[37] 西方主权观念是伴随国家观念而生的。在西方启蒙思想家的描述中，国家的产生过程是这样的：在国家（社会状态）产生之前，有一个自然状态。人类从自然状态走向社会状态，方式就是通过社会契约，每个人让渡其自然权利，从而建构国家权力和实在法。因此，既然国家起源于社会契约，是由人们的自然权利集中而成的，那么国家权力的归属即主权也应该归于人民。通过拟制自然状态和社会契约，启蒙思想家论证了主权在民的理论，奠定了民主思想的基石。参见严存生：《西方法律思想史》，中国法制出版社 2012 年版，第 117~119 页。

[38] 在中国古代，国家观念是分成两个层次的：在根本归属上，天下属于兆人万姓，在管理上，执政者执掌国家权力；在老百姓和执政者之间，并没有清晰的授权关系，但天下人保留有对执政者进行历史审判的权力——即"革命"。古语有曰，"天下者，非一人之天下也，天下之天下也；与天下同利者，则得天下；擅天下之利者，失天下"——天下的归属不在一人一姓，而执政地位惟有德者居之，所谓"主权在民，治权在贤"是也。

教上面的阐发却是中国文化所不及的。最后，在中国历史上，人民的有序政治参与实在是极其薄弱的环节，非惟缺少实践，思想要求同样不见。正如梁漱溟先生所说，"三点（民有、民享、民治）本相连，那两点（民有、民享）从孟子到黄梨洲可云发挥甚至，而此一点（民治）竟为数千年设想所不及"。[39] 因此之故，中国民本是不同于西方民主的。

在黄宗羲《明夷待访录》的描述中，国家的产生过程是这样的：在国家产生之前有一个原始状态——即黄氏所谓的"有生之初"，人们自私自利，社会秩序混乱，直到有德的圣王出现，为天下兴公利除公害，政权才得以建立（《明夷待访录·原君》）。这种政制构建描述，对于统治权力与被统治者的关系缺少建构性构想，似乎统治合法性就是来源于平乱出治的道德功业，而不是人民之授权。因此，黄氏虽有"天下为主君为客"的豪言，也有对孟子诛伐暴君理论的推崇，但其国家理论与传统民本思想无异：没有"统治来源于人民授权"的理论，更无论人民政治参与、代议制政府理念。综上所述，《明夷待访录》所体现的黄宗羲秩序原理基本符合民本思想特征，所以黄氏思想属于民本而非民主，将其放在民本思想史之中来看待更为客观。

（二）为什么不是西方现代的"自由"思想

在"民本与民主之争"以外，也有学者把"自由"作为理解黄宗羲思想价值的突破口，主要代表是美国汉学家狄百瑞及其所著《中国的自由传统》。狄氏认为，在宋明理学当中有一股道德自由主义的精神，它强调激活经典、树立道统以批评和改进现实政治，它重视士君子在"为己之学"中个人道德自觉性的作用，更强调以"自得"精神安顿一己生命，以"自任于道"的精神担当公共治理之责任——而黄宗羲正是这种所谓"新儒家自由主义"精神的杰出代表。[40]

---

〔39〕 参见梁漱溟：《中国文化要义》，上海人民出版社 2005 年版，第 222 页。
〔40〕 参见〔美〕狄百瑞著，李弘祺译：《钱宾四先生学术文化讲座：中国的自由传统》，香港中文大学出版社 1983 年版，第 77 页。

狄氏从四个方面论述了黄宗羲思想与新儒家自由主义之关系：其一，"黄宗羲代表儒家对帝制批评的最高峰，他向朝代制度本身以及它的擅权提出了挑战"。其二，黄氏反思了士君子以道德意志干政的软弱无力，并将心思转向制度之改进，集中表现为他的"为治大法"。其三，黄宗羲提倡普遍设立学校，用以引导民众的道德自觉性、规范国家之公权力，反对所谓"为朝廷取士"的教育。其四，黄氏继续关注近世历史和学术，努力接续儒家心性之学，强调"实学"的经世致用与"心学"的安顿身命不可分割，并谋求二者的融通互补。[41] 从以上论述，我们可以看到：狄氏所谓的"新儒家自由主义"，其主要表现是士君子基于道德理性对专制秩序的批评抗争，而全部的努力都在于争取一个"合理而可欲的法政秩序"。[42]

这种以"自由"为进路的论说，很大程度上是为了寻找中西政治思想的接榫点，谋求双方在更为深广场域里的沟通交流。这种努力试图将中国自孔孟以降的儒学道统进行重新激活，一方面对古人达成"同情之理解"，另一方面给现实造成接续道统、"托古改制"的印象。笔者十分同情这种尝试，诚如有学者所指出的，对于关注权力使用方式的黄氏思想而言，"自由"思想路径显然更加具有包容性，而强调主权归属和统治授权问题的"民主"路径则显得方枘圆凿。[43]

事实上，在"现代思想"体系当中，"自由"价值比"民主"更具有基础意义。欲明此意，我们必须对"现代性"有所认知。"现代性"一词，源于西方学者对人类历史阶段的划分，一般认为它是指自西方启蒙运动以来的世界体系及其特征。金观涛先生指出，现代社会之起源，既不仅是商业文明的兴起，也不仅是民主制度的兴盛，更不单纯是生产技术的发达，而是走向全球化，是走向"市场经济无限制、科技运用无

---

〔41〕 同上注，第96~107页。

〔42〕 参见时亮："从'民本'到'自由'——以洛克为参照的黄宗羲法政思想研究"，中南财经政法大学2008级博士学位论文，第14~26页。

〔43〕 参见上注，第20~21页。

限制与生产力水平的超增长"。而与此相对应，"现代思想"就是要为这种"无限制和超增长"清除价值正当性之障碍：首先，"'工具理性'成为社会行动（制度）正当性的最终根据"；其次，个人权利观念得以兴起；最后，立足于个人的民族认同奠定民族国家之心理基础，在此基础上通过人民授权方式建立现代契约国家。[44]由上观之，这种以工具理性为基础的个体"自由"正是"现代性"之核心价值所在。

在黄宗羲思想当中，他要求限制最高权力，主张以士大夫政治解决权力与理性之矛盾，意图使法政秩序"合理而可欲"，并以此安顿"天下人各得其私"，这当然符合"自由"思想之要求。然而，在另一方面，黄宗羲也强调代表公义的士大夫政府对社会生活的干预，比如《学校》篇主张对民间文学进行检查禁毁，《财计》篇主张独尊儒家、驱除佛道，并对工商业进行儒家式管制——以西方现代观念看来，这自然是道德权威对工具理性和个体"自由"不当干涉。"人各得自私也，人各得自利也"，这是黄氏法政秩序对个体私利的承认，然而这终究只是一种部分认可，而非上升到理念层次的全面认同，最多是道德理性控制下的"自由"，而不是现代式的工具理性和人权自由。

正是由于以上的区别，在费正清等学者看来，这种所谓的"自由主义""同样是立足于儒家思想古老框架之下"的陈词滥调。[45]而狄百瑞自己也承认，黄氏思想当中"缺乏现代西方自由主义式民主的一些特点"。[46]狄氏所谓"缺乏的特点"，应该就是指以工具理性为基础的个体"自由"——而正是这里把中国和西方区分了开来，也将黄宗羲思想排除在了现代思想之外。

金观涛先生认为，在近代以前，中国社会始终周旋于"超稳定结构"之中，陷入治乱循环怪圈而不可自拔，其中很大一个因素就在于中

---

〔44〕 参见金观涛:《探索现代社会的起源》，社会科学文献出版社2010年版，第1～25页。

〔45〕 参见前引《费正清文集·中国的思想与制度》，世界知识出版社2008年版，第23～24页。

〔46〕 参见前引《中国的自由传统》，第107页。

国人对于"一体化强制"（追求制度思想和行为的"大一统"）的信仰和贪恋——这种"一体化强制"偏好，正是专制的密友、"自由"之天敌。[47] 作为中国法政传统的终结者，黄宗羲意识到了政治上"一体化强制"的危害，也意图通过君相分权、央地分权及朝野相制等方法来达成某种平衡，但其终极宗旨无非是"重振意识形态的道德权威"，以及某种程度的托古改制，却始终想不到以工具理性为基础的"自由"价值，相反地还在加强道德控制。正由于理论上的这种缺陷，在黄氏法政秩序当中，个体的思想及行为自由无法保证，士大夫往往自身难保，于是其重振道德权威的努力压往往不能打击专制，反成为专制的帮凶。

值得注意的是，在黄宗羲所处的明清之际，儒学内部也显示出了自由化思潮，其代表就是王学末流泰州学派，但这种努力最终也以失败而告终。此何故也？正如上文所说，黄氏法政秩序乃以士大夫政治为社会基础，以儒家公天下之纲常名教为意识形态；而个体自由化就意味着对纲常名教之松动，就是动摇儒家文化秩序，也就必然地会导致建立于此文化秩序上的政治秩序之颠覆，这是儒家士大夫所不能容忍的，也是儒家自由化改革难以成功的原因所在。[48] 正因如此，在中国法政传统里，个体自由难于彰显。这是黄氏秩序原理中"自由"缺位的现实原因。

事实上，自轴心时代起，西方文明对个体自由之关怀就远胜于中国；而西方"现代文明"之产生，本身就是对古希腊罗马文化基因的回归和改造。中国之所以不能诞生现代"自由"思想，既有超稳定社会结构之禁锢因素，也因为文化传统上"自由"基因之薄弱——这是造成黄宗羲思维盲点的历史渊源。

黄宗羲宗本孔孟以降的儒家批判精神，高唱"天下为公"之理念，这当然不是反人权自由的，但其本身肯定不是人权自由的同义语。如果

---

〔47〕 参见金观涛、刘青峰：《兴盛与危机——论中国社会超稳定结构》，香港中文大学出版社 1992 年版，第 55～56 页。

〔48〕 参考杨阳：《文化秩序与政治秩序——儒教中国的政治文化解读》，中国政法大学出版社 2007 年版，第 24 页。

说，在"拒绝一切形式的人间专制"这个态度上，黄宗羲与西方思想具有某种暗合的话；那么，在"工具理性"排斥普遍主义道德干预这一点上，黄宗羲的儒家底色正显示了其与西方现代自由理念的不同。因此之故，黄宗羲思想也绝不是西方现代意义上的"自由"思想。

（三）"西体中用"和"抽象继承"

基于对中国传统的同情，有些学者往往还愿意将黄氏法政原理比附为西方现代思想，除了上文的"民主"、"自由"之说，也有人把"正名主义"讲成"法治主义"。经过前文之分析，我们看到：民主自由是西方的产物，用以解释黄氏原理实乃方枘圆凿、难合榫卯。事实上，在黄氏法政原理当中，"民本"、"正名"、"天下为公"等价值全部有赖于士大夫政治而实现，这本质上是一种基于身份等差的制度，与西方近现代基于社会契约的民主法治思想有着本质区别。因此，欲以比附西方而提升黄宗羲之格调，这在事实和逻辑上都是难以成立的。

在群趋西化的现代，黄宗羲法政思想既无法在理念中彰明，也无从于现实中安顿，真正成为历史深处的一个游魂。但中国读书人心中的民族情怀却是难以割舍的：黄梨洲而绝望者，如道统何，如先圣何？揭示黄氏秩序原理之普遍价值，不仅是今人认知传统的需要，更是担当起"继往圣绝学，开万世太平"的历史使命之需要。

那么，在西方民主自由标准以外是否存在新的解释突破口呢？李泽厚先生认为，黄氏从理论上要求"意向伦理"（道德动机）与"责任伦理"（现实效果）相分离，企望通过现实制度而不是道德说教来达到权力制衡目的，"这里开始具有重要的时代内容，它是近代与古代的分野"。[49]这是很有见地的，因为他将评价的标准回归到了变迁的国史当中，并指出了黄氏法政秩序所体现的历史进步。顺着这个逻辑，我们可以推断，即使没有西方的影响，中国文化以自身的内部批判性仍然可以促成某种具有近现代因素的变革。但可以想见的是，这种变革一定是中

---

〔49〕 参见李泽厚："经世观念随笔"，载于氏著：《中国古代思想史论》，生活·读书·新知三联书店 2008 年版，第 295～300 页。

国儒家式的，甚至就是黄宗羲式的，而不可能是西方现代式的民主自由。正因如此，有批评者认为，黄宗羲所设计的法政秩序仍然在儒家传统之内，缺乏统治来源于授权的理念，且对于政府权力缺少警惕和约束，因之"黄宗羲是传统社会一心一意专事补天的'抱道君子'，而不是传统政治体系的所谓'掘墓人'"。[50] 这对黄氏的意义虽有忽视，但其所强调的中西差别却不可否认。"自由"价值及契约国家观念的缺位，这从根本上将黄宗羲归结在现代体系之外——黄宗羲式秩序原理，是中国法政传统的一曲挽歌。

以本土旧说来解读外来思想，这种做法在中国学术史上称作"格义比附"。[51] 对于一个具有悠久传统的国度而言，这种行为无可厚非——其所反映的冲击与回应，正是文化交流的正常样态。值得关注的是，在近代中国，恰恰是那些具有原始儒学情怀的士大夫，在黄宗羲式儒学内在批判的思想基础上，才最早地去积极了解和学习西方民主制度和民权思想，并试图以"比附"之法会通中西、变法图强——近代维新君子如梁启超，革命志士如孙中山，都曾受到黄氏《待访录》之莫大鼓舞，这从侧面显示了中国社会对于现代变革的内在要求，也证明了黄氏思想的内在张力。

综上所述，笔者认为，黄氏法政秩序原理多少带有近现代因素，但却不属于我们今天所普遍认同的现代思想。世界历史证明，并非所有民族都能独立地发展出现代文明，现代文明本质上是全球化的产物；在具体情境中，现代法政文明诞生于西方，这自有其深刻的社会历史原因，但此现代文明之关怀却及于所有国家和民族。中国法政秩序正处在现代转型之中，中国读书人对自身传统必须保持清醒的认识：既要根本改变传统之面貌，但也应当保存传统中有生命力的合理东西——对此，李泽

---

〔50〕 参见张师伟：《民本的极限——黄宗羲政治思想新论》，中国人民大学出版社 2004 年版，第 339～343 页。

〔51〕 参见冯友兰：《中国哲学史》（下册），华东师范大学出版社 2011 年版，第 88 页。

厚先生概括为"西体中用",即"以现代化为体,以民族化为用"。[52]
这对于我们理解黄氏法政思想之价值很有帮助:惟"民主"、"自由"
之价值得树立,传统面貌才得根本之改变,而黄氏所主张之"民本"、
"正名"、"天下为公"才能获得全新活力——这正是中国法政秩序走向
现代和良善的必由之途。

那么,在中国现代法政秩序建构当中,黄宗羲式法政秩序原理能够
以何种面目出现呢?笔者认为,冯友兰先生关于中国哲学遗产继承问题
的论述,对我们有很大启发。冯先生认为,对于当代人而言,哲学遗产
有两方面意义,一是具体意义(特殊意义),一是抽象意义(一般意
义):就具体意义而言,哲学产生于具体的历史情境,服务于特定的阶
级;而就抽象意义来说,哲学是可以超越于历史情境和阶级分歧的,具
有永恒的价值,而这正是哲学继承的可能性所在。[53]

对于黄宗羲法政秩序原理,我们正可以采用这种"抽象继承"的态
度,一方面顺承现代化之文明大势,积极学习西方法政文明中民主自由
法治的精神,另一方面也注重发挥本民族思想信仰之精义,从"民本"、
"正名"、"天下为公"当中体会先儒平乱出治的苦心孤诣。在这种"西
体中用"的安排下,今日的中国士人正走在"旧邦新造"的历史苦旅
之中——当今的法政秩序虽不必承接传统样态,但我们的法政之学却仍
是顺承黄宗羲而来的,只不过我们的态度不是"照着讲",而是在西方
文明参照下的"接着讲"。

---

[52] 参见李泽厚:"试谈中国的智慧",载李泽厚:《中国古代思想史论》,生活·读
书·新知三联书店 2008 年版,第 334~335 页。

[53] 参见冯友兰:"中国哲学遗产底继承问题",载《光明日报》1957 年 1 月 8 日;
冯友兰:"再论中国哲学遗产底继承问题",载《哲学研究》1957 年第 5 期。

编后记

　　转眼，新的一集《新路集》又要和大家见面了。集子编竣，又生出许多感慨，除了感叹时光飞逝如电之外，更惊讶于一项赛事连续不断举办了六年，竟然还是新鲜如昨。今年的 5 月 8 日上午，在第六届大赛的颁奖活动中，张晋藩先生即兴做了 45 分钟的讲演，题名为"为往圣继绝学"，谈了绝学中的法律史与现代意义，以及我们应该如何"为往圣继绝学"等话题。后来我将之整理出来，这就是本书的"代前言"。在整理过程中，我又一次受到强烈的触动。我知道，这么多年来，有一个问题始终萦绕在张先生脑海，就是如何让法律史学为现代社会服务，如何真正的学以致用。为此他写了很多文章，也做过不少发言，既有理论上的探讨，又有情感上的抒发。最令我肃然起敬的是，这么多年过去了，先生这份拳拳的赤子之心，竟是一刻也不曾少衰。当我听到他引用一段印度格言，讲山林起火，一只鸟片羽汲水，也要救火，只因为山林哺育了它，故力量再微，也要回报。我就想这何尝不是先生自己的初心呢？要说成就，实际上他早对得起国家给他的待遇了，但身临老境，仍奋志不移，以期报效社会，这真是他那一代学人真实的家国情怀。透过这项坚持了六年的赛事，我们即能对此情怀有真切的体会。

　　本届大赛，我们共收到论文 54 篇，投稿人来自北京大学、清华大学、中国人民大学、中国政法大学、西南政法大学、中南财经政法大学、华东政法大学、厦门大学、南京大学等国内 20 余所院校及科研单位，评委员会则由本院研究人员、本校古籍所研究人员及中国人民大学、中央民族大学等兄弟单位的专家组成。我们在 2015 年12 月将文章发给各评委进行匿名评审打分，推荐入围名单。然后在今年1月9日，我们又召集评委进行现场评审，本着"质量第一"、"不同学力有所区分"以及"宁缺毋滥"的原则，对入围论文进行评议和筛选，最终评出16篇获奖论文。来自清华大学、中国政法大学、中国人民大学、厦门大学、中南财经政法大学、北京大学、南京大学、华东政法大学、西南政法大学、北京航空航天大学的16名学生获得奖项，学力层次涵盖本、硕、博。本次获奖论文涉及到法律史学的各个领域，有传统制度史的考证，有近现代制度史的阐发，有中国法律思想史的探析，还有法文化史和法社会史的研究，其中一部分文章涉及的是此前法律史学从未关注或者关注不够的领域，另一部分文章所涉虽然是经典或常见的命题，但文章或者有新材料来支撑，或者有新方法来论证，或者从中得出了新观点。总之，但凡能够得奖的，一定在以上某个方面有其独到之见或一技之长。事实上，我们的各集《新路集》出版以来，影响越来越广泛，因为文章都很精良，所以被关注和援引的频率也比较高。我有好几位师长，都曾经专门向我索要过此书，并在他们的文章中有所引用，甚至有导师引用自己所指导的获奖学生的论文，并不因其为学生带有偏见。可见，真正的学问来不得虚假，好作品是不在乎出身和资历的，这也是我们大赛所要传达的价值观。

在第六届征文大赛颁奖活动上，张晋藩先生曾经提到过他念兹在兹的一件事，就是究竟有多少人通过这项大赛成长起来，并成为青年法律史学人才？为此我专门调查了一下，据不完全统计，至少有22名获奖者如今已经走上法律史学教学和研究岗位。当中有4名是已经任教后再去读博的，除此之外，其余全都是获奖时为学生，后来才取得教职者。且这些当年的获奖者、现在的教师，很多已经出版了个人的法律史学专著，已经成长为所在单位优秀的青年学者、骨干教师。此外，前五届许多本科、硕士获奖者有许多如今已经读研、读博，我想以后这些人很多也会跨入法律史学教学研究之列。当然，也有许多获奖者后来进了公检法及公司企业系统，但是他们的获奖经历和法律史学素养，我想还是会给现在的工作有很大的促进作用。

因此，在这里要特别感谢张先生。张先生自己筚路蓝缕，开辟了新中国法律史学研究的道路。在自身取得了辉煌的成就，站到了非凡高度之后，又不断地把一批又一批的后生接引进法律史学的殿堂。这项赛事就是一个播种机，播撒法律史学希望的火种。即便星火燎原尚需时日，但是它让人在一星火光中，益发坚信吾道不孤。它客观上搭建了一个很好的平台，许多学习法律史者，从这个平台上了解到同仁的研究方向和旨趣，甚而由此发展出友谊。因此，这项赛事其实早就超出了赛事本身，而有了更为丰富的内涵。

当然，赛事的成功，还要感谢每年不辞辛苦参与这项赛事的组织者、评审者和工作人员，我相信在大家的齐心努力之下，我们这项工作会越来越好。而每一年《新路集》的出版，都凝聚了中国政法大学出版社彭江编辑及其团队的大量心血。此外，研究生邓雨寒同学对本赛事的启事发布，研究生林敏静同学对本文集的编订，都做了不少工作，在此一并致以深深的感谢！但愿我们的工作能对亲爱的读者您有所帮助，有所启迪，同时真诚欢迎您对本文集提出宝贵的意见和建议！

陈　煜

2016 年 9 月 27 日

于法律史学研究院办公室